역사자료로 본

삼국과 한강

역사자료로 본 삼국과 한강

지은이   황보경
펴낸이   최병식
펴낸날   2016년 6월 29일
펴낸곳   주류성출판사
서울특별시 서초구 강남대로 435 (서초동 1305-5)
TEL | 02-3481-1024 (대표전화) • FAX | 02-3482-0656
www.juluesung.co.kr | juluesung@daum.net

값 20,000원
잘못된 책은 교환해 드립니다.

ISBN 978-89-6246-280-7   03910

역사자료로 본

삼국과 한강

황보 경 지음

주류성

| 차 례 |

들어가며 / 6

1부 | 한강을 둘러싼 삼국의 주요 전투

1장 · 603년 북한산성 전투의 전개와 의의 / 17
Ⅰ. 머리말 / 17
Ⅱ. 603년 이전의 정세 / 20
Ⅲ. 북한산성 전투 양상과 의의 / 32
Ⅳ. 맺음말 / 51

2장 · 7세기 초 삼국의 정세와 당항성 전투 의의 / 57
Ⅰ. 머리말 / 57
Ⅱ. 당항성 전투 이전 삼국의 정세 / 61
Ⅲ. 당항성의 지정학적 중요성 / 73
Ⅳ. 당항성 전투의 양상과 의의 / 87
Ⅴ. 맺음말 / 97

2부 | 한강 유역에 남겨진 삼국의 유적과 유물

1장 · 삼국시대 한강 유역 보루유적의 현황과 성격 / 107
Ⅰ. 머리말 / 107
Ⅱ. 유적 현황 / 109
Ⅲ. 유적의 성격 / 127
Ⅳ. 맺음말 / 138

2장 · 한강 유역 고대 우물의 유형과 축조시기 / 151
Ⅰ. 머리말 / 151
Ⅱ. 우물의 유형과 구조 / 158
Ⅲ. 출토유물 분석 / 178
Ⅳ. 축조시기 및 성격 / 197
Ⅴ. 맺음말 / 208

3장 · 한강 유역 출토 신라 수막새의 문양별 분류와 특징 / 215

    Ⅰ. 머리말 / 215

    Ⅱ. 수막새 출토 현황 / 218

    Ⅲ. 수막새의 문양과 속성 / 225

    Ⅳ. 수막새의 문양별 특징 및 성격 / 246

    Ⅴ. 맺음말 / 260

3부 | 고분 출토 석침과 출토유물로 본 매장문화의 단면

1장 · 신라 고분 출토 석침의 형식별 특징과 사용양상 / 273

    Ⅰ. 머리말 / 273

    Ⅱ. 석침 출토 현황 / 275

    Ⅲ. 형식분류와 특징 / 282

    Ⅳ. 석침의 사용 양상과 시기 / 291

    Ⅴ. 맺음말 / 302

2장 · 광주 대쌍령리 고분 출토 '南漢山助舍' 명문 방울의 성격 / 311

    Ⅰ. 머리말 / 311

    Ⅱ. 대쌍령리 유적의 현황과 방울 / 312

    Ⅲ. '南漢山助舍'명 방울 명문의 의미 / 326

    Ⅳ. 맺음말 / 345

나오며 / 351

수록 논문 출처 / 362

책을 마치며 / 363

찾아보기 / 366

들어가며

삼국시대의 역사는 현대를 살고 있는 우리에게 자주 회자(膾炙)되곤 하는데, 그중에서도 삼국 통일의 과정과 결과에 대한 이야기는 현재의 사회적 화제들과 비교될 뿐 아니라 앞으로도 끊임없이 거론될 것이다. 삼국의 통일과정은 역사를 배운 사람이라면 누구나 알다시피 신라(新羅)와 당(唐)의 군대가 연합하여 백제(百濟)와 고구려(高句麗)를 차례로 멸망시켰으며, 그 이후에는 신라가 당을 물리쳐 이루어냈다. 삼국 통일은 분명 7세기 중반에 이루어졌지만, 신라가 최후의 승자가 되기 위해 적극적으로 영토를 확장하고, 외교정책을 펼쳐 나가기 시작한 것은 2백여년 전으로 거슬러 올라간다. 신라는 고구려가 점령하고 있던 서울·경기·강원·동해안 지역을 백제와 연합하여 점령한 뒤에 얼마 후 백제가 회복한 한강(漢江) 유역을 기습하여 빼앗았다. 이 사건은 바로 진흥왕(眞興王)이 재위하던 551~553년 사이에 벌어진 일이다.

신라 정부는 한강 유역을 점령한 후부터 발빠르게 행정과 군사적인 조치를 취하고, 백제와의 전쟁에서 승리하였다. 뿐만 아니라 진흥왕 자신이 직접 북한산(北漢山)을 비롯한 새로 넓힌 영토를 순행하여 비석을 세우고, 전공이 있는 장수들과 새로 영토에 편입된 백성들을 포용하는 모습을 보여준다. 같은 시기 고구려는 중국 여러 국가들의 정세변화는 물론 돌궐(突厥)의 남하에 대응하고 있었으며, 안으로는 홍수나 지진, 역질 등이 크게 유행하여 인명피해가 컸다. 또한 안장왕(安臧王)이 피살되거나 안원왕(安原王) 때 왕위계승과 관련된 내란(內亂)이 일어났으며, 기근이나 해충으로 인한 농작물 피해도 심각하여 내외적으로 많은 어려움을 겪고 있었다.

백제는 성왕(聖王)대인 538년 웅진(熊津)에서 사비(泗沘)로 천도(遷都)를 단행한 뒤 내적인 안정을 다지고 있었으며, 신라와 연합하여 고구려의 침공에 공동 대응하는 등 고구려에게 빼앗겼던 영토를 회복할 기회를 엿보고 있었다. 그리고 양(梁)과의 외교관계도 우호적으로 유지하고 있었던 것으로 전한다. 이러한 상황에서 백제는 신라와 더불어 고구려가 점령하고 있었던 한강 유역을 장악하기 위해 551년 총공세에 나서게 된다. 그 결과, 백제는 옛 도읍지인 한성(漢城)을 되찾았고, 신라는 강원과 동해안 일대를 손에 넣는데 성공한다. 그러나, 2년 뒤인 553년 신라는 백제가 회복한 한강 유역을 기습하여 신주(新州)를 설치하고, 554년에 백제 성왕을 관산성 전투에서 전사시킴으로써 두 나라의 전쟁은 일시적으로 소강상태로 접어들게 된다.

555년부터는 신라가 한강 유역에 대한 점령을 보다 공고히 하기 위해서 신주를 폐지하고, 북한산주를 설치했으며, 568년에는 북한산주를 남천주로 옮겼다. 또한 당항성을 활용하여 중국과의 외교관계를 독자적으로 구축해 나가기 시작했고, 그에 따른 교통로 확보와 성곽 축조도 동시에 진행하였다. 그리고 성곽 주변에는 취락이 형성되고, 그에 따른 고분도 조성되기 시작하며, 토기나 기와를 생산하는 가마시설도 축조되는 등 거주를 위한 기반시설이 증가하게 된다.

한편, 577년부터 백제는 신라와의 접경지역을 침공하기 시작하고, 신라도 이에 반격하는 등 20여년 동안 큰 전투 없이 지내오던 양국 사이에 다시 전쟁이 발발하였다. 그리고 고구려는 586년 장안성(長安城)으로 천도하여 내적 안정과 수(隋)와의 관계 개선에 힘써보지만, 598년 마침내 고구려가 먼저 요서(遼西)를 공격하는 일을 계기로 두 나라의 외교관계는 악화일로(惡化一路)로 치닫게 된다. 600년대로 접어들면서 삼국은 물론 수의 침공이 잇따르게 되자 한반도의 정세는 매우 급박하게 전개되었다. 특히 602년 백제가 신라의 아막성을 공격하고, 603년 고구려가 신라의 북한산성을 공격한 일은 7세기 중반까지 일어난 많은 전투의 서막(序幕)을 알리는 사건이었다.

특히 603년의 북한산성 전투는 역사적으로 시사하는 바가 크다고 할 수 있는데, 첫째는 551년 이후 고구려가 신라에 대하여 공세를 취하지 않았다가 50여년 만에 기습하여 한번에 고구려와 신라의 전선(戰線)이 한강 유역으로 확대된 양상으로 변화하는 계기가 되었다. 둘째로는 신라가 수와의 외교관계를 긴밀하게 유지하는 것에 대한 응징의 목적도 있었다. 따라서, 북한산성 전투에 대해서는 본문에서 자세하게 다루었지만, 한강을 둘러싼 고구려와 신라사이에 촉발된 상징적인 사건으로 볼 필요가 있다. 이 전투 이후로는 고구려, 백제가 신라의 북쪽과 서쪽 접경지대를 수시로 침략하여 한강 유역을 탈환함과 동시에 당항성을 점령하여 중국과의 외교관계를 단절시키고자 하였다. 그만큼 한강은 한반도 중심지로 이곳을 차지하는 국가가 패권을 쥘 수 있는 기회를 잡을 수 있다는 점을 삼국의 군주(君主)들은 역사와 경험을 통해 인지(認知)하고 있었던 것이다.

고구려의 한강 유역 기습에 당황한 신라는 604년 남천주에 두었던 치소를 다시 북한산주로 옮기고, 608년부터는 수에 사신을 보내 적극적으로 고구려를 공격해 줄 것을 요청하였다. 이러한 외교정책은 수의 패망이후에도 당이 고구려와 적대적 관계를 갖는데 일조(一助)하게 되었고, 고구려는 수·당과의 큰 전쟁을 감당해야 하는 처지에 놓이게 되었다. 그럼에도 불구하고 고구려는 수와의 전쟁에서 승리하고, 당과의 전쟁에서도 승승장구(乘勝長驅)하였다. 그러나, 중국 제국들과 오랫동안 벌인 전쟁의 여파는 군사력의 약화와 경제적인 손실로 이어져 국정운영에 부담으로 작용하였다. 때문에 고구려는 642년 백제와 더불어 당항성을 공격하여 신라와 당의 외교관계를 단절시키고자 시도했다. 백제도 고구려가 수·당과 결전을 치르고 있는 사이에 신라와 많은 전투를 벌여 승세를 이어가던 때였다. 특히 백제가 신라 대야성 등 40여 성(城)을 함락한 사건은 신라를 최대의 위기로 몰아가는 데 있어 결정적이었다. 백제와 신라의 전선은 고구려와 달리 백제의 동쪽 접경지대였지만, 당항성 공격은 백제로서도 신라의 대중국 외교노선을 차단하고자 심혈을 기울인 포석(布石)이었다고 볼 수 있다.

이렇게 고구려와 백제는 신라를 북쪽과 동쪽에서 압박하였고, 신라는 중국으로 통하는 당항성을 사수하기 위해 혼신의 노력을 다하여 많은 희생도 감수해야만 했다. 결국, 백제는 성왕 때 회복했던 한성을 지켜내지 못한 일과 무왕(武王)과 의자왕(義慈王)대에 걸쳐 신라의 많은 성을 함락하고도 당항성이나 경주를 함락하지 못하였다. 고구려도 북한산성이나 칠중성, 우명산성 등 임진강과 한강, 춘천지역까지 공격하여 신라의 국경선을 수시로 무력화 시켰음에도 불구하고, 당항성을 봉쇄하거나 한강 유역을 회복하는데 실패하였다. 반대로 신라는 한강과 당항성을 지켜내므로써 당과의 긴밀한 외교를 통해 당 수군(水軍)을 백제 왕도까지 끌어 들일 수 있었고, 고구려를 멸망시키는 데 있어서도 한강을 거점으로 삼아 북진(北進) 할 수 있었던 것이다. 그만큼 삼국시대에 있어서 한강과 당항성의 점령은 매우 큰 의미가 있었다고 볼 수 있는데, 이곳을 경영하는 국가는 군사적인 면에서 주도권을 쥘 수 있었으며, 외교관계를 유지하는데 있어서도 유리했던 것이다.

이 책에서는 삼국이 한강을 둘러싼 전투와 한강 유역에서 발굴된 유적과 유물을 통해 당시의 사회상을 연구하는 데 도움이 될만한 고고학적인 자료들을 주제로 쓴 글을 수록하였다.

책의 구성은 크게 3부로 나누어 7가지 주제의 글을 수록하였으며, 내용은 아래와 같다.

1부에서는 2장으로 나누어 하나는 603년에 고구려와 신라가 북한산성에서 벌인 전투에 대하여 고찰한 것이다. 두 번째는 642년 백제와 고구려군이 당항성을 공격한 전투에 대하여 면밀하게 알아보고자 했다. 1장에서는 북한산성 전투가 발발하게 된 배경이 당시의 정세와 밀접한 관련이 있기 때문에 고구려와 신라의 내외적인 정세를 살펴보았다. 그리고 고승 장군이 이끈 고구려군의 이동루트와 전투의 전개 및 신라의 대응과정을 유추해 보았다. 특히 진평왕(眞平王)의 참전(參戰)이 갖는 의미와 왕을 따랐던 화랑(花郎)과 낭도들의 역할도 보다 자세하게 짚어 보고자 한다. 마지막으로 북한산성 전투의 의미가 과연 무엇인지에 대하여 고구려의 공격 목적과 신라가 결사적으로 방어한 이유 등을 다각도로 알아보고자 한다.

2장에서는 7세기 초 삼국 정세와 당항성의 지정학적 중요성에 대해 정리해 보고자 하며, 당항성 전투의 양상과 그 의의가 무엇인지 살펴보고자 한다. 당항성은 6세기 중반경 진흥왕의 한강 유역을 점령한 이후부터 신라의 대중국 외교의 거점항구였다. 이곳을 통하여 신라는 자주적인 외교를 구사할 수 있었기 때문에 고구려와 백제로부터 반드시 지켜야 했던 핵심지였다. 그러나 고구려와 백제로서는 당항성을 탈환하거나 적어도 중국으로 가는 사신일행을 봉쇄해야 수나 당으로부터의 간섭과 침략을 사전에 방지할 수 있었다. 따라서, 고구려·백제는 호시탐탐(虎視眈眈) 당항성을 노렸는데, 당시의 삼국 정세를 통해 당항성을 공격하게 된 배경과 지정학적으로 왜 남양만 일대가 중요한지에 대해서 파악할 필요가 있다. 더불어 당항성에 대한 고고학적인 조사성과와 주변에서 발굴된 같은 시기의 유적과 유물에 대해서도 정리해 보고자 한다. 그리고 당항성에서 벌어진 전투로 인해 고구려·백제가 얻은 것과 잃은 것, 신라의 대응과 그 이후의 행보를 살펴보고자 한다.

2부는 3장으로 나누어 군사용 보루와 우물, 수막새를 주제로 삼아 당시의 문화를 이해하는 데 도움이 되고자 마련하였다. 먼저, 1장에서 다루어볼 보루는 최근에 고구려 보루에 대한 조사가 활발하게 이루어졌고, 그에 대한 연구도 축적되어진 상태이다. 그러나, 백제나 신라 보루에 대한 관심은 상대적으로 적은 편이고, 고구려 보루와의 차이점이나 활용에 관한 연구는 아직 미진한 상태이다. 이에 필자가 직접 조사한 서울 배봉산과 파주 용미리 유적이 삼국시대 보루유적임을 지정학적 위치와 출토유물 등을 토대로 고증해 보고자 한다. 배봉산 유적은 중랑천변에 입지하여 용마산이나 망우산, 봉화산 보루와 밀접한 관련이 있어 보이고, 용미리 유적은 고산천변에 입지해 있으면서 명봉산성과 관련이 있으며, 혜음령을 감시하고 통제하기 위한 목적으로 축조되었을 가능성에 대해 언급해 보고자 한다.

2장에서 다룰 우물은 성곽이나 대규모 취락유적에 대한 조사가 증가되면서 우물이 발굴된 수도 증가하고 있는 추세이다. 특히 풍납토성이나 몽촌토성, 호로고루성을 비롯한 서울 독산동, 의정부 민락동, 용인 마북동, 오산 가수동 등에서 조사된 우물들이 주목되는데, 제각기 축조주체와 종류, 구조가 다른 점이 파악되었다. 따라서, 이 책에서는 한강 유역에서 발굴된 고대 우물에 대하여 연구해 보고자 한다.

먼저, 이제까지 조사된 우물의 유형과 구조를 구분해 보고, 출토유물에 대한 분석도 시도해 보고자 한다. 우물의 유형은 나무로만 만든 목조우물과 목조에 석조를 가미한 우물, 순수 토광만 파서 사용한 우물, 현재까지도 가장 오랜기간 사용되고 있는 석조 우물로 나누어보고, 구조적 특징도 살펴볼 것이다. 그리고 우물에서 출토되는 유물이 의외로 다양하므로 이를 토기와 기와, 철제유물, 기타류로 구분하여 어떤 종류의 유물이 많고 어떠한 목적으로 우물에 매납하게 되었는지 고찰해 보려 한다. 또한, 우물의 구조적 특징과 출토유물을 통하여 우물의 축조시기를 검토하고, 그 성격에 대해서도 고민해 보고자 한다.

3장에서는 절터와 성곽, 건물지에서 출토된 신라 수막새에 대하여 다루어 보고자 한다. 그동안 한강 유역에서는 삼국 수막새 중 신라의 것이 가장 많이 출토되었지만, 그에 대한 연구는 미진한 편이었다. 이에 필자는 각 유적에서 출토된 수막새 현황을 정리하고, 이를 문양과 속성을 분석하여 분류한 뒤에 문양별 특징을 파악하고자 한다. 그리고 일부 수막새는 인위적으로 훼기(毁棄)된 상태로 출토되어 그러한 이유가 무엇인지에 대해서도 고민해 보고자 한다. 아울러 한강 유역이라는 지정학적 위치에서 만들어진 수막새가 과연 경주나 충주에서 출토된 수막새와 어떤 공통점이 있고, 차이점이 있는지도 알아볼 필요가 있다. 이러한 과정을 통해 삼국 문화의 동질성이나 특성을 보다 심도 있게 파악할 수 있기 때문이다.

마지막으로 3부에서는 고분에서 출토된 석침(石枕)과 청동방울에 새겨진 명문의 의미에 대해 살펴보고자 한다. 1장은 이제까지 신라 고분에서 출토된 석침의 특징과 사용양상에 대하여 정리해 보았다. 석침은 고분에 사용된 두침(頭枕)의 한 종류로 삼국의 고분에서 모두 확인되고 있지만, 그중에서도 신라 석실묘에서 가장 많이 출토되고 있다. 따라서, 석침을 사용한 신라인들은 목관을 사용하지 않은 장례문화의 한 단면을 보여주는 것이라 여겨진다. 연구방법은 분석대상이 되는 석침을 경주와 중부지방에서 조사된 고분으로 정하고, 형식분류를 시도해 보고자 한다. 아울러 형식에 따른 특징도 살펴보고, 언제 어느 때에 주로 사용을 했는지도 밝혀보려 한다.

2장에는 경기도 광주시 대쌍령리 고분군 중 9호 석곽묘에서 출토된 '남한산조사(南漢山助舍)'라고 새겨진 청동제 방울에 주목하여, 당시에 불리웠던 지명과 피장자의 직책에 대하여 고민해 보고자 마련하였다. 특히 '남한산'이라는 지명은 고분군의 지리적 위치는 물론 고분의 축조시기 등과 밀접한 관련이 있을 것이기 때문에 상당히 중요한 의미가 있다고 생각된다. 그리고 피장자의 직책도 문헌자료에는 보이지 않지만, 함께 출토된 금동제 방울 등의 유물이 결코 하위 신분의 피장자를 위한 것이 아니라는 점도 참고하고자 한다. 이를 통해서 당시의 사회상을 이해하는데, 보완하는 자료로 활용할 수 있을 것이라 사료된다.

〈 1부 〉

한강을 둘러싼
삼국의 주요 전투

1장 / 603년 북한산성 전투의
전개와 의의

2장 / 7세기 초 삼국의 정세와
당항성 전투 의의

603년 북한산성 전투의 전개와 의의

I. 머리말

삼국시대(三國時代) 중에서도 6세기 중반부터 7세기 중반까지는 한반도뿐만 아니라 동북아시아의 정세가 시시각각(時時刻刻) 변화하던 때이다. 특히 551년에 신라(新羅)와 백제(百濟)가 고구려(高句麗) 영토를 동시에 공격한 사건은 삼국의 판도에 커다란 변화를 가져오는 계기가 되었다. 이 전쟁으로 인해 백제는 475년에 상실했던 한성(漢城)을 회복했고, 신라는 동해안과 영서지역까지도 영역화를 이루게 되었다. 또한 553년 신라의 신주(新州) 설치는 또 한 번 국경선을 바꾼 일로 백제가 회복한 한강 유역을 확보함으로써 독자적인 대중국 외교의 발판을 마련했다고 할 수 있다. 그러나 그 이후로 신라는 백제나 고구려로부터 지속적인 공격을 받아 수세적(守勢的)인 입장에 처하게 되는데, 602년 백제가 아막성을 공격해 왔고, 603년에는 고구려가 북한산성(北漢山城)을 침략해 왔다. 그 중에서도 603년 북한산성 전투는 여러 가지 의미가 있는데, 이 글에서는 고구려가 신라의 북한산성을 공격하게 된 당시의 정세와 배경을 살펴보고, 전투의 양상과 그 의미에 대하여 고찰해 보고자 마련하였다. Ⅱ장에서는 고구려 영양왕(嬰陽王, 재위 590~618년)과 신라 진평왕(眞平王, 재위 579~632년)대의 대외적인 관계와 내적인 정세를 살펴보고, Ⅲ장에서는 603년 북한산성 전투가 왜 일어나게 되었는지와 전투 양상, 진평왕의 출정이 갖는 의미 등에 대하여 알아보고자 한다.

여기에서 다루는 북한산성은 지금의 서울특별시 광진구 광장동(워커힐로 117)에 위치한 아차산성(阿且山城, 사적 제234호)으로 문헌과 고고학적 조사성과를 바탕으로 적지 않은 연구가 축적되어 있다.[1] 아차산성에 대한 고고학적 조사는 여러 차례 이루어진 바 있으며, 최근 실시된 측량을 통해 둘레 1,043m에 이르는 포곡식(包谷式) 산성임이 파악되었다.[2] 시굴조사에서는 성벽과 문지, 장대지, 건물지, 저수시설, 우물, 배수구 등이

---

1) 李宇泰, 1999, 「北漢山碑의 新考察」, 『서울학연구』12, 서울시립대학교부설 서울학연구소.

金玟秀, 2000, 「峨嵯山에서의 古代史의 諸問題」, 『京畿鄕土史學』5, 전국문화원연합회 경기도지회.

황보경, 2009a, 『신라문화연구』, 주류성.

황보경, 2009b, 「광주 대쌍령리 고분 출토 '南漢山助舍'銘 청동제 방울 고찰」, 『文化史學』32, 한국문화사학회.

최종택, 2013, 「아차산성에 대한 고고학적 조사 성과와 과제」, 『아차산성과 삼국의 상호관계』, 광진구 외.

張彰恩, 2013, 「6세기 후반~7세기 초반 高句麗의 南進과 對新羅 領域向方」, 『民族文化論叢』55, 민족문화연구소.

서영일, 2014a, 「삼국 항쟁과 아차산성」, 『아차산성』, 광진구·광진문화원.

2) 강진갑 외, 1994, 『아차산의 역사와 문화유적』.

명지대학교부설 한국건축문화연구소, 1998, 『아차산성 '96보수구간내 실측 및 수습발굴 조사보고서』.

서울대학교 인문학연구소 외, 2000, 『아차산성 시굴조사보고서』.

한강문화재연구원, 2013, 『아차산성 종합정비계획』.

한국고고환경연구소, 2015.11, 「사적 제234호 아차산성 남문지 및 배수구 발굴조사 자문회의 자료」.

〈사진 1〉 아차산과 용마산 전경

조사되었고, '北漢·漢山○'자가 시문된 명문기와를 비롯한 연화문 수막새, 다양한 종류의 기와 및 토기류, 철제 유물 등이 출토되었다. 이러한 조사성과를 바탕으로 볼 때, 아차산성은 분포와 입지조건, 성 둘레로[3] 보아 한강 본류역의 거점성(據點城)으로 볼 수 있고, 명문기와를 비롯한 수막새,[4] 토기류[5] 등의 유물은 이 산성이 603년에 문헌기록에 보이는 북한

---

3) 한강유역에 아차산성과 같이 둘레가 1,000m 이상 되는 성으로는 양주 대모산성을 비롯하여 하남 이성산성, 서울 호암산성, 인천 계양산성 등이 있다. 이들 산성들은 거점성으로서 주요 교통로와 하천변에 분포해 있으면서 치소성으로 비정되기도 한다(황보경, 2009, 앞의 책 참조).

4) 아차산성 출토 연화문 수막새는 한강 유역에서 출토된 신라 수막새 중 고식(古式)에 속하는 것으로 연잎이 10엽이면서 옆잎 끝부분이 삼각형태로 고구려 수막새들과 닮은 것으로 파악되었다(황보경, 2012, 「한강 유역 출토 신라 수막새 고찰」, 『東洋學』52, 檀國大學校 東洋學研究院).

5) 아차산성 성벽 내부 다짐층과 체성내부에서 출토된 고배류 중 대각이 높고, 3조의 돌선 위에 작은 투공이 뚫려 있는 것과 뚜껑 기형 및 삼각집선문이 시문된 것 등의 특

산성임을 증명해 주고 있다. 따라서 이 글에서는 아차산성이 북한산성이라는 전제하에 서술해 보고자 한다.

II. 603년 이전의 정세

1. 고구려의 대내외적 상황

6세기 후반부터 7세기 초 고구려의 대내외적인 정치사정은 긴박하게 돌아가고 있었다. 고구려는 589년에 대륙을 통일한 수(隋)는 물론이고, 신라와 백제에 대해서 먼저 공격하는 경우가 많았다. 영양왕은 평원왕(平原王, 재위 559~590년)의 장자(長子)로 태자(太子) 생활을 상당기간 했던 것으로 전해지며, 왕위에 오른 직후에 수나라로부터 부왕의 '요동군공(遼東郡公)'작을 이어 받아 재위 2년인 591년에 두 번 사신을 보내 답례를 했으며,[6] 이듬해인 592년과[7] 597년에[8] 조공(朝貢)을 하기도 했다. 그러나 598년에는 영양왕이 직접 말갈인(靺鞨人) 1만여 명을 거느리고 요서(遼西)를 침략하니 영주총관(營州摠管) 위충(韋冲)이 이를 물리친 일이 있었다. 이에 수 문제(文帝, 재위 581~604년)가 크게 노하여 수륙군 30만 명을 동원하여 고구려를 공격하게 했다. 그런데 고구려와 수가 전쟁을 벌인 사이 백제가 수에게 사신을 보내 향도(嚮導)가 되겠다고 자청한 일이 있자, 영양왕은 백제를 침략하여 응징하기도 했다.[9]

징으로 보아 6세기 중~후엽에 해당하는 것으로 보고 있다(任孝宰 · 尹相悳, 2002, 「峨嵯山城의 築造年代에 대하여」, 『靑溪史學』16 · 17).

6) 『三國史記』卷20, 高句麗本紀8 嬰陽王 2年條.

7) 『三國史記』卷20, 高句麗本紀8 嬰陽王 3年條.

8) 『三國史記』卷20, 高句麗本紀8 嬰陽王 8年條.

9) 『三國史記』卷20, 高句麗本紀8 嬰陽王 9年條.

이러한 일련의 사건을 살펴보면, 영양왕은 즉위 초에 수 문제와 비교적 원만한 관계를 유지하고자 했던 것으로 보이는데, 598년에 갑작스럽게 요서를 공격하였다. 이 전쟁은 고구려가 수의 외교정책에 대한 불만의 표출로 보기도 하는데, 594년 신라 진평왕의 책봉을 고구려와 대등하게 해주었다 점이다.[10] 이는 수가 신라나 백제를 통해 고구려를 견제하려는 목적이 깔려 있는 정책으로 볼 수 있다.[11] 반면, 고구려는 동북아지역에서의 주도권을 수에게 순순히 내어주지 않으려는 의도가 있었다. 따라서, 영양왕의 요서 공격은 수에 대한 화전양면책(和戰兩面策)을 보여주는 단적인 예로 볼 수 있는데,[12] 이 사건은 수와 전면전(全面戰)을 일으키기도 했지만 곧바로 표문(表文)을 지어 보내는[13] 등 한편으론 충분한 방비를 해두었던 것임을 알 수 있다. 그리고 수는 내부문제와 동·서 돌궐(突厥)과의 관계로 인한 곤란한 상황에 직면에 있었다는 점에서[14] 고구려에게 주도권을 내어준 것으로 생각된다.

그렇다면, 영양왕은 이 전투에 왜 말갈을 동원한 것일까? 이때 동원된 말갈은 고구려가 594년경에 복속한 속말말갈(粟末靺鞨)로 추정되고 있으며,[15] 이 말갈은 일찍부터 고구려의 부용(附庸)세력으로 크고 작은 전투에

---

10) 『隋書』卷81, 列傳46 東夷 新羅條 "傳祚至金眞平 開皇十四年 遣使貢方物 古祖拜眞平 爲上開府樂浪郡公 新羅王."
　　『三國史記』卷4, 新羅本紀4 眞平王 16年條 "隋帝詔拜王爲上開府樂浪郡公新羅王."

11) 丁善溶, 2008, 「隋·唐 초기 中國的 世界秩序의 변화과정과 삼국의 대응」, 『新羅史學報』12, 新羅史學會, 104쪽.

12) 이성제는 수의 침공이 임박한 시점에서 고구려는 돌궐과의 연결통로를 잃게 될 상황에 맞서 요서를 공격하였다고 보았다(이성제, 2005, 『高句麗의 西方政策 硏究』, 국학자료원, 197쪽).

13) 『三國史記』卷20, 高句麗本紀8 嬰陽王 9年條.

14) 김진한, 2009, 「嬰陽王代 高句麗의 政局動向과 對隋關係」, 『高句麗渤海硏究』33, 高句麗渤海學會, 77~78쪽.

15) 李仁哲, 2001, 「6~7世紀의 靺鞨」, 『國史館論叢』95, 國史編纂委員會.

동원되었다. 특히 보장왕 4년(645)에 있었던 전투에서는 말갈병이 동원된 군사 15만 가운데 적지 않게 동원된[16] 사실에서 보듯이 말갈은 고구려 군사역량의 운용상에 있어 전략예비대로서의 구실을 다하고 있었다고 볼 수 있을 것 같다.[17] 또한 말갈을 활용하기 용이했던 것은 첫째로 말갈병이 기습에 능하다는 점이고, 둘째로는 고구려군 전력을 절약하고, 향후 수의 반격에 대비하기 위해서였을 것이다. 이러한 추정은 『수서』에 전하는 기록 중에 평원왕이 진(陳)을 평정한 뒤로는 크게 두려워하여 군사를 훈련시키고 곡식을 저축하여 방어할 계획을 세웠다는 것에서 알 수 있다.[18] 또한 수 문제가 평원왕에게 내린 새서(璽書)에도 말갈을 괴롭히거나 계단(契丹)을 금고시켰다는 것과 몰래 재물을 뿌려 소인(小人)을 움직여 사사로이 노수(弩手)를 고구려로 빼어 간 일 등이 그러한 정황을 보여주고 있다.[19]

결국 영양왕은 요서 공략을 통해 수와의 관계에서 주도권을 잡은 계기를 마련했을 뿐만 아니라 내적으로도 고구려군의 피해 없이 전쟁을 마무리지어 자신의 왕권도 강화한 계기를 만드는데 성공했다고 생각된다. 이렇게 영양왕대 고구려는 수와의 대결국면으로 접어들었는데, 한편으론 남쪽의 한강 유역에 대한 회복을 시도하기도 했다. 이는 『삼국사기』온달전에 아래와 같이 전하는 내용을 통해 대략 알 수 있다.

〈사료1〉 온달이 아뢰기를 "신라가 우리 한북의 땅을 빼앗아 군현을 삼았으니 백성들이 통한하여 일찍이 부모의 나라를 잊은 적이

---

16) 『三國史記』卷21, 高句麗本紀9 寶藏王 4年條.
17) 朴京哲, 1995, 「高句麗軍事力量의 再檢討」, 『高句麗史 硏究』, 白山資料院, 474쪽.
18) 『隋書』卷81, 列傳46 東夷 高麗條 "開皇初 頻有使入朝 及平陳之後 湯大懼 治兵積穀 爲守拒之策."
19) 『隋書』卷81, 列傳46 東夷 高麗條 "王旣人臣 須同朕德 而乃驅逼靺鞨 固禁契丹…昔年 潛行財貨 利動小人 私將弩手逃竄下國."

없습니다"…왕이 허락하였다. 떠날 때 맹세하기를 "계립현과 죽령 이서의 땅을 우리에게 귀속시키지 않으면 돌아오지 않겠다"하고, 나가 신라 군사들과 아단성 아래서 싸우다가 화살에 맞아 넘어져서 죽었다.[20]

위의 기사로 보아 온달(溫達, ?~590년)이 출정하기 이전에 신라는 이미 한북 즉 한강 이북 지역에 군현을 설치하였는데, 이는 553년 신라가 획득한 지역을 뜻한다. 그리고 신라는 557년에 신주를 폐하고, 북한산주로 치소를 옮겨[21] 실질적인 지배를 시도하였다. 이 당시 고구려는 돌궐의 침략에 맞서 격전(激戰)을 치르고 있었으며, 신라와 백제의 침략에 적절하게 대응을 하지 못하고 있었다. 이후 고구려는 북방 접경 지역이 안정되고, 장안성(長安城)으로 도성을 옮기는 일이 마무리 되자 곧바로 신라에 대하여 응징에 나서게 된다.[22] 그 첫 번째가 바로 온달을 출정시켜 계립현과 죽령 이서의 영역을 다시 회복하고자 시도한 일이다. 이 때 온달이 공격한 아단성은 지금의 충북 단양에 있는 온달산성으로 지목되고 있는데,[23]

---

20) 『三國史記』卷45, 列傳5 溫達傳 "溫達奏曰 惟新羅割我漢北之地爲郡縣 百姓痛恨 未嘗忘父母之國 …王許焉 臨行誓曰 雞立峴·竹嶺已西不歸於我 則不返也 遂行 與羅軍戰 於阿旦城之下 爲流矢所中 路而死…."

21) 『三國史記』卷4, 新羅本紀4 眞興王 18年條 "廢新州 置北漢山州."

22) 장창은은 장안성으로 옮기게 된 것은 수의 압박에 미리 대비하기 위한 것과 신라에 대한 남진을 추진하기 위한 사전 정비 작업이었다고 보았다(張彰恩, 2013, 앞의 논문, 416쪽).

23) 온달산성(사적 제264호)은 충북 단양군 영춘면 하리의 성산 정상부에 축조된 테뫼식 내외겹축의 석축산성이다. 성벽의 전체 둘레는 682m이고, 사방에서 문지가 확인되었다.
忠北大學校 湖西文化研究所, 1989, 『溫達山城 地表調査報告書』.
忠北大學校 博物館, 2003, 『溫達山城-北門址·北雉城·水口 試掘調査報告書』.
한국교통대학교 박물관, 2013, 『단양 溫達山城』.
충청북도문화재연구원, 2014, 『온달산성 -2012년 발굴조사 보고서-』.

고구려군이 진격한 교통로는 철원-춘천-홍천-원주-단양[24] 또는 춘천-횡성-평창-영월-영춘이었던[25] 것으로 추정되고 있다. 따라서, 온달이 이끈 고구려군은 북한강 유역인 영서지방을 통해 단양까지 진격했으며, 신라군이 응전(應戰)하여 격퇴시킨 것으로 이해된다.

따라서, 신라가 신주를 설치하고 난 뒤에도 고구려는 철원(鐵原)지역을 통과하여 영서지방과 충북지방까지도 침략해 왔다는 것을 알 수 있고, 더불어 '北漢'지역도 안전지대는 아니었던 것으로 추정된다. 이에 신라는 557년 치소를 신주로부터 북한산주로 옮겨 한강 이북지역에 대한 영역지배 의지를 다졌다고 볼 수 있다. 이러한 진흥왕(眞興王, 재위 534~576년)의 조치는 554년 백제 성왕(聖王, 재위 523~554년)이 전사하고, 내부적으로 귀

〈사진 2〉 단양 온달산성

24) 서영일, 2014a, 앞의 논문, 153쪽.
25) 김진한, 2009, 앞의 논문, 84쪽.

족들의 득세로 정치적 어려움에 직면한 상황을 감안하는 한편, 고구려의 반격이 예상되었기 때문에 그와 같이 하였다고 판단된다. 그리고 555년에 북한산을 순행한 일이 계기가 되었을 것이며,[26] 이는 한강 이북지역을 사수하기 위한 포석이었던 것이다.[27] 그러나, 이러한 신라의 노력에도 불구하고 북한지역의 방어는 그리 녹록하지 못했던 것 같다.

〈사료1〉에서 보듯이 온달이 한북의 땅을 되찾기 위해 신라 영역을 공격해 온 것은 551년 나제에게 빼앗긴 지역을 회복하고자 했던 것이다. 그런데, 온달은 왜 신라 영토를 침범한 것일까? 그 이유는 고구려와 신라간에 맺었던 모종의 협상내지 밀약에 따른 보상이 이루어지지 않았음을 상기할 필요가 있다. 551년 나제(羅濟)는 고구려가 돌궐과 격전을 벌이는 동안 16개 군(郡)을 취하였는데, 이때 신라와 고구려 사이에는 밀약이 있었던 것으로 추정되고 있다.[28] 즉 『일본서기』에는 552년에 고구려와 신라가 백제와 임나를 멸하려고 한다는 내용이 전하고,[29] 『삼국유사』에는 백제가 신라와 고구려를 공격하자고 제의하자, 진흥왕이 고구려가 망하기를 바라지 않는다고 전하자 이에 고구려가 감동하였지만, 백제는 원망했다고 전해진다.[30] 결론적으로 551년 나제가 고구려 영토를 공격하여 백제는 구도(舊都)를 되찾고 더 나아가 고구려를 공격하려고 했으나, 신라는 고구려와 밀약을 맺고 553년 백제가 회복한 한성을 기습하여 신주를 설치하였다. 따라서 고구려는 영양왕대까지 대내외적으로 안정이 되자 지난날

---

26) 『三國史記』卷4, 新羅本紀4 眞興王 16年條 "冬十月 王巡幸北漢山 拓定封疆."

27) 皇甫慶, 1999, 「新州 位置에 대한 硏究」, 『白山學報』53, 白山學會, 226쪽.

28) 황보경, 2009, 앞의 책, 49~50쪽 참조.

29) 『日本書紀』卷19, 欽明紀 13年條 "高麗與新羅 通和并勢 謀滅臣國與任那 故謹求請救兵 先攻不意…."

30) 『三國遺事』卷1, 眞興王條 "眞興曰 國之興亡在天 若天未厭高麗 則我何敢望焉 乃以此言通高麗 高麗感其言 與羅通好 而百濟怨之 故來爾."

상실했던 한강 유역을 회복하고자 온달을 앞세워 기습적인 공격을 감행하게 된 것이다.

2. 신라의 정세

신라는 6세기 말부터 7세기 초반 사이에 진흥왕의 둘째 아들인 진지왕(眞智王, 재위 576~579년)으로 왕위가 승계되었지만 불과 4년만에 진흥왕의 태자 동륜의 아들인 진평왕에게 왕위가 이어졌다. 이는 신라 내부적으로 왕권을 두고 여러 사건이 있었음을 암시하는 동시에 외적으로도 국력을 모아 체계적으로 대응하기 어려웠음을 짐작할 수 있다. 여기에서는 진지왕의 폐위 과정과 진평왕의 즉위과정 그리고 치세에 대하여 살펴보도록 하겠다.

우선 진지왕에 대하여 살펴보면, 『삼국사기』에는 진흥왕의 아들로 즉위하였는데 재위기간 4년만에 사망한 것으로 전해진다. 반면, 『삼국유사』에는 진지왕이 정치를 망치고 폐륜을 저질러 국인(國人)에 의해 폐위된 것으로 전해지고 있어 서로 상반된 왕권 교체과정을 보여주고 있다.

〈사료2〉 재위 4년 만에 정난황음한 까닭에 국인에 의해 폐위되었다.[31]

따라서, 두 문헌자료의 내용을 정리해 보면 진지왕이 즉위한 4년만에 정사(政事)를 제대로 돌보지 않고 음탕한 행위를 하여 국인들에 의해 폐위된 뒤 사망했다고 한다. 즉 진지왕의 폐위 명분은 정사를 제대로 돌보지 못한 것에 대하여 소위 '국인'들로 일컬어지는 사람들에 의해 강제로 폐위

---

31) 『三國遺事』卷1, 紀異1 桃花女·鼻荊郞條 "御國四年 政亂荒婬 國人廢之."

되었다는 것이다. 특히 여기에서 언급된 '국인'들은 어떤 존재들일까? 이제까지 그 실체에 대하여 여러 견해가 있어 왔는데, 정황상으로는 진평왕 즉위 후 상대등에 오른 노리부(弩里夫)와 김후직(金后稷)을 위시한 귀족과 일부 왕족세력일 것으로 추정된다. 노리부는 진지왕 즉위 직후 바로 상대등에 임명되어 사망하는 때까지 약 10년간 활동하였는데,[32] 이는 진평왕이 즉위함에 있어 지대한 역할을 했다는 것을 짐작케 해준다. 한편으론 진지왕을 즉위 시켰고, 군권(軍權)까지 장악한 거칠부와 김무력이 죽은 이후 이에 불만을 가진 세력들에 의해 폐위되었을 가능성도 있고,[33] 진지왕의 고모이자 진평왕의 친모인 만호부인(萬呼夫人)도 깊게 개입한 정황이 간취(看取)되고 있어 당시의 정황을 이해하는데 도움을 주고 있다.[34]

진평왕은 무려 54년 동안(579~632년) 재위하면서 크고 작은 전쟁을 치뤘고, 내적으론 관제정비(官制整備)도 진행하였다. 진평왕에 대하여 『삼국사기』에는 의지가 침중하고 식견이 명철한 인물로 전해지며, 즉위 직후 노리부로 상대등을 삼고, 동생 백반을 진정갈문왕, 국반을 진안갈문왕에 봉하였다.[35] 그리고 재위 2년에 김후직을 병부령으로 삼고,[36] 3년에 위화부를 처음으로 설치했으며,[37] 5년에 선부서의 대감과 제감 각 1인씩을 처음으로 두었다.[38] 또한 6년에는 연호를 '건복(建福)'이라 고치고, 조부령 1

32)『三國史記』卷4, 新羅本紀4 眞平王 元年·10年條.

33) 金德原, 2007, 『新羅中古政治史研究』, 京仁文化社, 91~94쪽.

34) 金炳坤, 2009, 「眞平王의 卽位와 智證王系 人物의 動向」, 『한국고대사연구』56, 한국고대사학회, 327쪽.

35)『三國史記』卷4, 新羅本紀4 眞平王 元年條 "以伊飡弩里夫爲上大等 封母弟佰飯爲眞正葛文王 國飯爲眞安葛文王."

36)『三國史記』卷4, 新羅本紀4 眞平王 2年條 "春二月…以伊飡后稷爲兵部令."

37)『三國史記』卷4, 新羅本紀4 眞平王 3年條 "春正月 始置位和府 如今吏部."

38)『三國史記』卷4, 新羅本紀4 眞平王 5年條 "春正月 始置船府署大監弟監 各一員."

인을 두어 공부를 맡게 했으며,[39] 7년에 삼궁에 각각 사신을 두었다.[40] 8년엔 예부령 2인을 두었고,[41] 13년에는 영객부령 2인을 두는[42] 등 관제정비가 지속적으로 이루어졌다. 이때 군제개혁의 일환으로 서당(誓幢)이 주목되는데, 이는 국왕의 전위부대(前衛部隊)로서 왕권의 중요한 군사적인 기반이었기 때문이다. 따라서 진평왕은 서당을 기반으로 한 정치개혁을 시도한 것으로도 볼 수 있다.[43] 아울러 진평왕 재위기간 중에는 서당을 (583년) 비롯한 사천당(四千幢, 591년), 급당(急幢, 605년), 낭당(郎幢, 625년) 등 다양한 군대가 창설되었다.[44] 이러한 군제개편은 전술상의 변화에 따른 새로운 부대의 창설과 지방민을 포괄하는 것을 목표로 했던 것으로 이해된다.[45] 한가지 주목되는 점은 이러한 체제정비가 대체로 1~2월에 이루어진 것으로 보아 진평왕의 개혁 의지는 사전에 치밀하게 준비한 뒤 새해를 맞이함과 동시에 진행되었다는 것을 알 수 있으며, 그에 따른 경제적인 기반도 뒷받침되었음을 짐작할 수 있다.

그리고 재위 13년(591년)에는 남산성을 쌓았고,[46] 15년엔 명활성과 서형산성을 개축하여[47] 왕도 방위를 강화하였으며, 지명과 원광, 담육이 불법(佛法)을 구하기 위해 진(陳)이나 수(隋)로 건너간 것으로 보아 불교에도

---

39) 『三國史記』卷4, 新羅本紀4 眞平王 6年條 "春二月 改元建福 三月 置調府令一員 掌貢賦 乘府令一員 掌車乘."

40) 『三國史記』卷39, 雜志8 職官 中 "眞平王 七年 三宮各置私臣…."

41) 『三國史記』卷4, 新羅本紀4 眞平王 8年條 "春正月 置禮部令二員."

42) 『三國史記』卷4, 新羅本紀4 眞平王 13年條 "春二月 置領客府令二員."

43) 주보돈, 2007, 『신라 지방통치체제의 정비과정과 촌락』, 신서원, 385쪽.

44) 『三國史記』卷40, 雜志9 職官 下 참조.

45) 朴南守, 2008, 「신라 중고기 花郎의 出身 家系와 花郎徒 운영의 변화」, 『한국고대사연구』51, 한국고대사학회, 144쪽.

46) 『三國史記』卷4, 新羅本紀4 眞平王 13年條 "秋七月 築南山城 周二千八百五十四步."

47) 『三國史記』卷4, 新羅本紀4 眞平王 15年條 "秋七月 改築明活城 周三千步 西兄山城 周二千步."

상당한 관심을 갖고 있었던 것 같다.[48] 특히 남산성 축성은 여러 가지 의미가 있는데,[49] 우선 성의 기능이 일반적인 왕도 수비의 나성(羅城)과 달리 왕궁 직속의 보조 성곽으로 유사시를 대비한 성이라는 점이다.[50] 그리고 월성(月城, 사적 제16호)을 중심으로 볼 때, 동쪽에 명활성,[51] 서쪽에 서형산성을[52] 개축하였으며, 남쪽에 남산성을 축성하므로써 왕도의 방위체계를 확립했다고 볼 수 있다. 이렇게 진평왕이 성곽을 신축 및 개축한 것은 표면적으로 내란이나 외적의 침입에 대비하기 위한 것이지만,[53] 한편으론 진흥왕과 같이 왕권강화를 위한 목적에서 비롯된 축성사업의 측면도 있다고 생각된다.

끝으로 진평왕은 대외적으로 수와 친밀한 외교관계를 갖고자 노력한 것으로 보이는데, 재위 16년(594년)에 수 문제가 왕으로 봉하여 고구려와

---

48) 『三國史記』卷4, 新羅本紀4 眞平王 11·18·22·24年條.
　　진평왕의 이름인 백정(白淨)과 동생인 백반(佰飯)과 국반(國飯)의 이름은 석가모니 아버지와 작은아버지 이름을 취하였고, 진평왕 부인 이름도 마야(摩耶)라고 하여 왕실이 불교의 신성성과 권위를 강조했던 것으로 이해된다.

49) 남산성(사적 제22호)은 남산신성이라고도 하며, 경주시 인왕동에 위치한 해목령을 중심으로 골짜기를 둘러싼 석성이다. 체성 길이는 약 3.7km 규모이고, 대규모 창고 건물지 3동과 망루지 5곳, 문지 2곳 등이 있다. 산성에 대한 자료는 '南山新城碑'를 통해 '辛亥年二月二十六日 南山新城作…'이라 명시되어 있어 축성시기가 591년임이 확인되었다(國立文化財研究所, 2011, 『韓國考古學專門事典－城郭·烽燧篇』, 229쪽).

50) 朴方龍, 1994, 「慶州 南山新城의 硏究」, 『考古歷史學志』10, 동아대학교, 575쪽.

51) 명활산성(사적 제47호)은 경주시 천군동에 위치한 길이 약 4.5km에 이르는 대규모 성이다. 1988년에 '明活山城作城碑'가 발견되어 진흥왕 12년(551)에 축성되었음이 밝혀졌다(國立文化財研究所, 2011, 위의 책, 428~430쪽).

52) 서형산성은 경주시 서악동 92번지 일대의 속칭 '선도봉'에 위치하며, 현존하는 체성 길이는 약 2.9km이다. 『三國史記』에 개축된 기사가 있는 것으로 보아 이미 축성되어 있던 성으로 추정되고, 문무왕 13년(673)에 증축하였다는 기록이 『三國遺事』에 전해진다(國立文化財研究所, 2011, 앞의 책, 643쪽).

53) 신라 왕도 방위를 강화한 계기는 왜(倭)의 침공을 대비한 것으로도 보고 있다(서영교, 2011, 「高句麗 倭 連和와 阿旦城 전투」, 『軍史』81, 국방부편찬연구소).

대등하게 대우를 해 주었다.[54] 이에 진평왕은 18년(596)에 담육을 수에 보내 불법을 구하였고, 사신을 보내 방물도 전했다.[55] 그리고 재위 22년(600년)에는 원광이 제문과 횡천을 따라 돌아왔다는[56] 것으로 보아 오랫동안 수에 머물다가 돌아왔음을 짐작케 하며, 602년에도 대나마 상군을 수에 보내 방물을 전하기도 하였다.[57] 또한 북한산성 전투 직후인 604년에도 만세와 혜문 등을 수에 보냈는데,[58] 이듬해인 605년에는 담육이 거의 10년 만에 함께 돌아왔다.[59] 따라서, 진평왕은 수에 사신을 적극적으로 파견하였고, 불법을 구한다는 명분으로 담육과 원광, 지명 등을 보내어 수의 정세파악은 물론 외교관으로도 활용했던 것이다. 특히 원광은 수에게 보낼 걸사표(乞師表)를 짓는[60] 등 지대한 공헌을 했다는 점에서 유학승이 대내외적으로 인지도가 높고 영향력이 적지 않았음을 알 수 있다.

따라서 진평왕은 내적으론 관제정비와 왕도 주위 성곽 축성에 심혈을 기울이고, 외적으론 진과 수에 승려를 보내 불법을 구하는 한편, 수에 수시로 사신을 보내 군사를 청하기도 했다. 그리고 연호를 바꾸어 왕권이 강화되었음을 보여주었는데, 전제적인 왕권을 위하여 석가불신앙과 아울러 유교적 정치이념을 강화시켰다고도 볼 수 있다.[61] 이러한 진평왕의 왕권강화과정은 진흥왕의 면모와도 닮은 점이 많아 보인다. 진흥왕도 즉위 직후 관제정비와 연호 제정, 성곽 정비, 사찰 창건 등을 진행하여 왕권강

---

54) 각주 11)참조.

55) 『三國史記』卷4, 新羅本紀4 眞平王 18年條 "春三月 高僧曇育入隋求法 遣使如隋貢方物."

56) 『三國史記』卷4, 新羅本紀4 眞平王 22年條 "高僧圓光隋朝聘使奈麻諸文·大舍橫川還."

57) 『三國史記』卷4, 新羅本紀4 眞平王 24年條 "遣使大奈麻上軍 入隋進方物."

58) 『三國史記』卷4, 新羅本紀4 眞平王 26年條 "秋七月 遣使大奈麻萬世·惠文等 朝隋."

59) 『三國史記』卷4, 新羅本紀4 眞平王 27年條 "春三月 高僧曇育 隋入朝使惠文還."

60) 『三國史記』卷4, 新羅本紀4 眞平王 30年條 참조.

61) 李晶淑, 1994, 「眞平王의 卽位를 전후한 政局動向」, 『釜山史學』27, 부산사학회, 60쪽.

화를 이룩했기 때문이다. 즉 541년에 병부령 이사부로 하여금 병마사를 맡게 하고,[62] 545년에 『國史』를 편찬했으며,[63] 551년에 '개국(開國)'이란 연호를 사용,[64] 553년에는 지금의 황룡사지에 새로운 궁궐을 짓고자 계획하였다.[65] 이같이 내적 안정화를 이룬 직후에는 영토확장을 이루어 신주와 하주·비열홀주를 설치하였던 것이다.

이와 같이 진평왕 재위 전반기부터 진행한 내적 정비가 마무리되어 갔지만, 재위 중반기부터는 고구려, 백제와 치열한 전투가 국경 여러 곳에서 벌어졌다. 진평왕 54년 동안 치른 전쟁은 모두 13회인데 고구려와 3회, 백제와 10회로 대부분의 전쟁을 백제와 치뤘다고 해도 과언이 아니다. 그 중에서 왕이 직접 출정하거나 동원된 군사 수를 알 수 있는 전투는 북한산성 전투가 유일하다. 진평왕대 발발한 전쟁의 시작은 602년 백제가 신라의 아막성을 대규모 병력으로 공격해 왔고,[66] 603년에는 고구려가 북한산성을 침략한 일이었다.[67] 그리고 재위 33년부터 54년까지 9회의 전투가 벌어졌는데, 그 중 고구려와는 낭비성 전투가 유일하다. 따라서, 진평왕대 전투는 백제와 주로 벌어졌고, 고구려와는 북한산성과 우명산성, 낭비성 전투뿐이어서 이는 고구려가 수·당과 대규모 전쟁을 치르는 사이

---

62) 『三國史記』卷4, 新羅本紀4 眞興王 2年條 "拜異斯夫爲兵部令 掌內外兵馬事."

63) 『三國史記』卷4, 新羅本紀4 眞興王 6年條 "秋七月 伊湌異斯夫秦曰 國史者 記君臣之 善惡 示褒貶於萬代 不有修撰 後代何觀 王深然之 命大阿湌居柒夫等 廣集文士 俾之 修撰."

64) 『三國史記』卷4, 新羅本紀4 眞興王 12年條 "春正月 改元開國."

65) 『三國史記』卷4, 新羅本紀4 眞興王 14年條 "春二月 王命所司 築新宮於月城東 黃龍見 基地 王疑之改爲佛寺 賜號曰皇龍."

66) 아막성은 전북 남원군 성리에 위치해 있는 성리산성으로 포곡식에 둘레가 약 633m이다. 아막성이 위치한 운봉고원은 전북↔경남 간 육로교통의 중추이면서, 방어의 요충지로 알려져 있다(國立文化財硏究所, 2011, 앞의 책, 801쪽; 許重權·丁德氣, 2012, 「602년 阿莫城 戰鬪의 전개과정에 대한 고찰」, 『軍史』85, 국방부 군사편찬연구소).

67) 『三國史記』卷4, 新羅本紀4 眞平王 24·25年條.

나제(羅濟)간 치열한 공방전이 벌어졌음을 알 수 있다.

Ⅲ. 북한산성 전투 양상과 의의

1. 고구려의 침략과 신라의 대응

603년 고구려는 마침내 신라의 북한산성을 공격하기에 이른다. 이때의 문헌기록을 보면 아래와 같다.

〈사료3〉 가을 8월에 고구려가 북한산성을 쳐들어왔다. 왕이 몸소 군사 1만을 이끌고 가서 막았다.[68]

〈사료4〉 왕이 장군 고승을 보내 신라의 북한산성을 공격하였다. 신라왕이 군사를 이끌고 한강을 건너오니, 성안에서 북치고 떠들며 서로 호응하였다. 승은 저들이 많고 우리가 적다고 여겨 이기지 못할 것을 두려워하여 물러났다.[69]

위의 〈사료3〉과 〈사료4〉를 보면, 고구려군이 북한산성을 쳐들어오자 진평왕이 군사 1만을 이끌고 한강을 건너 고구려군을 물리쳤다는 내용이다. 그리고 고구려 고승 장군은 신라군이 많고, 고구려군이 적다고 판단하여 철군(撤軍)했다는 것이다. 그럼, 고구려는 왜 북한산성을 선택하였

---

68) 『三國史記』卷4, 新羅本紀4 眞平王 25年條 "秋八月 高句麗侵北漢山城 王親率兵一萬 以拒之."
69) 『三國史記』卷20, 高句麗本紀8 嬰陽王 14年條 "王遣將軍高勝 功新羅北漢山城 羅王率 兵過漢水 城中鼓 噪相應 勝以彼衆我寡 恐不克而退."

〈사진 3〉 아차산성 전경

고, 어떤 경로로 북한산성을 공격해 올 수 있었으며, 전투의 양상은 어떻게 전개되었는지 궁금하지 않을 수 없다.

고구려가 북한산성을 공격대상으로 삼은 이유는 한강 이북지역의 거점성이었기 때문이다. 북한산성으로 비정되는 아차산성은 둘레가 1km가 넘는 포곡식 산성으로 한강 유역에 위치한 다른 신라 산성들 중에 규모가 비교적 큰 편이고, 지리적으로 한강 북안(北岸)에 바로 접해 있어 한강 상·하류역 및 송파 일대를 조망하기에 적합하다. 교통로상으로는 아차산성 서편으로 흐르는 중랑천(中浪川)을 따라 북상(北上)하면 의정부↔양주↔적성·연천, 또는 포천↔철원으로 왕래할 수 있는 결절지(結節地)에 위치해 있다. 또한, 이 산성은 남쪽의 하남 이성산성(二聖山城, 사적 제422호)과 남·북으로 마주하며 한강 동부지역을 관할하는 거점성이었고, 고구려로서는 475년 장수왕(長壽王)대 백제 한성 공략과 관련 있는 기념적인 성이기도 하다. 이러한 성을 공략했다는 점은 전략적으로나 상징적으로 여러 가지 의미를 가질 수 있다. 전략적으로는 신라가 영유화를 시도하고 있는 중심성을 기습하므로써 한강 이북지역에 대한 지배의지 즉 방어시스템을 무력화 시킬 수 있고, 상징적으로는 막강한 기병(騎兵)을 내세워 고구려에 맞서는 상대에 대한 응징의 모습을 보여 줄 수 있다는 것이다.

다음으로 고구려군이 북한산성으로 남하(南下)하기 위해서는 육로상으론 임진강(臨津江)이나 한탄강(漢灘江)을 건너 양주와 포천을 지나 중랑천을 따라 오거나 왕숙천(王宿川) 방향으로 우회하는 경로가 있다. 또하나의 경로는 서해(西海)를 통해 배를 타고 한강 하류에 접근하여 침입했을 가능성도 있다. 그러나, 위에서 살펴본 문헌기록과 정황으로 보아 후자보다 전자의 가능성이 설득력이 있다고 보여지며, 고구려와 신라군은 한강 이북지역에서 상당기간 공방전을 벌인 것으로 판단된다. 그와 같은 추론이 가능한 것은 6세기 말부터 7세기 초사이 신라가 한강 이북지역에 대해서는 완벽한 방어체계를 갖추지 못했기 때문이다. 따라서 고구려군은 육로(陸路)를 통해 남하했을 것으로 여겨지는데, 만약 해로(海路)를 따라 한강을 거슬러 왔다면 광개토왕(廣開土王) 때 백제 한성을 공략한 일이나,[70] 661년 북한산성을 공격한 때처럼 수군(水軍)에 대한 기록이 있었을 것이다.[71] 또한 진평왕이 한강을 직접 건너왔다는 것으로 보아 한강변에 고구려 수군이 대기하기 어려웠을 것이다.

한편, 진평왕이 고구려군의 침략 사실을 전달받고 군사를 준비하는 시

---

70) 광개토왕릉비문 영락 6년에 광개토왕이 직접 수군을 이끌고 백제 왕성을 급습하여 아신왕으로부터 항복을 받아낸 것으로 해석되고 있다(이도학, 2006, 『고구려 광개토왕릉 비문 연구』, 서경, 239쪽).
71) 『三國史記』卷5, 新羅本紀5 太宗武烈王 8年條.
『三國史記』卷42, 列傳2 金庾信 中條.

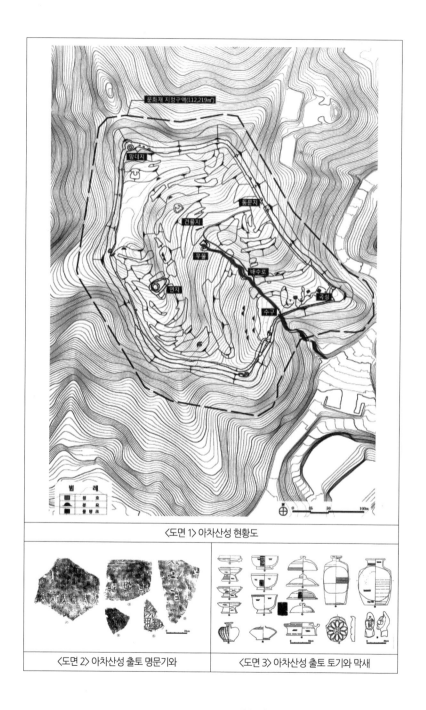

〈도면 1〉 아차산성 현황도

〈도면 2〉 아차산성 출토 명문기와

〈도면 3〉 아차산성 출토 토기와 막새

간과 한강 유역까지 이동하는 시간이 적지 않게 소요되었을 것이다. 이 기간 동안 북한산성을 사수하고 있던 신라군은 고구려군을 맞아 상당한 수성작전(守城作戰)을 구사했을 것이며, 주변 보루나 성곽에 주둔했던 얼마의 신라군도 지원을 해 왔을 것이다. 특히 진평왕은 남천주(南川州)를 거쳐 옛 신주의 치소이자 남한산(南漢山)으로[72] 불리던 경기도 하남에 있는 이성산성에 도달한 뒤, 대오(隊伍)를 정비한 후 한강을 건너 북한산성을 지원했을 것으로 추정된다. 그리고 한강을 건너 북한산성 주변에서 고구려군과 맞서 싸웠는데, 성 안에 있던 병사들도 북을 치며 소리를 질러 지원군에 호응하자 고구려군이 숫적 열세를 극복하지 못할 것을 두려워하여 철군하였다. 이때의 전투는 초기엔 고구려군이 북한산성을 공격하고, 성안의 신라군은 수성전을 펼치고 있었는데, 진평왕이 이끄는 지원군이 도착한 뒤로는 성이 아니라 평지에서 기마전(騎馬戰)을 벌였을 가능성이 있다. 그러던 중 성안의 군사까지 몰려 나올 상황이 되자 고구려군은 마침내 퇴각한 것이 아닐까 한다.

당시의 일반적인 정규전에서 선봉에는 보병방진과 중장기병을 배치하고, 방진 후방에는 원거리 무기병인 쇠뇌병을 배치하며, 좌우측면에는 경기병을 배치한다.[73] 그러나, 이때의 전투는 고승이 이끈 고구려군이나 진평왕이 이끈 신라군 모두 중장기병과[74] 쇠뇌병을 주축으로 편성했을 것

---

72) 황보경, 2009, 「광주 대쌍령리 고분 출토 '南漢山助舍'銘 청동제 방울 고찰」, 『文化史學』32, 한국문화사학회.

73) 이홍두, 2012, 「고구려의 남방 진출과 기마전」, 『軍史』85, 국방부 군사편찬연구소, 22쪽.

74) 강현숙에 따르면, 늦어도 4세기 말에는 경주지역에서는 중장기병과 관련된 갑주와 마갑주, 기승용마구와 장식마구 완비되었으며, 4세기대 원거리 공격이 가능한 기마전을 상정해 볼 수 있다고 하였다(강현숙, 2008, 「古墳 出土 甲胄와 馬具로 본 4, 5세기의 新羅, 伽倻와 高句麗」, 『新羅文化』32, 동국대학교 신라문화연구소).

으로 판단된다.[75] 그리고 보병을 보조적으로 편성하였을 것인데, 신라군의 경우 출정 인원이 많아 비정규군도 포함되었을 가능성도 있다.[76] 특히 신라군의 경우 548년 백제 독산성에서 벌어진 고구려 기병과의 교전 때 3천명의 갑졸이 출전한 적이 있고,[77] 602년 아막성 전투에서도 정예 기병 수천을 보내어 싸웠다는 것으로 보아 기병의 무장상태나 운용에 있어 결코 고구려나 백제군에 뒤지지 않았던 것으로 보인다.[78]

한편, 당시의 전투양상을 이해하는데 661년에 벌어졌던 두 번째 북한산성 전투상황이 도움이 될 수 있겠다. 고구려군이 북한산성을 공격한 것은 두 차례 있었고, 『三國史記』 김유신전에도 같은 내용이 전하는데 아래와 같다.

〈사료5〉 5월 9일에 고구려 장군 뇌음신과 말갈 장군 생해가 군사를 합해 술천성에 쳐들어 왔다가 이기지 못하자, 방향을 바꿔 북한산성을 공격하였다.[79]

〈사료6〉 고구려와 말갈이 '신라의 정예군이 모두 백제에 가 있어

---

75) 602년 아막성 전투에서 신라군은 기병을 출전시켜 백제군과 전투를 벌여 승리하였다.

76) 일반적으로 평탄한 지면에서는 전체 군 병력의 6분의 1을 기병으로 구성하고, 산악지방에서는 10분의 1정도로 구성했다고 한다(이홍두, 2012, 위의 글, 20쪽). 따라서, 고구려군은 신라군보다 규모면에서 적었을 것이므로 신라군의 기병 수가 더 많았을 가능성도 있다.

77) 『三國史記』卷26, 百濟本紀4 聖王 26年條 "春正月 高句麗王平成與濊謀 攻漢北獨山城 王遣使請救於新羅 羅王命將軍珍領甲卒三千發城之 朱珍日夜兼程 至獨山城下 與麗兵一戰 大破之."

78) 『隋書』에도 신라의 갑병이 중국과 같다고 하였다(『隋書』卷81, 列傳46 東夷 新羅條 "其文字 甲兵同於中國."

79) 『三國史記』卷5, 新羅本紀5 太宗武烈王 8年條 "五月九日 高句麗將軍惱音信與靺鞨將軍生偕 合軍來攻述川城不克 移攻北漢山城…."

국내가 허술할 것이니 칠 만하겠다'고 하여 군대를 출동시켜 수륙 양면으로 진격해 북한산성을 포위하였다. 고구려군은 성의 서쪽에 군진을 치고 말갈군은 성의 동쪽에 주둔해 열흘 내내 공격해오니, 성 가운데 사람들이 두려워하였다.[80]

〈사료5·6〉은 661년에 벌어진 북한산성 전투에 대한 기록으로 처음에는 고구려와 말갈군이 연합하여 술천성을 공격하다가 실패하자, 북한산성으로 옮겨와 전투를 벌였다는 것이다. 그런데, 김유신전에는 고구려와 말갈군이 수륙으로 왔고 고구려는 북한산성 서쪽에, 말갈군은 동쪽에 진영을 치고 열흘동안 협공했다는 것이다. 이때의 전투양상을 보면, 고구려와 말갈군은 육상말고도 배를 타고 이동했음을 알 수 있으며, 진영(陣營)을 북한산성 동쪽과 서쪽 양쪽에 설치했다고 한다. 따라서, 고구려군은 술천성으로부터 북한산성까지 배를 타고 이동했을 가능성이 커보이는데, 그 이유는 661년경에는 고구려군이 육로를 통해 이동하기 쉽지 않았을 것이다. 따라서, 고구려군은 적어도 술천성에서 배를 이용하여 이동했을 것이며, 북한산성 주변에 배를 정박하기 좋은 곳은 북한산성 서남쪽 아래에 위치한 광진나루가 있다.[81]

지금의 아차산 서쪽지역은 어린이대공원과 장한평 일대로 낮은 구릉과 평야가 펼쳐져 있으며, 동쪽지역도 시루봉 보루 동남쪽 아래로 평탄지가 있다. 고구려군이 서쪽에 진영을 설치한 것은 배를 정박하기에 유리하

---

80) 『三國史記』卷42, 列傳2 金庾信中條 "高句麗靺鞨謂 新羅銳兵皆在百濟 內虛可搗 發兵 水陸並進 圍北漢山城 高句麗營其西 靺鞨屯其東 攻擊浹旬 城中危懼…."
81) 서울特別市 城東區, 1992, 『城東區誌』, 736쪽.
서영일, 2014b, 「아차산성 주변의 고대 성곽과 교통로」, 『史叢』81, 고려대학교 역사연구소, 91쪽.

고, 철군할 때도 역시 배를 타고 이동하기 위해서는 동쪽보다 서쪽지역이 용이하기 때문이었을 것이다. 말갈군은 처음부터 육로로 내려왔을 것으로 생각되므로 철군시 철원방향으로 가기 위해 아차산 동쪽지역에 진영을 두는 것이 유리했을 것이다. 그리고 말갈군은 진영을 별도로 설치할만큼 독립적으로 군사를 지휘했던 것으로 생각되지만, 전시작전권은 역시 고구려군이 주도했을 것이다. 이 전투의 양상은 고구려와 말갈군이 북한산성으로 포차(砲車)를 사용하여 비석(飛石)을 날려 성벽을 무너트리는 공성전을 펼쳤고, 신라군은 마름쇠를 뿌려 이에 대응하였다고 한다. 따라서, 603년과 661년에 벌어진 북한산성의 전투양상은 다소 달랐다는 것을 알 수 있다.

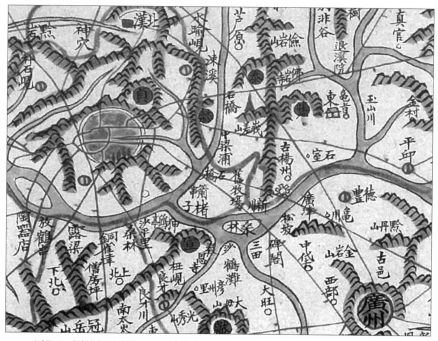

〈지도 1〉 아차산과 광진나루('동여도'의 일부)

6세기 중반부터 7세기 초까지 과연 신라군은 당시에 어디까지를 최전방으로 삼아 방어전선을 구축했던 것일까? 신라는 553년 신주 설치와 555년 진흥왕 순행, 557년 북한산주 설치 등으로 보아 한강 유역을 완전하게 점령한 것으로 이해된다. 그러나 그에 걸맞는 군사적 방어시스템을 구축했을지, 어느 지역까지를 방어권으로 설정했을지 궁금하지 않을 수 없다. 이에 대하여 대체적으로 신라는 임진강 유역까지 주요 성곽을 점령하여 방어태세를 갖추었을 것이다. 그러나, 한강 이북지역에 대해서는 포천 반월성(半月城, 사적 제403호)이나 양주 대모산성(大母山城, 사적 제526호), 서울 불암산성(佛巖山城, 기념물 제32호), 의정부지역 보루 등이 일시적으로 활용되었다고 보고 있다.[82] 따라서, 신라군은 고구려군과 임진강을 사이에 두고 대치했을 것이지만, 동시에 백제로부터도 602년에 아막성을 공격받는 등 군사력을 분산시킬 수 밖에 없었던 형편이었다. 이때까지는 남천주를 중심으로 백제의 침략을 대비한 방어태세가 가동되고 있었는데, 이는 당항성(黨項城)을 보호하기 위한 치소의 운영이었다. 이런 상황 아래에서 신라군은 임진강과 한강 유역에 이르는 주요 교통로상에 분포한 파주 칠중성(七重城, 사적 제437호)과 양주 대모산성 등의 일부 주요 성곽과 보루에만 병력을 주둔시켰을 가능성이 높다고 생각된다. 그렇기 때문에 고구려군의 기습에 제대로 대처하기 어려웠을 것이며, 고구려군 병력이 만만치 않았기 때문에 신라군 1만이 참전했던 것으로 이해된다.

이 시기 주요 교통로를 살펴보면, 평양에서 북한산성으로 이르는 교통로는 여러 경로가 있는데, 대체로 5개 노선이 알려져 있으며 이는 임진·

---

82) 권순진, 2007, 「경기지역 신라 '북진기성곽'에 관한 일고찰」, 『신라사학보』9, 신라사학회.
    서영일, 2010, 「산성 분포로 본 신라의 한강 유역 방어체계」, 『고고학』9-1, 중부고고학회.

〈사진 4〉 고석정에서 바라본 한탄강

한탄강 유역을 중심으로 발달한 하천로이다.[83] 603년 고구려군의 남하경
로는 평양에서 이천을 지나 평강을 통해 철원으로 왔을 것인데, 이 경로상
에는 대략 거성과 만경산성 등 약 6개 성이 분포해 있는 것으로 알려져 있
다.[84]

철원을 평양에서 남하하는 분기점으로 볼 경우 한탄강을 따라 포천 냉

---

83) 白種伍, 2007, 「南韓地域 高句麗 關防體系」, 『先史와 古代』26, 韓國古代學會.
84) 북한 철원군·이천군 성곽 현황(사회과학원 고고학연구소, 2009, 『고구려의 성곽』,
    진인진 참조).

성곽명	위치	둘레(m)	특징
거성	철원군 거성리	약 900	임진강 주변, 노기산성과 인접, 고구려 기와 수습, 고분군
만경산성	철원군	약 450	거성에서 북쪽 약 2km거리, 고구려 기와 수습
삭녕산성	철원군 삭녕리	약 570	임진강 뱃길과 연천방향 통제 가능
노기산성	철원군 용수동	약 400	임진강 주변, 장대지, 건물지, 고구려 기와수습
심동리산성	이천군 북쪽	약 600	철원과 금천쪽, 임진강 방어 유리, 북문지, 장대지, 고구려 기와와 막새 수습
성산고성	이천군 성산		고구려 기와 수습

〈지도 2〉 포천─철원지역 성곽 분포도

번호	유적명	번호	유적명
1	아차산성	8	보가산성
2	불암산성	9	냉정리산성
3	퇴뫼산성	10	할미산성
4	고모리산성	11	어음성
5	반월성	12	고석성
6	소고산성	13	동주산성
7	성동리산성	14	성산성

정리(냉정리산성)→운천리→성동리(성동리산성[85])→만세교리→구읍리(반월성[86])→고모리(고모리산성[87])까지 도달한 후 이곳에서 의정부나 남양주 진접읍 방면으로 갈라진다. 하천은 한탄강—영평천—포천천으로 이어지며, 도로는 현재의 국도43호선에 해당한다. 이러한 산성과 교통로를 참고해 보면, 포천지역 산성의 종심은 철원방향에서 남하하는 고구려와 북한산성에서 철원방향으로 진출하려던 신라가 충돌하던 군사전략로라 할 수 있다.[88] 따라서, 603년 고승 장군이 이끄는 고구려군은 신라군이 경계하기 어려운 철원→포천으로의 교통로를 통해 남하했을 것으로 추정되며, 이동거리는 철원에서 아차산성까지 약 90km 거리이므로 3~4일 정도가 소요되었을 것이다.[89]

다음으로 신라의 대응 과정에 대하여 살펴볼 필요가 있겠다. 진평왕은 602년 백제가 아막성을 공격해 왔을 때 정예 기병 수천을 지원하는 정도에서 막아내었고, 곧바로 신라가 소타 등의 4개 성을 쌓자 백제가 4만 명의 병력을 동원하여 침략했을 때도 장군 건품과 무은 등이 맞서 싸워 대

---

85) 성동리산성은 영평천—한탄강을 따라 배치된 고소성·주원리산성과 함께 남북·동서 방향의 교통로에 입지하여 길목을 차단하는 전방위성(前方位城)으로 판단된다. 그리고 전방위성을 총괄하는 중심적 기능은 반월성과 대전리산성에서 수행한 것으로 보고 있다(京畿道博物館, 1999, 『抱川 城洞里 마을遺蹟』, 374쪽).

86) 반월성은 고구려 '마홀군(馬忽郡)'의 치소지로 밝혀졌으며, 백제와 고구려, 신라가 모두 사용한 것으로 조사되었다. 특히 이 성을 중심으로 분포한 성의 간격으로 보아 마홀군은 大城1(반월성)과 小城2(성동리산성, 대전리산성)를 중심으로 구성되었을 것으로 보기도 한다. 그리고 이 성을 629년에 일어났던 낭비성(娘臂城) 전투지로 보고 있기도 하다(단국대학교 매장문화재연구소, 2004, 『포천 반월산성—종합보고서—』).

87) 단국대학교 매장문화재연구소, 2001, 『포천 고모리산성 지표조사 보고서』.

88) 서영일, 1999, 『신라 육상 교통로 연구』, 학연문화사, 291쪽.

89) 고대 병력이 하루 이동거리는 30리(약 12km)로 보는 견해가 있는데, 경기갑 정도가 빠르게 말을 달렸다고 해도 하루에 24km 정도 밖에 이동하지 못했다고 한다(김주성, 2011, 「7세기 삼국 고대 전투모습의 재현」, 『軍史』81, 국방부 군사편찬연구소 참조).

승을 거뒀다.[90] 이 전투를 통해 알 수 있는 것은 신라군의 전투력이 수적으로 불리한 가운데 백제군을 패퇴시켰다는 점이다. 그런데, 603년 고구려군이 북한산성을 공격해 왔다는 소식을 듣고 진평왕은 군사 1만 명과 함께 직접 출정(出征)하였다. 앞에서도 살펴보았듯이 진평왕대 일어난 전투 중에서 왕이 직접 출정한 예는 이 전투가 유일한 경우이고, 1만이라는 적지 않은 병력을 동원했다는 점 또한 신라로서는 전력을 다하고자 했던 것이다. 신라군은 중장기병을 앞세워 경주에서 아차산성까지 이동했을 것인데, 적어도 14~16일 정도가 소요되었을 것이다. 그리고 1만의 병력이 한꺼번에 경주에서 출발했을 가능성보다 남천주[91] 등에서 중장기병이나 보병 등을 충원하여 병력을 편성했을 것으로 판단된다. 이외에도 군량미 등의 보급물자 수송도 남천주를 중심으로 한 지역에서 조달되었을 것이다.

여기에서 또 한 가지 눈여겨 볼 점은 이때 참전한 화랑(花郞)과 낭도(郞徒) 등의 구성원에 관한 것이다. 일단 화랑과 낭도들은 진평왕를 비롯하여 진흥왕대부터 문무왕대까지 군사적 활동이 가장 왕성했던 것으로 전하고 있다는 점에서 주목된다.[92] 화랑과 낭도들은 당시에 신라 사회에서 정치나 전쟁에 적극적인 참여와 개입을 했던 것으로 알려져 있다. 따라서, 603년 전투에도 왕이 직접 출정했던 만큼 적지 않은 수의 화랑과 낭도가 참전하여 전투를 승리로 이끌었다는 점은 어렵지 않게 추론할 수 있

---

90) 『三國史記』卷27, 百濟本紀5 武王 3年條.

91) 남천주에는 이 당시 6정 중에 세 번째인 남천정이 설치되어 있었다(『三國史記』卷40 雜志9 職官下 六停條 "眞興王 二十九年 罷新州停置南川停.").

92) 홍순창은 화랑과 낭도들의 군사활동 횟수를 진평왕대에 10회로 가장 많고, 그 다음이 태종무열왕대 9회 등으로 많았다고 하여 참고가 된다(洪淳昶, 1989, 「花郞과 新羅의 政治社會」, 『花郞文化의 再照明-신라문화제학술발표논문집』, 101~102쪽).

겠다.[93]

　참고적으로 화랑이나 낭도들이 전쟁에 참여한 예는 적지 않은데, 대표적으로 사다함과 김흠운이 있다. 사다함은 562년 이사부(異斯夫)와 더불어 가야를 공격할 때 15~16세에 귀당비장(貴幢裨將)으로 임명되어 많은 낭도들과 함께 참전하여 대승을 거둔 적이 있다.[94] 그리고 김흠운은 어려서 화랑 문노(文努)의 휘하에서 수련을 했던 인물로 655년 백제와 조천성(助川城)에서 벌어진 전투 때 전사하였고,[95] 관창도 백제와의 전쟁에 참가하여 전사하였다.[96] 한 가지 더 흥미로운 점은 비교적 큰 전투에 부자(父子)가 출전한 예가 적지 않다는 것이다. 602년 아막성 전투에는 무은과 귀산이, 629년 낭비성 전투에 김서현과 김유신, 660년 백제와 벌인 황산벌 전투에 김흠춘과 반굴, 품일과 관창이 참전한 예가 그렇다. 이렇게 부자가 참전하여 전세(戰勢)가 불리하거나 선공(先攻)을 해야 될 상황에서는 대체로 아들이 선봉에 나서서 전과를 올리거나 승세를 역전시켜 전투를 승리로 이끌고 있다. 이러한 화랑과 낭도들의 활약상에 대하여 김대문이 "현좌와 충신이 여기서 솟아나오고, 향장과 용졸이 여기서 나온다"고 말하였고, "3대의 화랑이 무려 2백여 명이나 된다"고 전하는[97] 것으로 보아 진흥왕 이후 상당한 수의 화랑과 낭도들이 각종 전투에 참전하여 많은 공

---

93) 『花郎世紀』九世 秘宝郎條에는 북한산성 전투에 대하여 비교적 상세하게 전하고 있는데, 비보랑과 세호랑 부자가 참전하여 세호랑이 공을 세워 아찬벼슬을 하사받고 대당까지 장악했다고 한다(김대문저, 이종욱역, 2005, 『대역 화랑세기』, 소나무, 148~149쪽).

94) 『三國史記』卷4 新羅本紀4 眞興王 23年條.
　　『三國史記』卷44 列傳4 斯多含傳.

95) 『三國史記』卷47 列傳7 金歆運傳.

96) 『三國史記』卷47 列傳7 官昌傳.

97) 『三國史記』卷47 列傳7 金歆運傳 "故大問曰 賢佐忠臣 從此而秀 良將勇卒 由是而生者 此也 三代花郎 無慮二百餘人 而芳名美事 具如傳記."

을 세웠음을 알 수 있다.

이렇게 화랑들의 활약은 위기에 처한 신라를 구하고, 삼국을 통일하는 데 지대한 영향을 미쳤다. 이는 화랑도로서의 집단형성이 국가의 의사에 의해서라기보다도 주로 그들 성원 자신들의 서약(誓約)에 의해 자발적으로 이루어지고 있는 듯한 점도 주목된다.[98] 즉 위의 예에서 보듯이 전쟁에 참전한 화랑들은 부자가 함께 한 경우도 있고, 어린 나이에 자발적으로 참여하였으며, 전황(戰況)에 따라 과감한 결단을 보여줌으로써 전쟁에서의 승기(勝氣)를 잡거나 패전의 위기를 모면하기 위한 매우 유효한 기회를 만들어 주었음이 분명하다. 물론 이에 대한 보상도 뒤따랐는데, 사다함의 경우 양전(良田)과 부노(俘虜) 200인을 상으로 내려 주었고,[99] 김흠운은 일길찬(一吉飡)에 추증되었으며, 관창에게는 급찬(級飡)의 직위를 추증하고 당견과 포, 양곡 1백석을 부의(賻儀)로 하사하였다. 그리고 세호랑은 아찬의 직위를 주고 대당을 장악하도록 한 것으로 볼 때, 전쟁에 참여한 화랑에게 벼슬과 토지, 포로 등의 적지 않은 보상을 해 주었다. 따라서, 화랑이나 낭도들은 전공에 따른 신분상승의 기회로 삼았고, 정부 차원에서는 위기 극복을 위한 청년층의 적극적 참여를 유도하여 왕권 및 군사력 강화의 기회로 삼았던 것으로 여겨진다.

2. 전투의 의의

603년에 벌어진 고구려의 신라 북한산성 공격은 결과적으로 신라가 승리를 한 것으로 볼 수 있다. 그러나 자세한 내막을 들여다보면, 고구려

---

98) 李基東, 1980, 『新羅 骨品制社會와 花郞徒』, 韓國硏究院, 356쪽.

99) 정운용은 사다함전을 통해 당시의 경제적인 사회상을 연구하여 참고가 된다(鄭雲龍, 2004, 「『三國史記』斯多含傳을 통해 본 新羅 社會相」, 『삼국사기』「열전」을 통해 본 신라의 인물–신라문화제 학술발표논문집』, 동국대학교 신라문화연구소).

로서는 한강 유역을 회복하고자 하는 목적보다는 신라가 장악한 한강 이북지역을 기습하여 영역화 의지를 꺾는 한편 수와 밀착되어 가는 외교관계에 대한 응징의 목적도 있었다고 생각된다. 특히 한강 유역은 당항성을 통한 신라와 수사이의 외교관계가 진행되는 최전방이었기 때문에 고구려 입장에서는 백제나 신라가 수와 군사적 밀착관계를 강화하려는 것에 대하여 경계함은 물론 두 나라가 사신을 파견하여 군사를 요청할 때마다 즉각적인 응징을 가했다. 한편 신라로서는 당항성과 한강 유역은 결사적으로 방어해야 하는 입장이었다. 한강 유역은 신주 설치와 진흥왕 순행, 북한산주 설치 등을 통해 지배강화를 이룩하여 백제는 물론 고구려와의 대결이 표면화된 계기가 되기도 했다. 또한 독자적인 대중국 외교관계를 펼치고자 했던 기지였다는 점에서 진평왕은 진흥왕 이후로 유지해온 한강 유역−한강 이북의 거점성−을 사수해야 하는 처지였다. 그랬기 때문에 진평왕 자신이 직접 1만이란 군사와 화랑들을 이끌고 참전한 것이다.

따라서 603년 전투가 갖는 의미는 고구려로서는 수와 신라가 점차 밀착해져 가는 외교관계를 차단하고, 한강 이북의 거점성을 공격하여 신라의 영역화를 저지하려는 의도가 있었다. 고구려는 이미 백제에 대해서도 공격을 감행한 바 있었기 때문에 신라에 대해서도 같은 목적을 달성하기 위해 공격했던 것이다. 다만, 551년에 상실한 한강 유역에 대한 실지회복(失地回復)이라는 명분을 603년 이후에도 지속적으로 내세웠다는 점에서 고구려의 북한산성 공격은 그 목적이 뚜렷하다고 볼 수 있다.

한편, 진평왕은 왜 이 전투에 직접 출정했던 것일까? 그 이유는 앞에서도 언급하였듯이 할아버지인 진흥왕의 업적을 기리고, 왕권강화를 위한 목적도 내재되어 있었다고 사료된다. 특히 주목해야 될 점은 진흥왕이 한강 유역에 신주를 설치하고, 555년 북한산을 순행하여 지금의 북한산

비봉(碑峰, 해발 560m)에 '북한산 신라 진흥왕 순수비(국보 제3호)'를 세웠으며, 신주의 치소를 북한산주로 옮긴 일이다. 왕의 순행과 강역을 획정한 비석 건립은 손자인 진평왕에게 적지 않은 영향을 미쳤을 것이다. 그러한 상황에서 고구려군이 북한산성을 침략했다는 소식은 진평왕에게 있어서 진흥왕의 업적을 무너트리는 행위로 간주되었을 것이다. 따라서 진평왕은 단순히 강역을 방어하기 위해서만이 아니라 진흥왕의 영토확장 기념비가 세워진 북한지역의 거점성인 북한산성을 사수하고자 했고, 신라인들로 하여금 자존감을 불러 일으키기 위한 목적도 있었을 것이다. 그리고 전투를 승리로 이끈 후에는 진흥왕처럼 604년에 곧바로 남천주에 있던 치소를 다시 북한산주로 옮긴다.[100] 이러한 조치는 영역의 실질적인 지배와 대중국 외교의 창구역할을 하는 한강 유역을 사수하고자 했던 강한 의지가 반영된 것이라고 본다.

아울러 진평왕은 북한산성 전투를 승리로 이끌고 곧바로 경주로 돌아가지 않았을 가능성도 있다. 그 이유는 고구려군이 스스로 물러나 퇴각했다는 점과 철원 고석정(孤石亭)에 있었다는 진평왕비(眞平王碑)를 고려해 본다면 그러한 추론이 가능하지 않을까 한다. 고구려군은 북한산성으로 출병한 목적이 앞에서도 언급하였듯이 여러 목적이 있었다. 그런데, 미처 생각지 못했던 진평왕이 이끈 지원군이 도착하자, 고승 장군은 당황하지 않을 수 없었을 것이며 철군을 해야 하는 상황에 놓였다. 그러나 진평왕은 고구려군을 순순히 돌려보내기 보다 화랑과 낭도들을 앞세워 여세(餘勢)를 몰아 고구려군의 뒤를 쫓아갔을 개연성이 높다. 그리고 고구려군의 퇴각로는 역시 남하 경로였던 포천을 거쳐 철원방면으로 철군하여 한탄강을 건너갔을 것이며, 신라군은 이를 따라 북상하다가 추격을 멈추었을

---

100) 『三國史記』卷4, 新羅本紀4 眞平王 26年條 "廢南川州 還置北漢山州."

〈사진 5〉 고석정 전경

것이다.[101] 당시에 철원은 신라가 완전하게 영역화를 이루지 못하였고, 교통로의 분기점과 한탄강이라는 자연경계에 위치한 성산성을 넘어 평강까지 넘어가긴 어려웠을 것이다. 따라서, 진평왕은 이때의 전투를 계기로 임진강과 한탄강 유역을 고구려와의 접경지대로 삼으려고 했을 것이고, 이를 기념하기 위한 것이 바로 고석정에 있었다던 진평왕비가 아닐까 한다.[102] 진평왕비에 관한 기록은 『新增東國輿地勝覽』에 비교적 상세하게 전해진다.[103] 이밖에 김정호의 『大東地志』에도 고석정에서 진평왕이 노닐

---

101) 고석정을 중심으로 분포한 삼국~남북국시대 성곽으로는 할미산성과 성모루토성, 어음성, 성산성 등이 있는데, 한탄강과 교통로를 통제하기 위해 축성되었다. 지표 조사를 통해서 토기와 기와, 철제말 등이 수습되어 주목받고 있다(陸軍士官學校, 2000, 『鐵原 城山城』; 철원문화원, 2006, 『철원의 성곽과 봉수』).

102) 서영일은 고석정의 진평왕비를 629년 낭비성 전투와 관련된 것으로 보고 있다(서영일, 2014a, 앞의 책, 157쪽).

103) 『新增東國輿地勝覽』卷47 鐵原都護府 樓亭 孤石亭條 "孤石亭 在府東南三十里…世傳

었다고 전하며,[104] 구사맹과[105] 성해응[106] 등의 여러 문집에도 같은 내용이 전해져 오고 있다.

비록 진평왕비는 전해지지 않지만, 그 비가 왜 철원의 한탄강변에 세워지게 되었을까를 유추해 본다면, 603년 진평왕이 이끄는 신라군이 철원까지 북상하여 고구려군을 격퇴시킨 일을 기념하면서 한탄강 일대를 임진강과 마찬가지로 경계로 삼고자 했던 것이다. 무엇보다 철원은 지리적으로 평양으로 진격할 수 있는 주요 교통로 중에 한 곳인데다가 서쪽으로는 연천, 파주로 서진(西進)할 수 있고, 동쪽으로 화천과 춘천으로 동진(東進)할 수 있는 분기점에 해당하는 곳이기 때문이다. 따라서, 신라로서는 철원을 점령한다면 고구려의 남하를 저지하고 영서지방으로의 진출을 봉쇄할 수 있었기 때문에 이 전투에 상당한 의미가 있다고 하겠다.[107]

결과적으로 603년 북한산성에서 벌어진 전투는 신라로선 진평왕이 추구하고자 했던 왕권 강화에 중요한 계기를 마련하였다고 본다. 특히 즉위 직후 단행했던 관제개편과 성곽 축성, 수와의 외교관계, 원광 등의 승려 파견 등 정치 및 군사, 외교, 종교의 안정화를 이루었다. 이를 바탕으로

新羅眞平王 高麗忠肅王嘗遊此亭 高麗僧無畏記 鐵原郡南萬餘步 有孤石亭 巨岩斗起 … 新羅眞平王所留碑…."
104) 金正浩, 『大東地志』 鐵原都護府條 "孤石亭眞平王忠肅王嘗遊此亭 巨巖斗起僅三百尺 周十餘丈上有一穴蒲伏而入如屋宇層臺可坐十餘人傍有新羅眞平王碑…."
105) 具思孟, 『八谷集』卷2 七言古詩 東州十詠次頤菴韻 "右孤石摩碑 孤石亭 在府南三十里 新羅眞平王嘗遊幸 有碑."
106) 成海應, 『硏經齋全集』卷44, 地理類, 東水經 漢江 "又爲孤石亭尊潭 亭臨絕壁 緣而上 有小穴由之 歷巖嶂而至臺 平鋪可坐 世傳新羅眞平王有碑 今亡矣."
107) 그러나 608년 고구려는 신라의 북변을 침략하고 이어 우명산성을 함락하였으며, 629년에는 신라가 고구려의 낭비성을 공격하여 함락시켰다. 이 두 전투의 기사로 볼 때, 임진강과 한탄강 유역에서는 치열한 공방전이 벌어졌음을 알 수 있다. 특히 우명산성은 지금의 춘천으로, 낭비성이 반월성으로 비정한다면, 608년 이후 고구려는 철원을 재공략하여 남하한 것으로 볼 수 있다.

한 상황에서 왕이 직접 북한산성까지 출정하여 승리함으로써 귀족세력은 물론이고 승려나 화랑세력까지도[108] 규합시킨 변화의 기회를 만들었던 것이다. 이후로 진평왕은 백제와 대등한 대결국면을 이어가고, 고구려와는 수세적 입장이었지만 비교적 선방(善防)하면서 수와 고구려의 전쟁을 부추겨 실리(實利)를 취하고자 했다.

IV. 맺음말

603년 고구려가 북한산성을 공격한 목적이 551년 나제군에게 빼앗긴 한강 유역을 되찾기 위한 명분도 있었지만, 수와의 대결로 인한 국력의 소모가 큰 상황에서 백제와 신라가 지속적으로 수와의 외교관계를 밀착시켜 가는 것에 대한 견제를 하고자 했던 것이다. 그리고 신라의 한강 이북지역 거점성인 북한산성을 공격함으로써 이 일대에 대한 영역화를 저지하고자 했다. 따라서, 603년 북한산성 전투는 한강 이북 지역에 대한 신라의 실질적인 지배를 저지하고, 수와의 밀착외교를 견제하려는데 목적이 있었다고 본다.

이에 반해 신라는 진평왕의 왕권이 강화되는 과정에서 진흥왕대 넓혔던 영역의 유지와 고구려와의 대결에서 주도권을 잡기 위한 포석이 있었다. 특히 진평왕의 출전이 갖는 의미는 할아버지인 진흥왕이 확장한 영토에 대한 사수의지가 확고했고, 젊은 화랑과 낭도들을 내세워 향후 내적 정국의 안정화를 기하는 동시에 충성심을 이끌어내기 위한 목적도 있었

---

108) 박남수는 왕과 화랑과의 관계를 진흥왕대에 전륜성왕과 미륵보살의 관계로, 진평왕대 이후로는 석가여래와 미륵보살의 관계로 바뀌어졌다고 보았다(朴南守, 2008, 앞의 논문, 153쪽).

던 것 같다. 그리고 북한산성 전투에서 그친게 아니라 고구려군을 추격하여 철원까지 북상한 뒤 고석정에 비석을 남겼을 가능성이 높으며, 604년 남천에 있던 주치소를 다시 북한산으로 옮겨오게 된 계기를 만들었다. 이는 진평왕이 진흥왕의 치적과 거의 비슷한 행보를 보이고자 한 측면이 있고, 진흥왕 이후 대고구려에 대한 수세적인 모습을 극복하여 공세적으로 정책을 전환하고자 했던 의도로 볼 수 있겠다.

603년 북한산성에서 벌어진 전투는 고구려와 신라군이 격돌한 크게 의미가 없는 전투로 여길 수 있지만, 앞에서 살펴보았듯이 당시의 정세로 보아 고구려와 신라뿐만 아니라 백제, 수의 외교관계가 복잡하게 얽힌 가운데 벌어진 전투였다. 그리고 고구려는 신라의 영역화를 저지하고, 수와의 외교관계를 견제하기 위한 목적이 있었으며, 신라는 진흥왕이 확보한 영역의 사수와 젊은 화랑과 낭도들을 동원하여 왕권강화의 기회로 삼았던 전투였다고 본다. 그러나, 여전히 많은 부분에서 명쾌하게 설명되지 못한 부분이 있고, 북한지역 관방체계나 조사자료가 부족한 상황에서 다소 확대해석한 부분도 없지 않으므로 앞으로 진행될 아차산성에 대한 발굴성과와 새로 드러나는 자료를 바탕으로 보완해 나가고자 한다.

【참고문헌】

■ 문헌

『隋書』,『日本書紀』,『三國史記』,『三國遺事』,『新增東國輿地勝覽』,『八谷集』,『研經齋全集』,『大東地志』

■ 단행본

강진갑 외, 1994,『아차산의 역사와 문화유적』.

國立文化財研究所, 2011,『韓國考古學專門事典−城郭·烽燧篇』.

김대문저, 이종욱역, 2005,『대역 화랑세기』, 소나무.

金德原, 2007,『新羅中古政治史研究』, 京仁文化社.

사회과학원 고고학연구소, 2009,『고구려의 성곽』, 진인진.

서영일, 1999,『신라 육상 교통로 연구』, 학연문화사.

서울特別市 城東區, 1992,『城東區誌』.

李基東, 1980,『新羅 骨品制社會와 花郎徒』, 韓國研究院.

이도학, 2006,『고구려 광개토왕릉 비문 연구』, 서경.

이성제, 2005,『高句麗의 西方政策 研究』, 국학자료원.

주보돈, 2007,『신라 지방통치체제의 정비과정과 촌락』, 신서원.

황보경, 2009,『신라 문화 연구』, 주류성.

■ 논문

강현숙, 2008,「古墳 出土 甲冑와 馬具로 본 4, 5세기의 新羅, 伽倻와 高句麗」,『新羅文化』32, 동국대학교 신라문화연구소.

권순진, 2007,「경기지역 신라 '북진기성곽'에 관한 일고찰」,『신라사학보』9, 신라사학회.

金玟秀, 2000,「峨嵯山에서의 古代史의 諸問題」,『京畿鄕土史學』5, 전국문화원연합회

경기도지회.

金炳坤, 2009, 「眞平王의 卽位와 智證王系 人物의 動向」, 『한국고대사연구』56, 한국고
　　대사학회.

김주성, 2011, 「7세기 삼국 고대 전투모습의 재현」, 『軍史』81, 국방부 군사편찬연구소.

김진한, 2009, 「嬰陽王代 高句麗의 政局動向과 對隋關係」, 『高句麗渤海研究』33, 高句
　　麗渤海學會.

朴京哲, 1995, 「高句麗軍事力量의 再檢討」, 『高句麗史 研究』, 白山資料院.

朴南守, 2008, 「신라 중고기 花郎의 出身 家系와 花郎徒 운영의 변화」, 『한국고대사연
　　구』51, 한국고대사학회.

朴方龍, 1994, 「慶州 南山新城의 研究」, 『考古歷史學志』10, 동아대학교.

白種伍, 2007, 「南韓地域 高句麗 關防體系」, 『先史와 古代』26, 韓國古代學會.

서영교, 2011, 「高句麗 倭 連和와 阿旦城 전투」, 『軍史』81, 국방부편찬연구소.

서영일, 2010, 「산성 분포로 본 신라의 한강 유역 방어체계」, 『고고학』9-1, 중부고고학회.

서영일, 2014a, 「삼국 항쟁과 아차산성」, 『아차산성』, 광진구·광진문화원.

서영일, 2014b, 「아차산성 주변의 고대 성곽과 교통로」, 『史叢』81, 고려대학교 역사연구소.

李宇泰, 1999, 「北漢山碑의 新考察」, 『서울학연구』12, 서울시립대학교부설 서울학연구소.

李仁哲, 2001, 「6~7世紀의 靺鞨」, 『國史館論叢』95, 國史編纂委員會.

李晶淑, 1994, 「眞平王의 卽位를 전후한 政局動向」, 『釜山史學』27, 부산사학회.

이홍두, 2012, 「고구려의 남방 진출과 기마전」, 『軍史』85, 국방부 군사편찬연구소.

任孝宰·尹相悳, 2002, 「峨嵯山城의 築造年代에 대하여」, 『靑溪史學』16·17.

丁善溶, 2008, 「隋·唐 초기 中國的 世界秩序의 변화과정과 삼국의 대응」, 『新羅史學
　　報』12, 新羅史學會.

鄭雲龍, 2004, 「『三國史記』斯多含傳을 통해 본 新羅 社會相」, 『『삼국사기』「열전」을 통
　　해 본 신라의 인물─신라문화제 학술발표논문집』, 동국대학교 신라문화연구소.

최종택, 2013, 「아차산성에 대한 고고학적 조사 성과와 과제」, 『아차산성과 삼국의 상호

관계」, 광진구 외.

張彰恩, 2013, 「6세기 후반~7세기 초반 高句麗의 南進과 對新羅 領域向方」, 『民族文化論叢』55, 민족문화연구소.

許重權·丁德氣, 2012, 「602년 阿莫城 戰鬪의 전개과정에 대한 고찰」, 『軍史』85, 국방부 군사편찬연구소.

洪淳昶, 1989, 「花郎과 新羅의 政治社會」, 『花郎文化의 再照明−신라문화제학술발표논문집』.

皇甫慶, 1999, 「新州 位置에 대한 研究」, 『白山學報』53, 白山學會.

황보경, 2009, 「광주 대쌍령리 고분 출토 '南漢山助舍'銘 청동제 방울 고찰」, 『文化史學』32, 한국문화사학회.

황보경, 2012, 「한강 유역 출토 신라 수막새 고찰」, 『東洋學』52, 檀國大學校 東洋學研究院.

■ 보고서

京畿道博物館, 1999, 『抱川 城洞里 마을遺蹟』.

단국대학교 매장문화재연구소, 2001, 『포천 고모리산성 지표조사 보고서』.

단국대학교 매장문화재연구소, 2004, 『포천 반월산성−종합보고서−』.

명지대학교부설 한국건축문화연구소, 1998, 『아차산성 '96보수구간내 실측 및 수습발굴 조사보고서』.

서울대학교 인문학연구소 외, 2000, 『아차산성 시굴조사보고서』.

陸軍士官學校, 2000, 『鐵原 城山城』.

철원문화원, 2006, 『철원의 성곽과 봉수』.

忠北大學校 湖西文化研究所, 1989, 『溫達山城 地表調査報告書』.

忠北大學校 博物館, 2003, 『溫達山城−北門址·北雉城·水口 試掘調査報告書』.

충북문화재연구원, 2014, 『온달산성 −2012년 발굴조사 보고서−』.

한강문화재연구원, 2013, 『아차산성 종합정비계획』.

한국교통대학교 박물관, 2013, 『단양 溫達山城』.

【사진 및 도면 출처】

〈사진 1·3〉광진구청·한강문화재연구원 제공.

〈도면 1〉한강문화재연구원, 2013, 『아차산성 종합정비계획』, 27쪽.

〈도면 2·3〉한강문화재연구원, 2013, 『아차산성 종합정비계획』, 63~64쪽.

7세기 초 삼국의 정세와 당항성 전투 의의

I. 머리말

당항성은 신라 진흥왕(眞興王)이 553년 한강 유역을 차지한 이후부터 고구려와 백제로부터 벗어나 자주적인 대중국 외교를 추진하고자 했던 거점이었다. 문헌에 전하는 '党項城'은 지금의 당성(唐城, 사적 제217호) 즉 구봉산(九峯山)에 축성된 복합식 산성으로 추정되고 있으며, 행정적인 위치는 경기도 화성시 서신면 상안리 산32번지 일원에 해당된다. 당성에 대한 조사는 1998년과 2000년 두 차례에 걸쳐 성벽과 북문지, 건물지, 외성지 등이 발굴되었으며,[1] 이를 정리하고 주변 유적까지 살펴본 자료도 간행되었다.[2] 그리고 최근에 3차 조사가 이루어져 2차 성곽의 망해루지와 집수시설, 연못지, 동벽 외에 1차 성곽의 성벽과 건물지 2개소, 외성에 대

---

1) 漢陽大學校博物館, 1998, 『唐城-1次發掘調査報告書』.
   漢陽大學校博物館, 2001, 『唐城-2次發掘調査報告書』.
2) 경기문화재단, 2009, 『당성』.

〈사진 1〉 당성 전경(남쪽에서)

하여 진행되어 많은 유구와 유물이 출토되어 주목받고 있다.[3] 그러나 당
항성이나 당항성 전투에 관한 연구는 거의 이루어지지 못한 가운데 개설
적이거나 역사지리적인 관점에서 이루어진 정도이다.[4]

　당항성은 6세기 중반부터 신라가 멸망하는 10세기까지 약 400년간 한
반도에서 가장 중요한 항구이자 무역항이었는데,[5] 진흥왕이 정복하기 이
전에도 백제나 고구려가 현재의 화성지역을 점령하면서 항구로 활용했을
것으로 추정된다.[6] 당항성이 포함된 이 일대는 고구려 점령기 때 당성군

---

3) 한양대학교 문화재연구소, 2016.1, 「당성 3차발굴조사 현장설명회 자료집」.
4) 李俊善, 1980, 「新羅 黨項城의 歷史地理的 考察」, 『關大論文集』 8-1, 관동대학교.
5) 경기문화재단, 2009, 앞의 책, 23쪽.
6) 고구려가 당항성 즉 남양만을 점령한 때가 475년 무렵부터라고 본다면, 당성이 이미 축
　조되어 있거나 이전부터 존재하던 즉 백제가 웅진으로 천도하기 이전에 축조했을 가능
　성도 있다는데, 필자도 견해를 같이 하고 있다(이기봉, 2005, 「전통시대 남양도호부의
　중심지와 역사적 변화」, 『地理學論叢』 45, 서울大學校 社會科學大學 地理學科, 419쪽).

(唐城郡)으로 불렸다고 전해지고, 신라가 점령한 이후 경덕왕(景德王) 16년 (757)에 당은군(唐恩郡)으로 변경되었으며,[7] 헌덕왕(憲德王) 14년(882)에 현 (縣)으로 격하되어 883년에는 수성군(水城郡)에 병합되었다. 그러다가 흥 덕왕 4년(829)에 수성군에서 당성진으로 개편되었고, 사찬 극정을 보내서 지키게 하였다고 전해진다.[8]

신라는 6세기 이전까지 고구려와 백제에 비해 대중국 외교 횟수가 훨 씬 적었는데, 그 이유는 지리적인 불리함과 국력의 열세로 대부분 고구려 와 백제 사신을 따라 사신을 파견했었다.[9] 그러다가 신라는 6세기 이후 국가 성장에 따라 외교관계의 중요성을 인식함으로써 수(隋)·당(唐)을 상 대로 한 삼국의 대중외교는 경쟁관계로 발전되었다.[10] 특히 삼국은 대당 (對唐) 조공이 시작된 619년 이후 660년까지 41년간 고구려는 25회, 백제 는 22회의 입조사를 보냈으나, 신라는 35회를 파견한 바 있어 신라가 점 차 적극적으로 외교를 추진하고 있었음을 알 수 있다.[11]

이러한 상황에서 당항성은 신라 입장에서 중국으로 나아갈 수 있는 유 일한 출구였던 만큼 국운을 걸고 사수해야만 했던 곳이었다. 반면, 백제 나 고구려는 매번 신라를 공격하는데 있어 수나 당의 간섭이 부담되었기 때문에 당항성을 봉쇄해야 할 필요가 있었다. 그러나, 육상에서의 국경이

---

7) 『三國史記』卷35, 雜志4 地理2條 "唐恩郡 本高句麗唐城郡 景德王改名 今復故…"

8) 『三國史記』卷10, 新羅本紀10 興德王 4年條 "春二月 以唐恩郡爲唐城鎮 以沙湌極正往 守之."

9) 신라는 527년 백제 사신을 따라 양(梁)나라에 사신을 파견한 적이 있는 것으로 보이 며, 『梁書』新羅傳에는 "나라가 작아서 독자적으로 사신을 파견할 수 없었다"라고 하 여 6세기 초만 해도 신라는 독자적인 외교에 어려움을 겪고 있었다고 여겨진다(鄭載 潤, 2009, 「5~6세기 백제의 南朝중심 외교정책과 그 의미」, 『百濟文化』41, 공주대학 교 백제문화연구소 참조).

10) 신형식, 2009, 『한국 고대사의 새로운 이해』, 주류성출판사, 219쪽.

11) 신형식, 1997, 『韓國古代史의 新研究』, 215쪽.

수시로 변하는 상황과 남양만 일대 섬이 많고 조수간만의 차이가 심했던 만큼 당항성 공략은 그리 녹록치 않았다. 마침내 642년 백제 의자왕(義慈王)은 무왕(武王)대에 이루지 못한 신라 정벌을 위해 40여 성과 대야성(大耶城) 함락을 일거에 이루게 되며, 동시에 당항성을 고구려와 함께 공격하였다.[12] 물론 이 전투는 비록 실패했지만, 백제가 신라를 공략하는 전술을 이전까지와는 다르게 전개했다는 점에서 주목해야 될 필요가 있다. 또한 이때 벌어진 전쟁을 연구하는데 있어 이제까지는 대개 대야성 전투를 중심으로 김춘추(金春秋)의 행보에 관심을 갖고 다루어져 왔기 때문에 상대적으로 당항성에서 벌어진 전투에 대한 관심이 미미하였다.

따라서, 이 글은 당항성 전투가 발발하게 된 배경 즉 삼국의 정세가 어땠는지와 당항성의 지정학적 중요성 그리고 백제와 고구려가 당항성을 공격하게 된 목적과 의의에 대하여 살펴보고자 마련하였다. 그 이유는 당항성 전투가 대야성 전투만큼 전쟁사에 있어 매우 중요한 의미가 있기 때문이다. 즉 백제 단독이 아닌 고구려가 참전했다는 점과 김춘추가 고구려에 청병을 했으나 감금을 당한 뒤 겨우 풀려나 당과 더욱 긴밀한 외교관계를 갖는 계기가 되었다는 점이다. 또한 당항성 전투로 인해 당이 고구려·백제의 동맹을 우려했다는 점이다.

---

12) 이 글에서는 당항성 전투가 발발한 시기를 『三國史記』卷5, 新羅本紀5 善德王 11年(642)條의 기사를 기준으로 삼았는데, 그 이유는 해당 기사가 시간적 흐름에 따라 가장 상세하게 기록되어 있기 때문이다. 그리고 高句麗本紀의 보장왕(寶藏王) 즉위년(642)에 김춘추가 방문했던 일과 『舊唐書』東夷列傳 百濟條에 기록된 貞觀十六年(642)의 기사와도 부합되는 부분이 있다. 또한, 고구려본기 보장왕 2년(643) 9월조에는 신라가 당에 사신을 보내 백제가 40여 성을 점령한 일과 고구려와 함께 입조의 길을 막으려고 하여 구원을 청한다는 기사로 볼 때 당항성 전투는 642년에 벌어졌을 개연성이 크다. 반면, 百濟本紀에는 643년 11월에 전투가 벌어진 것으로 전하고 있어서 위의 기사와 시간적 차이가 있다.

Ⅱ. 당항성 전투 이전 삼국의 정세

신라는 632년에 제27대 선덕여왕(善德女王)이 즉위하였는데, 이 시기는 삼국간의 전쟁이 거의 매년 일어났던 시기였고 수와 당나라도 고구려를 침략하는 등 동북아시아 정세가 하루가 다르게 변하던 때이다. 삼국 간의 전쟁은 6세기에 비해 7세기대 절정을 이루었는데, 특히 602년 백제가 신라의 아막성을 공격한 일을 시작으로 백제와 신라, 고구려와 신라, 수·당과 고구려가 사활(死活)을 건 전쟁을 벌였다. 특히 선덕왕 이전인 진평왕(眞平王)대에는 관제정비와 대중국 외교가 활발하게 이루어지기도 했고, 남산성 축조 등 왕경에 대한 수비를 강화하여 백제나 고구려, 왜(倭)의 침공에 대비하였다. 그러나, 642년은 신라에게 있어서 절체절명의 위기가 닥친 해였다. 백제 의자왕은 쉴 새 없이 신라를 몰아 붙였으며, 고구려도 연개소문(淵蓋蘇文)이 집권한 직후부터 신라를 강하게 압박하고 있었다. 여기에서는 백제와 고구려가 당항성을 공격하게 된 배경을 알기 위해 그 이전의 정세를 살펴보고자 한다.

1. 백제의 정세

의자왕은 무왕 33년(632)에 태자로 책봉되었고, 왕으로 즉위한 직후부터 신라에 대한 공세를 강화하기 시작했다. 물론 무왕도 재위 42년(600~641)동안 적지 않은 전투를 일으켰는데, 신라와 13회, 고구려와는 1회를 벌여 주로 신라와의 전쟁에 총력을 기울였음을 알 수 있다. 특히 무왕이 공격한 신라 성은 아막성과 가잠(봉)성, 서곡성, 독산성 등으로 공격루트가 다양했는데, 재위 하반기에는 신라의 하주(下州)지역을 집중적으로 공략하였다. 무왕대의 전투양상은 하주와 신주(新州)를 번갈아서 공격하여 전선(戰線)을 확대함으로써 신라측의 방어선을 교란하려는 의도도 있었다.[13] 또한, 전투의 대부분은 백제가 먼저 시작한 경우가 많았는데, 이는 사전에 치밀한 정보를 바탕으로 방어가 취약한 곳을 공격대상으로 삼았음을 알 수 있다. 그리고 〈사료-1〉을 보면, 627년에 무왕이 대규모로 군사를 일으켜 신라를 공격하였으나, 신라가 당에 사신을 파견함으로써 전투를 중지한 일도 있었다.

〈사료-1〉무왕 28년(627) 가을 7월에 왕이 장군 사걸에게 명해 신라 서쪽 변경의 두 성을 함락시키고, 남녀 3백여 명을 사로잡았다. 왕이 신라가 침탈해 간 땅을 회복하고자 하여 크게 군사를 일으켜 웅진으로 나가 주둔하였다. 신라 왕 진평이 이를 듣고 사신을 당에 보내 위급함을 알렸다. 왕이 이 사실을 알고 그만 중지하였다.[14]

위의 기사로 보아 무왕은 602년부터 신라와 치루었던 전투경험을 바탕으로 627년에 직접 웅진으로 행차하여 대규모 병력을 집결시킨 후 결전을 준비했다. 그리고 그 명분은 신라가 지난날 백제로부터 빼앗아간 영토를 회복하기 위한 것이었다. 백제로서는 6세기 중반 성왕(聖王)대 회복한 한성(漢城) 등의 영역을 다시 되찾고자 했던 것으로 보이며, 이는 무왕과 그를 지지했던 귀족세력이 뒷받침 되었기에 가능했던 것이다. 특히 무왕은 최근 미륵사지 (서)석탑(국보 제11호)에서 출토된 사리기를 통해 왕후인

---

13) 金昌錫, 2009, 「6세기 후반~7세기 전반 百濟·新羅의 전쟁과 大耶城」, 『新羅文化』34, 동국대학교 신라문화연구소, 87~88쪽.

14) 『三國史記』卷27, 百濟本紀5 武王 28年條 "秋七月 王命將軍沙乞拔新羅西鄙二城 虜男女三百餘口 王欲復新羅侵奪地分 大擧兵 出屯於熊津 羅王眞平聞之 遣使告急於唐 王聞之乃止."

사택씨 세력의 지원이 있었던 것으로 유추되고 있다.[15] 이에 관하여 신라 강경파로 여겨지는 사걸이 신라의 두 성을 함락시켰다는 점과 무왕이 웅진으로 나가 대신라전을 준비하였다는 점으로 보아 그러한 가능성도 설득력이 있어 보인다.[16]

그러나, 무왕은 진평왕이 재빠르게 당에 사신을 보낸 사실을 알고, 전쟁을 중지하였다. 이러한 사실은 『舊唐書』와[17] 『新唐書』에서도[18] 확인할 수 있는데, 이 일이 있은 후에도 무왕의 신라 공격은 636년까지 지속적으로 이루어지지만, 대규모 전투는 없었던 것으로 보인다. 무왕은 즉위 초부터 많은 전투를 벌였고, 필요에 따라 4만 명에 이르는 많은 군사를 동원하여 신라와 대결하였다. 그리고 외교적으로 수에 4회, 당에 12회 등 사신을 자주 보내 외교관계도 견고히 하고자 노력하였다. 또한 왕도인 사비(泗沘)에 대한 역사(役事)를 진행하였고, 익산(益山)에 미륵사(彌勒寺, 사적 제150호)와 왕궁리유적(王宮里遺蹟, 사적 제408호)을 건설하였으며, 634년에 왕흥사(王興寺, 사적 제427호)를 낙성하고,[19] 같은 해에 궁남지(宮南池,

---

15) 서탑 심주석의 사리공 남측 벽면에 비스듬히 세워져 있던 금제사리봉영기에는 앞과 뒷면에 모두 193자가 새겨져 있다. 내용은 백제 왕후인 좌평 사택적덕의 딸이 가람을 창건하고 기해년(己亥年, 639)에 탑을 조성하여 왕실의 안녕을 기원한다는 것이다(국립부여박물관, 2011, 『서동의 꿈, 미륵의 통일 百濟武王』, 36~37쪽).

16) 김수태, 2010, 「백제 무왕대의 대신라 관계」, 『百濟文化』42, 공주대학교 백제문화연구소 참조.

17) 『舊唐書』 東夷列傳 百濟條 참조.

18) 『新唐書』 東夷列傳 百濟條 참조.

19) 왕흥사에 대한 조사는 2000년부터 2007년까지 8차에 걸쳐 이루어졌으며, 목탑터 심초석 사리공에서 사리용기인 청동함, 은제병, 금제병이 출토되었다. 특히 청동제사리함에는 29자의 명문이 새겨져 있었는데, "丁酉年二月十五日 百濟昌王 爲亡王子 入刹 本舍利二枚葬時 神化爲三"이라 하여 백제왕 창(위덕왕)이 577년에 죽은 왕자를 위해 사찰(혹은 찰주)를 세운 것으로 풀이되고 있어 주목된다(국립부여박물관·국립부여문화재연구소, 2008, 『百濟王興寺』).

사적 제135호)도 조성하는 등 재위 내내 왕성한 활동을 전개하였다.

그러나, 637년부터 641년까지는 신라와의 전쟁을 그치고 마침내 무왕이 승하(昇遐)하게 되는데, 638년 어느 시점부터 무왕의 건강이 악화되었을 가능성이 있다고 생각된다. 그와 같은 이유는 무왕의 재위 기간이 비교적 긴 편이고, 대내외적으로 많은 성과를 거뒀으나 그에 따른 피로도가 높아졌기 때문으로 추측된다. 특히 재위 41년(640) 정월에 혜성이 나타났다고[20] 한 것으로 보아 641년 3월까지 병세가 크게 악화된 것으로 추정된다. 그리고 639년 정월에 사택왕후가 미륵사 서탑에 봉안했다는 '금제사리봉영기'의 내용 중에 "대왕폐하의 수명은 산악과 같이 견고하고 치세는 천지와 함께 영구하여…"[21]라는 내용으로 보아 무왕의 장수를 비는 대목이 있어 주목된다. 이러한 정황으로 볼 때, 무왕의 건강 이상과 병세의 악화, 장례 등의 기간 동안 백제 정부는 불가피하게 전쟁을 중단할 수 밖에 없었던 것 같다. 그러나, 의자왕이 즉위한 직후부터 백제는 다시 신라에 대한 대대적인 공격을 감행하였으며,[22] 마침내 당항성과 대야성 전투로

---

20) 『三國史記』卷27, 百濟本紀5 武王 41年條 "春正月 星孛于西北."

　　『三國史記』에 기록된 혜성이나 일식, 용의 출현 등은 왕의 운명이나 국운과 결부되어 해석되는 경우가 있다. 몇 예로 백제의 경우 비유왕 29년(455) 9월에 한강에 흑룡이 나타난 직후 왕이 돌아간 일과 전지왕 15년(419) 정월에 패성이 나타났고, 11월에 일식이 있었으며 그 이듬해에 왕이 돌아갔다. 문주왕 3년(477) 5월에 흑룡이 나타났고, 9월에 왕이 암살당한 일이나, 삼근왕도 재위 2년(478)에 일식이 일어났고, 이듬해 11월에 돌아갔다. 신라의 경우 자비마립간 21년(478) 밤에 붉은 빛이 땅에서 하늘까지 뻗쳤고, 그 이듬해 왕이 돌아간 일과 문무왕 21년(681) 5월에 지진이 발생했고, 유성이 참대성(參大星)을 범했으며, 6월에 천구(天狗)가 곤방(坤方)에 떨어진 후 그해 7월에 왕이 돌아갔다. 이런 예로 보아 별이나 해, 달의 움직임이 왕의 죽음을 예측하는데 있어서 관련성이 있다고 여겨진다.

21) 금제사리봉영기의 내용 중 "…願使世世供養劫劫無 盡用此善根仰資 大王陛下年壽與 山岳齊固 寶曆共天地同久…"(국립부여박물관, 2011, 앞의 책, 36~37쪽).

22) 무왕과 의자왕이 대신라전을 적극적으로 추진한 것은 신라에 상실한 영토를 회복하기 위한 측면도 있지만, 성왕이 전사한 이후 屍身을 신라로부터 모두 돌려받지 못한

이어지게 되었다.

　의자왕은 즉위초부터 아버지인 무왕이 추진했던 대신라전을 지속적으로 진행하고, 당과의 외교관계도 유지했다. 의자왕은 재위 2년(642)[23] 2월에 주군을 순무하고, 죄인을 풀어주는 등 국민들을 두루 보살폈으며, 같은 해 7월에 직접 군사를 이끌고 미후 등 40여 성을 함락시키는 큰 성과를 거두었다.[24] 이때 백제가 함락한 신라 성들은 대야성과 인접해 있는 성들로 무왕이 장악한 거창·함양·산청과 대야성이 위치한 합천을 제외한 진주·사천·고성·마산·함안·의령을 포함한 경남 서남부지역과 고령·성주·선상을 비롯한 경북 내륙의 일부지역으로 추정된다.[25] 이 전투의 의미는 의자왕이 재위 초기에 많은 군사를 동원하였다는 점과 직접 참전했다는 점으로 보아 귀족세력을 규합하고, 군권을 완전하게 장악하기 위한 목적이 있었을 것이다. 그리고 무왕이 다하지 못한 신라 병탄(倂呑)의 대업을 계승하겠다는 의지를 확고히 다졌다는 데 있다.

　또한 8월에는 고구려와 연합하여 당항성을 공격하였고, 한편으론 윤

　　것에 대한 보복 의도도 있었다고 추측된다(『日本書紀』卷19 欽命天皇 15年 12月條에는 진흥왕이 성왕의 두개골을 北廳의 계단에 묻고, 나머지 시신만 백제로 보냈다고 전한다).

23) 『日本書紀』에 의하면, 이 해 정월에 의자왕의 모친이 돌아가고, 또한 제왕자인 교기 및 그의 동모매 4명, 내좌평 기미, 고명한 사람 40여 인이 섬으로 쫓겨난 사건이 일어났다고 전한다. 이는 의자왕이 즉위 후 국모가 돌아가자 곧바로 친정체제 구축을 위해 대대적인 숙청작업을 진행하였던 것으로 보인다(『日本書紀』卷24, 皇極天皇 元年 二月 "今年 正月 國主母薨 又弟王子兒翹岐及其母妹女子四人 內佐平岐味 有高名之人柵餘 被放於嶋").

24) 『三國史記』卷28, 百濟本紀6 義慈王 2年條 "二月 王巡撫州郡 慮因除死罪皆原之 秋七月 王親帥兵侵新羅 下彌猴等 四十餘城."
　　『三國史記』卷5, 新羅本紀5 善德王 11年條 "秋七月 百濟王義慈大擧兵 攻取國西四十餘城."

25) 문안식, 2004, 「의자왕 전반기의 신라 공격과 영토확장」, 『慶州史學』23, 慶州史學會, 8쪽.

충으로 하여금 군사 1만을 동원하여 대야성을 함락하게 하였다. 대야성 전투 결과, 백제가 성을 함락하고, 성주인 김품석과 그의 처 즉 김춘추의 딸을 죽였으며, 포로 1천여명을 잡아 돌아왔다.[26] 대야성 전투의 의미를 정리해 보면, 백제로서는 대야성이 하주의 치소성인 동시에 경주와 근접한 요충지를 확보함으로써 경주로 진공할 수 있는 기회를 잡았다는 데 있다. 반면 신라 입장에서는 김춘추의 사위가 지켰던 성이 백제군에게 함락당하자 커다란 두려움과 불안감이 들었을 것이고, 다시 수복하기 위한 면밀한 대책이 절실한 상황에 놓였다.

2. 고구려의 정세

고구려는 영양왕(嬰陽王, 590~618)대 수와 큰 전쟁을 치루고 있었기 때문에 백제와 신라에 대하여 침략을 하기 어려운 상황이었다. 고구려는 수가 건국하자 정세를 관망하면서, 백제와 신라를 견제하고 있었다. 그러나, 594년 수가 신라 진평왕의 책봉을 고구려와 동등하게 해줌으로써 외교관계에 변화가 생겼다.[27] 이에 영양왕은 598년 요서(遼西)를 공격하였고, 수는 30만 명을 동원하여 고구려를 침략하기도 하였다.[28] 그리고 603년에는 신라가 점령하고 있던 북한산성(北漢山城)을 공격하여[29] 수와 밀

---

26) 『三國史記』卷28, 百濟本紀6 義慈王 2年條 "八月 遣將軍允忠領兵一萬 攻新羅大耶城 城主品釋與妻子出降 允忠盡殺之 斬其首傳之王都 生獲男女一千餘人 分居國西州縣 留兵守其城…."

27) 『三國史記』卷4, 新羅本紀4 眞平王 16年條 "隋帝詔拜王爲上開府樂浪郡公新羅王."
『隋書』卷81, 列傳46 東夷 新羅條 "傳祚至金眞平 開皇十四年 遣使貢方物 古祖拜眞平 爲上開府樂浪郡公 新羅王."

28) 『三國史記』卷20, 高句麗本紀8 嬰陽王 9年條.

29) 『三國史記』卷4, 新羅本紀4 眞平王 25年條 "秋八月 高句麗侵北漢山城 王親率兵一萬 以拒之."
『三國史記』卷20, 高句麗本紀8 嬰陽王 14年條 "王遣將軍高勝 功新羅北漢山城 羅王率

착되어가는 외교관계를 차단하고, 한강 이북지역에 대한 지배를 무력화 시키고자 했다.[30] 또한, 재위 18년(607)에는 백제 송산성과 석두성을 공격하였고, 19년(608)에 신라의 북쪽 국경을 습격했으며, 우명산성도 함락하였다. 영양왕은 수와의 3차에 걸친 전쟁을 치른 이후 내적인 안정을 추구하다가 재위 29년(618)에 사망하였다. 그 해에 수나라도 멸망하여 두 나라의 전쟁이 동북아시아 역사에 얼마나 많은 영향을 주었는지 알 수 있다.

영양왕에 이어 왕위에 오른 영유왕(榮留王, 재위 618~642)은 즉위 초부터 새로 건국한 당나라에 적극적인 외교관계를 유지하였는데, 재위 2년 (619)부터 12년(629)까지 9회에 걸쳐 사신을 보낸 사실로 보아 짐작할 수 있다. 이에 당 고조는 고구려 보다 더 적극적으로 외교정책을 구사해 나 갔는데, 우선 622년 수와의 전쟁으로 인해 포로로 잡혀 간 포로 1만여 명을 돌려 받는 성과를 이루었다.[31] 그리고 631년에는 고구려가 수와의 전 쟁을 기념하기 위해 세운 경관(京觀)을 헐어버리기도 했다.[32] 이렇게 당 고조와 태종은 고구려와의 우호적인 외교관계를 이용하여 고(高)·수(隋) 사이에 벌어진 전쟁의 전후(戰後) 마무리를 차근차근 진행할 수 있었다. 또한 당에서는 624년에 도사(道士)를 시켜 천존상 및 도법을 가지고 와 노자(老子)를 강론하도록 하였고,[33] 625년에는 당으로 사람을 보내 불교와 노자의 교법(敎法)을 배우고자 하는[34] 등 종교를 매개로 한 외교관계가 지속되는 모습도 보인다.

　兵過漢水 城中鼓 噪相應 勝以彼衆我寡 恐不克而退."

30) 황보경, 2015, 「603년 北漢山城 전투 고찰」, 『韓國史學報』58, 高麗史學會, 58쪽.

31) 『三國史記』卷20, 高句麗本紀8 榮留王 5年條.

32) 『三國史記』卷20, 高句麗本紀8 榮留王 14年條 "唐遣廣州司馬長孫師 臨瘞隋戰士骸骨 祭之 毁當時所立京觀."

33) 『三國史記』卷20, 高句麗本紀8 榮留王 7年條.

34) 『三國史記』卷20, 高句麗本紀8 榮留王 8年條.

이러한 양국의 외교관계는 돌궐에 대한 견제와 자국의 이해관계에 의해 서로 사신을 교환하면서 교류를 이어가게 되었다.[35] 그러던 중 628년 고구려는 당 태종이 돌궐의 힐리가한(頡利可汗)을 사로잡은 것을 치하하면서 봉역도를 보냈다.[36] 고구려가 봉역도를 당에게 보낸 것은 돌궐이 평정된 이후의 판세변화를 대비하면서 자국의 영토를 당에게 각인시키기 위한 의도가 내포되어 있었던 것으로 이해된다. 그리고 631년 고구려는 당이 경관을 허문 것에 대하여 장기적인 대책을 세우게 되는데, 그동안 수와의 전쟁을 통하여 얻은 경험을 바탕으로 부여성에서 발해만에 이르는 천리장성을 착공한 것이다.[37]

한편, 고구려는 637년까지 백제와 신라에 대하여 먼저 침공하지 않았다. 오히려 629년 신라군이 고구려의 낭비성을 함락했고,[38] 고구려는 신라의 북상(北上)을 막기 위해 638년에 신라의 칠중성을 공략하였으나 패배하였다.[39] 낭비성 전투는 고구려 입장에선 당혹스러운 사건이었던 것으로 여겨진다. 당시에 고구려는 당과의 외교관계가 비교적 원만했지만 한편으론 긴장감이 서서히 고조되던 시기였기 때문에 신라의 침공에 놀라지 않을 수 없었을 것이다. 그와 같은 이유는 신라가 7세기 초반에 고구려를 먼저 공격한 사례가 없었기 때문이다. 그러나, 고구려는 곧바로

35) 정원주, 2011, 「榮留王의 對外政策과 政局運營」, 『高句麗渤海研究』40, 高句麗渤海學會, 21쪽.
36) 『三國史記』卷20, 高句麗本紀8 榮留王 11年條 "秋九月 遣使入唐 賀太宗擒突厥詰利可汗 兼上封域圖."
37) 『三國史記』卷20, 高句麗本紀8 榮留王 14年條 "春二月 王動衆築長城 東北自扶餘城 東南至海 千有餘里 凡一十六年畢功."
38) 『三國史記』卷20, 高句麗本紀8 榮留王 12年條 "秋八月 新羅將軍金庾信 來侵東邊 破娘臂城."
39) 『三國史記』卷20, 高句麗本紀8 榮留王 21年條 "冬十月 侵新羅北邊七重城 新羅將軍關川逆之 戰於七重城外 我兵敗衄."

반격을 하지 못한채 638년에 이르러서야 임진강 유역에 위치한 칠중성을 공격하였다. 칠중성은 임진강 이남지역의 거점성으로 두 나라는 무열왕과 문무왕 때 치열한 격전을 벌였던 요충지이다.[40] 이렇게 영류왕은 당과 원만한 외교관계를 유지하는데 전력을 하는 편이었고, 신라 공략은 한동안 소극적으로 대처하는 모습을 보였다.

특히 영류왕 23년(640)에는 세자를 당에 보내어 조공하므로써 고구려 내부의 반발도 적지 않았을 것이며,[41] 이듬해 진대덕(陳大德)이 방문했을 때에도 후하게 대우했다고 한다.[42] 이러한 고구려의 대당 정책은 다소 수세적(守勢的)인 모습으로 비춰지고 있는데, 이러한 일련의 현상은 영류왕 뿐 아니라 대대로(大對盧)를 비롯한 당시 고구려 집권세력 상당 수가 지지하고 있음을 암시한다고도 볼 수 있다.[43] 반대로 일부 귀족세력은 영류왕의 외교노선에 대하여 불만을 품었을 것이다. 결국, 642년 10월 영류왕과 대신 백여 명은 연개소문을 제거하려다 실패한 사건으로 말미암아 시해당하는 수모를 겪게 되었다.[44] 그런데, 당항성을 백제와 함께 공격한 것

---

40) 『三國史記』에 의하면, 무열왕 7년(660)에 고구려가 칠중성을 공격하여 군주 필부가 전사하고 성이 함락되었으며, 문무왕 7년(667)에는 신라가 고구려가 점령하고 있던 칠중성을 공격하였다.

41) 『三國史記』卷20, 高句麗本紀8 營留王 23年條 "春二月 遣世子桓權入唐朝貢 太宗勞慰賜賚之特厚."

42) 『三國史記』卷20, 高句麗本紀8 榮留王 24年條.

43) 방용철, 2011, 「高句麗 榮留王代의 정치 동향과 對唐 관계」, 『大邱史學』102, 大邱史學會, 21쪽.

44) 임기환은 연개소문이 아버지인 대조와 더불어 대당 강경세력을 이루었고, 정변은 국내계와 평양계 귀족세력이 대외정책을 둘러싼 대립과정에서 빚어진 것으로 이해하고 있다(林起煥, 1992, 「6·7세기 高句麗 政治勢力의 동향」, 『韓國古代史研究』5, 韓國古代史學會, 41~43쪽 참조).
정원주는 "연개소문은 영류왕이 왕권강화를 위해 귀족세력들을 제거하고 계루부 왕실 주도의 정국을 만들려고 하는데 대한 반발에서 정변을 일으키고 영류왕을 살해하였다"고 보았다(정원주, 2011, 앞의 논문, 35쪽).

은『삼국사기』신라본기를 참고할 때, 동년 8월에 벌어진 일이므로 영류왕
이 시해당하기 전에 고구려가 백제와 동맹을 맺은 것으로 볼 수 있다.

영류왕의 뒤를 이은 보장왕은 연개소문에 의해 즉위했지만, 실권은 모
두 연개소문에 있었다고 할 정도로 막강한 권한을 행사하였다. 642년에
김춘추는 당항성과 대야성을 빼앗긴 뒤 백제를 치고자 보장왕을 만났으
나 그 청을 거절당하고 감금되었는데, 김유신(金庾信)이 이끄는 신라군이
출병하자 그를 돌려보낸 일도 있었다.[45] 이로써 고구려와 신라는 화친의
기회가 멀어지고, 더욱 거센 대결 국면으로 치닫게 되었다.

3. 신라의 정세

신라는 진평왕 재위 전반기부터 진행한 내적인 정비가 마무리되어 갔
지만, 재위 중반기부터는 고구려, 백제와의 전투가 국경 여러 곳에서 벌
어졌다. 진평왕 54년 동안 치른 전쟁은 모두 13회인데 고구려와 3회, 백
제와 10회로 대부분의 전쟁을 백제와 치뤘다고 해도 과언이 아니다. 그
중에서 왕이 직접 출정하거나 동원된 군사 수를 알 수 있는 전투는 북한
산성 전투가 유일하다. 진평왕대 벌어진 전투의 시작은 602년 백제가 아
막성을[46] 공격해 온 것과 603년에 고구려가 북한산성을 침략해 온 일이었
다.[47] 그리고 재위 33년부터 54년까지 9회의 전투가 벌어졌는데, 그 중 고

---

45) 『三國史記』卷21, 高句麗本紀9 寶藏王 元年條 "…新羅謀伐百濟 遣金春秋乞師 不從."
46) 아막성(전라북도 시도기념물 제38호)은 전북 남원군 성리에 위치해 있는 성리산성
  으로 포곡식에 둘레가 약 633m이다. 아막성이 위치한 운봉고원은 전북↔경남 간 육
  로교통의 중추이면서, 방어의 요충지로 알려져 있다(國立文化財研究所, 2011, 『韓國
  考古學專門事典-城郭·烽燧篇』, 801쪽; 許重權·丁德氣, 2012, 「602년 阿莫城 戰鬪
  의 전개과정에 대한 고찰」, 『軍史』85, 국방부 군사편찬연구소).
47) 『三國史記』卷4, 新羅本紀4 眞平王 24年條 "秋八月 百濟來攻阿莫城 王使將士逆戰 大
  敗之 貴山·箒項死之."(아막성 전투에 관해서는 『三國史記』卷45, 列傳 貴山條에도
  기록되어 있다.)

구려와는 낭비성 전투가 유일하다. 따라서, 진평왕대 전투는 백제와 주로 벌어졌고, 고구려와는 북한산성과 우명산성, 낭비성 전투뿐이었다. 백제와의 전투양상은 주로 신라가 수세적이었는데, 화랑(花郞)을 대표로 하는 젊은 장수들을 내세워 힘겹게 막아냈다. 그러는 사이에도 신라는 당나라에 꾸준히 사신을 보내어 고구려와 백제의 침략으로 인한 곤란한 상황을 알리곤 하였다. 특히 진평왕 47년(625)에도 당에 사신을 보내 고구려가 길을 막아 조공할 수 없고, 자주 침입한다고 호소하기도 했으며,[48] 이에 당 고조가 조서를 내려 고구려와 화목하게 지낼 것을 촉구하기도 했다.[49]

진평왕이 재위 54년 만에 승하(昇遐)하자 그의 맏딸인 선덕왕이 즉위하여 왕위를 이었다. 선덕왕 재위 7년(638)까지는 백제가 2회, 고구려가 1회 침략해 왔는데 모두 선방하면서, 내적으로 백성을 위문하거나 분황사(芬皇寺)와 영묘사(靈妙寺)를 낙성하는 등 안정을 찾고자 하였다. 특히 636년 3월에는 선덕왕이 병에 걸리자 진평왕 35년(613)에 이어 두 번째로 황룡사(皇龍寺)에서 백고좌를 베푸는 등 큰 법회를 열기도 했는데, 5월에 백제 무왕이 장군 우소 등 갑사 5백 명을 보내 독산성을 습격하려고 한 일이 벌어졌다. 물론 알천이 이끄는 신라군이 엄습하여 잘 막아 내었으나, 무왕은 선덕왕의 와병소식을 듣고 기습작전을 전개했을 개연성이 있다. 그리고 638년 칠중성에 쳐들어 온 고구려군을 격퇴시키는데, 대장군 알천이 출전하여 불리한 전세를 역전시켜 대승을 거두기도 했다.[50] 또한, 637

『三國史記』卷4, 新羅本紀4 眞平王 25年條.

48) 『三國史記』卷4, 新羅本紀4 眞平王 47年條 "冬十一月 遣使大唐朝貢 因訟高句麗塞路 使不得朝 且數侵入."

49) 『三國史記』卷4, 新羅本紀4 眞平王 48年條 "秋七月 遣使大唐朝貢 唐高祖遣朱子奢來 詔諭與高句麗連和."

50) 『三國史記』卷5, 新羅本紀5 善德王 7年條 "冬十月 高句麗侵北邊七重城 百姓驚擾 入 山谷 王命大將軍閼川 安集之 十一月 閼川與高句麗兵 戰於七重城外 克之 殺虜甚衆."

년에는 우수주를 설치하고,[51] 639년에 하슬라주를 북소경으로 바꾸어 진주를 시켜 지키도록 하는[52] 등 고구려와 접하고 있는 임진강 유역과 강원지방인 우수주, 하슬라주에 대하여 정비를 하고, 방비에 몰두하고 있었다. 그러나, 630년대 벌어진 삼국 간의 전투는 그 이전에 비해 규모도 크지 않고, 교전(交戰) 횟수도 적어 소강상태였다고 볼 수 있다. 이는 무왕이 내적으로 대규모 역사(役事)를 진행하고 있었으며, 630년대 후반기엔 병세가 악화되어 전쟁을 지휘하기 어려운 상황에 놓였기 때문이다. 고구려도 수와의 전쟁 여파와 영류왕의 친당정책으로 전쟁을 벌이기 어려운 상황이었다.

그러나, 백제에서는 의자왕이 즉위하고, 고구려에서 연개소문이 실권을 장악하면서 신라에 대한 공세가 이전보다 더욱 거세게 일어나게 되었는데, 바로 40여 성이 함락된 일과 당항성, 대야성에서 벌어진 전투가 그것이다. 신라로서는 백제와 접하고 있는 서쪽 국경과 당으로 갈 수 있는 유일한 항구가 백제와 고구려에게 공격당함으로써 최대의 위기를 맞이하고 있었다. 이에 선덕왕은 그 해 겨울에 김춘추를 고구려로 파견하여 백제를 공격하기 위한 청병을 요청하였으나 실패하고 돌아왔다.[53]

---

51) 『三國史記』卷35, 雜志4 朔州條 "善德王六年 唐貞觀十一年 爲牛首州置軍主 景德王改 爲朔州 今春川 領縣三."
52) 『三國史記』卷5, 新羅本紀5 善德王 8年條 "春二月 以何瑟羅州爲北小京 命沙湌眞珠鎭 之."
53) 『三國史記』卷5, 新羅本紀5 善德王 11年條.

III. 당항성의 지정학적 중요성

당성이 입지한 경기도 화성시 서신면 일대는 서해안(西海岸)의 주요 항구 중에 한 곳으로 알려져 있다. 이곳은 삼국시대 백제와 고구려, 신라가 차례대로 점령했는데, 그 중 백제나 신라는 주요 항구로 활용했으며, 고려와 조선시대에도 줄곧 이용된 것으로 전해진다. 여기에서는 당항성이 왜 지정학적으로 중요했는지 살펴보고자 한다.

먼저, 당항성은 신라 진흥왕대인 553년 한강 유역을 점령하고, 신주를 설치한 시기부터 적극적으로 활용되기 시작한 것으로 여겨진다. 신라는 551년 백제와 함께 고구려가 점령하고 있던 영토를 공격하여 16개 군을 점령하였지만, 2년 뒤인 553년에 백제가 회복한 한강 유역을 기습하여 점

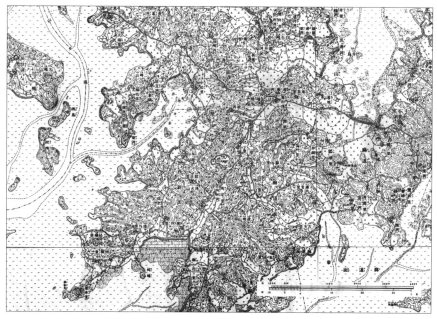

〈지도 1〉 당성 위치도(근세지형도)

령하였다. 그리고 신라는 지배의 강화를 위하여 557년 신주를 북한산주 (北漢山州)로 옮기고, 568년 북한산주에서 남천주(南川州)로 치소의 거점을 옮겼다.

이 시기 신라는 대중국 외교의 출항지로 활용하기 위하여 화성에 있는 지금의 당성을 거점성으로 삼았다. 신라가 한강 유역을 점령한 목적 중 하나는 바로 자주적인 대중국 외교를 하고자 했던 것이고, 그 출항지는 바로 당항성이었다.[54] 신라가 당항성을 선택한 가장 큰 이유는 기존에 백제가 개발해 놓은 항구라는 점과 중국으로 건너가기에 적합한 출항지라는 점이 그 이유였던 것으로 생각된다. 즉 신라 입장에서는 인천이나 강화지역의 경우 개성과 가까울 뿐만 아니라 임진강의 하류여서 황해도 지역을 점렴하고 있던 고구려군의 침공이 우려되었을 것이다. 따라서, 신라는 인천보다 남쪽이면서 백제의 태안반도보다 북쪽 지역인 남양만을 선택한 것이다. 한편, 신라는 중국으로 사신을 보내기 위해서 그 이전까지는 고구려나 백제의 사신을 따라 동행했어야 했고, 독자적으로 경주에서부터 바닷길로 중국을 가기에는 너무 멀리 돌아가야만 했다. 그렇기 때문에 신라 입장에서는 최대한 육상교통로를 따라 서해안으로 접근한 뒤, 바닷길을 이용하여야 짧은 시간 안에 중국으로 건너갈 수 있었다.

경주에서 당항성으로 가기 위한 교통로를 먼저 살펴보면, 크게 두 갈래로 나눠지는데, 하나는 충주↔여주↔이천↔수원↔남양만이고, 둘째는 상주↔보은↔청주↔진천↔직산↔남양만에 이르는 길이 있다. 이 중에서 두 번째 길이 거리가 훨씬 짧고 지세도 평탄한 것으로 알려져 있는데,[55] 아래의 기록을 통해서 8세기대에 자주 이용되었음을 알 수 있다.

---

54) 皇甫慶, 1999, 「新州 位置에 대한 硏究」, 『白山學報』53, 白山學會, 228~229쪽 참조.
　　 황보경, 2009, 『신라문화연구』, 주류성.
55) 서영일, 1999, 『신라 육상 교통로 연구』, 학연문화사, 128쪽.

〈사료-2〉본국 경계 내에 3주를 두니, 왕성 동북쪽 당은포 방면을 상주라 하고, 왕성 남쪽을 양주, 서쪽을 강주라 하였다.[56]

그러나, 7세기대의 기록을 보면 남천주를 거쳐 당항성으로 가는 길도 자주 이용되었음을 알 수 있다. 무열왕 7년(660) 6월에는 왕을 비롯한 김유신 등이 이끈 신라군이 남천정(南川停)에 도착한 후 소정방(蘇定方)이 이끄는 당나라군을 맞이하기 위해 태자 법민과 병선 1백척을 덕물도(德物島)로 보낸 일이 있었다.[57] 문무왕 3년(663)에는 당에서 백제 부흥군을 토벌하기 위해 손인사(孫仁師)에게 군사 7천명을 주어 덕물도를 거쳐 웅진부성으로 나가게 한 일도 있었다.[58] 또한, 문무왕 8년(668) 6월 12일에 유인궤(劉仁軌)가 당항진에 도착하자 왕이 김인문을 보내어 환영한 일이 있었다.[59] 이 두 예로 보아 신라군은 경주에서 남천주를 거쳐 남양만에 이르렀음을 알 수 있으며, 당항진을 대당 외교의 거점 항구로 활용하였음을 보여주고 있다. 따라서, 당항성은 진흥왕 이래로 줄곧 신라의 대중국 외교 출항지이

---

56) 『三國史記』卷34, 雜志3 地理1條 "本國界內置三州 王城東北當恩浦路曰尙州 王城南曰 良州 西曰康州."
57) 『三國史記』卷5, 新羅本紀5 太宗武烈王 7年條.
    660년 당이 백제를 침략할 때 당 고종은 김인문에게 백제의 도로 사정과 당에서 백제까지 오고 가는 편의를 묻자 일일이 자세하게 알려주었다. 이로 보아 신라는 서해안의 주요 항구와 성곽, 도로 등 육상 및 해상의 교통로에 대한 정보를 세밀하게 파악하고 있었던 것으로 여겨진다(『三國史記』卷44, 列傳4 金仁問傳).
58) 『三國史記』卷6, 新羅本紀6 文武王 3年(663) 5月條에 유인궤는 유인원과 합세해 무장을 풀고 군사를 쉬게 하면서 군사의 증원을 요청하여 황제가 손인사를 보내 군사 40만 명을 거느리고 덕물도에 이르러서 웅진부성으로 나가게 하였다고 전한다.
    『舊唐書』東夷列傳 百濟 龍朔 2年條(662)에는 유인원이 증병을 요청하여 군사 7천명을 징발하여 손인사를 파견하여 바다를 건너 웅진으로 가서 도와주도록 하였다고 전한다.
59) 『三國史記』卷6, 新羅本紀6 文武王 8年條.

자 입항지로써의 역할을 담당했다는 것을 알 수 있다. 그리고 덕적도에 당 수군이 주둔했다는 점으로 미루어 보아 이미 신라 수군이 덕적도에 대규모 기지는 물론 정박시설(碇泊施設)을 해 놓았던 것으로 추정되며, 당항성의 서해 외곽 전초기지로 활용했을 가능성도 높다고 생각된다.[60]

다음으로 당항성을 통해 중국으로 갈 수 있는 항로(航路)에 대하여 살펴볼 필요가 있겠다. 당성이 위치한 남양만에서는 서해연안을 따라 북쪽으로 올라가서 서쪽으로 이동하는 연안항로가 있고, 산동반도(山東半島)로 직접 항해하는 항로와 당항성에서 백령도까지 북상하였다가 산동반도로 향하는 항로 등 여러 바닷길이 있었다. 그 중 당항성에서 출발하는 직단항로는 덕적도를 지나 산동반도의 등주(登州)나 청도(靑島)로 들어가는 항로이다.[61] 이때 당항성이 주요한 출발지가 되었는데, 지금의 마산포나 화량포를 사용했을 것으로도 여겨지고 있다.[62]

---

60) 德積島는 德勿島, 得物島라고도 불리며, '큰물섬'이라는 우리말을 한자화한 것으로 여겨진다. 덕적도 국사봉(國壽峰)은 소정방이 이 섬에 주둔하고 있으면서 제천단을 쌓고 이곳에서 천신에게 제사를 올렸다고 전해진다. 그리고 덕적도 동남쪽 약 500m 거리의 소야도(蘇爺島) 이름도 소정방의 주둔과 관련 있는 것으로 전해지고 있으며, 소야리 대촌(大村)에서 고와(古瓦)를 비롯한 많은 유물이 수습된 바 있어 관련 유적의 존재 가능성이 있어 보인다(金光鉉, 1985,『德積島史』, 德積島史編纂委員會; 인천광역시립박물관, 2002,『덕적군도종합학술조사』).

61) 날씨가 좋을 때에는 경기만을 빠르게 통과할 수 있는 영흥도 서쪽 항로 즉 섬엽벌 주변 항로를 이용하였고, 대부도와 선재도, 영흥도 등 섬 사이를 지나는 항로는 경기만을 안전하게 통과하기 위한 항로로 사용되었다(문화재청·국립해양문화재연구소, 2014,『인천 옹진군 영흥도선 수중발굴조사 보고서』, 400쪽). 그리고 권덕영에 의하면, 일본 견당사의 경우를 신라 견당사에 적용시켜 당은포-등주간 약 600km는 15일 정도 걸리는 것으로 분석하였다. 또한 등주에서 장안까지 약 60일 정도가 걸리므로 경주에서 장안까지는 총 3개월의 시일이 소요되었다고 보았다(權悳永, 1995,『「三國史記』新羅本紀 遣唐使 記事의 몇가지 問題」,『三國史記의 原典 檢討』, 韓國精神文化研究院, 82~83쪽).

62) 경기문화재단, 2009, 앞의 책, 22쪽.
    화량은『世宗實錄地理志』에 의하면, 경기 수군 중에서 가장 큰 부대로 함선 26척과 한편, 당시의 신라 선박은 어떠했을까? 이제까지 신라 선박에 대해서 알려진 것은 경주 안압지에서 출토된 '안압지선'이 유일한데, 최근 영흥도 서쪽 3㎞ 정도 떨어진 섬업벌에서 발굴된 '영흥도선(靈興島船)'이 주목된다. 영흥도선은 3단으로 결구된 상태로 발굴되었는데, 잔존규모는 길이 6m, 폭 1.4m, 선심 0.3m 가량이고, 선체는 서쪽으로 30° 가량 기울어졌으며, 중앙을 기준으로 한 장축은 거의 남-북에 가깝다. 배에서 출수된 유물은 철제솥 12점 등 금속류 17점, 도기병 2점 등 도기류 6점, 사슴뿔 등 골각류 3점, 닻돌 등이고, 선체편인 외판과 저판의 수종이 소나무류로 분석되었다.[63] 참고로 신라 선박은 9세기 일본에서도 '신라선(新羅船)'을 건조하여 그들의 국가 공무인 견당사선(遣唐使船), 공물운반선(貢物運搬船)에 투입시켰다. 그러한 이유는 '신라선'이 구조와 성능에 있어서 중국형 선박보다 더 우수했을 것으로 보고 있기도 하다.[64] 이러한 점을 참고로 영흥도선의 제작시기는 8~9세기로 추정되고 있으며, 안압지에서 출토된 '안압지선'과 구조가 비슷한 것으로 밝혀졌다.[65] 비록 발굴된 배가 7세기 이후에 제작된 것이지만, 660년 신라군이 덕적도에 병선 1백 척을 투입하였다는 점으로 보아 당시의 선박 제조기술은 상당한 수준에까지 이르렀음을 알 수 있겠다.

7세기 당시에 당항진을 개발하고 연안 해로를 활용하기 위해서는 화성·안산·인천·강화 일대를 아우르는 경기 해안지대를 차지해야 했다. 그러나 고구려 수군은 서해 연안항로 일대를 수비하고 있었기 때문에 신

1,666명의 수군을 보유하고 있었다고 한다. 또한 김정호의 청구도에는 고려 공민왕 때 화량이 왜구의 침공을 받았다는 기록과 왜구가 들어온 지점이 표기되어 있기도 하다(경기문화재단, 2009, 앞의 책, 41쪽).

63) 문화재청·국립해양문화재연구소, 2014, 앞의 책.

64) 최근식, 2005, 『신라해양사 연구』, 고려대학교출판부, 117쪽.

65) 문화재청·국립해양문화재연구소, 2014, 앞의 책.

라가 중국으로 왕래(往來)하기에는 쉽지 않았으며, 이와 관련된 기록을
보면 아래와 같다.

> 〈사료-3〉춘추는 (당나라에서) 돌아오는 길에 바다 위에서 고구려
> 의 순라병을 만났는데, 춘추의 종자 온군해가 존귀한 관모와 의복
> 옷차림으로 배 위에 앉아 있었더니, 고구려 순라병들은 그를 춘추
> 로 여기고 잡아죽였다. 춘추는 작은 배를 타고 본국에 이르니, 왕
> 이 이 일을 듣고 애통해 하였으며, 온군해에게 대아찬의 관위를
> 추증하고 그 자손들에게 넉넉히 포상하였다.[66]

위의 기록으로 보아서도 648년 고구려 수군은 신라의 주요 항로를 파
악하고 있었던 것으로 추정된다.[67] 따라서, 신라로서는 고구려의 항로장
악을 풀기 위해서 한강 유역을 완전하게 장악할 필요가 있었고, 그에 따
라 신주를 중심으로 북한산성 방어에도 상당한 공을 들였던 것이다. 그러
나, 고구려는 북한산성을 603년과 661년에 공격하였는데, 특히 661년에

---

66) 『三國史記』卷5, 新羅本紀5 眞德王 2年條 "(春秋還至海上) 遇高句麗邏兵 春秋從者溫
君解 高冠大衣 坐於船上 邏兵見以爲春秋 捉殺之 春秋乘小船 至國 王聞之 嗟痛 追贈
君解爲大阿飡 優賞其子孫."

67) 이 사건은 고구려가 신라의 대당 항로 즉 그의 귀당지로(歸唐之路)를 차단하여
나·당간의 연결을 저지하는 동시에 당의 신라 원조에 대한 외교문서를 약취(略取)
하려는데 목적이 있었다(申瀅植, 1989, 「韓國古代의 서해 교섭사」, 『국사관논총』2,
258쪽).
백제도 문주왕 2년(476)과 동성왕 6년(484), 무왕 27년(626) 중국으로 보낸 사신이
고구려 수군에 의해 저지당한 일이 있었다. 당시 백제의 사신선이 중국으로 가기 위
해서는 황해도 남쪽 연해를 따라 서쪽으로 항해하여 백령도나 대청도에 이르렀다
가, 여기서 바람을 기다린 후 큰 바다를 건너 산동반도로 향해야 하는데, 고구려가
황해도 지역을 장악하고 있었기 때문에 간혹 방해를 받았던 것이다(정진술, 2009,
『한국해양사』, 京仁文化社, 165쪽).

는 말갈병과 함께 수륙군을 동원하기도 했다.[68] 이러한 상황으로 보아 고구려와 신라는 6세기 중반부터 고구려가 멸망하는 7세기 중반까지 한강유역과 서해안 일대에서 지속적으로 충돌했다. 이 때문에 신라로서는 고구려 수군의 감시로 인해 백령도나 강화도 일대의 항로 이용이 쉽지 않았을 것이므로 긴급한 상황에서는 산동반도로 직행하는 항로를 이용했을 것으로 판단된다. 특히 6세기 말 이후에는 신라가 백제에 의해서 개척된 서해 직통항로를 빼앗아 어느 정도 이 항로를 확보했던 것으로 보인다. 그리고 583년에 선부서(船府署)를 설치한 점은 신라의 적극적인 해상진출을 반영한 것으로 보아도 될 것 같다.[69]

〈사진 2〉 당성에서 바라본 서해

---

68) 『三國史記』卷42, 列傳2 金庾信中條 "高句麗靺鞨謂 新羅銳兵皆在百濟 內虛可擣 發兵水陸並進 圍北漢山城 高句麗營其西 靺鞨屯其東 攻擊浹旬 城中危懼…."
69) 申瀅植, 1989, 앞의 논문, 259쪽.

이와 같이 당항성이 신라 주요 항구였다면, 주변 지역에도 많은 수의 성곽이 분포해 있어야 한다. 당항성을 확보하기 위해 신라는 한강 유역을 점령하였지만, 화성을 중심으로 한 주변지역과 인천과 강화 일대까지도 확보하여야만 해로(海路)의 안전이 담보되는 것이다. 따라서, 신라는 당항성 주변 특히 평택 일대에 분포한 비봉산성과 자미산성, 무성산성 등을 중심으로 교통로를 관리한 것으로 판단된다.

현재의 당성과 그 주변의 지형을 살펴보면, 성이 축조된 구봉산은 북동-남서쪽으로 길게 뻗은 해발 150m 정도의 산이고, 남서쪽으로 봉화산(烽火山)과 이어져 있어서 두 산의 길이가 총 4.2㎞ 정도이다. 따라서 두 산은 사선방향으로 길게 연결되어 있기 때문에 북서쪽이나 남서쪽에서 접근하기가 어려운 지형을 이루고 있다. 그리고 구봉산의 남동쪽 약 1.25㎞ 거리에 백곡리토성이 있고, 약 2.5㎞ 거리에 청명산(淸明山)이 마주해 있으며, 그 사이에도 낮은 산이 있어서 실제로는 구봉산과 청명산 사이가 막혀 있는 형국이다. 그렇기 때문에 북동쪽 화성시내로부터 접근하여 산을 넘어가기가 어려운 지형이다. 현재는 지방도 305호선이 터널을 통해 지나고 있지만, 그 이전에는 '굴고개'라고 하는 산길을 넘어 다녀야 했을 정도로 남서쪽 바닷가를 제외한 나머지 방면은 자연적인 방어능선을 이루고 있다. 또한 간척지로 현상이 변경되기 전에는 밀물과 썰물로 인해 구봉산 일대까지 바닷물이 들어와 섬으로 변하기도 했다. 즉 당성은 삼면이 바다로 둘러싸여 있으면서도 동쪽은 육지와 갯 강으로 분리되어 있어 육지와 가깝고 썰물 때면 육지와 소통도 원활하다. 특히 당성은 섬의 방어력과 최고의 해자, 산성의 접근성을 모두 지닌 천혜의 요새였다고[70] 할 수 있다.

---

70) 경기문화재단, 2009, 앞의 책, 39쪽.

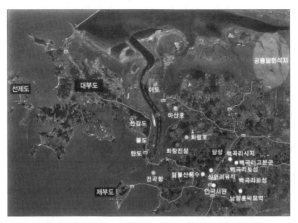

〈지도 2〉 당성 주변 유적 분포도(경기문화재단, 2009, 『당성』 전재)

당성은 축조시기가 다른 3중의 성으로 구성되어 있는데, 가장 이른 시기에 쌓은 성벽은 구봉산의 정상부에서 봉화산으로 뻗은 테뫼식 성이다. 이 성이 1차 성곽으로 불리며, 둘레는 599m, 외벽 높이는 4~5m이고, 성벽 위에는 2~3.5m의 회곽도가 조성되어 있다. 1차 성곽의 성벽조사는 북벽쪽에 트렌치를 설치하여 실시하였는데, 암반 위에 화강암을 장방형으로 다듬어 정연하게 쌓아 올렸으며, 성벽 안쪽에 뒷채움을 했다. 2차 성곽은 포곡식으로 성벽이 1차 성곽의 중간부를 관통하며 구봉산 능선을 감싸 안고 있다. 이 성벽은 남북국시대에 쌓은 것으로 추정되며, 당성진 설치와 관련 있는 것으로 알려져 있다. 성벽 둘레는 1,168m이고, 판축기법을 이용한 토축성벽으로서 일부 구간은 석심을 채워 쌓은 수법을 보이고 있으며, 외벽 높이 3~4.5m이다. 성벽에 대한 조사에서는 성벽 2-1구간이 토석혼축양상으로 축조되었음을 알 수 있었고, 지형적인 면을 고려하여 성의 외벽 쪽에 일부 성토(盛土)한 후에 3단 정도의 석심(石心)을 쌓은 후 판축(版築)하여 축조하였다. 그리고 최하단에서 문지(門址)로 추정되는 시설도 확인되었다. 문지는 3개소로 북문지가 발굴되어 길이 840㎝, 너비 260㎝로 파악되었고, 남문지와 동문지의 위치도 파악되었다. 이외

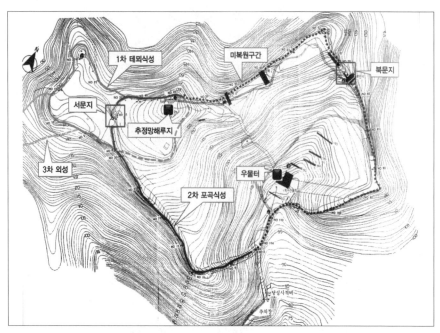

〈지도 3〉 당성 현황도(경기문화재단, 2009, 『당성』 전재)

〈사진 3〉 당성의 포곡식성 남쪽 성벽

〈사진 4〉 당성 성벽 2-1판축부(동벽)

에도 산능선을 따라 작은 외성이 설치되어 있었던 것으로 확인되며, 서남
쪽 외성에서는 남양장성이라 불리는 토루가 연결되고 있다.[71]

　당성에 내부에 대한 조사결과, 2차 성곽의 성벽과 Ⅲ-1·2지구, 집수
시설, 우물지, 온돌유구 및 배수로시설 등이 확인되었다. 건물지는 여러
채가 조사되었는데 그 중에는 지름 3.5m 정도 되는 다각형 건물지가 발
굴되었고, 망해루지에 대한 발굴결과 망해루 추정지와 선·후대 건물지 2
채가 발굴되었다. 특히 건물지2(추정 망해루)는 성의 정상부 중심의 평탄
면에 위치하고 있으며, 정면 3칸, 측면 3칸으로 장축(남-북) 640㎝, 단축
(동-서) 630㎝로 네모꼴이다. 초석은 기단렬 사이에 놓였고, 주칸 거리는
약 210~220㎝이며, 건물지 중앙부에 치석된 석재가 위치해 있고, 건물지
남서편 모서리에 계단이 있다.

　주요 출토유물로는 토기류와 기와류, 자기류, 철기류 등이 있다. 토기

---

71) 경기문화재단, 2009, 위의 책, 12~14쪽.
　　한양대학교 문화재연구소, 2016.1, 앞의 자료집 참조.

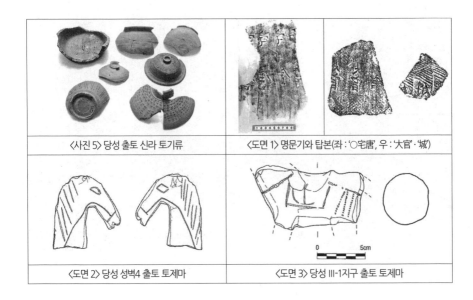

〈사진 5〉 당성 출토 신라 토기류	〈도면 1〉 명문기와 탑본(좌 : 'ㅇ宅唐', 우 : '大官'·'城')
〈도면 2〉 당성 성벽4 출토 토제마	〈도면 3〉 당성 Ⅲ-1지구 출토 토제마

류 중에는 호와 옹류가 많은 비중을 차지하고, 병·고배·완류·동이 등이
있으며, 기와류 중에는 '?宅唐'[72]·'干'·'大官'·'城'·'王'·'舍官宅' 등 다양한
종류의 명문기와와 신라~조선시대에 이르는 와당과 선문이나 어골문·
복합문 평기와가 수습되었다. 철기류는 마구와 철부, 철촉 등이 출토되었
고, 철제와 토제로 된 말편[馬片]이 성벽1·4, Ⅲ-1지구, Ⅲ-2지구의 망해
루지에서 출토되었다.[73]

　이외에도 당성 주변에는 삼국시대 유적이 적지 않은데, 대표적으로 백
곡리토성과 백곡리 고분군, 백곡리사지, 상안리 유적 등이 있다. 백곡리

---

72) 이 명문기와는 1차 성곽의 북벽 트렌치에서 출토되었는데, 회색의 경질로 등면에
　　종방향으로 'ㅇ宅 唐'이라고 반복적으로 타날되었다. 내면에는 포목흔이 있고, 분할
　　은 외면에서 내면으로 와도로 1/2정도 그어 분리했다. 기와의 남은 길이는 30㎝, 너
　　비 13㎝, 두께 2.5㎝이다(한양대학교 문화재연구소, 2016.1, 앞의 자료집, 51쪽).

73) 漢陽大學校博物館, 1998, 앞의 보고서 참조.
　　漢陽大學校博物館, 2001, 앞의 보고서 참조.
　　한양대학교 문화재연구소, 2016.1, 앞의 자료집 참조.

토성은 마도면 백곡리 산135번지에 위치해 있는데, 산 정상부를 둘러싼 테뫼식 토축산성으로 평면이 타원형에 가깝고 둘레가 320m이다.[74] 백곡리 고분군은 1~3지점까지 지표 및 발굴조사가 이루어졌는데,[75] 그 중에서 확인된 12기 중에 6기 정도가 발굴되기도 했다. 고분군은 1.2㎞ 범위에 분포하는 것으로 파악되었고, 대부분 4~5세기대 백제 석곽묘인 것으로 추정되고 있다. 발굴된 고분에서는 원저단경호와 승문호, 장란형토

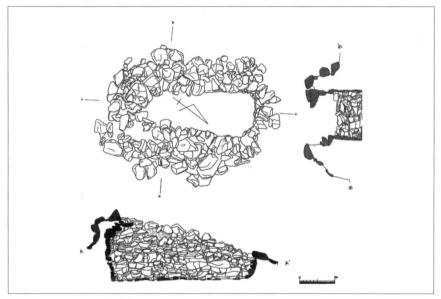

〈도면 4〉 백곡리 1호 석곽묘 평·단면도

74) 이 성은 서·북·남벽이 협축식, 동벽 일부 구간이 편축식으로 축조되었고, 외벽 높이는 3~6m, 상면폭은 0.8~1.8m이다. 성의 문지는 동·서문지가 있는데, 상단폭이 5~8m이고, 서문지 남측벽이 옹성형태로 돌아가는 형상을 하고 있다. 수습된 기와류는 선문과 어골문 등으로 주로 통일신라~고려시대 기와편이 수습되었다(한국토지공사 토지박물관, 2006, 『화성시의 역사와 문화유적』, 280~281쪽).

75) 金元龍, 1971, 「華城郡 麻道面 白谷里 百濟古墳과 土器類」, 『百濟研究』2, 忠南大學校 百濟研究所; 韓國精神文化研究院, 1994, 『三國時代遺蹟의 調査研究(Ⅱ) 華城白谷里 古墳』; 한국토지공사 토지박물관, 2006, 위의 책, 277~279쪽.

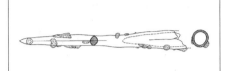

<도면 5> 백곡리 1호 석곽묘 출토 철기류

<사진 6> 백곡리 1호 석곽묘 출토 토기류

기, 심발형토기 등을 비롯한 철제무기, 마구류, 농공구, 구슬 등이 출토
되었다. 특히 1호 석곽묘에서는 철제대도와 단갑, 재갈 등이 출토되어 피
장자가 무장(武將)일 것으로 추정되고 있다.

　백곡리사지는 지표조사가 이루어져 건물지가 매장되어 있을 가능성
높고, '白寺'가 시문된 명문기와가 출토되어 절터로 추정되고 있다. 이곳
에서는 선조문과 집사선문, 수지문 등이 시문된 기와류와 백제~남북국
시대 토기도 많이 산포되어 있다.[76] 그리고 주변 구릉지대에서 백곡리유
적과 백곡리 유물산포지 등이 분포해 있다.[77] 또한 백곡리사지로부터 서
남쪽 약 350m 거리에 상안리유적이 위치해 있는데, 이 유적에서는 Ⅰ구

76) 한국토지공사 토지박물관, 2006, 앞의 책, 281~283쪽.
77) 한국토지공사 토지박물관, 2006, 앞의 책 참조.

역에서 도로유구와 수혈유구 5기, Ⅱ구역에서 온돌과 배수시설이 갖추어진 건물지가 발굴되었다. 이 유구들은 대체로 6~9세기대에 편년되는 것으로 분석되었고, 당성과 관련 있는 임시주거지나 교통로, 숙박이 가능한 건물지로 추정되며, 시기는 7~9세기로 보고되었다.[78] 따라서, 당성의 동쪽과 남쪽 주변에 성곽과 고분군, 절터, 주거지 등 많은 유적이 밀집되어 있다는 점으로 보아 당성 일대에는 삼국시대부터 줄곧 남양만에서 중요한 항구도시로서의 역할을 담당했다는 것을 알 수 있겠다.

Ⅳ. 당항성 전투의 양상과 의의

여기에서는 642년 당항성에서 벌어진 전투의 원인과 전개양상 그리고 의의에 대하여 살펴보고자 한다. 당항성 전투는 아래 사료를 통해 정리해 보면, 백제가 먼저 신라의 40여 성을 공격하여 함락시키고, 당항성도 고구려와 함께 공격한 내용이다.

〈사료-4〉선덕왕 11년(642) 가을 7월에 백제 왕 의자가 크게 군사를 일으켜 나라 서쪽의 40여 성을 쳐서 빼앗았다. 8월에 또 고구려와 함께 모의해 당항성을 빼앗아 당으로 가는 길을 끊으려 하니, 왕이 당 태종에게 사신을 보내 위급한 사정을 알렸다. 이 달에 백제 장군 윤충이 군사를 거느리고 대야성을 쳐서 함락시켰는데, 도독 이찬 품석과 사지 죽죽, 용석 등이 이 싸움에서 죽었다.[79]

---

78) 韓國文化財保護財團, 2007, 『華城 尚安里遺蹟Ⅱ』.
79) 『三國史記』卷5, 新羅本紀5 善德王 11年條 "秋七月 百濟王義慈大擧兵 攻取國西四十餘城 八月 又與高句麗謀 欲取党項城 以絕歸唐之路 王遣使 告急於太宗 是月 百濟將

〈사료-5〉보장왕 2년(643) 9월에 신라가 사신을 당에 보내어 말하되 "백제가 우리의 40여성을 공취하고, 또 고구려와 군사를 연합하여 입조하는 길을 막으려 한다"하고 구원을 청하였다.[80]

〈사료-6〉정관 16년(642)에 의자가 군사를 일으켜 신라의 40여성을 빼앗고 군대를 보내어 지키는 한편, 고려와 화친을 맺어 통호하고, 당항성을 탈취하여 신라의 입조길을 끊고자 하였다.[81]

위의 문헌기록을 바탕으로 볼 때, 당시의 전황(戰況)은 백제와 고구려가 당항성을 공격하여 신라의 대중국 외교의 거점항을 점령하려는 것이었다.[82] 그렇다면, 두 나라는 왜 당항성을 공격하게 된 것일까?

642년 이전의 정세는 앞에서 살펴보았듯이, 백제와 고구려가 내적으로 왕위 교체가 일어나 권력 안정화를 위한 정치가 진행되고 있었다. 그러나, 신라는 사상 최초 여왕의 즉위(卽位)와 와병(臥病)으로 인한 내적 불안정이 지속되고 있었던 상황이었다. 이에 먼저 신라를 압박한 것은 의자왕이었다. 의자왕은 즉위초부터 적극적인 공세를 펼쳤는데, 〈사료-4〉에서 보듯이 642년 7월과 8월에 대규모 병력을 동원하여 신라 40여 성을 빼앗고, 당항성을 공격하였으며, 대야성 마저 함락하기에 이른다. 특히 당

軍允忠 領兵 攻拔大耶城 都督伊湌品釋·舍知竹竹·龍石等死之."

80) 『三國史記』卷21, 高句麗本紀9 寶藏王 2年條 "秋九月 新羅遣使唐言 百濟攻取我四十餘城 復與高句麗連兵 謀絶入朝之路 乞兵救援."

81) 『舊唐書』東夷列傳 百濟條 "貞觀十六年 義慈興兵伐新羅四十餘城 又發兵以守之 與高麗和親通好 謀欲取黨項城以絶新羅入朝之路."

82) 『三國史記』百濟本紀에서는 의자왕 3년(643) 11월의 일로 기록하고 있다("王與高句麗和親 謀欲取新羅党項城 以塞入朝之路 遂發兵攻之 羅王德曼遣使請救於唐 王聞之罷兵").

항성 전투를 벌이게 된 목적은 중국으로 가는 유일한 거점항을 봉쇄하고
자 했던 것이다. 이는 줄곧 백제가 신라를 공격하기 전후에 신라가 수나
당에 병력을 요청하는 일이 자주 있었고, 중국의 경고로 인하여 더 이상
의 공격을 감행하지 못했기 때문이다. 그리고 627년 무왕이 웅진으로 나
아가 대병(大兵)을 일으켰을 때도 신라가 당에 사신을 보냈다는 소식을 듣
고 공격을 감행하지 못한 적이 있었던 일도 감안했을 것이다. 따라서, 의
자왕은 무왕대의 경험을 바탕으로 신라의 서변을 동시다발적(同時多發的)
으로 공격하는 동시에 당으로 가는 출항지를 봉쇄하고자 했던 것이다. 그
렇게 신라를 완전하게 압박해야만 항복을 받아 낼 수 있었기 때문이다.

　당시의 전투양상은 백제 의자왕이 먼저 고구려에 화친을 청하고, 당
항성을 공격하기로 동맹을 맺어 이루어졌던 것으로 보인다. 그렇다면, 백
제는 왜 고구려와 손을 잡은 것일까? 그 이유 중에 하나는 백제군은 이미
40여 성을 함락하고 난 뒤여서 추가 병력을 동원하기가 어려운 상황이었
다. 따라서 백제 단독으로 당항성을 공격하기가 쉽지 않았기 때문에 의자
왕은 고구려와 공동으로 군사를 파견하여 남·북 양 방면에서 당항성을
함락하여 신라를 고립시키려고 했던 것이다.[83] 반대로 고구려는 왜 백제
와 손을 잡은 것일까? 고구려는 당시 영류왕이 시해되기 2개월 전이었으
므로 영류왕이 이 전투를 승인했을 것이다. 따라서, 이 전투는 638년에
있었던 고구려의 칠중성 전투의 패배에 따른 반격차원에서 이루어졌을
가능성이 있다고 보여진다. 즉 영류왕은 재위기간 동안 신라에 대하여 선
공(先攻)을 하지 않았지만, 신라가 629년 낭비성을 함락하여 고구려를 먼
저 자극하였다. 이에 고구려는 638년에 신라의 북상을 막기 위한 칠중성
공략에 나서지만, 초반의 승세를 유지하지 못하고 패배하게 된다. 그 이

---

83) 문안식, 2004, 앞의 글, 16쪽.

후 고구려로서는 신라에 대한 보복의 기회를 엿보고 있었는데, 백제가 동맹을 요청하자 대군을 동원하지 않아도 되는 기회라 여겨 당항성 공격에 참전을 추진하게 된 것으로 추정해 볼 수 있겠다.[84]

한편, 이 전투는 백제와 고구려가 공동작전을 구사했다는 것을 의미하는데, 백제와 고구려는 육군보다 수군을 동원했을 개연성이 크다. 그러한 추정이 가능한 것은 고구려는 신라가 553년 한강 유역을 점령한 이후에 여러 교통로를 통해 신라의 국경지역 성을 공격하였는데, 642년경에는 육로를 통해 당항성을 공격하기가 거의 불가능했기 때문이다. 629년에 신라가 고구려의 낭비성을[85] 쳐서 함락했다거나 638년 고구려가 칠중성을 공격해 오자 알천이 이끄는 신라군이 대승을 거뒀다는 내용으로 보아 두 나라의 북경(北境)은 임진강과 한탄강을 사이에 두고 있었음이 분명하다. 그리고 고구려는 앞에서도 살펴보았듯이 많은 군대를 동원하기가 어려운 상황이었고, 육군이 당항성까지 남하하기 위해서는 퇴로의 확보는 물론 물자보급이 이루어져야 가능했다. 그러나, 모든 상황이 녹록치 않았으며, 만약 육로로 공격했다면 611년과 655년, 661년 전투기사에서 보듯이 말갈군을 동원했을 것이다.

611년에는 고구려와 백제, 말갈이 침범하였고,[86] 655년 고구려는 백제

---

84) 그런데, 이 전투가 연개소문의 주장에 의하여 전개되었을 가능성도 있다고 본다. 그 같은 이유는 연개소문이 그 해 김춘추가 방문했을 때 신라의 청병을 거절하고 그를 억류했으며, 644년에 상리현장(相里玄奬)이 방문했을 때에도 신라의 두 성을 공격하고 있었다(『三國史記』卷21, 高句麗本紀9 寶藏王 3年條). 따라서, 연개소문은 당뿐 아니라 신라에 대하여도 강경책을 고수하고 있었으며, 백제의 당항성 공격 제의에 적극적으로 찬동하여 영류왕으로부터 승낙을 받았을 개연성도 있다.

85) 낭비성의 위치에 대해서는 많은 견해가 있으나, 지금의 포천 반월산성으로 비정되고 있다(徐榮一, 1995, 「高句麗 娘臂城考」, 『史學志』28, 檀國大史學會; 박종서, 2010, 「고구려 낭비성 위치에 대한 검토」, 『국학연구』17, 한국국학진흥원).

86) 『三國史記』卷41, 列傳1 金庾信 上傳.

와 말갈을 동원하여 신라의 북쪽 국경을 침범하여 33개 성을 취하였으며,[87] 661년에도 보장왕이 장군 뇌음신과 말갈을 동원하여 술천성을 공격하다가 이기지 못하자, 북한산성으로 방향을 바꿔 공격한 일도 있었다.[88] 이외에도 고구려는 영양왕 9년(598)에 수의 요서를 말갈병 1만여명을 동원한바 있고,[89] 보장왕 4년(645)에도 당과의 전투에서 말갈병이 적지 않게 동원된 일이 있었다.[90] 따라서, 고구려가 당항성을 육로로 공격했다면 전투는 물론 퇴로확보와 물자보급을 위해 분명 말갈병의 도움이 필요하여 동원했을 것이지만, 그러한 기록이 없고 신라의 임진강~한강 유역 방어체계가 비교적 견고한 상태에서 육군보다는 수군을 동원했을 개연성이 높을 것으로 판단된다.[91]

백제도 지금의 평택·안성 남쪽지역인 천안과 아산지역을 경계로 국경을 마주하고 있었기 때문에[92] 육군을 동원하기가 쉽지 않았을 것이다. 그

---

87) 『三國史記』卷22, 高句麗本紀10 寶藏王 14年條 "春正月 先是 我與百濟靺鞨 侵新羅北境 取三十三城 新羅王金春秋 遣使於唐求援."
『舊唐書』東夷列傳 百濟條 "永徽六年 新羅王金春秋又表稱百濟與高麗·靺鞨侵其北界 已沒三十餘城."

88) 『三國史記』卷5, 新羅本紀5 太宗武烈王 8年條 "五月九日 高句麗將軍惱音信與 靺鞨將軍生偕 合軍來攻述川城不克 移攻北漢山城…."

89) 『三國史記』卷20, 高句麗本紀8 嬰陽王 9年條.

90) 『三國史記』卷21, 高句麗本紀9 寶藏王 4年條.

91) 『三國史記』에 따르면, 661년 고구려와 말갈이 술천성 공격에 실패하자 북한산성으로 옮겨가 공격했을 때, 수륙으로 왔다고 전해진다(『三國史記』卷42 列傳2 金庾信中條). 이로보아 고구려군이 수로를 통해 배를 타고 이동했을 개연성이 크다고 판단된다.

92) 김영관은 『三國史記』地理志 '白城郡'과 '湯井郡'條 및 같은 책 列傳 素那條를 바탕으로 660년 백제와 신라의 국경선을 안성천의 북쪽과 남쪽 평야지대는 신라가, 백제는 곡교천과 안성천 입구의 하천과 아산의 영인산 등 차령산맥 줄기를 따라 안성과 진천까지 신라와 경계를 이루었다고 보았다(金榮官, 2010, 「660년 신라와 백제의 국경선에 대한 고찰」, 『新羅史學報』20, 新羅史學會, 104~106쪽).
또한, 『三國史記』卷47 列傳 素那傳에도 白城郡 일대에서 신라와 백제군이 仁平中(634~647년)에 치열한 공방전을 벌였다고 전한다.

이유는 신라가 당항성을 확보한 이후에 남천주가 있던 지금의 이천이나 평택 지역을 통과하는 교통로에 자미산성[93] 등의 성곽이 운영되고 있었고, 안성천 등의 하천을 넘어 몇 군데 성을 함락하며 공격하기가 쉽지 않았을 것이다. 또한 당항성을 공격하기 이전에 신라 40여 성을 빼앗고 군사를 주둔시켰다는 기사로 보아 이미 많은 수의 육군이 동원되었기 때문이다. 따라서, 두 나라의 군대가 약속한 날짜에 합류하여 공격하기에는 육군보다 수군이 용이했을 것으로 생각된다. 그리고 수군은 적은 수의 함선과 병력으로 기습공격을 감행할 수 있다는 장점이 있고, 요격하고자 하는 목표물만 타격 후 철군하기에도 유리한 점이 있기 때문에 수군을 활용했을 가능성이 높다고 본다.

이렇게 백제가 주도하고 고구려가 약조하여 당항성을 기습하였지만, 신라의 방어도 만만치 않았을 것이다. 당항성은 신라가 처음 점령한 6세기 중반 이후에 공격을 받아본 적이 없을 정도로 육로나 해로로 접근하기 쉽지 않은 곳이기 때문이다. 그와 같이 당항성이 7세기 중반까지도 건재할 수 있었던 이유는 진흥왕대 이루어 놓은 교통로상의 성곽 분포가 한 몫을 했다고도 볼 수 있다. 진흥왕은 553년 백제로부터 한강 본류역을 빼앗아 신주를 설치하였고, 564년에 북제(北齊)에 조공하는 것을 시작으로 566년에 진(陳)에 사신을 보내는 등 서해를 통한 중국과의 외교에 심혈을 기울이게 된다. 이에 진흥왕은 568년에 북한산주를 남천주로 옮겨 백제를 견제하는 한편, 당항성으로 통하는 교통로를 구축한 것으로 판단된다.

---

93) 자미산성은 안성천과 진위천, 발안천 사이에 위치한 둘레 582m의 테뫼식 석축산성이다. 조사결과, 문지 3개소, 치성 3개소, 건물지 8개소, 저장시설, 집수시설 등이 확인되었고, 수막새와 고배, '上', '下', '十' 등의 명문이 새겨진 토기, 명문기와, 평기와 등이 출토되어 6세기 후반~7세기경 축조된 것으로 추정되고 있다(단국대학교 매장문화재연구소, 2004, 『평택 서부 관방산성 시·발굴조사 보고서』).

남천주에는 설봉산성(雪峯山城, 사적 제423호)이 그 치소성이었고, 그곳에서 서쪽으로 용인-수원을 지나 당항성에 이르렀을 것이다. 또한 앞에서 살펴보았듯이 당성 주변의 지세와 섬이 많고 조수간만의 차이가 심한 서해라는 점이 신라에게 유리하게 작용했던 것 같다.

고구려와 백제 수군은 당항성을 주 공격대상으로 삼았을 것이지만, 한편으론 덕적도도 포괄적인 공격범위에 포함시켰을 가능성이 있다. 덕적도는 앞에서도 살펴보았듯이 중국으로 건너가기 위해 대형 선박으로 갈아타던 곳이었고, 신라 수군의 함대도 이곳에 정박해 있었을 가능성이 있다. 따라서, 여제(麗濟) 수군은 덕적도를 공격하여 신라 선박이 당으로 항해하지 못하도록 차단하고자 했을 것인데,[94] 신라 수군은 덕적도와 영흥도, 대부도, 제부도 등 많은 섬과 빠른 해류를 이용하여 적극적인 방어를 했을 것이다. 그리고 조수 간만의 차이도 활용하여 당항성을 중심으로 한 방어태세를 갖추었을 것이며, 화성과 수원 등의 주변 성에 지원도 요청했을 것이다. 이는 여제 수군이 당항성을 주요 공격대상으로 삼았기 때문이다. 이에 신라군은 당항성이 봉화산과 구봉산이 총 4.2㎞의 긴 능선을 이루고 있다는 점과 성 주위가 밀물 때 바다로 채워져 접근하기에 상당히 어렵다는 점을 십분 활용했을 것이다. 결국 백제와 고구려군은 당항성 주변의 많은 섬들과 조수간만의 차이, 육지 상륙 후 신라 육군과의 수적 열세를 극복하지 못하여 당항성을 함락하지 못한 것으로 추정된다.

642년 겨울에 선덕왕은 백제의 맹공(猛攻)을 받고 김춘추를 고구려에

---

94) 백제와 고구려군이 당항성을 공격한 시기가 8월인데, 덕적도 주변 수심은 약 30m 내외로 낮은 편이고, 가을철에 덕적도 주변 풍속은 여름철 약 12%보다 약간 빠르고, 풍향은 북서풍이 우세하며, 풍향이 변하지 않고 오래 지속되는 편이다(고희종 외, 2005, 「한반도 주변 해역 5개 정점에서 파랑과 바람의 관계」, 『韓國地球科學會誌』26-3, 한국지구과학회, 244쪽).

보내어 군사를 요청하였으나, 거부당하였다.[95] 보장왕은 김춘추에게 죽
령 이북의 땅을 돌려줄 것을 요구하였으나 그가 그럴만한 권한이 없다고
하자 감금하였고, 신라에선 얼마 뒤에 김유신이 이끈 신라군이 출병하자
보장왕은 김춘추를 돌려보냈다. 이 일로 인하여 김춘추는 고구려의 힘을
빌어 백제를 공격하기가 어렵다는 것을 깨달게 되었으며, 당항성 전투가
우연히 벌어진 일이 아니라 고구려와 백제가 동맹 관계를 맺은 것으로 인
식했을 개연성이 크다. 그 이후 선덕왕은 이듬해 9월에 사신을 당에 보내
어 군사를 요청하기도 했다.[96] 아래 〈사료-7〉은 신라에서 당으로 파견된
사신이 당 태종에게 군사를 요청하고, 당에서는 고구려로 사신을 보낸 일
을 기록한 내용이다.

> 〈사료-7〉 정관 17년(643)에 사신을 보내어, "고려와 백제가 여러
> 차례 번갈아 공습을 하여 수십 성을 잃었는데, 두 나라 군대가 연
> 합하여 신의 사직을 없애려 합니다. 삼가 배신을 보내어 대국에
> 보고를 하오니, 약간의 군사로나마 구원해 주시기 바랍니다."라고
> 상언하였다.
> 태종은 상리현장을 보내어 고려에, "신라는 나의 명령에 따르는
> 나라로서 조헌을 빼놓지 않았고. 그대 나라와 백제는 함께 마땅히
> 무기를 거두어 들여야 할 것이오. 만약 다시 공격을 한다면 내년
> 에 군사를 내어 그대 나라를 칠 것이오."라는 새서를 내렸다. 태종
> 은 친히 고려를 치려고 신라에 조서를 내려, 군사와 말을 모집하
> 여 대군에 응접하라고 하였다. 신라는 대신을 파견하여 군사 5만

---

95) 『三國史記』卷5, 新羅本紀5 善德王 11年條.
　　『三國史記』卷21, 高句麗本紀9 寶藏王 元年條.
96) 『三國史記』卷5, 新羅本紀5 善德王 12年條.

명을 이끌고 고려의 남계로 들어가 수구성을 쳐서 항복받았다.[97]

위의 기사는 642년의 일을 언급한 것으로 백제가 40여 성을 빼앗은 것과 당항성을 두 나라가 협공한 것을 가르키는데, 신라는 약간의 군사만 내어준다면 위기를 벗어날 수 있다고 구원을 요청하였다.[98] 이에 당 태종은 사신을 고구려에 보내 전쟁을 멈추지 않으면 보복을 하겠다는 위협을 가한다. 그리고 신라는 군사 5만 명을 동원하여 고구려의 수구성을 공격하여 항복을 받아내었다. 이 전투는 김춘추가 고구려와의 협상결렬과 자신을 감금한 일에 따른 보복으로 볼 수 있으며, 이로 인하여 신라와 고구려는 완전히 적대적인 관계로 굳어지는 계기가 되었다.

반면, 백제와 고구려는 당으로부터 경고를 받게 되자, 더욱 긴밀한 동맹관계를 유지한 것으로 보인다. 그와 같은 이유는 645년 급기야 당이 고구려를 침략해 왔기 때문이며, 648년까지 3차에 걸쳐 대전(大戰)이 벌여져 신라를 견제하기 어려운 상황에서 백제는 645년부터 649년까지 신라의 여러 성을 거의 매년 공격하였다. 그리고 655년 백제와 고구려, 말갈이 신라의 33개 성을 함락한 일로 연결되었다. 이렇듯 백제와 고구려의 동맹

---

97) 『舊唐書』東夷列傳 新羅條 "貞觀十七年 遣使上言「高麗·百濟 累相攻襲 亡失數十城 兩國連兵 意在滅臣社稷 謹遣陪臣 歸命大國 乞偏師救助」/ 太宗遺相里玄奬齎璽書賜 高麗曰「新羅委命國家 不闕朝獻 爾與百濟 宜卽戢兵 若更攻之 明年當出師擊爾國矣」/ 太宗將親伐高麗 詔新羅纂集士馬 應接大軍 新羅遣大臣領兵五萬人 入高麗南界 攻 水口城 降之."
이 기록은 『三國史記』에 선덕왕 12년(643)과 13년(644)의 일로 되어 있다(『三國史記』 卷5, 新羅本紀5 善德王 13年條).

98) 신라는 선덕왕 12년(643) 9월 당에 사신을 보내 구원병을 요청하였는데, 예부의 관 직을 지낸 선품공(善品公)이 왕명을 받들어 당에 사신으로 갔다가 병을 얻어 돌아와서 죽었다고 하여 이때 사신으로 다녀온 인물을 짐작케 한다(김대문저, 이종욱역, 2005, 『대역 화랑세기』, 소나무, 290~291쪽).

관계는 642년 당항성 전투부터 계기가 되어 655년까지 지속된 것으로 이
해된다.

앞의 내용을 요약해 보면, 당항성이 있는 남양만 일대는 처음 백제가
점령한 당시부터 주요 항구로 이용되었던 것으로 이해되고 있다. 이와 관
련된 유적으로는 백곡리 고분군으로 석곽묘에서는 철제대도와 단갑, 재
갈 등 무장의 갖춤새 등이 출토되어 이 지역을 수비하던 백제 무장의 고
분으로 판단된다. 그리고 덕적군도에서도 백제 유물들이 확인되기도 했
다.[99] 이로 보아 백제인들도 당항진을 주요 항구로 활용했음을 짐작해 주
고 있다.[100] 또한 신라는 당항진을 보다 적극적으로 개발했는데, 당성의
확장 축조가 그러한 추정을 가능케 하며, 또한 소정방이 덕적도 국사봉에
서 제사를 지냈다는 것으로 보아 신라인들도 이미 제사의식을 지냈던 장
소로 이용했음을 알 수 있겠다.[101] 국사봉은 덕적도에서 가장 높은 봉우
리로 당시에 신성한 제사장소였으며, 소정방이 이끈 당군도 백제와의 전
쟁을 앞두고 제사의식을 통해 승전(勝戰)과 무사귀환을 기원했을 것이다.
특히 신라인들이 덕적도를 대중국 항로의 거점으로 활용했을 곳이었던만
큼 원거리 항해의 안전을 염원했던 제장(祭場)을 마련했을 것이다.[102] 따

---

99) 서울大學校博物館, 1999, 『德積群島의 考古學的 調査硏究』, 58쪽.
100) 당성 주변에 위치한 백제 성으로는 우정면에 있는 한각리성(閑角里城, 둘레 551m,
   편축식 토축성)과 운평리성(雲坪里城, 둘레 1,185m, 편축식 토축성)이 있으며, 백
   제 타날문토기편이 수습되었지만, 아직 정밀조사는 이루어지지 못하였다(京畿道博
   物館, 2000, 『도서해안지역 종합학술조사 I』).
101) 소야도에 당군의 진지였다고 하는 '답안'이라는 유적이 남아 있어 100여평의 넓이의
   땅 주위에 초석을 둘러쌓은 자취가 남아 있다고 한다(金光鉉, 1985, 앞의 책, 74쪽).
102) 이러한 제의행위는 당성에서도 이루어졌던 것으로 짐작되는데, Ⅲ-1지구의 다각
   형 건물지로 추정되는 유구와 Ⅲ-2지구의 망해루지, 집수시설 북동편에 위치한 연
   못에서 연화문 수막새 1점이 출토되었다. 그리고 성벽1·4와 망해루지 등에서 철제
   와 토제로 만들어진 말편(馬片) 25개체가 출토되었다(〈도면2·3〉참조). 성곽에서
   연화문 수막새가 출토된 예는 서울 아차산성을 비롯하여 포천 반월성, 하남 이성산

라서, 당항성 일대에는 많은 수의 성곽과 고분군, 절터 등이 분포해 있다는 점과 덕적도에도 수군기지를 건설하여 연근해(沿近海)를 방어하는데 활용했을 것으로 여겨지며, 여제 수군은 이러한 덕적도를 1차 공격대상으로 삼았던 것으로 추정된다.

V. 맺음말

신라 입장에서의 당항성은 진흥왕대 처음 서해안 뱃길을 열었던 대중국 외교의 거점성으로 삼국통일을 이루기까지 결정적 역할을 한 곳이다. 그렇기 때문에 고구려나 백제로서는 이 당항성을 반드시 봉쇄하거나 재탈환해야할 필요가 있었고, 신라는 국운을 걸 정도로 결사적으로 사수했어야만 했다. 그러나 백제 입장에서는 당항성을 봉쇄하여 신라가 당과 교섭하지 못하도록 막았어야 했지만, 당항성을 둘러싼 신라의 방어체계가 녹록치 않아 독자적으로 공격하기가 쉽지 않았다. 이에 고구려와 연합하여 당항성을 공격했지만, 결국 실패로 돌아가고 말았다.

당항성 전투에 대하여 전후상황을 정리해 보자면, 이 전투가 일어나게 된 배경은 앞서 살펴보았듯이 백제 의자왕에 의해 치밀하게 계획된 전투였다. 즉 642년 7월에 신라의 40여 성을 대거 함락하고, 8월에 당항성과

성, 인천 계양산성 등 많지 않으며, 건물지나 집수시설, 축기부 등에서 출토되고 있어 제의 행위와 관련지어 보기도 하다(황보경, 2012, 「한강 유역 출토 신라 수막새 고찰」, 『東洋學』52, 檀國大學校 東洋學硏究院 참조).

말은 지상과 하늘을 연결해 주는 매개체로 여겨지고, 전쟁과도 밀접한 관련이 있는 동물이므로 이를 제사 때 토제나 철제로 만들어 사용한 것으로 사료되며, 하남 이성산성과 이천 설봉산성, 천안 위례산성을 비롯한 여러 성에서 이러한 철이나 토제 말편이 출토된바 있다.

대야성을 동시에 공격하는 파상공세를 펼쳤다. 의자왕은 신라의 대야성을 주 목표로 삼아 윤충 장군을 비롯한 1만 명의 대군을 보내어 공격케했다. 그 사이 백제는 수군을 동원하여 고구려 수군과 함께 당항성을 공격함으로써 신라의 도성(都城)으로 통하는 거점성과 대당 외교의 거점항구를 동시에 타격하고자 했던 것이다. 고구려는 영류왕 재위 기간 동안 김유신이 이끄는 신라군에게 낭비성을 함락당하는가 하면, 임진강 유역의 칠중성을 공격하여 신라의 북상을 저지하고자 했으나 패전하고 만다. 이 시기 백제로부터 당항성 공격에 대한 제의를 받고, 이를 승인하게 됨으로써 여제동맹이 성사되었다.

결국 여제는 당항성과 덕적도를 기습하였지만, 남양만 일대의 많은 섬과 방어에 유리한 지형, 조수간만의 차로 인한 제한적 공격 등으로 인하여 실패하고 말았다. 신라는 당항성 전투 직후 당으로 사신을 보내는 한편, 김춘추가 그해 겨울에 고구려를 방문하여 백제를 치고자 청병을 요청했다. 이렇게 김춘추가 직접 방문했던 것은 표면상으로 볼 때, 지난날 신라가 고구려 광개토왕(廣開土王)대에 대규모의 지원군을 얻어 왜(倭) 등을 물리친 일과 553년 진흥왕이 한강 유역을 점령했을 때에도 고구려와의 밀약을 맺었던 경험이 있었기 때문에 지원을 받을 수 있으리라는 기대를 했기 때문이다. 그리고 무엇보다 백제에 대한 대야성 전투의 보복을 하고자 했던 간절한 마음도 있었던 것으로 이해된다.

그러나, 한편으론 당항성을 고구려, 백제가 연합하여 공격해 온 상황에서 목숨을 걸고 고구려까지 방문한 숨겨진 목적은 고구려가 정말 백제와 지속적인 동맹관계를 맺은 것인지, 일시적인 것인지를 확인하고자 했던 것이 아닐까 한다. 그같은 추론이 가능한 것은 7월부터 8월 사이에 백제의 파상적인 공세가 있었고, 9월에 이미 당에 구원을 요청하기 위한 사신을 보냈다는 점이다. 그런 상황에서 김춘추가 직접 고구려를 방문한 것은 외교관계에 있어서 명분을 쌓기 위한 것이라고도 볼 수 있다. 만약, 고구려가 신라에게 지원군을 내어 주었거나 그런 의사를 표명했다면 신라로서는 백제만을 상대하는데 집중할 수 있었을 것이다. 즉 당항성에 대한 연합공격은 일회성으로 받아들일 수 있었지만, 청병을 거절하거나 자신을 인질로 잡는다면 두 나라를 상대로 힘겨운 전쟁을 벌여야 되는 상황이었다.

따라서, 김춘추는 당에 사신을 보내 의사를 전달했을 것이고, 한편으로는 고구려와 백제의 관계를 보다 신중히 고려했던 것 같다. 그랬기 때문에 고구려로 가기 전에 선덕왕과 김유신에게 사전에 방책을 알려두고 방문했던 것이며, 막상 보장왕이 억류하자 선도해(先道解)의 도움과 김유신이 군대를 동원하여 출병함으로써 풀려날 수 있었던 것이다.[103] 이 상황에서 보장왕은 죽령 이북의 땅을 운운했고, 김춘추는 자신이 그럴 권한이 없다고 한다. 이 답변은 곧 고구려의 지원에 따른 보상책을 준비하지 않고 방문한 것으로 만약, 그러한 준비를 했다면 김춘추를 억류까지 하지 않았을 것이다.

김춘추가 당항성 전투 이후 고구려를 방문한 것은 당에 이미 구원을 요청한 상태에서 백제와의 동맹관계를 확인하고자 했던 목적도 있었으며, 이는 곧 신라가 대당 외교에 있어 명분을 쌓아 가는 포석이었다고 사료된다. 그리고 당에서도 643년 고구려로 상리현장(相里玄獎)을 보내어 신라와의 전쟁을 그만두도록 권고한 것은 642년 9월에 신라 사신이 당에 와서 여제의 동맹소식을 확인하기 위한 목적도 있었을 것이다. 그 이후 당은 두 나라의 동맹을 확인하였고,[104] 신라와의 우호적인 관계를 적극적으

---

103) 『三國史記』卷41, 列傳1 金庾信 上傳條.
104) 『文館詞林』의 내용 중에 당은 645년 2월경 의자왕이 보낸 扶餘康信에게 교서를 내렸다. 거기에는 당태종이 백제와 고구려가 協契를 맺었다고 의심했는데, 의장왕이

로 활용하여 대고구려 정책을 펴나가게 된다.

결론적으로 당항성 전투는 백제가 신라의 허를 찌른 사건으로 볼 수 있으며, 거기에 고구려와의 동맹을 이끌어 내었다는 점에서 삼국간의 균형이 깨지고 당이 고구려를 침략하는 빌미를 제공하는 등 동북아시아의 국가들이 전쟁에 휩싸이는 계기가 되었다고 보아도 무리는 아닐 것이다. 신라 입장에선 백제와의 국경지대에 분포한 40여 성이 함락당한 상황에서 당항성까지 기습받자 크게 당황하지 않을 수 없었을 것이다.

백제가 이렇게 치밀한 전술을 구사한 것은 무왕대부터 신라와 접한 요충지를 두루 공략한 경험에서 비롯된 것이라고 생각된다. 또한 당항성을 목표 대상으로 삼았던 것은 대야성을 공격하여 신라의 왕도를 공격하기 위한 교두보를 확보함과 동시에 당으로 사신을 보내지 못하도록 봉쇄하려는 의도가 있었다. 그러나, 백제는 단독으로 당항성을 공격하기에 한계가 있었기 때문에 고구려에 청병을 하게 되고, 고구려는 낭비성과 칠중성 전투의 보복 차원에서 전투에 응하게 된다. 고구려와 백제는 빠른 시일 내에 당항성을 공격하기 위하여 수군을 동원한 전술을 펼쳤지만, 신라 수군에 의해 좌절되고 만다. 이 전투를 계기로 신라는 고구려와 백제가 동맹한 것을 탐지하였고, 이를 당에 알려 청병을 하는 등 적극적으로 당과 친밀한 관계로 발전해 나가게 된다.

당항성 전투는 이제까지 대야성 전투에 가려져 백제와 고구려, 신라사이에 벌어진 일회성 국지전(局地戰)으로 여겨져 온 경향이 있지만, 백제

보낸 표를 보고 강신에게 물어 백제와 고구려가 연합하지 않은 것을 알게 되었다는 것과 의자왕이 군대를 동원하여 관군과 함께 凶惡을 정벌하기를 원한다고 말했다는 내용도 들어 있다. 이 조서를 통하여 당이 백제에 대해 의도하였던 것은 당을 위해 신라가 파병하고 있는 동안 백제가 신라를 공격하지 못하도록 견제하려는 의도가 있다고 보기도 했다(朱甫暾, 1992, 「《文館詞林》에 보이는 韓國古代史 관련 外交文書」, 『慶北史學』15, 慶北史學會, 164~166쪽).

의 치밀한 계획하에 벌어진 전투였다. 비록 이 전투에서 백제와 고구려 군이 당항성을 봉쇄하지 못하였지만, 신라와 당사이의 외교관계를 단절 시키고자 시도했던 목적이 뚜렷한 전투였다는 점에서 의의가 있다고 볼 수 있겠다.

【참고문헌】

■ 문헌

『三國史記』, 『舊唐書』, 『新唐書』, 『日本書紀』

■ 단행본

경기문화재단, 2009, 『당성』.

國立文化財研究所, 2011, 『韓國考古學專門事典—城郭·烽燧篇』.

국립부여박물관·국립부여문화재연구소, 2008, 『百濟王興寺』.

국립부여박물관, 2011, 『서동의 꿈, 미륵의 통일 百濟武王』.

金光鉉, 1985, 『德積島史』, 德積島史編纂委員會.

김대문저, 이종욱역, 2005, 『대역 화랑세기』, 소나무.

서영일, 1999, 『신라 육상 교통로 연구』, 학연문화사.

신형식, 1997, 『韓國古代史의 新研究』.

신형식, 2009, 『한국 고대사의 새로운 이해』, 주류성출판사.

정진술, 2009, 『한국해양사』, 京仁文化社.

황보경, 2009, 『신라문화연구』, 주류성.

■ 논문

고희종 외, 2005, 「한반도 주변 해역 5개 정점에서 파랑과 바람의 관계」, 『韓國地球科學會誌』26-3, 한국지구과학회.

權惠永, 1995, 「『三國史記』新羅本紀 遣唐使 記事의 몇가지 問題」, 『三國史記의 原典檢討』, 韓國精神文化研究院.

김수태, 2010, 「백제 무왕대의 대신라 관계」, 『百濟文化』42, 공주대학교 백제문화연구소.

金榮官, 2010, 「660년 신라와 백제의 국경선에 대한 고찰」, 『新羅史學報』20, 新羅史學會.

金元龍, 1971, 「華城郡 麻道面 白谷里 百濟古墳과 土器類」, 『百濟研究』2, 忠南大學校 百濟研究所.

金昌錫, 2009, 「6세기 후반~7세기 전반 百濟·新羅의 전쟁과 大耶城」, 『新羅文化』34, 동국대학교 신라문화연구소.

문안식, 2004, 「의자왕 전반기의 신라 공격과 영토확장」, 『慶州史學』23, 慶州史學會.

박종서, 2010, 「고구려 낭비성 위치에 대한 검토」, 『국학연구』17, 한국국학진흥원.

방용철, 2011, 「高句麗 榮留王代의 정치 동향과 對唐 관계」, 『大邱史學』102, 大邱史學會.

徐榮一, 1995, 「高句麗 娘臂城考」, 『史學志』28, 檀國大史學會.

申瀅植, 1989, 「韓國古代의 서해 교섭사」, 『국사관논총』2.

이기봉, 2005, 「전통시대 남양도호부의 중심지와 역사적 변화」, 『地理學論叢』45, 서울大學校 社會科學大學 地理學科.

李俊善, 1980, 「新羅 黨項城의 歷史地理的 考察」, 『關大論文集』8-1, 관동대학교.

林起煥, 1992, 「6·7세기 高句麗 政治勢力의 동향」, 『韓國古代史研究』5, 韓國古代史學會.

정원주, 2011, 「營留王의 對外政策과 政局運營」, 『高句麗渤海研究』40, 高句麗渤海學會.

鄭載潤, 2009, 「5~6세기 백제의 南朝중심 외교정책과 그 의미」, 『百濟文化』41, 공주대학교 백제문화연구소.

朱甫暾, 1992, 「《文館詞林》에 보이는 韓國古代史 관련 外交文書」, 『慶北史學』15, 慶北史學會.

최근식, 2005, 『신라해양사 연구』, 고려대학교출판부.

皇甫慶, 1999, 「新州 位置에 대한 研究」, 『白山學報』53, 白山學會.

황보경, 2012, 「한강 유역 출토 신라 수막새 고찰」, 『東洋學』52, 檀國大學校 東洋學研究院.

황보경, 2015, 「603년 北漢山城 전투 고찰」, 『韓國史學報』58, 高麗史學會.

許重權·丁德氣, 2012, 「602년 阿莫城 戰鬪의 전개과정에 대한 고찰」, 『軍史』85, 국방부 군사편찬연구소.

■ 보고서

京畿道博物館, 2000, 『도서해안지역 종합학술조사 I 』.

단국대학교 매장문화재연구소, 2004, 『평택 서부 관방산성 시·발굴조사 보고서』.

문화재청·국립해양문화재연구소, 2014, 『인천 옹진군 영흥도선 수중발굴조사 보고서』.

서울大學校博物館, 1999, 『德積群島의 考古學的 調査研究』.

인천광역시립박물관, 2002, 『덕적군도종합학술조사』.

韓國文化財保護財團, 2007, 『華城 尙安里遺蹟 II 』.

韓國精神文化研究院, 1994, 『三國時代遺蹟의 調査研究(II) 華城白谷里古墳』.

한국토지공사 토지박물관, 2006, 『화성시의 역사와 문화유적』.

漢陽大學校博物館, 1998, 『唐城-1次發掘調査報告書』.

漢陽大學校博物館, 2001, 『唐城-2次發掘調査報告書』.

한양대학교 문화재연구소, 2016.1, 「당성 3차 발굴조사 현장설명회 자료집」.

【사진 및 도면 출처】

〈사진 4〉 漢陽大學校博物館, 2001, 『唐城-2次發掘調査報告書』, 42쪽.

〈사진 5〉 漢陽大學校博物館, 2001, 『唐城-2次發掘調査報告書』, 칼라사진.

〈사진 6〉 韓國精神文化研究院, 1994, 『三國時代遺蹟의 調査研究(II) 華城白谷里古墳』, 81쪽.

〈도면 1〉 (좌)한양대학교 문화재연구소, 2016.1, 「당성 3차 발굴조사 현장설명회 자료집」, 51쪽.

　　　　 (우)漢陽大學校博物館, 2001, 『唐城-2次發掘調査報告書』, 139쪽.

〈도면 2〉 漢陽大學校博物館, 1998, 『唐城-1次發掘調査報告書』, 77쪽.

〈도면 3〉 漢陽大學校博物館, 2001, 『唐城-2次發掘調査報告書』, 156쪽.

〈도면 4·5〉 韓國精神文化研究院, 1994, 『三國時代遺蹟의 調査研究(II) 華城白谷里古墳』, 103·107쪽.

〈 2부 〉

한강 유역에 남겨진
삼국의 유적과 유물

1장 / 삼국시대 한강 유역 보루유적의
현황과 성격

2장 / 한강 유역 고대 우물의 유형과
축조시기

3장 / 한강 유역 출토 신라 수막새의
문양별 분류와 특징

| 1장 |

삼국시대 한강 유역 보루유적의 현황과 성격

I. 머리말

서울 아차산성(阿且山城, 사적 제234호)과 아차산 일대 보루군(사적 제455호), 아차산 홍련봉 보루유적(시도기념물 제21호)에 관한 조사와 연구는 오래전부터 이루어져 왔으며,[1] 최근까지도 전면적인 발굴조사를 실시하여 적지 않은 성과를 올리고 있다. 특히 아차산성은 시굴조사와 명문기와 등의 유물을 통해 신라가 한강(漢江) 유역을 점령한 이후에 사용한 북한성(北漢城)으로 추정되고 있으며,[2] 아차산과 용마산(龍馬山) 보루(堡壘)들은 고구려(高句麗)와 신라(新羅)에 의해 축조 내지 재사용된 것으로 파악되고 있다. 그리고 최근에는 홍련봉 1·2보루에 대한 발굴조사결과, 아차산 일대의 보루군 중에서 가장 규모가 크고 건물지와 저장유구의 남은 상태가

---

1) 강진갑 외, 1994, 『아차산의 역사와 문화유적』, 구리시·구리문화원.
   金玟秀 외, 1994, 「서울 城東 峨嵯山城 일대의 城郭遺蹟 踏査記」, 『白山學報』44, 白山學會.
2) 서울대학교 인문학연구소외, 2000, 『아차산성 시굴조사보고서』.

매우 좋은 것으로 밝혀졌다.[3] 또한 아차산과 용마산 일대에 남아 있는 장성(長城)에 관련된 조사와 연구도 지속적으로 논의되어 왔으며, 현재로선 조선시대(朝鮮時代) 살곶이목장터로 보는 견해가 우세한 편이다. 그러나, 서울 동대문구 휘경동에 위치한 배봉산(拜峰山, 해발 108.9m)에 대해서는 몇 차례 지표조사가 이루어져 유물이 수습되었음에도 불구하고 군사적 기능에 대한 특별한 견해가 없는 형편이다. 그러한 이유는 배봉산이 살곶이목장터의 범위에 포함되고, 능선을 따라 관련 토루(土壘)와 석축유구(石築遺構)가 확인되었기 때문인 것으로 이해된다.

이에 필자는 몇 차례 배봉산을 답사해 본 결과, 원래의 모습이 많이 변경된 상태지만 배봉산 정상과 그 주위 및 능선의 북쪽 끝지점 등에서 다양한 종류의 토기와 기와조각을 확인하였다. 또한 지리적 위치와 입지로 볼 때 용마산이나 봉화산(烽火山) 보루와 밀접한 관련이 있을 것으로 판단하여 배봉산 유적의 군사적 역할에 대하여 이 글을 통해 설명해 보고자 한다. 두 번째로 파주 용미리(龍尾里) 유적은 세종대학교 박물관에서 지표조사와 시굴조사를 통해 확인된 곳으로 박달산과 명봉산 사이에 위치해 있다.[4] 이 유적이 위치한 산은 오래전부터 채석장으로 이용될 만큼 산 전체가 암반으로 이루어져 있는데, 산의 남쪽 끝지점 봉우리에서 석축유구와 백제(百濟) 토기가 수습되었다. 유감스럽게도 석축유구의 남은 상태가 좋지 못하였지만, 인위적인 축조흔적이 확인되었고, 지형과 입지로 보아 군사유적임을 알 수 있었기 때문에 이 글을 통해 조사성과와 성격에 대하

---

3) 한국고고환경연구소, 2015, 『홍련봉 1·2보루』.
4) 세종대학교 박물관, 2012, 『파주 용미리 골재채취장 예정부지 문화유적 지표조사 보고서』.
   세종대학교 박물관, 2013, 『파주 용미리 골재채취장 예정부지내 유적 시굴조사 약보고서』.

여 고찰해 보고자 한다.

II. 유적 현황

한강 유역에는 삼국시대 관방유적(關防遺蹟)이 적지 않게 분포해 있는 것으로 알려져 있으며, 그에 대한 조사가 비교적 활발하게 이루어지고 있다. 특히 한강과 임진강 유역에는 많은 수의 성곽(城郭)이 분포해 있는데, 정밀지표조사나 시·발굴조사가 이루어진 곳은 40여곳 정도이다(《부록》의 〈표-1, 2〉참조). 형식별로는 테뫼식이 가장 많은 20곳으로 58.8%를 차지하고, 포곡식이 8곳으로 23.5%이며, 평지성과 복합식이 각각 3곳씩이다. 규모별로는 포곡식 성곽이 둘레 1,000~2,000m 사이이고, 테뫼식은 편차가 큰 편인데 연천 수철성이 176m로 가장 규모가 작으며, 양주 대모산성과 안성 죽주산성이 1,400m와 1,688m로 상당히 큰 편에 속한다. 그리고 평지성도 둘레가 200~400m 사이여서 규모가 대체로 작은 편이다.

한강과 임진강 유역에 분포해 있는 보루의 수는 52곳 정도로 파악되고 있지만,[5] 발굴조사가 이루어진 곳은 7곳에 불과하며, 모두가 아차산·용마산에 위치한 보루군이다. 따라서, 삼국시대에 축조된 보루에 대한 정보는 아직까지는 제한적이며, 그에 대한 연구도 최근에 이르러 본격적으로 논의되는 단계라고 할 수 있겠다. 보루의 분포양상을 보면, 아차산·용마산을 중심으로 그 주위로 20곳이 넘는 보루가 있으며, 중랑천 상류인 의정부와 양주 일원에도 15곳이 천보산이나 도락산, 사패산 줄기를 따라 분

---

5) 아차산 6보루는 2005년에 방앗간 시설이 확인된 것으로 알려져 있지만, 자세한 조사가 이루어지지 못한 형편이다(고려대학교 고고환경연구소, 2007, 『아차산 제3보루』 참조).

포해 있다. 그리고 연천지역에서도 7곳이 발견된 상태이고, 파주에도 4곳의 보루가 위치해 있다. 이와 같이 보루는 군사적으로 중요한 요충지마다 몇 개의 보루가 밀집되어 있는 특징을 보이고 있으며, 서울 안산보루나 남양주 안산보루, 파주 심학산 보루와 같이 평지 가운데 독립된 높지 않은 산의 정상부에 축조된 경우도 있다. 여기에서는 서울 배봉산 유적과 파주 용미리 유적의 현황에 대하여 설명해보고자 한다.

1. 서울 배봉산 유적

배봉산 유적은 현재 근린공원으로 이용되고 있으며, 조선시대 살곶이 목장터의 일부로 알려진 곳이기도 하다.[6] 그러나, 이곳에서는 지표조사를 통해 고구려 토기조각이 수습된 바 있고,[7] 필자도 경질무문토기(硬質無文土器)와 점토대토기(粘土帶土器), 연질 토기조각 등을 수습하였다. 그리고 최근에는 동대문구청에서 군부대를 이전하고, 생태공원을 조성하기 위해 시굴조사를 실시하기도 했다.[8] 따라서, 여기에서는 배봉산 유적의 입지와 현황, 수습유물에 대하여 살펴보고자 한다.

---

6) 살곶이목장터의 규모는 동–서 7리, 남–북 15리로 각각 약 2.75㎞, 5.89㎞로 전해지는데, "사복시 살곶이 목장지도(서울특별시 유형문화재 제295호)"를 참고해 보면, 동–서 너비는 용마산에서 배봉산, 남–북 길이도 어린이대공원 주위에서 배봉산 부근까지 해당될 것으로 추정된다(류기선, 1994, 「조선 사복시 살곶이목장」, 『박물관휘보』5, 서울시립대학교 박물관; 조병로 외, 2004, 「조선시대 司僕寺의 설치와 牧場운영」, 『京畿史學』8, 경기대학교 경기사학회, 216쪽 참조).

7) 강진갑 외, 1994, 앞의 책.
서울역사박물관, 2006, 『文化遺蹟分布地圖–서울特別市(江北編)』.

8) 서울문화유산연구원, 2016.5, 「서울 동대문구 전농2동 생태공원 조성부지 내 배봉산 토루지 유적 발굴(시굴)조사 학술자문회의 자료집」.

1) 입지

배봉산은 서울특별시 동대문구 휘경동(徽慶洞)과 전농동(典農洞) 일원에 걸쳐 있는 나지막한 산으로 행정상으로는 휘경동 산6번지와 전농2동 산32−20번지 일원에 해당된다. 이 산의 지형은 평면상 남−북방향으로 긴 세장방형이고, 정상부에는 현재 군부대가 이전된 상태이며 남쪽 사가정길 아래쪽 산자락은 답십리 근린공원으로 조성되어 있다. 따라서 배봉산의 현재 남−북 길이는 1.4㎞ 정도 되는데, 남쪽의 답십리 근린공원까지 원래 같은 산자락이므로 총 길이는 2.3㎞ 정도가 된다.

먼저 배봉산의 입지를 살펴보면, 동쪽 옆으로 중랑천(中浪川)이 북쪽인 경기도 양주시에서 흘러내려와 남쪽 한강으로 유입되고, 하천 건너편에 용마산과 아차산이 인접해 있다. 배봉산 북동쪽으로는 봉화산(烽火山, 해발 160m)이 바라다 보이고, 북서쪽에는 천장산이 있으며, 남쪽 아래쪽으로는 청계천(淸溪川)과 한강이 흐르고 있다. 따라서, 배봉산에 오르면, 동쪽 맞으편으로 용마산과 망우산(忘憂山, 해발 281m)의 보루가 한 눈에 들

〈사진 1〉 용마산에서 바라본 배봉산과 중랑천

어오고, 북쪽이나 서쪽, 남쪽에 높은 산이 없어 주변 지역을 감시하는데 용이하다. 특히 날씨가 좋은 날에는 서울 남산(南山)과 북한산(北漢山)은 물론이고, 한강 건너 광주 남한산성(南漢山城, 사적 제57호)이 있는 청량산(淸凉山)까지 보인다. 또한 배봉산은 동쪽 옆으로 흐르고 있는 중랑천변을 가장 가까이에서 감제(瞰制)할 수 있다는 장점이 있으며, 청계천까지도 가시권역(可視圈域)에 포함된다.

배봉산을 둘러싼 교통로를 보면, 중랑천변의 동안(東岸)을 따라서는 국도 3호선이 남–북방향으로 뻗어 있어서 남쪽으로 한강 본류, 북쪽으로는 경기도 의정부와 양주, 연천까지 연결된다. 그리고 배봉산 동쪽 바로 아래 즉 중랑천변 서안(西岸)으로도 남–북방향으로 뻗은 한천로가 있다. 이 도로는 배봉산에서 남쪽으로 내려가면 살곶이다리(보물 제1738호)에 닿을 수 있고, 배봉산 북쪽 바로 위의 상봉동에서는 동–서방향으로 국도 6호선이 지나면서 청량리 방향이나 망우리고개를 넘어 구리시로 넘어 갈 수 있다. 구리(九里)에서는 춘천(春川)과 수석동쪽으로 길이 갈라지는데, 영

〈사진 2〉 배봉산에서 바라본 용마산

서지방과 한강 남쪽 하남(河南)
으로도 건너갈 수 있다. 따라
서, 배봉산 유적은 서울 동부지
역에 있어서 교통로가 남－북쪽
과 동－서쪽으로 갈라지는 요충
지에 해당된다고 하겠다.

　다음으로 배봉산의 주변 군
사유적 분포현황을 살펴보면,
배봉산에서 중랑천과는 북쪽 끝
자락이 가장 가까운데 불과
150m 정도이고, 가장 먼 거리
도 600m를 넘지 않는다. 그리
고 배봉산에서 용마산 6·7보루
까지는 동쪽으로 2.5㎞ 정도의

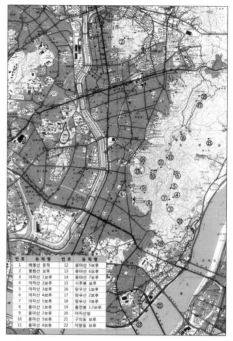

번호	유적명	번호	유적명
1	배봉산 유적	12	용마산 5보루
2	봉화산 보루	13	용마산 6보루
3	아차산 1보루	14	용마산 7보루
4	아차산 2보루	15	시루봉 보루
5	아차산 3보루	16	망우산 1보루
6	아차산 4보루	17	망우산 2보루
7	아차산 5보루	18	망우산 3보루
8	용마산 1보루	19	홍련봉 1·2보루
9	용마산 2보루	20	아차산성
10	용마산 3보루	21	구의동 보루
11	용마산 4보루	22	자양동 보루

〈지도 1〉 배봉산 유적과 주변 군사유적 위치도
(1:25,000, 국토지리정보원)

거리이고, 망우산 보루까지도 한 눈에 보이며, 봉화산 고구려 보루까지
북동쪽으로 3.3㎞ 정도에 불과하다. 또한 배봉산에서 남서쪽 아래로는 청
계천이 흐르고 있는데, 직선거리로 약 1.7㎞ 거리로 가까운 편이고, 한강
본류까지는 남쪽으로 5.2㎞ 정도여서 주변 유적이나 주요 하천과는 매우
가까운 거리에 입지해 있다고 하겠다〈지도 1〉.

2) 유적 현황

　배봉산의 정상부에는 오래전부터 군부대가 주둔(駐屯)해 왔기 때문에
출입이 통제되었던 곳이다. 그러나, 최근에 생태공원으로 조성하기 위해
43년만에 군부대가 이전되어 시굴조사가 진행되었다. 비록 군부대 건물
이 철거되는 과정에서 많은 부분이 훼손되었지만, 21개의 트렌치를 설치

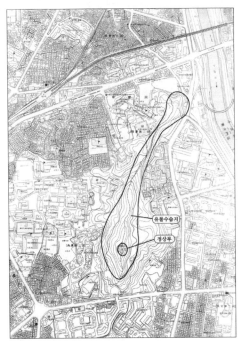

유물수습지

정상부

〈지도 2〉 배봉산 지형도
(1:5,000 축소, 국토지리정보원)

하여 조사한 결과 5개 트렌치에서 석렬 4기, 구상유구 1기, 주혈(柱穴) 4기 등 9기의 유구가 확인되었으며, 삼국시대로 추정되는 토기편도 출토되었다.[9]

처음 배봉산에 대한 조사는 살곶이목장터에 대한 조사 차원에서 이루어졌는데, 조사 당시에는 토루가 800m 정도 남아 있고, 군부대 주변에서 원삼국시대 토기조각과 고구려 토기조각이 수습되었던 것으로 보고되었다.[10] 그리고 이후에 이루어진 조사에서도 토루와 약간의 토기조각이 확인된 바 있다.[11] 배봉산의 지형은 남–북방향으로 긴 장타원형에 남고북저(南高北低)형의 지세(地勢)를 이루고 있었는데, 북쪽 끝자락 서편에는 삼육서울병원(구 위생병원)이 들어서면서 많은 부분이 변경되었다. 이밖에도 산 정상에서 북동

---

9) 서울문화유산, 2016.5, 앞의 자료집 참조.

10) 강기갑 외, 1994, 앞의 책, 245쪽.
   홍금수는 일제강점기에 제작된 1:50,000 지형도에서는 배봉산 능선을 따라 약 1.5km, 면목동 북부 약 2km에 걸쳐 마목성으로 추정되는 흙담이 관찰되며, 광진에서 용마봉을 잇는 능선 여러 곳에 남아 있는 흙담과 돌담이 보고되었던 정황으로 짐작하건대, 지세에 따라 자연장벽, 목책, 석성, 흙담, 철삭, 생울타리를 적절하게 활용했을 것으로 보고 있다(洪錦洙, 2006, 「箭串場의 景觀變化」, 『문화역사지리』18-1, 한국문화역사지리학회, 112쪽 참조).

11) 서울역사박물관, 2005, 『서울특별시 문화유적 지표조사 종합보고서』Ⅱ, 658~660쪽.

쪽 아래쪽 경사면도 오래전부터 학교와 주택가로 개발되면서 원래의 모습에서 많이 변한 상태이다. 또한 배봉산 남쪽의 답십리 근린공원도 한 지맥으로 볼 수 있지만, 현재는 사가정길 도로가 개설된 상태여서 끊어져 있는 상태이다.[12](지도 2)

유물이 수습되는 곳은 배봉산 정상부를 기준으로 북쪽 끝지점의 공원과 중간 능선지점, 정상부의 군부대에서 주로 확인되고 있다. 특히 배봉산 정상부 주변은 기존에 이루어졌던 지표조사를 통해서도 유물이 수습된 곳이어서 가장 중요한 지점으로 여겨진다. 배봉산 정상의 군부대는 최근 이전되는 과정에 지형이 훼손되었다. 그러나, 필자가 이전에 조사한 유적의 가장 높은 정상부는 평면이 원형에 가까운 타원형으로 주로 암반 위에 돌을 쌓았고, 정상의 동쪽과 동남쪽 부분이 경사가 심하며, 서쪽은 동쪽에 비해 완만한 경사를 이루고 있다. 유적의 남쪽은 완만한 경사를 이루고 있으며, 정상에서부터 서쪽과 남쪽에 크고 작은 콘크리트건물이 있었던 곳이라 비교적 평탄한 곳이 적지 않음을 알 수 있다. 또한 손질된 돌들이 여러 곳에서 확인된 점으로 보아서도 석축유구가 있었다는 점을 짐작하는데 도움을 주고 있다. 이 곳의 규모는 남–북 길이 약 70m, 동–서 너비 약 40m, 둘레는 약 190m로 추정된다.[13] 그리고 군부대 서쪽 아래편 중턱에는 배트민턴장이 있는데, 이곳도 평탄지가 있었던 곳으로 보이며 간이화장실 주변에서 경질무문토기와 점토대토기 몇 점이 수습되기도 했다.

배봉산의 북쪽 끝지점에는 작은 공원으로 꾸며져 있기 때문에 원래의 지형을 알기 어렵지만, 지도를 참고해 보면 원래 평탄했던 곳임을 알 수

---

12) 사가정길의 언덕은 '성넘어'라고 불리웠다고 한다.
13) 이 규모는 1:5,000지형도를 참고로 측정한 것에 불과하므로 앞으로의 정밀조사를 통해 보다 정확한 규모가 밝혀질 필요가 있다.

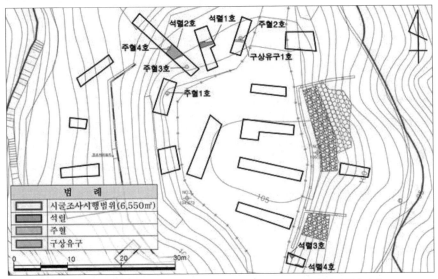

<지도 3> 배봉산 유적 시굴조사 현황 상세도(서울문화유산연구원, 2016.5, 앞의 자료집 전재)

있다. 이곳은 배봉산 중에서도 중랑천변과 가장 가까우면서 한천로가 동쪽 바로 아래로 지나고 있는 곳이다. 이곳에서는 중랑천변과 봉화산쪽, 천장산쪽 방면이 가시권에 들어오고, 망우산도 한 눈에 들어온다. 유물은 공원 안에서 약간의 연·경질의 토기조각이 몇 점 수습되었는데, 크기가 작아 상세한 속성을 알기는 어렵다. 다음으로 배봉산 능선의 중간지점은 체육시설과 벤치가 설치되면서 훼손이 된 곳인데, 이곳에서도 토기조각과 백자, 기와조각이 수습되었다. 그리고 북쪽 능선에서 이 곳까지의 중간에는 목장터와 관련있다는 나지막한 토루 모습이 남아 있기도 하다. 끝으로 배봉산 정상에서 동북쪽 아래 산 중턱에는 넓게 조성된 배드민턴장과 약수터가 있다. 이곳은 경사가 완만하고, 동쪽을 향해 조망이 트여 있으면서 터가 넓은 편이고, 물이 나오는 곳이여서 오래전부터 조그마한 샘이 있었음을 알 수 있다. 현재는 현상이 많이 변경되었지만, 지형적인 조건으로 보아 건물지(建物址)나 집터(住居址)가 매장되어 있을 가능성이 높다고 하겠다.

3) 수습유물

배봉산 유적에서 확인되는 유물은 비교적 다양한 편으로 산 정상부의 군부대 주위와 북쪽 끝지점, 능선 중간지점의 체육시설이 있는 곳에서 주로 수습된다. 여기에서는 군부대와 체육시설 주위에서 수습한 유물에 대한 설명을 해 보고자 한다.

먼저, 군부대 주위는 위에서 설명한 바와 같이 서쪽 경사면이 동쪽에 비해 다소 완만하고, 등산로가 군부대를 돌아가도록 개설되어 있다. 그리고 군부대 서쪽 아래에는 베드민턴장과 간이화장실 등의 시설이 되어 있는데, 유물은 군부대 서쪽 철조망 주변과 남쪽 등산로, 화장실 주변에서 경질무문토기와 회백색 연질토기조각 등이 수습되었다. 이 곳은 이전에 이루어진 지표조사에서도 토기가 수습되었다고 보고된 곳으로 추정되며, 필자가 확인한 토기조각은 2013년 여름에 내린 장맛비의 영향으로 지표상에 드러나게 된 것으로 추측된다.

경질무문토기류는 입술과 몸통 부위, 소뿔모양(牛角形)의 토제 손잡이 조각이다(사진 3). 토기조각들은 지표층 아래 붉은 색을 띠는 모래찰흙층에 포함되어 있거나 지표층이 깎여 나간 부분에서 주로 수습된다. 경질무문토기 중 입술조각은 곧게 뻗어 있어서 발(鉢)이나 시루형 토기 등으로 추정되며, 암갈색을 띤다. 몸통조각은 갈색이나 암갈색을 띠는데, 석영 알갱이와 운모가 많이 섞여 있음이 관찰된다. 이들 토기는 겉면이 마치 청동기시대 무문토기(無文土器)처럼 거친편이지만, 안쪽면은 겉면과 다르게 매끄럽게 정면된 것도 있으며, 검정색을 띠기도 한다. 손잡이는 끝부분이 뾰족하고, 손으로 거칠게 성형했으며 역시 굵은 석영 알갱이가 겉에 드러나 있다. 이 손잡이는 형태로 보아 토기 몸통의 오른쪽에 붙였던 것으로 보인다. 회백색 연질토기는 몸통조각으로 겉면에 횡침선(橫針線) 2줄이 얕게 시문되어 있고, 안쪽면은 물손질되어 매끄럽다. 진회색을 띠는

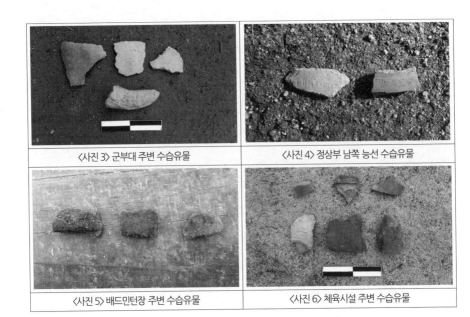

<사진 3> 군부대 주변 수습유물

<사진 4> 정상부 남쪽 능선 수습유물

<사진 5> 배드민턴장 주변 수습유물

<사진 6> 체육시설 주변 수습유물

토기 몸통조각도 겉과 안쪽면에 문양이 없고, 물손질 되어 매끄러우며, 태토가 고운 편이다(사진 4). 그리고 배드민턴장 주변에서 수습된 경질무 문토기도 적갈색을 띠는 몸통조각들로 겉면은 거친편이고, 안쪽면은 매 끄럽게 정면되었으며 부분적으로 불에 그을린 자국도 있다. 아울러 점토 대토기 구연부도 1점 확인되기도 하였다(사진 5).

두 번째로 배봉산 북쪽 능선의 체육시설 주위에서 수습한 유물은 고려 ~조선시대 유물이 대부분이다. 유물은 연질과 경질의 토기조각과 백자 조각, 기와조각으로 나눠지는데, 토기는 회청색을 띠며 겉면에 특별한 문 양이 없는 것과 횡돌대가 있는 것이다. 백자는 밑조각으로 유약이 박락된 상태인데, 굽은 역삼각형에 가깝게 만들어졌고 기벽의 각도로 보아 대접 이나 발로 여겨진다. 기와는 회청색을 띠고 등면에 특별한 문양이 시문되 어 있지 않으며, 안쪽에 포흔이 거칠게 남아 있다. 소성 온도는 상당히 높 았던 것으로 보이고, 색깔로 보아 고려시대 이후에 제작된 것으로 판단된 다(사진 6).

2. 파주 용미리 유적

용미리 유적 주변은 현재 채석장으로 이용되고 있으며, 오래전부터 상당한 규모의 채석이 이루어진 곳이다. 그러나, 이 곳에서는 2012년 7월에 산의 정상부에서 백제 토기와 석축, 청동기시대 무문토기조각이 수습되었으며, 같은 해 12월에 시굴조사를 실시한 바 있다. 여기에서는 유적의 입지와 조사내용, 출토유물에 관한 현황을 살펴보고자 한다.

1) 입지

용미리 유적은 행정적으로 경기도 파주시 광탄면 용미리 산15-1번지 일원에 해당하고, 의정부에서 고양·파주로 연결되는 길목 역할을 하는 곳이다. 유적의 북서쪽 약 800m 거리에는 '파주 용미리 마애이불입상(보물 제93호)'이 있고, 북서쪽 멀리로 '파주 윤관장군 묘(사적 제323호)'가 자리해 있기도 하다.

유적의 입지는 동쪽 약 2㎞ 거리에 박달산(朴達山, 해발 369m)이 북서-동남 방향으로 뻗어 있는데, 남서쪽 약 2.5㎞ 거리의 명봉산(鳴鳳山, 해발 245m)과 남쪽에서 맞닿아 있는 형국(形局)이다. 따라서, 유적이 위치한 산은 박달산과 명봉산으로 둘러싸여 마치 섬처럼 가운데에 솟아 있는 모습이다. 주변 하천으로는 산의 남쪽에 고산천(古山川)이 흐르고 있는데, 이 하천은 서쪽으로 흘러 곡릉천(曲陵川)과 합류되어 서해(西海)로 유입되고 있다. 유적 정상에서는 서쪽과 남쪽을 감제하기가 용이한데, 특히 남쪽의 혜음령(惠陰嶺)[14] 방향과 서쪽 곡릉천 일대를 조망하기에 매우 좋은 입지

---

14) 파주시 광탄면 용미리에서 고양시 고양동으로 넘어가는 고개로 『신증동국여지승람』과 『여지도서』 등에 그 위치가 설명되어 있으나 정확하지 못하다. 그리고 이 고개는 고려~조선시대 남-북을 잇는 주요 교통로로 알려져 있으며, 혜음령 주변에는 혜음원지(惠蔭院址, 사적 제464호)가 위치해 있기도 하다.

<사진 7> 용미리 유적 전경(남서→북동)

적 조건을 갖추고 있다.

　유적을 둘러싼 교통로는 용미리 유적의 서쪽 아래에서 세 갈래로 나눠
지는데, 남-북쪽으로는 지방도 78번 도로가 파주와 고양, 양주, 의정부
로 연결해 주고 있다. 그리고 서쪽으로는 지방도 98호선이 파주로 진출하
는 통로로 이용되고 있어서 동쪽을 제외한 남과 북, 서쪽으로의 왕래가
가능한 곳이라고 하겠다. 특히 서쪽으로 파주는 물론이고 고양으로 나아
가 서해로까지 접근이 가능한 곳이다. 보다 넓게 보면, 이곳을 둘러싼 외
곽쪽으로는 국도 1호선이나 국도 39호선과도 연결되어 있기 때문에 반드
시 용미리를 지나야 큰 길과 합류할 수 있다.

　끝으로 용미리 유적 주변에 분포한 군사유적으로는 명봉산 정상에 있
는 명봉산성(鳴鳳山城)이 있다. 이 산성은 '용미리성지' 또는 '영봉산성'으
로도 불리우며, 얼마전까지 군부대가 주둔하고 있었으나 현재는 철수한
상태이고, 용미리공원묘지가 산의 9부능선까지 점유한 상태이다. 이 산

〈사진 8〉 용미리 유적에서 본 혜음령 방향(북→남)

성에 대한 조사는 일제강점기에 이루어진 바 있는데, "주위가 약 260칸 토벽으로 되어 있고, 정상에서 10칸 정도 아래에 발권상(鉢卷狀)으로 약 1칸 반의 너비로 평탄하게 되어 있다"고 하였다.[15] 그리고 1994년에 이루어진 지표조사에서 "붕괴된 성의 흔적이 정상 아래 여기 저기에서 확인되었다. 특히 남서쪽에서는 석축의 기단부에 해당되는 낮은 석축을 발견할 수 있다"고 보고하였다. 다만 확인된 석축은 다듬어진 돌이 아니라 자연석을 사용하여 쌓았고, 계곡부를 따라 그다지 높지 않게 축조한 것으로 추정하였다. 또한 성문의 위치는 성의 남부로 추정하였고, 산 정상의 평탄한 면적이 직경 120~150m 정도 된다고 하였다. 유물은 산성 주위에서 어골문 기와와 사격자문 기와 등이 수습되었다.[16]

---

15) 朝鮮總督府, 1942, 『朝鮮寶物古蹟調査資料』, 31쪽.
16) 陸軍士官學校, 1994, 『京畿道 坡州郡 軍事遺蹟 地表調査報告書』, 71~77쪽.
   1999년에 이루어진 지표조사에서는 판축이나 토루 등 성벽의 흔적을 발견하지 못하

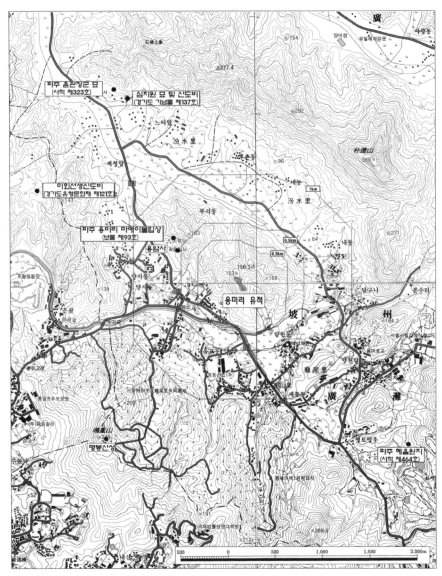

〈지도 4〉 용미리 유적과 주변 유적 분포도(1:25,000, 국토지리정보원)

였고, 정상부 주변에서 약간의 백자와 기와편을 수습하였으며, 고려~조선시대에 일시적으로 사용된 민보형의 성으로 보고되기도 했다(한양대학교박물관·문화인류학과, 1999, 『파주시의 역사와 문화유적』, 242~243쪽).

그리고 이 산성에서 서쪽 약 7.2㎞ 거리에는 고양 고봉산성이 위치해 있다. 이 산성에도 군사시설이 있기 때문에 출입이 통제되고 있는데, 『신증동국여지승람(新增東國輿地勝覽)』에는 고봉현의 치소지로 기록되어 있다. 성벽은 석축으로 축조되었고, 굽이 낮은 단각고배 등의 신라 유물이 주로 수습되었다. 특히 기와편 중에는 '高'자가 시문된 수키와 1점이 발견되어 고봉산성 또는 고봉현의 치소지로서의 가능성을 뒷받침해 주고 있다.[17)

2) 유적 현황

용미리 유적은 지표조사 때 산의 정상부에서 석축유구와 백제 토기인 회청색을 띠면서 사선문에 평행선문이 음각된 조각과 무늬가 없는 토기조각 그리고 청동기시대 무문토기조각이 수습되었다. 조사지역은 해발 130m 정도 되고, 평면이 타원형이며 장축방향은 동−서쪽에 가깝다. 산의 정상부는 북쪽 위쪽에 해발 163m 정도로 높았지만 이미 채석장으로 개발되면서 멸실된 상태이고, 조사지역은 정상에서 남쪽으로 마치 낙타 등처럼 내려오다가 남동쪽으로 약간 틀어져 솟은 봉우리이다. 조사지역의 둘레는 약 90m로 평평한 지대의 가운데에 반구(半球)형태로 솟은 부분이 있고, 그 위에 콘크리트와 돌로 엉성하게 만든 게양대(揭揚臺)가 있다. 이곳은 최근까지 군부대에서 훈련장으로 사용하던 곳으로 평탄지와 경사면 곳곳에 훈련시설이 설치되어 있었다. 따라서, 유적의 1/2정도는 이미 군사용시설을 설치하기 위해 현상이 변경된 상태였고, 게양대가 있는 곳은 암반 위에 시멘트를 발라 고정을 시켜 놓았다. 그럼에도 불구하고 정상부의 평탄지 남동쪽과 남서쪽 모서리 부분에서 석축유구 일부가 확인

---

17) 한국토지공사 토지박물관, 1999, 『고양시의 역사와 문화유적』, 454~461쪽.

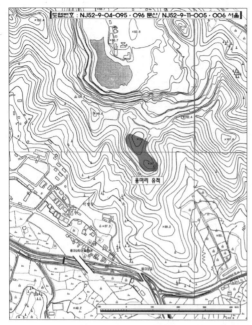

도엽번호 : NJ52-9-04-095 · 096 문산/ NJ52-9-11-005 · 006 서울

용미리 유적

〈지도 5〉 용미리 유적 지형도(1:5,000, 국토지리정보원)

되어 시굴조사를 실시하게 되었다.[18)]

지표와 시굴조사 결과를 정리해 보면, 석축 유구는 정상부 남쪽 모서리부분에 일부 남아 있었는데, 남서쪽 석축은 거칠게 다듬은 할석으로 4단 정도 쌓았으며 남은 크기는 모서리이므로 북변 길이 220cm, 동변 길이 160cm, 높이가 70cm 정도이다. 남동쪽 석축도 4단 정도가 쌓여 있는 모습이 육안으로 확인되었고, 남은 크기는 서변 길이 300cm, 북변 길이 270cm, 높이가 60cm 정도로 파악되었다. 시굴조사는 석축 유구가 있던 자리와 정상부를 1지구로 구획하여 모두 18기의 트렌치를 설치하여 조사하였는데, 인위적(人爲的)으로 축조한 석축 유구가 4번과 11번 트렌치에서 확인되었다. 그러나, 암반 위에 군사시설을 설치하는 과정에서 대부분 훼손 또는 교란된 것으로 파악되었는데, 6번과 10·12·16번 트렌치에서는 청동기시대 무문토기와 백제 토기조각이 출토되었다.[19)]

조사된 내용을 살펴보면, 1지구 4번 트렌치는 석축 유구가 있던 남동쪽 경사면에 남−북방향으로 설치했는데, 거친 암반과 생토층을 계단식

18) 석축유구는 유감스럽게도 벌채를 하는 과정에서 훼손되어 축조상태를 파악하지 못하였다.

19) 세종대학교 박물관, 2013, 앞의 책, 41쪽 참조.

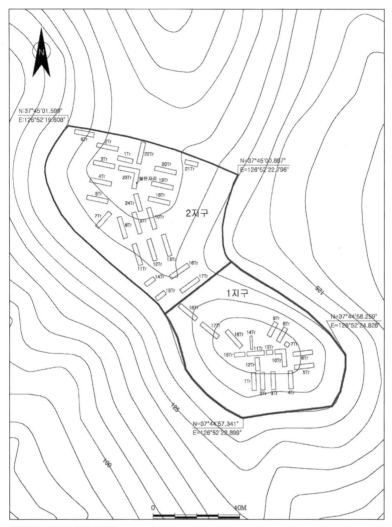

<지도 6> 용미리 유적 현황도

으로 손질하고 그 위에 할석 몇 개를 놓은 상태를 확인할 수 있었다. 특히 경사면을 크게 3단 정도로 깎은 후에 가장 윗부분에 돌을 얹어 놓고, 지표조사 당시에 확인되었던 석축을 축조한 것으로 여겨진다. 그러나, 조사 당시에는 이미 훼손된 상태여서 더 이상의 조사가 어려웠지만 백제 토기

조각이 함께 출토되기도 했다.

1지구 11번 트렌치는 산 정상부에 설치한 것으로 '十'자 형태로 설치하여 조사하였는데, 역시 암반 위에 '一'자 석렬이나 규칙성이 없는 석렬이 부분적으로 남아 있는 상태였다. 이 트렌치에서도 석렬 유구가 확인되었지만, 공반 유물이 없고 게양대가 있었던 자리여서 정확한 구조를 밝히는 데는 한계가 있었다. 따라서 이들 유구는 석축을 쌓기 위해 암반을 깨고 계단처럼 단을 두거나 암반에서 나온 돌을 다듬어 쌓거나 깔았던 것으로 추정된다.

3) 수습유물

유물은 지표조사와 시굴조사과정에서 청동기시대 무문토기와 백제토기가 수습되었다. 먼저, 무문토기는 세 군데 트렌치에서 수습되었는데, 입술과 밑조각이 소량 확인되었지만, 너무 작은 조각이기 때문에 기형(器形)까지는 추정하기 어렵다. 다만, 무문토기가 수습되었다는 점에서 청동기시대에도 높은 지대를 활용하거나 생활하는데 이용되었음을 알 수 있다.

백제 토기는 게양대가 있던 봉우리를 중심으로 조사지역 모두에서 수

〈사진 9〉 조사된 모습

〈사진 10〉 석축 유구(남서쪽)

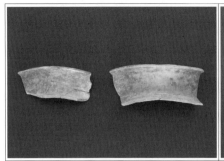

| 〈사진 11〉 백제 토기류(입술조각) | 〈사진 12〉 백제 토기류(몸통조각) |

습된 점이 주목된다. 토기가 출토된 지점과 기종(器種)을 살펴보면, 주로 북서쪽 평탄지(1지구 16번 트렌치)와 봉우리(1지구 11번 트렌치) 남쪽 옆 12 번 트렌치에서 출토되었는데, 격자문이 시문된 회색을 띠는 대옹, 평행선 문과 사선문이 시문된 회흑색을 띠는 호, 그리고 회색 단경호가 수습되었다. 회색 옹의 경우 입술부터 몸통까지만 남아 있는데, 조각이 작아 접합하기가 어려운 상태이지만, 목이 6㎝ 정도로 긴 편이고 몸통에는 격자문이 시문되어 있다. 회흑색 호는 몸통부만 남았는데, 전체적으로 선문이 시문된 가운데 윗부분에 평행선문이 있다. 다른 토기들도 전형적인 백제 토기의 문양이 시문된 것이 대부분이다(사진 11·12).

Ⅲ. 유적의 성격

1. 서울 배봉산 유적의 성격

서울 아차산 일대는 일제강점기부터 문화재 관련 조사가 여러 차례 이루어져 왔고, 최근 10년 동안에는 보루에 대한 발굴조사가 본격적으로 진행되어 많은 학술자료가 축적되고 있다. 아차산·용마산 보루와 아차산성은 한강을 둘러싼 삼국간의 전쟁사(戰爭史)뿐 아니라 건축이나 제조기술

등을 연구하는데 있어서 간과(看過)할 수 없는 중요한 유적으로 평가된다. 그러나, 보루를 중심으로 한 조사와 연구는 아직까지 당시의 전황(戰況)을 면밀하게 살필 수 있을 정도의 정보를 주지 못하고 있으며, 소위 장성(長城)이라고 하는 유적에 대해서도 조선시대 살곶이목장터 정도로만 거론되고 있는 실정이다.

이제까지는 배봉산 일대의 유적과 아차산 주 능선상의 유적을 별개(別個)의 것으로 보고 아차산 일대의 유적이 그 전시대(前時代)의 유적일 가능성을 감안하더라도 능선을 따라 연결된 일직선상의 토루가 가지는 전략적인 의미는 별로 없다고도 한다.[20] 그러나, 이러한 주장은 배봉산 일대에 남아 있는 토루나 석축 등을 목장터로만 지나치게 의식한 것으로 보여진다. 이에 대하여 필자는 배봉산 유적은 삼국시대 초기부터 소규모의 보루와 같은 군사기지였던 것으로 보고자 하며, 경질무문토기와 점토대토기로 보아 기원전부터 사람이 거주해 왔던 것으로 추정하고 있다. 특히 이 유적을 보루와 같은 군사기지로 볼 수 있는 이유는 중랑천을 사이에 두고 용마산과 마주하고 있어서 동쪽과 서쪽 양쪽에서 중랑천을 통제할 수 있는 전략적 요충지이기 때문이다. 또한 지표조사를 통해서도 경질무문토기와 삼국시대 연·경질의 토기조각이 확인되었다. 그리고 무엇보다 용마산은 아차산과 달리 남쪽과 서쪽지역을 바라볼 수 있기 때문에 배봉산이 지리적으로 가장 적절한 위치에 자리해 있다는 점에서 군사적 활용가치가 높다고 하겠다.

따라서, 아차산의 보루들은 한강 본류 및 상류와 동쪽 왕숙천 일대, 한강 건너편 풍납토성 일대까지를 감시할 수 있다.[21] 반대로 용마산 보루들

20) 서울특별시, 2003, 『서울소재 성곽조사 보고서』, 293쪽.
21) 최종택, 1999, 「경기북부지역의 고구려 관방체계」, 『고구려연구』8, 고구려연구회.
    백종오, 2006, 『고구려 남진정책 연구』, 서경문화사.

은 중랑천이 흐르는 서쪽과 서남쪽 방향을 주로 담당했을 것인데, 이 보루들은 중랑천변을 포함한 청계천 일대까지 비교적 넓은 범위를 감시할 수 있다. 그러나 적군(敵軍)이 중랑천의 서쪽변을 따라 침투하는 것이 감제될 경우에는 용마산에서 대응하기가 쉽지 않았을 것이다. 따라서, 배봉산 유적이 용마산 보루 특히 6·7보루와 마주보는 위치에 있기 때문에 중랑천 동편은 용마산과 망우산·봉화산 일대 보루가, 서편은 배봉산에 주둔한 군사들이 감시와 통제를 했을 것으로 판단된다.

특히 중랑천을 따라 발달한 교통로는 한강 본류에서 북쪽 한탄강(漢灘江)까지 직선거리가 가장 가까운 코스이고,[22] 배봉산에서 남쪽으로 내려가면 살곶이다리에서 광진(廣津)나루로 가서 한강을 건너면 서울 강남지역이나 광주, 강원도로도 갈 수 있었다.[23] 또한 망우리쪽으로 넘어가게 되면 구리시 인창동을 지나 춘천방향이나 수석동으로도 나아갈 수 있기도 하며, 배봉산 주변 하천도 중랑천과 신천이 있어서 수원(水源)이 풍부한 지대이다. 이는 곧 지리적으로나 자연적으로 중랑천변이 주요 교통로뿐 아니라, 거주하기에도 유리한 조건을 갖춘 곳이라는 점에서 군사적으로 상시적인 통제가 필요했을 것이라고 여겨진다〈지도 7〉.

다음으로 배봉산 보루가 통제할 수 있는 범위는 어느 정도였을까? 위에서도 살펴보았듯이 배봉산 정상부에서는 해발이 낮음에도 불구하고 가

이정범, 2010, 「감시권역 분석을 통해본 경기북부지역 보루의 사용주체와 기능」, 『高句麗渤海研究』37, 高句麗渤海學會.

22) 일제강점기에 제작된 〈지도 7〉을 보면, 중랑천변 교통로가 용마산쪽보다는 배봉산 동쪽 바로 아래로 지나는 도로가 더 많이 이용되었던 것으로 볼 수 있다.

23) 이곳은 강 폭이 넓은 곳에 나루가 있다 하여 광진, 광나루, 너브나루 등의 이름이 얻어졌다. 서울에서 충주를 거쳐 동래로 또는 원주를 거쳐 동해안으로 빠지는 요충에 있는 중요한 도선장으로 이용되던 곳이다(서울特別市 城東區, 1992, 『城東區誌』, 736쪽 참조).

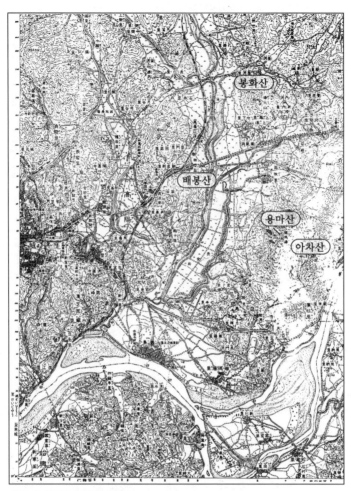

〈지도 7〉배봉산 주변 근세지형도

시범위가 동·서·남·북쪽 사방을 조망하기가 좋기 때문에 비교적 먼 거리를 바라볼 수 있다. 그러나, 실제 육안으로 면밀한 감시를 할 수 있는 범위는 약 3~4㎞ 정도로 보인다.[24] 우선, 배봉산 보루는 지리적으로 중

24) 이판섭은 산성에서 지상의 목표물을 관찰할 수 있는 반경을 10㎞, 적병이나 기병과 같은 작고 움직이는 물체의 경우에는 반경 4㎞ 정도 내외의 거리에서부터 피아의 구분이나 숫자를 분별할 수 있다고 보았다(이판섭, 2006, 「三國時代 山城의 監視半

랑천변과 가장 가까운 곳이고, 북쪽으로 봉화산 보루와 3.3㎞ 정도의 간격이며, 동쪽 용마산 3·6·7보루와도 2.5~3㎞ 정도여서 관제(管制) 가능한 범위로는 적절했을 것이다. 그리고 주요 역할은 중랑천변을 용마산 보루와 봉화산 보루와의 삼각형 감제시스템을 가동하는데 있어서 한 축을 분담했을 것이고, 신속한 통신교환을 통해 주력 부대로의 연락도 담당했을 것이다.

그렇다면 배봉산 보루의 축조 주체와 사용시기는 언제일는지 추측해 볼 필요가 있다. 물론 현재로서는 지표상에서 수습된 유물만으로 추정을 해야 하므로 적지 않은 한계가 있음을 감안해야 하는데, 일단 지표조사에서는 고구려 토기조각과 경질무문토기, 회백색 연질토기 등이 확인되었다. 따라서, 삼국시대 중 가장 나중에 이 유적을 사용한 집단은 고구려인들로 여겨도 무리가 없을 것이고, 경질무문토기와 연질 토기조각으로 보아서는 그보다 일찍부터 배봉산 보루가 활용되었음을 추측해 볼 수 있겠다. 경질무문토기는 겉면이 거칠고 소성 온도가 그다지 높지 않은 것도 있으며, 안쪽면이 물손질된 것도 있다. 이 경질무문토기는 일반적으로 기원전부터 만들어진 것으로 보고 있지만, 배봉산 보루에서 수습된 토기의 경우 모두 조각이라는 점에서 기형과 기종을 파악하는데 한계가 있다. 다만, 입술이 직립되었다는 점과 소뿔모양의 손잡이로 볼 때, 원시적인 경질무문토기단계를 지난 것으로 이해된다.[25] 그리고 연질 토기도 태토는 니질(泥質)에 횡선문이 있는 정도여서 격자타날문이 아직까지 확인되지 않음에 따라 이들 토기들의 시기는 삼국시대 중에서도 조금 이른시기로

徑에 대하여」, 『湖西考古學』15, 湖西考古學會).

25) 참고로 배드민턴장 주변에서 수습된 점토대토기로 볼 때, 주거지 등의 생활유적이 기원전부터 조성되어 있었던 것으로 추정되므로 앞으로의 조사를 통해 밝혀져야 하겠다.

보아도 될 듯하다.

다음으로 삼국시대에 배봉산 보루를 군사기지로 활용하였다면 주로 백제인들과 고구려인들이었을 것으로 추정된다. 우선, 백제가 배봉산을 군사기지로 이용하면 어떠한 목적으로 운영하였까?

그 이유에 대해서는 아직까지 백제 한성기(漢城期) 군사체계에 대하여 면밀하게 연구된 바가 부족한 실정이기 때문에 현재로선 확언하기가 어려운 단계이다. 그러나, 풍납토성과 몽촌토성이 한강과 인접해 있기 때문에 지금의 송파구와 마주보고 있는 광진구와 중랑구 일대는 백제로서는 도성(都城) 방어을 위한 최고의 방어선을 구축했음은 짐작하고도 남음이 있다. 그렇다고 본다면, 한강 이북지역에서의 가장 중요한 요충지는 역시 아차산일 것이고, 이를 중심으로 동쪽과 서쪽에 많은 수의 성과 보루가 포진해 있었을 것이다.[26] 특히 자비령로(慈悲嶺路)는 서울(아차산성)-의정부(장암동보루)-양주(대모산성)-파주(칠중성) 등, 방원령로는 양주까지 자비령로와 동일하면서 연천(대전리산성)을 지나며, 포천천로 역시 서울-의정부-포천 고모리산성-반월(산)성-성동리산성으로 연결된다.[27] 이러한 교통로는 모두가 중랑천을 따라 북쪽으로 이동할 수 있기 때문에 아차산이 한강 이북의 중심지라는 점은 더 이상 강조할 필요가 없겠다.

따라서 배봉산 보루가 교통로의 길목에 위치해 있다는 점에서 백제가 산성 중심의 관방체계를 구축하는 동시에 보루도 적극적으로 활용했을 가능성을 보여준다고 하겠다. 또한, 배봉산 보루는 북쪽에서 중랑천을 따라 의정부쪽에서 내려오는 적군을 감제하는 정도 등의 역할을 수행했을

---

26) 오강석은 풍납토성이 사방으로 뻗는 교통로의 시발점으로 보고, 몽촌토성과 삼성동토성, 아차산성, 이성산성을 4방위성으로 보았다(吳康錫, 2007, 「百濟 漢城期 關防體系 檢討」, 『先史와 古代』26, 韓國古代學會).

27) 吳康錫, 2007, 위의 논문, 205쪽 참조.

가능성이 커 보이며, 아차산으로의 정보전달을 하는 통신경유지로서의 기능도 겸했을 것이라고 생각된다.

그리고 아차산·용마산 보루 중에는 고구려뿐만 아니라 신라군도 보루를 재사용하거나 축조한 것으로 알려져 있다. 특히 용마산과 아찬산 보루군은 모두 17개 소로 대부분 고구려군이 축조한 것으로 조사되었지만, 용마산 3·6·7보루나 아차산 5보루 등에서는 신라 유물도 확인되고 있다. 이는 고구려나 신라군 모두 두 산을 전략적 요충지로 활용하였다는 것을 시사한다. 특히 고구려는 한강 유역 방어시스템을 운영하는 데 있어서 적은 병력으로 최대한의 효율성을 높이기 위해 산성보다는 보루 중심의 관방체계를 수립한 것으로 볼 수 있다.[28] 이처럼 고구려는 아차산 일대를 장악하고, 중랑천을 백제와 마찬가지로 주요 교통로로 활용하였을 것인데, 배봉산 보루는 한강을 따라 침투하거나 남·북쪽으로부터 침입해 오는 적을 1차적으로 차단함과 동시에 주변 보루에도 알리는 역할을 수행했을 것이다. 이는 곧, 의정부 보루군(수락산 보루)↔불암산성↔봉화산보루↔배봉산보루↔망우산보루↔용마산보루로 연결되어 있음을 알 수 있다.

553년 한강 유역을 점령한 신라군도 고구려군의 남침(南侵)을 염두에 두었기 때문에 중랑천을 감제할 수 있는 군대를 용마산에 배치했고, 아차산성을 거점성으로 활용하였다.[29] 즉 신라는 보루 중심의 방어시스템 보다는 아차산성이라는 거점성을 이용한 방어가 유리하다고 판단하고, 진흥왕 18년인 557년에 북한산주(北漢山州)을 설치하여[30] 지배체제를 구축

---

28) 양시은은 17개의 보루가 일종의 중대형 성곽처럼 기능하였을 가능성을 제기하기도 하였지만, 각 보루마다 축조와 사용시기에 대한 구체적인 검토가 필요해 보인다(양시은, 2010, 「남한 내 고구려 성곽의 구조와 성격」, 『高句麗渤海研究』36, 高句麗渤海學會, 122쪽 참조).

29) 황보경, 2009, 『신라 문화 연구』, 주류성, 274~275쪽 참조.

30) 『三國史記』卷4 新羅本紀4 眞興王 18年條 "廢新州 置北漢山州".

| 〈사진 13〉 수락산 보루의 성벽 | 〈사진 14〉 봉화산 보루의 성벽 |
| 〈사진 15〉 용마산 6보루 | 〈사진 16〉 용마산 7보루 |

해 나간 것으로 보여진다. 그럼에도 불구하고, 용마산의 일부 보루와 서울 안산보루를 사용한 점으로 볼 때, 신라군도 배봉산 보루를 활용했을 개연성이 높다고 하겠다.

따라서, 배봉산 보루는 한강 이북 동쪽지역의 교통요지이자 주거생활이 유리한 중랑천변에 위치한 전략적 요충지라고 할 수 있다. 특히 수습된 토기조각으로 보아, 삼국시대 이른시기부터 백제군뿐만 아니라 고구려군이나 신라군에 의해서 군사기지로 활용되었다고 볼 수 있는 요소가 상당히 많다고 판단된다.

2. 파주 용미리 유적의 성격

용미리 유적이 위치한 파주시 남단지역은 육상교통로보다는 서해를 통한 접근이 용이한 곳이다. 해안을 따라서는 오두산성(烏頭山城, 사적 제351호)과 월롱산성지(月籠山城址, 시도기념물 제196호)가 있고, 내륙으로 고양시에 고봉산성이 있으며, 서쪽 안쪽으로 명봉산성이 자리해 있다. 용미리 유적은 이 명봉산성과 인접해 있으며, 곡릉천을 따라 발달한 교통로와 양주↔고양으로 통하는 교통로가 만나는 결절지이기도 하다.

용미리 유적에 대한 조사결과, 석축유구 일부와 입지, 백제 토기가 출토되었다는 점에서 당시에 보루와 같은 군사시설이 있었음은 확실하다고 하겠다. 그렇다면, 용미리 보루가 갖는 군사적 역할은 무엇일까?

우선 용미리 보루의 규모는 둘레가 90m 정도로 비교적 작은 편인데, 이 정도의 규모는 용마산 1보루 77m보다 크고, 아차산 1보루 103m나 용마산 5보루 110m보다 약간 작은 크기이다. 다음으로 용미리 보루의 감제 범위는 어느 정도였을까? 용미리 유적은 명봉산성과 불과 1.7㎞ 간격을 두고 있어서 수시로 군사적 통제가 가능했을 것이고, 혜음령과도 약 2.2㎞ 거리이기 때문에 날씨가 좋지 못한 날에도 감제가 어느 정도 가능했을 것이다. 따라서, 용미리 보루에서 감제가 가능한 범위는 역시 반경 3㎞ 내외였을 것으로 여겨지며, 평상시 서쪽과 남쪽인 고산천변 및 혜음령을 감제하는 역할을 했을 것으로 판단된다. 따라서, 이 보루는 규모면에서 소규모로 볼 수 있으며, 감제 방향은 서쪽과 남쪽을 주로 하였을 것이다.

끝으로 용미리 보루의 지리적 입지는 앞서 살펴본바와 같이 용미리 외곽 지역에서 큰 길이 지나거나 교차되고 있으며, 서해와 한강, 임진강까지의 거리가 가깝다는 장점이 있다. 따라서, 용미리 일원은 좁은 길목에 해당되는 곳이지만, 주변지역으로 나아갈 수 있는 지름길로 볼 수 있다. 한편, 관방 체계 면에서 보자면 용미리 보루는 명봉산성과 상호 밀접한 관련이 있을 것으로 여겨지고, 명봉산성에서 고봉산성이 가시권역에 들어오기 때문에 북동-남서방향으로의 대각선(對角線) 연계가 가능하다. 따라서, 용미리 보루와 인접해 있는 명봉산성은 비록 유물이나 유구의 상태로 보아 삼국시대로 추정하기에는 아직까지 무리가 있지만, 군사적 요충지라는 점에서 크게 부정할 필요는 없을 것으로 사료된다. 특히 명봉산성은 고봉산성과 봉일천을 사이에 두고 마주보고 있기 때문에 월롱산성과 봉서산성이 1차 방어선 역할을 한다면, 명봉산성과 고봉산성은 2차 방어선 역할을 형성하여 육로로 고양 일대와 북한산 일대로 진입하는 적을 통제하고 차단하는 기능을 했을 개연성이 있다.[31] 그리고 고봉산성은 한강 유역에서 고양을 지나 동쪽으로 진입하는 2차 관문에 위치해 있다. 이 성은 주로 육상교통로를 통제하는 기능을 했던 것으로 여겨진다. 오두산성은 한강에 인접하여 해상으로 접근하는 적을 차단하는 역할을 했고, 지방도 23호선과 곡릉천을 통제할 수 있다는[32] 점에서 서로간의 유기적인 관계로 보아야 될 것 같다.

다음으로 용미리 보루에서 출토된 유물을 살펴보면, 기종이 단경호와 옹류로 추정되고 겉면의 문양은 사선문+평행선문, 격자문이 시문되어 있다. 백제 토기에 관한 연구는 상당히 축적되어 있는 상태인데, 이곳에서 출토된 토기류는 전형적인 백제 토기들이다. 이러한 종류의 토기는 비록 확실한 기형을 알기 어렵지만, 회색 옹과 단경호는 대체로 저장과 운반을 위해 사용되는 기종들로 볼 수 있다. 옹의 사용은 물이나 곡물을 저장하기 위한 기종이고, 호류는 크기에 따라 다르지만 역시 저장내지 운반을 위한 용도로 사용되었다. 이는 군사들이 일정 기간 동안 생활을 위해 사용하기에 적합한 토기들이다. 그러나 상대적으로 배식용(配食用)이나 조리를 위한 시루와 같은 기종이 확인되지 못한 점은 유감이라고 하겠다. 따라서, 수습된 유물의 양이 적고 기종이 다양하지 못하다는 점에 비추어 보면, 용미리 보루는 거주 면적이 협소한 편이고, 마땅한 피난처가 없다

31) 경기도박물관, 2001, 『임진강2』, 381쪽.
32) 황보경, 2009, 앞의 책, 102쪽.

는 점 등으로 보아 오랜 기간 동안 사용되었거나 방어를 위한 기능보다 감제를 위해 한시적(限時的)으로 운영되었을 가능성이 높아 보인다.

　참고로, 한강 유역에서 배봉산 보루와 용미리 보루 같이 독립된 산에 입지한 비교 가능한 보루로는 서울 안산(鞍山) 보루와 파주 심학산(尋鶴山) 보루가 있다. 먼저, 안산 보루는 서울 서대문구 봉원동과 홍제동 경계에 위치한 산 정상부(해발 295.9m)에 자리해 있으며, 지표조사 과정에서 청동기시대 무문토기와 신라 토기조각이 수습되었다.[33] 안산 보루의 둘레는 455m 정도이고, 산의 9부 능선을 따라 축조되어 있는 것으로 알려져 있다. 그리고 이 보루의 역할은 한강을 따라 수로(水路)로 남하하는 적을 방어하기 위해 축조되었으며, 적의 이동 상황을 감시 및 산성들간의 통신역할도 담당했을 것으로 보고 있다.[34]

　심학산 보루도 산 정상부(해발 193.6m)에 위치해 있는데, 산은 동－서쪽으로 길게 뻗은 타원형의 평면형태를 하고 있으며, 보루로 여겨지는 곳은 군부대가 있었다가 최근에는 공원으로 개발되면서 훼손이 심한 상태이다.[35] 보루로 추정되는 정상부는 서쪽이 좁고 동쪽이 넓은 삼각형태이고, 암봉이 솟아 있다. 심학산 서쪽으로는 한강이 맞닿아 있고, 곡릉천과 장월평천 등이 흐르며 주변이 평지여서 사방을 둘러보기가 용이하다. 보루에서는 청동기시대 무문토기와 백제 토기, 고려~조선시대 기와조각도 수습되며, 『여도비지(輿圖備誌)』(1849~1864)에 "심악산 고성에 토축의 유지

---

33) 서울역사박물관, 2005, 『서울특별시 문화유적 지표조사 종합보고서 Ⅲ』, 587~589쪽.
34) 박상빈, 2005, 「안산보루의 채집유물과 기능에 대한 고찰」, 『史學志』37, 단국사학회, 134~138쪽.
35) 심학산에는 보루 외에도 고인돌 약 18기와 유물산포지, 석실묘 등이 분포해 있는 것으로 조사된 바 있다(세종대학교 박물관, 2008, 『파주 심학산 고인돌유적 정밀 지표조사 보고서』).

가 남아 있다"[36]고 기록되어 있다.[37] 따라서, 배봉산과 용미리 보루도 역할적인 측면에서는 안산 보루나 심학산 보루처럼 주변 하천이나 강을 따라 이동하는 적의 동태(動態)를 파악하여 주변 보루나 산성으로 소식을 전달하는 역할을 했던 것으로 사료된다.

IV. 맺음말

서울 배봉산 유적은 기존에 이루어진 지표조사를 통해서 유물이 수습된 적이 있었지만, 삼국시대 군사유적지로서의 관심은 크게 받지 못하였다. 오히려 조선시대 목장터와 결부되어 학술적 가치가 상쇄된 감이 있다. 이에 필자가 여러 차례 답사를 통해서 확인한 대로 배봉산의 정상부뿐만 아니라, 북쪽 끝지점과 능선의 중간지점에서 여러 시대에 걸쳐 만들어진 다양한 종류의 유물이 산포되어 있다는 점이 확인되었다. 특히 정상부에서는 석렬과 주혈 등의 은구와 은물이 출토되어 삼국시대동안 중요한 군사유적 즉 보루가 축조되어 있었던 것으로 추정된다. 이 보루의 사용시기는 토기조각들로 볼 때, 삼국시대 이른시기부터 고구려와 신라가 한강 유역을 점령한 5~6세기대로 볼 수 있겠다. 그만큼 중랑천변을 감제하는데 있어서 지리적으로 중요한 위치에 놓여 있다는 점이 주목되며, 사용 주체에 따라 봉화산과 용마산·망우산 보루들과의 유기적인 관계가 유지되었던 것으로도 여겨진다. 그리고 주변 보루 중에서도 용마산 6·7보루와 봉화산 보루와는 밀접한 통신전달 관계였을 것으로 판단된다. 따라

---

36) "深岳山古城 有土築遺址"(『輿圖備誌』卷4 交河郡 武備 城池條).
37) 한양대학교 박물관·문화인류학과, 1999, 앞의 책, 100쪽 참조.

서, 현재는 산 정상부가 군부대로 이용되고 있기 때문에 조사를 진행하는데 한계가 있지만, 유물산포지나 토루지에 대하여 앞으로의 기회를 통해 보다 정밀한 조사와 연구가 이루어지길 기대해 본다.

파주 용미리 유적은 비록 군부대 훈련장으로 이용되었지만 석축의 흔적이 확인되었으며, 산 정상부가 암반으로 이루어져 있다는 점이 주목된다. 시굴조사결과, 암반 위에 돌을 쌓았던 흔적이 있었고, 백제 토기류가 적지 않게 수습되었다. 이러한 조사성과로 미루어 볼 때, 용미리 유적도 백제군이 고산천변과 혜음령을 감제하기 위해 축조한 보루로 볼 수 있으며, 이는 명봉산성과 더불어 유사시마다 운영되었던 것으로 사료된다.

이상으로 한강 유역에 위치한 두 유적에 대하여 현황과 성격에 대하여 살펴보았는데, 이와 같은 보루유적은 앞으로도 적지 않게 확인되고 조사될 것으로 전망된다. 특히 백제의 관방 유적에 대한 조사나 연구는 고구려와 신라 관방 유적에 비해 상대적으로 미진한 편이다. 따라서, 한강 유역에 있어서의 백제·고구려·신라의 관방체계에 대한 보다 면밀한 검토와 논의가 이루어지길 기대해 본다.

【참고문헌】

■ 사료

『三國史記』

■ 저서

백종오, 2006, 『고구려 남진정책 연구』, 서경문화사.

황보경, 2009, 『신라 문화 연구』, 주류성.

■ 보고서 등

강진갑 외, 1994, 『아차산의 역사와 문화유적』, 구리시·구리문화원.

경기도박물관, 2001, 『임진강』1~3.

서울대학교 인문학연구소외, 2000, 『아차산성 시굴조사보고서』.

서울문화유산연구원, 2016. 5, 「서울 동대문구 전농2동 생태공원 조성부지 내 배봉산
　　　　　　　　　　토루지 유적 발굴(시굴)조사 학술자문회의 자료집」.

서울역사박물관, 2005, 『서울특별시 문화유적 지표조사 종합보고서』 Ⅰ~Ⅲ.

서울역사박물관, 2006, 『文化遺蹟分布地圖-서울特別市(江北編)』.

서울特別市 城東區, 1992, 『城東區誌』.

세종대학교 박물관, 2008, 『파주 심학산 고인돌유적 정밀 지표조사 보고서』.

세종대학교 박물관, 2012, 『파주 용미리 골재채취장 예정부지 문화유적 지표조사 보고서』.

세종대학교 박물관, 2013, 『파주 용미리 골재채취장 예정부지내 유적 시굴조사 약보고서』.

한국토지공사 토지박물관, 1999, 『고양시의 역사와 문화유적』.

한양대학교 박물관·문화인류학과, 1999, 『파주시의 역사와 문화유적』.

■ 논문

金玟秀 외, 1994, 「서울 城東 峨嵯山城 일대의 城郭遺蹟 踏査記」, 『白山學報』44, 白山
　　學會.

류기선, 1994, 「조선 사복시 살꽂이목장」, 『박물관휘보』5, 서울시립대학교 박물관.

박상빈, 2005, 「안산보루의 채집유물과 기능에 대한 고찰」, 『史學志』37, 단국사학회.

양시은, 2010, 「남한 내 고구려 성곽의 구조와 성격」, 『高句麗渤海研究』36, 高句麗渤海
　　學會.

吳康錫, 2007, 「百濟 漢城期 關防體系 檢討」, 『先史와 古代』26, 韓國古代學會.

陸軍士官學校, 1994, 『京畿道 坡州郡 軍事遺蹟 地表調査報告書』.

이정범, 2010, 「감시권역 분석을 통해본 경기북부지역 보루의 사용주체와 기능」, 『高句
　　麗渤海研究』37, 高句麗渤海學會.

이판섭, 2006, 「三國時代 山城의 監視半徑에 대하여」, 『湖西考古學』15, 湖西考古學會.

조병로 외, 2004, 「조선시대 司僕寺의 설치와 牧場운영」, 『京畿史學』8, 경기대학교 경
　　기사학회.

朝鮮總督府, 1942, 『朝鮮寶物古蹟調査資料』.

최종택, 1999, 「경기북부지역의 고구려 관방체계」, 『고구려연구』8, 고구려연구회.

洪錦洙, 2006, 「箭串場의 景觀變化」, 『문화역사지리』18-1, 한국문화역사지리학회.

【부록】

〈표-1〉 한강 및 임진강 유역 주요 성곽 현황

유적명 (지정사항)	형식	둘레 (m)	소재지	참고자료
서울 아차산성 (사적 제234호)	포곡식	1,038	서울시 광진구 광장동 산31	명지대학교부설 한국건축문화연구소, 1998, 『아차산성 실측 및 수습발굴 조사보고서』; 서울대학교 인문학연구소 · 서울대학교박물관, 2000, 『아차산성 시굴조사보고서』; 한국고고환경연구소, 2015, 『사적 제234호 아차산성 남문지 및 배수구 발굴조사 자문회의 자료』.
서울 호암산성 (사적 제343호)	테뫼식	1,250	서울시 금천구 시흥동 산83-1	서울대학교박물관, 1990, 『한우물 호암산성 및 연지발굴조사보고서』.
서울 양천고성지 (사적 제372호)	테뫼식	380	서울시 강서구 가양동 산8-4	서울역사박물관, 2005, 『서울특별시 문화유적 지표조사 종합보고서』; 한얼문화유산연구원, 2016, 『서울 양천고성지』.
서울 대모산성	테뫼식	567	서울시 강남구 일원동	한양대학교박물관, 1999, 『대모산 문화유적 시굴조사보고서』.
연천 호로고루 (사적 제467호)	평지성	401	연천군 장남면 원당3리 1259	한국토지공사 토지박물관, 2003, 『연천 호로고루 Ⅱ』; 2007, 『연천 호로고루Ⅲ』; 2014, 『연천 호로고루Ⅳ』.
연천 당포성 (사적 제468호)	평지성	450	연천군 미산면 동이리 782	화랑대연구소, 2006, 『연천 당포성 1차 발굴조사보고서』; 경기도박물관 · 육군사관학교 화랑대연구소, 2008, 『연천 당포성Ⅱ』.
연천 수철성	테뫼식	176	연천군 전곡읍 양원리 산223	경기도박물관, 2008, 『아미성 · 수철성』.
연천 대전리산성	테뫼식	681	연천군 청산면 대전리 산10	경기문화재연구원, 2015, 『연천 대전리산성Ⅰ』.
파주 칠중성 (사적 제437호)	테뫼식	603	파주시 적성면 구읍리 산148	단국대학교 매장문화재연구소, 2001, 『파주 칠중성 지표조사 보고서』.
파주 오두산성 (사적 제351호)	테뫼식 (복곽성)	1,228	파주시 탄현면 성동리 산84	경희대학교 고고미술사연구소, 1992, 『오두산성Ⅰ』; 한백문화재연구원, 2008, 『파주 오두산성 정밀지표조사보고서』.

파주 덕진산성 (기념물 제218호)	복합식	약600	파주시 군내면 정자리 산13	육군사관학교 육군박물관, 1994, 『경기도 파주군 군사유적 지표조사 보고서』; 중부고고학연구소, 2014, 『파주 덕진산성-1·2차학술발굴조사-』.
파주 봉서산성	테뫼식	550	파주시 파주읍 봉서리 산67	육군사관학교 육군박물관, 1994, 『경기도 파주군 군사유적 지표조사 보고서』; 국립문화재연구소, 2000, 『군사보호지역 문화유적 지표조사보고서-경기도편-』.
파주 명봉산성	테뫼식 (?)	460	파주시 광탄면 용미리 산107	육군사관학교 육군박물관, 1994, 『경기도 파주군 군사유적 지표조사 보고서』.
고양 고봉산성	테뫼식	150 ~360	고양시 일산구 성석동 산67-1	한국토지공사 토지박물관, 1999, 『고양시의 역사와 문화유적』; 육군사관학교 육군박물관, 2004, 『경기도 고양시 군사유적 지표조사 보고서』.
고양 행주산성 (사적 제56호)	포곡식	1,000	고양시 덕양구 행주내동 산26	서울대학교박물관, 1991, 『幸州山城』.
고양 북한산성 (사적 제162호)	포곡식	12,700	고양시 덕양구 북한동 산1-1	서울대학교박물관, 1991, 『북한산성 지표조사 보고서』.
포천 반월성 (사적 제403호)	테뫼식	1,080	포천시 군내면 구읍리 산5-1	단국대학교 매장문화재연구소, 2004, 『포천 반월산성-종합보고서(Ⅰ·Ⅱ)』; 한백문화재연구원, 2009, 『포천 반월산성 북벽보수구간』.
양주 대모산성 (사적 제526호)	테뫼식	1,400	양주시 백석읍 방성리 789	문화재연구소·한림대학교 박물관, 1990, 『양주 대모산성발굴조사보고서』; 한림대학교 박물관, 2002, 『양주 대모산성-동문지·서문지』.
남양주 퇴뫼산성	테뫼식	625	남양주시 광전리 산28-1	한국토지공사 토지박물관, 1999, 『남양주시의 역사와 문화유적』.
남양주 불암산성	테뫼식	221 ~257	남양주시 화접리 산97	한국토지공사 토지박물관, 1999, 『남양주시의 역사와 문화유적』; 서울특별시사편찬위원회, 2004, 『서울의 성곽』.
인천 계양산성 (시도기념물 제10호)	테뫼식	1,180	인천시 계양구 계산2동 산8	鮮文大學校 考古研究所, 2008, 『桂陽山城 發掘調査報告書』; 겨레문화유산연구원, 2011, 『계양산성Ⅱ』.
김포 수안산성 (도기념물 제159호)	테뫼식	578.5	김포시 대곶면 율생리 산117	한양대학교박물관, 2003, 『수안산성 시굴조사 보고서』.

김포 동성산성	테뫼식	441	김포시 하성면 양택리	육군사관학교 육군박물관, 1998, 『경기도 김포시 군사유적 지표조사 보고서』.
하남 이성산성 (사적 제422호)	포곡식	1,655	하남시 춘궁동 산36	한양대학교박물관, 1987~2006, 『이성산성』1~11차 발굴조사보고서: 2012, 『이성산성』12차 발굴조사보고서.
광주 남한산성 (사적 제57호)	포곡식	12,356	광주시 중부면 산성리 산13	한국토지공사 토지박물관, 2002, 『남한산성 발굴조사보고서』; 한국토지주택공사 토지주택박물관, 2010, 『남한산성 행궁지 제7·8차발굴조사보고서』; 중원문화재연구원, 2007, 『남한산성 암문지(4)·수구지일대 발굴조사』.
용인 처인성 (도기념물 제44호)	평지성	약250	용인시 남사면 아곡리 산43	충북대학교 중원문화재연구소, 2002, 『용인 처인성 시굴조사보고서』.
용인 할미산성 (경기도기념물 제 215호)	테뫼식	651	용인시 포곡면 마성리 산40-1	경기도박물관, 2005, 『용인 할미산성 시굴조사보고서』; 한국문화유산연구원, 2014, 『용인 할미산성 (Ⅱ)』; 2015, 『용인 할미산성(Ⅲ)』; 2015.10, 『용인 할미산성3·4차 발굴조사 학술자문회의 자료』.
의왕 모락산성 (경기도기념물 제216호)	테뫼식	878	의왕시 내손동 산122	세종대학교 박물관, 2006, 『의왕 모락산성』.
화성 당성 (사적 제217호)	복합식	1,200	화성시 서신면 상안리 산32	한양대학교박물관, 1998, 『당성(1차발굴조사보고서)』; 2001, 『당성(2차발굴조사보고서)』; 한양대학교 문화재연구소, 2016, 『당성 3차발굴조사 현장설명회 자료집』.
화성 소근산성		629	화성시 양감면 신왕리 산18	경기도박물관, 2012, 『소근산성』.
평택 자미산성 (도기념물 제203호)	복합식	582	평택시 안중읍 용성리 산68	단국대학교 매장문화재연소, 2004, 『평택 서부 관방산성 시·발굴조사보고서』; 한백문화재연구원, 2010, 『평택 자미산성 2차 발굴조사 보고서』.
이천 설봉산성 (사적 제423호)	포곡식	1,800	이천시 사음동 산24	단국대학교 중앙박물관, 1999, 『이천 설봉산성 1차 발굴조사 보고서』. 단국대학교 매장문화재연구소, 2001~2006, 『이천 설봉산성』2~6차 발굴조사 보고서.

이천 설성산성 (도기념물 제76호)	포곡식	1,095	이천시 장호원읍 선읍리 산115-1	단국대학교 매장문화재연구소, 2000, 『이천 설성 산성 지표·시굴조사 보고서』: 2000~2005, 『이천 설성산성』1~4차발굴조사 보고서; 한백문화재연구 원, 2010, 『이천 설성산성 5차발굴조사 보고서』.
여주 파사성 (사적 제251호)	테뫼식	936.5	여주군 대신면 천서리 산8-10	기전문화재연구원, 2007, 『여주 파사성Ⅰ』: 경기문 화재연구원, 2014a, 『여주 파사성Ⅱ』: 2014b, 『여주 파사성Ⅲ』.
안성 죽주산성 (도기념물 제69호)	테뫼식	1,688	경기도 안성시 죽산면 매산리 산106	단국대학교 매장문화재연구소, 2002, 『안성 죽주 산성 지표 및 발굴조사 보고서』: 2006, 『안성 죽주 산성 남벽 정비구간 발굴조사 보고서』; 한백문화 재연구원, 2008, 『안성 죽주산성 동벽 정비구간 문화재 발굴조사 보고서』: 2011, 『안성 죽주산성 성 벽 보수구간 내 유적』: 2012, 『안성 죽주산성 2~4 차발굴조사보고서』.
망이산성 (도기념물 제138호)	포곡식	약 2,000	안성시 일죽면 금산리, 이천시 율면 산양리 일원	단국대학교 중앙박물관, 1996·1999, 『망이산성 발 굴보고서』1~2차; 단국대학교 매장문화재연구소, 2006, 『안성 망이산성 3차발굴조사 보고서』.

〈표-2〉 한강 및 임진강 유역 주요 보루 현황

유적명 (지정사항)	해발 고도(m)	둘레 (m)	소재지	참고자료
구의동보루	53	46	서울시 광진구 구의동	구의동보고서간행위원회, 1997, 『한강유역의 고구려 요새』.
홍련봉1보루 (서울시기념물 제21호)	125	143	서울시 광진구 광장동 산74-1	고려대학교 고고환경연구소, 2007, 『홍련봉 제1보 루』; 한국고고환경연구소, 2015, 『홍련봉 1·2보루』.
홍련봉2보루 (서울시기념물 제21호)	126	179	서울시 광진구 광장동 산10-1	고려대학교 고고환경연구소, 2007, 『홍련봉 제2보 루』; 한국고고환경연구소, 2015, 『홍련봉 1·2보루』.

아차산1보루 (사적 제455호)	250	103	서울시 광진구 중곡동 산2-1	서울역사박물관, 2005, 『서울특별시 문화유적 지표 조사 종합보고서』
아차산2보루 (사적 제455호)	276	40	구리시 아천동 산54-1	서울특별시사편찬위원회, 2004, 『서울의 성곽』
아차산3보루 (사적 제455호)	296	304	구리시 아천동 산49-1	고려대학교 고고환경연구소, 2007, 『아차산 제3보 루』
아차산4보루 (사적 제455호)	285	238	구리시 아천동 산52-2	서울대학교 박물관외, 2000, 『아차산 제4보루』; 국 립문화재연구소, 2009, 『아차산 4보루』
아차산5보루 (사적 제455호)	265		서울시 광진구 중곡동 산1	서울역사박물관, 2005, 『서울특별시 문화유적 지표 조사 종합보고서』
용마산1보루 (사적 제455호)	183	77	서울시 광진구 중곡동 산3-5	서울역사박물관, 2005, 『서울특별시 문화유적 지표 조사 종합보고서』
용마산2보루 (사적 제455호)	230	150	서울시 광진구 중곡동 산3-68	서울대학교 박물관, 2009, 『용마산 제2보루 -발굴 조사보고서-』
용마산3보루 (사적 제455호)	348	216	서울시 광진구 중곡동 산1-2	서울역사박물관, 2005, 『서울특별시 문화유적 지표 조사 종합보고서』
용마산4보루 (사적 제455호)	300	228	서울시 광진구 중곡동 산1	서울역사박물관, 2005, 『서울특별시 문화유적 지표 조사 종합보고서』
용마산5보루 (사적 제455호)	316	110	서울시 광진구 면목동 산1-2	서울역사박물관, 2005, 『서울특별시 문화유적 지표 조사 종합보고서』
용마산6보루 (사적 제455호)	230	123	서울시 광진구 면목동 산75	서울역사박물관, 2005, 『서울특별시 문화유적 지표 조사 종합보고서』
용마산7보루 (사적 제455호)	250	40	서울시 광진구 중곡동 산1-4	서울역사박물관, 2005, 『서울특별시 문화유적 지표 조사 종합보고서』
시루봉보루 (사적 제455호)	206	220	구리시 아천동 산7-2	서울대학교 박물관외, 2002, 『아차산 시루봉 보루- 발굴조사 종합보고서-』; 2013, 『시루봉보루Ⅱ』
망우산1보루 (사적 제455호)	280	126	서울시 광진구 면목동 산1-1	서울역사박물관, 2005, 『서울특별시 문화유적 지표 조사 종합보고서』
망우산2보루 (사적 제455호)	281	?	서울시 광진구 망우동 산57-3	서울역사박물관, 2005, 『서울특별시 문화유적 지표 조사 종합보고서』
망우산3보루 (사적 제455호)	275	?	서울시 광진구 망우동 산57-3	서울역사박물관,2005,『서울특별시 문화유적 지표조 사 종합보고서』

봉화산보루	160	249	서울시 중랑구 묵동 산46-19	서울역사박물관, 2005, 『서울특별시 문화유적 지표 조사 종합보고서』.
수락산보루 (사적 제455호)	192	154	서울시 노원구 상계동 산105-1	서울역사박물관, 2005, 『서울특별시 문화유적 지표 조사 종합보고서』.
안산보루	295	455	서울시 서대문구 봉원동 산1	서울역사박물관, 2005, 『서울특별시 문화유적 지표 조사 종합보고서』; 박상빈, 2005, 「안산보루의 채집 유물과 기능에 대한 고찰」 『사학지』37, 단국사학회.
광동리보루	179	90	연천군 미산면 광동리 봉화재	한백문화재연구원, 2008, 『파주 오두산성 정밀지표 조사 보고서』.
아미리보루	140	480	연천군 미산면 아미2리 봉화뚝	한백문화재연구원, 2008, 『파주 오두산성 정밀지표 조사 보고서』.
우정리보루	89	420	연천군 미산면 우정리	한백문화재연구원, 2008, 『파주 오두산성 정밀지표 조사 보고서』.
무등리보루1	100	168	연천군 왕징면 무등리 산44	한백문화재연구원, 2008, 『파주 오두산성 정밀지표 조사 보고서』.
무등리보루2	93	325	연천군 왕징면 무등리 산34	한백문화재연구원, 2008, 『파주 오두산성 정밀지표 조사 보고서』; 서울대학교 박물관, 2015, 『연천 무등 리 2보루』
고성산보루	150	30	연천군 왕징면 무등리	한백문화재연구원, 2008, 『파주 오두산성 정밀지표 조사 보고서』.
두루봉보루	69	50	연천군 장남면 고랑포리	한백문화재연구원, 2008, 『파주 오두산성 정밀지표 조사 보고서』.
노고산보루	441	25	파주시 법원읍 갈곡리 산66	한백문화재연구원, 2008, 『파주 오두산성 정밀지표 조사 보고서』.
조랑진보루	89	50	파주시 장단면 노하리 삼거리	한백문화재연구원, 2008, 『파주 오두산성 정밀지표 조사 보고서』.
심학산보루	193	?	파주시 교하면 서패리 산18	한양대학교 박물관외, 1999, 『파주시의 역사와 문화 유적』; 세종대학교 박물관, 2008, 『파주 심학산 고인 돌유적 정밀지표조사보고서』

장명산보루	102	?	파주시 교하면 다율리 산103-1	한백문화재연구원, 2008, 『파주 오두산성 정밀지표 조사 보고서』.
소래산보루	228	56	양주시 은현면 선암리 산2	한백문화재연구원, 2008, 『파주 오두산성 정밀지표 조사 보고서』.
도락산보루1	327	33	양주시 광적면 가납리 산71	한백문화재연구원, 2008, 『파주 오두산성 정밀지표 조사 보고서』.
도락산보루2	426	170	양주시 광적면 가납리 산2	한백문화재연구원, 2008, 『파주 오두산성 정밀지표 조사 보고서』.
도락산보루3	440	20	양주시 광적면 가납리	한백문화재연구원, 2008, 『파주 오두산성 정밀지표 조사 보고서』.
독바위보루	181	120	양주시 회천읍 옥정리 산75-2	한백문화재연구원, 2008, 『파주 오두산성 정밀지표 조사 보고서』.
천보산보루1	299	40	양주시 주내면 마전리 산85-3	한백문화재연구원, 2008, 『파주 오두산성 정밀지표 조사 보고서』.
천보산보루2	336	25	양주시 주내면 광사리 산157	한백문화재연구원, 2008, 『파주 오두산성 정밀지표 조사 보고서』; 서울대학교 박물관, 2014, 『양주 천보 산 2보루』.
천보산보루3	282	88	양주시 주내면 만송리 643	한백문화재연구원, 2008, 『파주 오두산성 정밀지표 조사 보고서』.
천보산보루4	342	46	양주시 회천읍 율정리 산2-16	한백문화재연구원, 2008, 『파주 오두산성 정밀지표 조사 보고서』.
천보산보루5	423	120	양주시 회천읍 회암리 산8-1	한백문화재연구원, 2008, 『파주 오두산성 정밀지표 조사 보고서』.
부용산보루	210	94	의정부시 고산동 산57-1	세종대학교박물관, 2001, 『의정부시의 역사와 문화 유적』.
사패산1보루	355	20	의정부시 호원동 산35-2	세종대학교박물관, 2001, 『의정부시의 역사와 문화 유적』.
사패산2보루	430	?	의정부시 호원동 산35-2	세종대학교박물관, 2001, 『의정부시의 역사와 문화 유적』.

사패산3보루	234	200	의정부시 호원동 산82-3	세종대학교박물관, 2001, 『의정부시의 역사와 문화유적』
장암동보루	155	약 100	의정부시 장암동 산38-1	세종대학교박물관, 2001, 『의정부시의 역사와 문화유적』
국사봉보루	331	130	남양주시 별내면 광전리 산92	한국토지공사 토지박물관, 1999, 『남양주시의 역사와 문화유적』
안산보루	129	148	남양주시 가운동 산50-1	한국토지공사 토지박물관, 1999, 『남양주시의 역사와 문화유적』
객산보루	291	약70	하남시 교산동 산10-4일원	세종대학교박물관, 1999, 『하남시의 역사와 문화유적』; 경기도박물관, 2002, 『한강』

한강 유역 고대 우물의 유형과 축조시기
- 서울·경기지역을 중심으로 -

Ⅰ. 머리말

인류는 선사시대로부터 현재까지 물을 얻기 위해 땅을 파서 우물(井)이라는 시설을 만들어 왔다. 우물을 만든 목적은 물을 지속적으로 얻어 생존을 하기 위함이며, 물이 마르거나 오염되었을 경우에는 제사의례(祭祀儀禮)를 통해 물이 다시 솟아나거나 정화되도록 빌기도 하였다. 그리고 우물은 우리의 역사 속에서 탄생과 죽음, 미래에 대한 예언 등을 알려주는 곳으로도 전해오고 있다.

우물에 대한 문헌기록은 『三國史記』와 『三國遺事』를 통해서 확인되고 있는데, 신라(新羅)와 관계된 기록이 가장 많고, 백제(百濟) 관련 기록도 몇 군데 있다. 우물과 관련된 가장 대표적인 기록은 박혁거세와 그의 부인 알영부인의 탄생이며,[1] 용(龍)이 우물에 나타나거나[2] 우물물이 피로

---

1) 박혁거세는 나정(蘿井, 사적 제245호) 옆 수풀 사이에 있었던 큰 알에서 태어났고, 알영부인은 알영정(閼英井)에 나타난 용의 오른쪽 갈빗대에서 태어났다고 전한다 (『三國史記』卷1, 新羅本紀1 赫居世居西干條 참조).

변하는[3] 등 앞으로 일어날 일을 계시(啓示)해 주기도 한다. 특히 박혁거세의 경우 탄생과 죽음에서 모두 우물이 등장하고 있다는 점인데, 탄생은 나정 옆 큰 알에서 나왔고, 죽음을 암시한 것으로 볼 수 있는 혁거세 60년 기사에는 두 마리 용이 금성 우물 가운데 나타나 성 남문을 벼락친 일이 있었다.[4] 유리이사금도 죽기 전해인 55년에 용이 금성 우물에 나타난 일이 있었고,[5] 경문왕도 사망 2개월 전 왕궁 우물에 용이 나타났다 사라졌다.[6] 따라서, 용과 우물은 매우 밀접한 관련이 있다는 것을 알 수 있는데, 용이 나타난 곳이 바로 '우물'이라는 점은 우물이 곧 이승과 저승을 연결해 주는 통로 역할을 하는 장소로 볼 수 있겠다.

아울러 용은 왕(王)을 상징하는 신성한 동물로 여겨지는만큼 용이 나타났다 사라진 것이나 우물물이 피나 핏빛으로 변했다는 것도 왕의 죽음 내지 국가의 패망과 밀접한 관련이 있다고 하겠다. 이밖에도 제사와 관련해서는 법흥왕 때 신궁에 제사를 지낼 때 용이 양산 우물에 나타났고,[7] 비류왕 때에는 왕도 우물이 넘쳐 흑룡이 출현하기도 했다.[8] 이처럼 우물

---

2) 『三國史記』에 용이 우물에 나타난 기록으로는 신라본기에 혁거세거서간 60년(3년)과 유리니사금 33년(56년), 자비마립간 4년(461년), 법흥왕 3년(516년), 경문왕 15년(875년)이고, 백제본기에는 비류왕 13년(316년)에 우물이 넘치고 흑룡이 나타난 기록이 있다.

3) 우물물이 피로 변한 기록은 태종무열왕 8년(661년)에 대관사 우물물이 피로 변했다는 것과 의자왕 20년(660년)에 서울의 우물물이 핏빛으로 변한 적이 있다(『三國史記』卷5, 新羅本紀5 太宗武烈王 8年條 및 『三國史記』卷28, 百濟本紀6 義慈王 20年條 참조).

4) 『三國史記』卷1, 新羅本紀1 赫居世居西干 60年條 "秋九月 二龍見於金城井中 暴雷雨 震城南門."

5) 『三國史記』卷1, 新羅本紀1 儒理尼師今 33年條 "夏四月 龍見金城井 有頃 暴雨自西北來."

6) 『三國史記』卷11, 新羅本紀11 景文王 15年條 "夏五月 龍見王宮井 須臾雲霧四合飛去 秋七月八日 王薨 諡曰景文."

7) 『三國史記』卷4, 新羅本紀4 法興王 3年條 "春正月 親祀神宮 龍見楊山井中."

8) 『三國史記』卷24, 百濟本紀2 比流王 13年條 "夏四月 王都井水溢 黑龍見其中."

은 단순히 식수를 얻기 위한 시설물일 뿐 아니라 상징적으로는 용이라는 상서로운 동물의 출현을 통한 계시 그리고 이승과 저승을 연결해 주는 통로역할을 하는 곳으로도 표현되었다.

최근 한강(漢江) 유역에서는 삼국~남북국시대에 이르는 많은 수의 신라 주거지가 발굴조사되었는데, 그 중에서도 하나의 취락(聚落)으로 볼 수 있는 유적도 적지 않다. 취락에서는 주거지와 더불어 굴립주(掘立柱)건물지와 저장시설, 가마 등의 생산유구가 함께 조사되는 예도 있다. 그리고 그 가운데 여러 유적에서 우물도 확인되고 있어서 충청·호남이나 영남지방에서 조사된 고대 우물과 비교해 볼만한 여건이 되었다. 이제까지 이루어진 우물에 대한 연구는 많지 않은 형편인데, 대부분 백제와 신라 우물에 대한 구조와 성격에 대하여 이루어졌고, 우물에서 출토된 유물을 바탕으로 제의(祭儀)와의 관련성도 연구되었다. 이에 대하여 간략하게 소개하면 아래와 같다.

먼저, 김창억은 대구 시지취락에서 조사된 우물을 대상으로 평면 및 단면형태와 깊이에 따라 형식분류를 시도하였고,[9] 대구와 경주지역 신라 우물에서 보이는 제의적 현상을 민속자료와 함께 검토하여 사회적 의미를 정리하기도 했다.[10] 또한, 청동기시대(靑銅器時代)부터 조선시대(朝鮮時代)에 이르기까지의 우물을 대상으로 여러 가지 분석과 조사방법을 제시하였다.[11] 이신효는 익산 왕궁리유적에서 발굴된 토기조(土器造) 우물과 백제 우물에 대한 전반적인 특징을 정리한 바 있고,[12] 양화영은 영남지방

---

9) 金昌億, 2000, 「三國時代 時至聚落의 展開過程과 性格」, 『嶺南考古學』27, 嶺南考古學會.

10) 金昌億, 2004, 「우물에 대한 祭儀와 그 意味」, 『嶺南文化財研究』17, 嶺南文化財研究院.

11) 김창억·김대덕·도영아, 2008, 「우물유구에 대한 분석과 조사방법」, 『야외고고학』5, 한국문화재조사연구기관협회.

12) 이신효, 2002, 「왕궁리 우물유적」, 『湖南考古學報』15, 호남고고학회 : 2004, 「백제 우

삼국시대 우물의 구조에 대하여 형식분류와 출토유물을 분석하여 양식설 정과 편년을 시도하였다.[13] 허의행은 한국과 중국에서 조사된 토기조 우물에 대한 유형과 축조방식 및 정수시설에 대하여 고찰하였다.[14] 한편, 김도훈은 풍납토성 백제 우물지의 구조와 성격에 관하여 지방의 우물들과 시론적으로 비교해 보기도 했으며,[15] 김민정은 신라 왕경 우물에서 행해진 제의에 대하여 출토유물을 통해 분석하여 몇 기의 우물은 왕실과 관련된 제의가 행하여졌다고도 보았다.[16]

다음으로 한강 유역에서 조사된 우물 현황을 정리해 보면, 축조주체별로 백제와 고구려, 신라 우물이 모두 조사되었는데, 조사된 우물의 수량은 신라 우물이 가장 많고, 백제 우물이 9기, 고구려 우물은 1기만 조사된 상태이다. 이제까지 백제 우물은 주로 부여(扶餘)와 익산(益山)지역에서 조사되었고, 서울과 경기지역에서는 최근에 이르러서 주거지와 함께 9기가 조사된 것으로 알려져 있다. 관련 유적으로는 서울 풍납토성(風納土城, 사적 제11호) 외곽 풍납동 410번지(이하 '풍납동 410번지 우물')에서 1기,[17] 풍납토성 내부 경당지구에서 206호 유구(이하 '경당지구 206호 우물')라고 불리는 곳에서 1기,[18] 서울 세곡동 유적에서 신라 우물과 함께 2기, 화성 왕림리 노리재골 I 유적에서 1기,[19] 청계리에서 3기,[20] 오산 가수동에서 신

물 연구」,『湖南考古學報』, 호남고고학회.

13) 楊花英, 2003,「삼국시대 영남지방 우물의 구조에 대한 연구」, 창원대학교 석사학위 논문.

14) 許義行, 2004,「土器造 우물에 對한 考察」,『錦江考古』創刊號, 忠淸文化財研究院.

15) 김도훈, 2009,「風納土城 百濟 우물지에 관한 硏究 試論」,『白山學報』84, 白山學會.

16) 金玟廷, 2013,「신라 왕경 우물의 제의 연구」, 성균관대학교 석사학위논문.

17) 국립문화재연구소, 2007,『風納土城Ⅷ』.

18) 한성백제박물관·한신대학교박물관, 2015,『風納土城ⅩⅦ』.

19) 中部考古學研究所, 2012,『華城 旺林里 노리재골 I 遺蹟』.

20) 한백문화재연구원, 2013,『화성 청계리 유적 I 』.

라 우물과 함께 1기가 확인되었다. 고구려 우물은 연천 호로고루(사적 제467호)에서 1기가 조사되었다.[21]

　신라 우물은 최근까지 16곳 유적에서 29기 정도가 조사된 것으로 알려져 있다. 지역별로 보면, 서울에서는 세곡동에서 1기,[22] 독산동에서 4기,[23] 최근에 몽촌토성(夢村土城, 사적 제297호) 서북지구에서 석조 우물 1기가 발굴되기도 했다.[24] 경기도에서는 13곳 유적에서 23기가 확인되었는데, 그 중에서도 용인이 5곳 유적 7기로 가장 많은 비중을 차지하고 있다. 용인은 마북동에서만 취락유적과[25] 중세취락[26] 유적에서 각 1기씩, 영덕동 유적에서 3기,[27] 청덕동과[28] 어비리[29] 유적에서 각 1기씩 조사되었다. 그리고 화성 청계리 유적과[30] 김포 마송유적은[31] 단일 유적인데도 불구하고 각각 4기와 3기의 우물이 확인되었고, 성남 도촌동 유적과[32] 오

21) 한국토지공사 토지박물관, 2007, 『漣川 瓠蘆古壘 Ⅲ』.
22) 한백문화재연구원, 2013, 『서울 세곡동 유적』.
23) 겨레문화유산연구원, 2016, 『서울 독산동 유적』.
24) 이 우물은 남북국(신라)시대 주거지 18기와 함께 조사되었는데, 굴광선과 우물 평면이 원형이고 하단으로 내려갈수록 좁아지는 상광하협형이며, 내경 60㎝, 깊이 210㎝이다. 우물 안에서는 집선문계통의 문양이 시문된 암키와 3점과 나무 막대기 등이 출토되었다(한성백제박물관, 2014.7, 「몽촌토성 서북지구 발굴 현장설명회 자료」; 박중균·최경숙·최진석 외, 2014, 「서울 몽촌토성 서북지구 내성농장부지 유적」, 『중부지역 고고학조사의 최전선』, 중부고고학회).
25) 京畿文化財研究院, 2009a, 『龍仁 麻北洞 聚落遺蹟』.
26) 한신대학교박물관, 2010, 『龍仁 麻北洞 中世聚落』.
27) 京畿文化財研究院, 2010a, 『龍仁 靈德洞 遺蹟』.
28) 韓國文化財保護財團, 2005, 『용인 동백–죽전간 도로구간내 문화유적 시·발굴조사 보고서』.
29) 경희대학교 중앙박물관, 2013, 『용인 어비리 유적』.
30) 한백문화재연구원, 2013, 『화성 청계리 유적 Ⅰ~Ⅷ』.
31) 기호문화재연구원, 2010, 『金浦 馬松 遺蹟』 Ⅰ~Ⅲ.
32) 京畿文化財研究院, 2009b, 『城南 島村洞 遺蹟』.

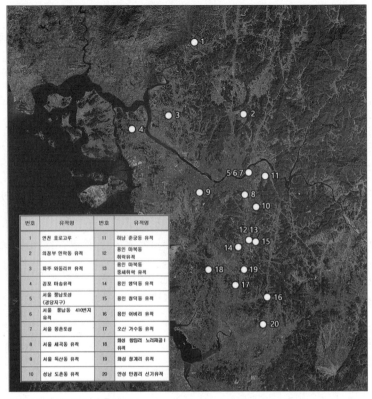

번호	유적명	번호	유적명
1	연천 호로고루	11	하남 춘궁동 유적
2	의정부 민락동 유적	12	용인 마북동 취락유적
3	파주 와동리IV 유적	13	용인 마북동 중세취락 유적
4	김포 마송유적	14	용인 영덕동 유적
5	서울 풍납토성 (경당지구)	15	용인 청덕동 유적
6	서울 풍납토성 410번지 유적	16	용인 어비리 유적
7	서울 몽촌토성	17	오산 가수동 유적
8	서울 세곡동 유적	18	화성 향림리 노리재골I 유적
9	서울 독산동 유적	19	화성 청계리 유적
10	성남 도촌동 유적	20	안성 만정리 신기유적

〈지도〉 한강 유역 고대 우물 분포도

산 가수동 유적에서[33] 각각 2기, 안성 만정리 신기유적과[34] 하남 춘궁동
에서[35] 각 1기씩이 찾아졌다. 그리고 한강 이북지역인 의정부 낙양동·민
락동 유적에서 2기,[36] 파주 와동리IV 유적에서 1기가[37] 발굴되기도 했다.
이와 같이 우물이 확인된 유적들의 공통점은 주거지와 굴립주 건물지가

---

33) 畿甸文化財研究院, 2007, 『烏山 佳水洞 遺蹟』.

34) 京畿文化財研究院, 2009c, 『安城 萬井里 신기遺蹟』.

35) 韓國文化財保護財團, 2013a, 『2011년도 소규모 발굴조사 보고서 I -경기1-』.

36) 韓國文化財保護財團, 2013b, 『議政府 洛陽洞·民樂洞 遺蹟』.

37) 京畿文化財研究院, 2010b, 『坡州 瓦洞里IV 遺蹟』.

적어도 20채 정도가 된다는 점과 수혈(竪穴)유구도 적지 않게 조성되어 있
다는 점이다.

이 글은 이제까지 조사된 우물 수가 적지 않음에도 불구하고 아직까지
이를 유형별로 분류하거나 성격에 대하여 다룬 바가 부족하여 앞으로 보
다 면밀한 연구를 위하여 마련하였다. 물론 선행연구가 적지 않게 축적되
어 있는 형편이지만, 한강 유역에서 발견된 우물만을 정리한 예가 없고,
우물의 축조와 폐기 주체가 다른 경우도 있어 이를 시론적인 차원에서 유
형별로 구조를 살펴보고, 출토유물을 통해 축조와 성격에 대해서도 다루
어 보고자 한다. 글에서 구분한 우물의 유형은 순수하게 나무로만 만든
목조(木造) 우물,[38] 생토층을 파서 만든 토광(土壙) 우물, 목조나 토광 위
에 석축을 한 조합형(組合形) 우물, 가장 많이 축조된 석조(石造) 우물이
있다.[39] 글에서 다루고자 하는 시간적 범위는 삼국시대부터 남북국시대
까지이며, 지리적 범위는 한강 유역 중에서 서울을 통과하는 본류역과 지
류가 흐르는 서울·경기지역을 포함하였다.[40]

---

38) 목조 우물은 청동기시대에도 만들어졌음이 확인되었는데, 논산 마전리 C지구유적
   에서 2기가 조사되었는데, 평면이 'ㅍ'자와 'ㅁ'자형이고, 판재나 원목을 사용하여 축
   조되었다(高麗大學校 理藏文化財研究所, 2004, 『麻田里 遺蹟-C地區-』).
39) 석조 우물도 청동기시대에 만들어졌는데, 대구 동천동에서 4기가 조사되었다(嶺南
   文化財研究院, 2002, 『大邱 東川洞聚落遺蹟』).
40) 다만 호로고루성은 임진강 유역에 위치해 있지만 유일한 고구려 우물이므로 부득이
   하게 포함하여 다루었음을 일러둔다.

II. 우물의 유형과 구조

우물의 종류는 토광이나 암반을 파서 그대로 사용하는 것이 있고, 토광을 기본으로 하여 일부분에 석축을 쌓아 만든 것, 목조로 만든 것, 우물하단부에 목조를 설치하고 상단에 석축을 쌓아 만든 것, 토기를 사용하여 만든 것, 순수하게 석축으로 쌓아 만든 것 등 다양하다. 여기에서는 우물의 유형별 구조적 특징에 대해 정리해 보고자 한다.

1. 목조 우물

목조 우물은 4기로 모두가 백제 한성기(漢城期, 기원전 18~기원후 475년)때 축조되었으며, 풍납동 410번지에서 조사된 것을 비롯하여 세곡동백-1·2호, 가수동 II -3호가 있다. 먼저 우물의 입지를 살펴보면, 세 곳의 우물이 모두 다른데 평지에는 풍납동 410번지 우물이 있고, 세곡동백-1·2호는 구릉에, 가수동 II -3호는 곡간부(谷間部)에 축조되어 있다. 풍납동 410번지 우물은 풍납토성 동성벽(東城壁)과 약 60m 거리에 있고, 해발이 6~7m 내외여서 가장 낮은 곳에 자리해 있다.[41] 세곡동백-1·2호는 북쪽 위로 구릉 경사면이 있고, 주거지와 수혈 등의 유구가 자리해 있으며, 구릉 남단 평지인 해발 21.5m 정도에 나란히 위치해 있다. 가수동 II -3호는 곡간부에 자리해 있는데, 인접한 유구가 없어서 공동으로 사용한 우물로 여겨지고 있다.

우물을 축조한 기법을 파악하는 데 있어 가장 중요한 요소 중에 하나가 바로 우물의 평면 및 단면형태와 굴광선(掘壙線)의 단면형태를 파악하

---

41) 풍납토성 내부의 백제 문화층이 확인되는 평균 해발고도는 14.66m이며, 현재 지표면의 평균 해발고도 16.6m에 비해 2m 정도 낮았던 것으로 보고되었다(국립문화재연구소, 2007, 앞의 책, 311쪽).

는 것이다. 아래 〈표-1〉은 목조 우물의 평단면을 정리한 것이다.

〈표-1〉 목조 우물 평단면

유구명	풍납동 410번지	세곡동백-1·2호	가수동 II-3호
평면			
단면			

목조 우물은 평면이 '井'자형과 방형으로 만들어졌고, 단면은 수직으로 결구되어 장방형의 모양이다. '井'자형 우물인 풍납동 410번지의 평면 지름은 120㎝이고, 가수동 II-3호는 90㎝ 정도 되며, 방형인 세곡동백-1호의 지름은 약 70㎝이다. 깊이는 풍납동 410번지 우물이 185㎝, 세곡동백-1호가 약 60㎝, 세곡동백-2호는 20㎝로 거의 바닥만 남은 상태이다. 가수동 II-3호는 곡간부에 시설되었는데 깊이가 58㎝로 세곡동백-1호와 비슷한 깊이를 보이고 있다.

다음으로 축조기법을 살펴보면, 풍납동 410번지 우물은 자갈층까지 굴착하여 서측과 동측에 가공된 목재를 먼저 놓고 북측과 남측에 다른 목재로 결구하였다. 결구된 목재가 총 14단이 확인되었는데, 잔존 목심흔(木心痕)까지는 17단 정도였던 것으로 추정된다. 1~11단의 목재 결구는 양 단부를 '凸'자형 또는 'ㄱ'자형으로 가공을 한 후 각각의 목재를 결구시켰다. 11단에서는 다시 횡방향으로 판재를 넣어 자갈돌로 수평을 유지시킨 후 그 위는 아래 목재와 다른 자연목을 반으로 자른 목재를 사용하였다. 이것은 1차 축조시 가공된 목재가 유실된 후 2차로 보수했던 것으로 추정되었다.[42] 세곡동백-1호는 땅을 굴착한 뒤 중앙에 목판재를 가로로 층층이 결구하여 상자 형태로 만든 구조이다. 목재와 굴착면 사이는 뻘흙을 채워 넣었고, 각 목판재 크기는 높이 약 20㎝, 두께 약 2~3㎝로 3단이 잔존해 있다. 2호 우물은 1호와 같은 평면 형태인데, 목판재를 결구하도록 홈을 마련하여 '井'자형으로 되어 있다는 점이 다르다. 가수동Ⅱ-3호는 평면이 '井'자형이고, 목재가 4단으로 결구되어 있는데, 동·서 목재를 뉘워 세우고 그 위에 남·북 목재를 뉘워 쌓아 올린 방식으로 만들었다. 목재들끼리의 결구는 '凹'자형 홈을 만들어서 끼웠다. 그리고 보강토(補强土) 안에서 1~2개체편으로 추정되는 다수의 토기편이 출토되었는데, 거의 동체부편이며 의도적으로 깨트려 매납(埋納)한 것으로 여겨지고 있다.[43]

다음으로 굴광선의 단면형태를 살펴보면, 풍납동 410번지와 세곡동백-2호, 가수동Ⅱ-3호 우물이 상광하협형(上廣下狹形)으로 굴착했고, 세곡동백-1호는 U자형으로 통형(筒形)처럼 굴착했다. 한편 우물의 입지에 따라 굴광한 방법이 다를 수도 있지만, 현재까지 조사된 목조 우물은 입지에 관계없이 굴광되었음을 알 수 있다. 풍납동 410번지 우물의 굴광선 너비는 최대 390㎝이고, 깊이는 250㎝가 넘는 것으로 조사되었고, 세곡동백-2호는 원형으로 굴광을 했는데, 지름이 약 180㎝, 깊이 약 90㎝이다. 세곡동백-1호는 방형으로 굴광을 했는데, 한 변이 약 146㎝, 깊이 약 120㎝로 굴착했다.

---

42) 국립문화재연구소, 2007, 앞의 책, 303~304쪽.
43) 畿甸文化財研究院, 2007, 앞의 책(본문2), 126쪽.

〈표-2〉 굴광선 단면형태

단면형태	상광하협형	통형
유구명	풍납동410번지, 세곡동백-2호, 가수동 II -3호	세곡동백-1호
단면		

우물 바닥처리는 풍납동 410번지 우물은 자갈을 깔았고, 세곡동 백-1·2호는 모래층이 퇴적되어 있었으며, 노리재골 I 과 가수동은 암반 층 그대로를 사용하였다. 참고로 목조 우물에 사용된 수종(樹種)에 대하 여 알아보면, 풍납동 410번지 우물에 사용된 결구부재는 49점으로[44] 건물 에 쓰였던 부재도 재사용된 것으로 추정되었다.[45] 가수동 II -3호에 사용 된 부재는 48점으로 그 중에서 13점 정도가 밤나무속(Castanea Mill)에[46] 해당하는 것으로 분석되었다. 따라서, 우물에 사용된 부재는 특별한 목제 (木製)를 구하여 사용하기 보다 주변에서 쉽게 구할 수 있는 수종을 선택 하여 재료로 사용했음을 알 수 있다. 다른 지역의 백제 목조 우물 예로는 부여 구아리와 관북리, 광주 외촌 유적의[47] 것이 있다.

---

44) 보고서의 본문에서는 우물 내·외부에서 출토된 목재가 모두 67점으로 되어 있으나, 부록부분에서는 72점으로 기술되어 있어 다소 혼란이 있다(국립문화재연구소, 2007, 앞의 보고서 참조).

45) 목재에 대한 수종 분석은 이루어지지 않아 어떤 나무를 사용했는지 알 수 없지만, 건물의 부재로 썼던 만큼 상수리나무류일 가능성이 높다고 판단된다.

46) 밤나무속은 제주도를 제외한 전국 해발 100~110m에 분포한다. 과실은 식용으로 널 리 이용되며 목재는 건축용, 가구용으로 사용된다. 목재는 내부·내후성이 크지만 절 삭, 가공 및 건조가 쉽지 않다(畿甸文化財研究院, 2007, 앞의 책(본문2), 374~375쪽).

47) 湖南文化財研究院, 2005, 『光州 外村遺蹟』.

2. 토광 우물

순수 토광으로만 축조된 우물은 드문 경우인데, 청계리 1호가 해당된다. 이 우물은 신라 주거지와 함께 조사된 것으로 능선 하단부 앞쪽 평탄지에 축조되어 있으며, 풍화암반층을 굴착해서 만들었다. 우물의 북쪽 능선에는 주거지가 밀집되어 있고, 2호 우물과는 동북쪽 일직선상에 47m의 거리를 두고 있다. 우물의 평면은 원형이고, 단면은 통형이며, 평면 크기가 179×146cm, 깊이가 100cm로 그리 큰 편은 아니다. 바닥은 2단으로 굴곡져 있다.

〈표-3〉 토광 우물 평단면

유적명	청계리 1호
평면	
단면	

3. 토광+석조 우물

토광을 굴착한 뒤 석축을 보강하여 축조한 예로는 백제 우물인 화성 노리재골Ⅰ유적에서 조사된 것과 신라 우물인 청계리 3호가 있다. 노리재골Ⅰ 우물은 구릉 남쪽 경사면(64.5m)에 축조되어 있는데 석조 배수시설과 중복되어 있고, 3호 고상건물지(高床建物址)와 동쪽으로 인접해 있다. 우물의 평면은 타원형이고, 단면은 깔때기형에 가깝다. 우물 크기는 토광 지름이 117cm이고, 깊이가 137cm이다. 석축으로 쌓아 올린 부분은 지름이 87cm이고, 깊이가 84cm여서 총 깊이는 220cm나 되어 깊은 편에 속한다. 노리재골Ⅰ 우물은 수혈식 즉 토광을 먼저 만들어 사용하다가 석조식(石造式)으로 나중에 수축하여 2차례 사용한 것으로 조사되었다. 토광은 마치 깔때기처럼 2단으로 굴광하여 상단이 넓고 하단이 좁아지는 형태로 조성했고, 석축은 상단부분에 쌓았는데, 돌을 놓을 때 안쪽면을 맞췄고 돌사이에 점토를 덧발라 보강했다.

〈표-4〉 토광+석조 우물 평단면

유적명	노리재골 I	청계리 3호
평면		
단면		

청계리 3호 우물은 능선 하단의 평탄지에 축조되어 있고, 평면은 원형, 단면은 V자형처럼 벌어진 상광하협형이다. 굴광은 2단으로 되어 있는데, 1단은 암반층을 굴착하여 단단한 편이고, U자형으로 65㎝정도 팠지만 2단째인 고토양층(古土壤層)부터는 넓게 확대하여 굴착한 점이 특징이다. 석재는 2단째 굴광 부분에 쌓아 벽을 보강했으며, 축조상태가 엉성한 편이다. 그리고 외벽과 석축 사이는 점토와 가는 자갈로 메웠으며, 우물의 규모는 외부가 330×280㎝, 내부가 110×110㎝, 깊이는 90㎝ 내외이다.

두 우물의 토광 지름은 110㎝와 117㎝로 크기가 비슷하고, 석축은 점토를 사용하여 보강한 점도 공통적이어서 전체적인 축조기법은 크게 다르지 않다. 출토유물은 노리재골 I 우물에서는 심발형토기를 비롯한 토기편이, 청계리 3호 우물에서도 완 등의 토기편 9점이 출토되었는데, 우물에서 일반적으로 확인되는 기종(器種)이라고 볼 수 있다. 참고로 울산 삼정리 유적 우물도 토광+석조 우물로 상단에는 석축을 하고, 그 아래로는 절리층과 풍화암반을 굴착하여 조성했다. 특이한 점은 풍화암반층부분은 원형이 아닌 방형으로 굴착했다는 점이고,[48] 유물은 목제 두레박과 호 등의 토기류, 기와편 등이 출토되었다.

4. 목조+석조 우물

목조+석조 우물은 목재를 사용하여 우물 바닥에 방형으로 결구(結構)해서 방형틀을 만들거나 목통을 설치하고, 그 위에 석축으로 쌓아 올린 것을 가르킨다. 이 유형의 우물은 한강 유역에서 모두 5기가 조사되었는데, 백제 1기, 고구려 1기, 신라 3기이다. 백제 우물로는 경당지구 206호 우물이 있고, 고구려 우물은 호로고루성에서 조사된 것이 있으며, 신라우물은 민락동 2호와 가수동 II -1호, 독산동 1호가 있다.

먼저, 경당지구 206호 우물은 풍납토성 내부 평지에 축조되어 있고, 축기부가 동—서변 10.5m, 남—북변 11m, 깊이 3m로 다져 쌓여 있다. 우물 평면은 원형에 가깝고, 단면은 전체적으로 상광하협형에 가깝다. 우물의 평면 지름은 약간 찌그러진 원형 평면(120×90㎝)이고, 깊이는 약 300㎝이며, 하단의 목재로 결구된 부분은 평면 방형에 크기는 120×120㎝이다. 우물 하단은 목곽(木槨)형태로 결구되어 있는데, 모두 4단으로 길이가 약 130㎝ 이상 너비가 20㎝ 전후로 높이가 총 80㎝ 정도이다. 목재의 양

---

48) 이 우물의 제원은 상단 직경 205㎝, 하부 직경 165㎝, 깊이 350㎝이다(蔚山文化財研究院, 2007, 『蔚山三亭里遺蹟』, 43~48쪽).

끝단은 '凸'자형으로 다듬어 결구했는데, 앞에서 설명한 풍납동 410번 우물의 결구방법과 같은 것으로 확인되었다. 목곽 위로는 할석을 사용하여 쌓아 올라 가면서 모를 줄였는데, 상부에서는 타원형에 가깝게 지름이 약간 줄어든다. 석축은 모두 27단이 확인되었으며, 우물 바닥은 생토층인 모래층까지 굴착하여 축조되었다. 유물은 우물 안과 상면 원형의 적석부, 방형틀 안에서 많은 양이 출토되었는데, 특히 방형틀에서는 토기류 200여 점이 5단에 걸쳐 중첩되어 있었으며, 토기 중에 복숭아씨도 들어 있었다. 토기 기종은 호와 병류가 주를 이루고 장군과 유공광구호 등 다양한 편이다. 그리고 우물 내부 석축부분에서도 각종 토기편과 기와편이 확인되었고, 원형 적석부에서는 일본(日本) 하니와(埴輪)로 추정되는 토제품과 어망추 등도 수습되었다.

〈표-5〉 목조+석조 우물 평단면

유적명	경당지구 206호	호로고루	민락동 2호	독산동 1호
평면				
단면				

호로고루 우물은 성내에서 조사된 집수시설(集水施設)의 북벽에 바로 붙여서 축조되어 있다.[49] 이 우물은 통나무를 사용하여 바닥에 방형틀을 짜고, 그 위에 석축을 쌓아 올린 구조를 갖추고 있다. 특히 바닥에 깔린 통나무는 직경이 17㎝나 되는 것으로 동-서쪽에 먼저 놓고, 남-북쪽에 통나무를 그 위에 올려 놓았다.[50] 우물은 평면이 방형으로 동-서 105㎝, 남-북 120㎝, 깊이 263㎝이다. 석조 부분은 방형틀 위로 돌을 13단 쌓아 올렸으며, 위로 올라가면서 5~10㎝ 정도씩 뒤로 물러쌓기를 했다. 통나무는 '井'자형으로 틀을 짜는데, 안쪽 공간 크기는 동-서 85㎝, 남-북 85

〈표-6〉백제·고구려 목조+석조 우물의 예

유적명	광주 동림동 2호	평양 정릉사지	평양 고산동
평면			
단면			

---

49) 집수시설은 2차 발굴조사 때 '지하식 벽체건물지'라고 불리웠는데, 조사결과 집수시설을 매립하고 온돌건물을 구축한 복합유구로 보고되었다(한국토지주택공사 토지주택박물관, 2014,『漣川 瓠蘆古壘Ⅳ』).

50) 통나무의 수종은 분석이 되지 않아 알 수 없지만, 옆의 지하식 벽체 건물지에 사용된 나무가 상수리나무류에 속하는 것으로 식별되었다(한국토지공사 토지박물관, 2007, 앞의 책, 348~353쪽).

㎝이다. 이 우물은 벽체 건물지와 같은 시기에 축조되었을 가능성이 높은데, 그 이유는 바닥면의 해발고도가 26.78m로서 벽체 건물지의 바닥과 거의 같고, 사용된 석재도 같으며 벽체 건물과 인접해 있기 때문이다.[51]

끝으로 신라 우물을 살펴보면, 민락동 2호 우물은 사질점토층을 굴착하여 수혈을 조성한 후, 그 내부에 100~130㎝ 정도의 통나무를 사용하여 '井'자형 틀을 만들었다. 통나무틀은 각 면 4단씩 총 16개의 통나무를 사용하여 만들었고, 그 위로 할석을 사용하여 원형으로 축조하였으며, 11단 정도 남아 있다. 통나무틀의 크기는 길이 107㎝, 너비 103㎝, 높이 90㎝이다.[52] 그리고 굴광한 수혈은 장축 215㎝, 단축 187㎝, 깊이 260㎝이다. 가수동Ⅱ-1호는 유적의 북쪽 구릉 사면 끝부분 중앙수로에 위치해 있다. 이 우물은 수혈을 지름 170㎝ 크기로 조성하고, 그 내부에 목판을 세워 '井'자식으로 결구함과 동시에 목판 외측과 굴토 사이에 돌을 채워 보강하면서 상부로 축조해 올렸다. 가장 아래 바닥에는 동·서쪽에 측판을 세우고, 그 위에 남·북쪽에 측판을 직교 방향으로 끼워 넣었다. '井'자식 가구의 최상단은 동·북쪽은 목판, 남·서쪽은 판석으로 마무리하여 나무와 돌을 섞어 사용하였다. 목판 길이는 80~135㎝로 평균 110㎝이고, 우물 내부면적 55㎠이다. 그리고 사용된 부재는 23개 정도인데, 그 중에서 밤나무속이 9개로 확인되었고, 상수리나무류가 3개로 파악되었다. 따라서 가수동Ⅱ-1호는 Ⅱ-3호 목조 우물과 마찬가지로 밤나무속 나무가 적지 않게 사용되어 역시 해당지역에서 식생하는 나무를 재료로 사용했음을 알수 있다.

독산동 1호 우물은 상광하협형으로 토광을 굴착하고, 모래 바닥면 위

---

51) 한국토지공사 토지박물관, 2007, 앞의 책, 111~113쪽.
52) 韓國文化財保護財團, 2013, 앞의 책(본문), 445쪽.

에 목통을 설치한 뒤 그 주위로 할석과 천석으로 벽석을 쌓아 올렸다. 특히 목통 주위에는 돌을 2중으로 쌓아 견고하게 축조했으며, 목통의 평면이 (타)원형으로 직경 53㎝, 높이 72㎝, 두께 5㎝이다. 우물 크기는 상부 직경 85㎝, 하부 직경 50㎝, 깊이 145㎝이고, 벽석 뒷부분은 흙으로 채웠는데, 주변 기반토를 사용한 것으로 조사되었다.

이상의 특징을 요약해 보면, 경당지구 206호와 민락동 2호 우물 하단에 4단으로 방형틀을 만들었다는 공통점이 있고, 석축은 각각 27단과 11단 정도를 쌓아 올렸다. 호로고루 우물은 통나무로 방형틀을 1단만 짜고 그 위로 석축을 13단 쌓았는데, 이 우물만 평면이 방형으로 축조되었다. 그리고 경당지구 206호 우물의 방형틀 목재 결구방식은 풍납동 410번지 우물과 같이 '凸'자형으로 다듬어 결구방법이 같았다. 석축부분에서 경당지구 206호 우물은 얇고 넓적한 돌을 사용하여 아래에서 위로 올라가면서 모를 줄여 비교적 정연하게 쌓았지만, 민락동 2호 우물의 경우 크고 작은 할석을 사용하여 거칠게 허튼쌓기를 한 점이 다르다. 호로고루 우물은 비교적 큼직하고 다듬은 할석을 사용하여 허튼쌓기를 했고, 돌틈은 점토로 채운 점이 앞의 두 우물과는 축조방법에서 차이가 있다. 그 외 가수동Ⅱ-1호 우물도 목판으로 '井'자식 결구를 했지만, 위와 방형틀 바깥에 돌을 채워 보강한 점이 앞의 두 우물과는 약간 다르다고 할 수 있다. 이러한 구조의 백제 우물로는 부여 구아리 남쪽 우물과[53] 광주 동림동 2호가[54] 비슷한 구조를 갖추고 있다. 그리고 가수동Ⅱ-1호는 광주 외촌 2호 우물과[55] 거의 같은 구조를 보이고 있어 참고가 되며, 신라 우물 중에는 경주 서부

---

53) 扶餘文化財硏究所, 1993, 『扶餘舊衙里百濟遺蹟發掘調査報告書』.

54) 동림동 2호 우물은 평면이 방형이고, 상부 크기가 90×90㎝, 하부 크기는 60×60㎝, 잔존 깊이 120㎝이다(湖南文化財硏究院, 2007, 『光州 東林洞遺蹟Ⅳ』).

55) 湖南文化財硏究院, 2005, 앞의 책.

동 19번지 유적의 13호 우물[56] 등이 있다. 한편, 독산동 1호 우물은 방형틀 대신 목통을 사용했다는 점에서 독특하고, 목통 높이가 72㎝로 우물 깊이 145㎝의 절반 정도에 이르러 벽석을 안정적으로 지탱하기 위해 설치한 것으로 여겨진다.

한편, 호로고루 우물과 비교해 볼 수 있는 고구려 우물로는 평양 정릉사지(定陵寺址)와 고산동, 황해북도 장수산성(長水山城) 우물 등이 알려져 있다.[57] 이중에서 정릉사지와 고산동 우물이 대표적이다. 정릉사지 우물은 상단 평면이 팔각형(지름 120㎝)이고, 단면은 통형이라고 볼 수 있으며, 우물 주위에 팔각형기단이 내·외곽 2중으로 갖추어져 있는 점이 특징이다.[58] 이 우물 맨 하단은 목재로 방형틀 2단이 짜여 있는데, 한변의 길이 120㎝, 높이 50㎝이며, 방틀의 총 높이는 160㎝로 비교적 높은 편이다.[59] 그리고 그 위로 팔각형(높이230㎝)→원형(높이750㎝)→팔각형(높이150㎝) 순으로 석축되어 있다. 특히 원형으로 축조된 부분은 큰 돌들을 둥글게 가공하여 쌓은 것으로 단면이 마치 배흘림기둥처럼 지름이 넓어졌다 좁아지는 모양새다. 따라서, 우물의 기초부분까지 포함한 전체 깊이는 1,350㎝ 정도로 조사되었다. 고산동 우물은 상단 평면이 원형이고, 단면은 정릉사 우물처럼 가운데 부분이 약간 배가 나와 있는 통형이다. 이 우물도 암반 위에 통나무로 방형틀을 3단 50㎝ 높이로 짜서 놓고, 그 위로 사각형(지름115, 높이170㎝)→팔각형(지름120, 높이265㎝)→원형(지름105, 높이265

---

56) 國立慶州文化財研究所, 2003, 『慶州 西部洞 19番地 遺蹟 發掘調査報告書』.

57) 손수호·리영식, 2009, 『고구려의 건축』, 진인진, 158~175쪽.

58) 기단의 한변 길이는 280㎝, 중심점을 지나는 대각선의 길이는 620㎝이다(손수호·리영식, 위의 책, 2009, 158쪽).

59) 우물 바닥은 암반이 나올 때까지 판 다음 굵은 모래와 잔자갈을 붉은 진흙에 섞어서 50㎝ 두께로 잘 다졌다. 그 위에는 돌을 4각형 모양으로 돌려 놓고 나무로 방형틀을 설치하였다(손수호·리영식, 위의 책, 2009, 159쪽).

㎝ 이상)으로 돌을 쌓아 올렸으며 총 깊이는 900㎝ 이상으로 추정되고 있다. 바닥에는 계란만한 강자갈을 5~7㎝ 두께로 깔았다.

고구려 우물의 석축 특징은 사각형이나 팔각형, 원형으로 각기 일정부분을 나누어 쌓으면서 지름도 적당하게 조절하여 마치 배흘림기둥처럼 만든 점이다. 그렇게 석축을 한 이유는 아무래도 우물 깊이가 900㎝에서 1300㎝가 넘기 때문에 붕괴의 우려를 감안한 축조기법이라 여겨지며, 장수산성 우물도[60] 단면이 배흘림기둥처럼 축조된 것으로 보아 석축을 할 때의 기본적인 축조방법이라고 보아도 될 것 같다. 다만, 우물의 상단 평면형태는 호로고루의 것이 방형인데 비해 정릉사지의 것은 팔각형, 고산동 것은 원형, 장수산성 것은 다각형으로 각기 달라 공통적이지 않으므로 앞으로의 조사와 연구가 필요해 보인다.[61] 따라서, 목조+석조형 우물은 고구려가 평양으로 도읍을 옮길 때쯤에 이미 대형의 우물을 축조할 만큼의 기술력을 습득하고 있었다고 여겨진다.

5. 석조 우물

석조 우물은 굴광을 한 뒤 석축으로 쌓아 축조한 것으로 가장 많은 수가 조사되었는데, 한강 유역에서 백제 3기, 신라 25기 정도가 조사된 상태이다. 먼저, 백제 우물인 청계리 유적에서는 3기가 조사되었는데, 풍화암반층을 굴착하여 조성하였으며 우물 바닥면에 특별한 시설을 하지 않

---

60) 장수산성의 우물은 『증보문헌비고』에 19개가 전하고 있지만, 현재는 내성과 외성에 모두 6개만 있는 것으로 알려져 있다. 여기서 언급하는 우물은 삼치골 1호 건물터 남쪽에 위치한 것이다(사회과학원 고고학연구소, 2009, 『고구려의 성곽』, 진인진, 175~176쪽).

61) 그러나, 안악 3호무덤벽화와 요양 삼도호 제4현장 무덤벽화 자료에는 사각방틀로 되어 있어서 우물의 상단 평면에 따라 방틀이 달랐음을 짐작할 수 있겠다(전제헌, 1994, 『동명왕릉에 대한 연구』, 사회과학출판사, 184쪽).

았다. 우물 평면은 모두 원형이고, 지름은 75~150㎝로 편차가 있으며, 깊이는 22~60㎝ 정도로 얕은 편이다. 축조상태는 자연석과 할석을 수직이나 경사지게 쌓았는데 최대 4단 정도만 남아 있는 상태이다.

〈표-7〉 백제 석조 우물

유적명	청계리가-2호	부여 능산리사지	부여 궁남지Ⅲ
평면			
단면			

다른 지역의 백제 석조 우물 예로는 부여 군수리와 궁남지 우물이 대표적인데, 두 우물의 구조는 다소 다르다. 군수리 우물은 평면 원형에 단면이 통형이며, 굴광단면은 상광하협형인데 반해,[62] 궁남지 우물은 평면 원형에 단면이 배흘림기둥처럼 중간부분의 지름이 60㎝정도 넓어진다. 이 우물의 평면 지름은 100㎝, 깊이가 620㎝로 가장 깊은 편에 속한다. 따라서, 백제 석조 우물의 깊이는 일반적으로 300㎝ 내외인데, 궁남지에서 조사된 석조 우물은 잔존 깊이가 620㎝나 된다. 이 우물은 평면이 원형이고 우물 주위에 강자갈을 깐 점이 특징적이고, 우물 안에서 상자형전(箱子

---

62) 忠南大學校 百濟研究所, 2003, 『泗沘都城－陵山里 및 軍守里地點 發掘調査 報告書－』.

形塼)을 비롯하여 연목와, 각종 토기류, 철정 등의 철기류, 결구형 목제품, 동물뼈 등 많은 유물이 출토되었다.[63] 참고로 충남과 호남에서 조사된 석조 우물 대부분은 평면이 원형인데, 관북리 백제유적 우물과 능산리사지 우물은 평면이 (장)방형으로 다소 특이한 예에 속한다.[64] 따라서 백제 석조 우물의 평면형태는 원형이 많은 편이지만 (장)방형으로 축조된 것도 있다는 점에서 백제에서도 평면이 각기 다르게 만들어졌음을 알 수 있다.

신라 석조 우물은 조사된 수가 분석하기에 적지 않아서 평단면과 굴광

〈표-8〉 신라 석조 우물 평단면

평면 및 단면형태	원형+상광하협형	원형+통형	타원형+상광하협형
유적명	민락동1호, 독산동3호, 도촌동1·3호, 마송1~3호, 마북동취락, 마북동중세, 영덕동1지점, 청덕동	세곡동산-1호, 독산동2·4호, 와동리Ⅳ, 영덕동1-1지점1호, 어비리, 청계리2·4호, 만정리1호	가수동Ⅱ-2호
평면	마북취락	만정리1호	
단면			

---

63) 국립부여문화재연구소, 2007, 『宮南池Ⅲ』, 2007.
64) 문화재청·국립부여문화재연구소, 2009, 『扶餘 官北里百濟遺蹟 發掘報告Ⅲ』, 180쪽.

형태, 깊이에 대하여 살펴보고자 한다. 먼저, 석조 우물의 평면과 단면은 크게 세 가지 형태로 구분되는데, 첫 번째는 평면이 원형에 단면이 상광하협형으로 민락동 1호를 포함하여 모두 11기가 있다. 두 번째는 원형에 통형인 것으로 세곡동신-1호 등 모두 9기로 이러한 형태도 많은 비중을 차지하며, 마지막으로는 가수동Ⅱ-2호에서만 확인된 평면 타원형에 단면이 상광하협형인 것이 있다. 이를 〈표-8〉로 정리해 보면, 아래와 같다.

다음으로 석조 우물은 굴광선 단면과 평면 및 단면형태에 따라 여러 형식으로 분류되기도 하지만, 한강 유역에서 조사된 우물의 굴광과 평·단면형태는 비교적 단조로운 편이다. 우물의 굴광선 단면은 크게 세 가지 유형으로 분류해 볼 수 있는데, 굴광선을 알 수 있는 19기의 우물 중에서 상광하협형은 민락동 1호를 비롯하여 9기(47.4%)로 절반 정도이고, 통형은 세곡동신-1호를 비롯한 8기(42.1%)이며, 2단으로 굴광된 것도 2기(10.5%)가 확인되었다.

〈표-9〉 신라 석조 우물 굴광선 단면

단면형태	상광하협형	통형	2단굴광
유적명	민락동1호, 독산동3호, 마송3호, 마북동취락, 마북동중세, 영덕동1-1지점1호, 어비리, 청계리4호, 만정리1호	세곡동신-1호, 독산동 2·4호, 와동리Ⅳ, 도촌동1·3호, 영덕동 1지점, 청계리2호	마송1·2호
단면	민락동1호	도촌동3호	마송1호

다음으로 석조 우물의 깊이를 살펴보았는데, 우물 평면 및 단면형태
와 입지를 고려하여 아래와 같이 21기를 대상으로 분류를 시도해 보았다.

〈표-10〉 신라 석조 우물 깊이 분류

깊이 입지 / 평면 및 단면형태	100cm 미만	101~200cm미만			201~300cm미만	301cm이상	
	구릉	평지	구릉	곡간부	평지	평지	곡간부
원형+상광하협형		도촌동3호, 청덕동	민락동 1호		마송1·2호, 마북동취락, 마북동중세, 영덕동1지점	독산동 3호	마송 3호
원형+통형	청계리 4호	세곡동신-1호, 독산동2·4호, 와동리Ⅳ, 어비리, 청계리2호		도촌동 1호	영덕동1-1지점1호		만정리 1호
타원형+상광하협형				가수동 Ⅱ-2호			

결론적으로 신라 석조 우물의 입지는 능선 하단부의 평지에 축조된 경
우가 15기로 71.4%이고, 구릉지에는 민락동 1호와 청계리 4호가 위치해
있다. 곡간부에는 도촌동 1호를 비롯하여 마송 3호, 가수동Ⅱ-2호, 만정
리 1호가 해당된다. 다음으로 우물의 깊이는 위의 표에서 보듯이 깊이
101~200㎝ 미만이 11기(52.4%)로 절반을 정도를 차지하고, 201~300㎝ 미
만도 6기(28.6%)로 전체의 1/3정도를 차지한다. 그리고 입지와 평·단면형
태별로 보다 자세히 살펴보면, 우물 평단면이 원형+상광하협형에 속하
면서 평지에 축조된 것이 8기(38.1%)로 가장 많은데, 그 가운데 깊이
201~300㎝ 미만이 5기를 차지한다. 그 다음으로 원형+통형이면서 평지
에 축조된 우물은 7기(33.3%)인데, 깊이 101~200㎝ 미만이 6기로 대부분

을 차지하는 것으로 나타났다. 또한 곡간부에 축조되어 있으면서 깊이 301㎝ 이상인 우물은 2기인데, 평단면이 각기 다른 점도 주목된다.

신라 석조 우물은 조사된 수가 한강 유역에선 가장 많기 때문에 위에서 분류해 보았듯이 평면형태는 모두 (타)원형이고, 단면구조는 상광하협과 통형으로 대별되는데, 8세기 이전의 우물이 상광하협형이 많으며, 통형은 8~9세기의 것이 많다. 참고로 영남지방 석조 우물의 단면은 삼국시대에서 남북국(신라)시대로 넘어가면서 상광하협형에서 통형으로 변화되는 것으로 연구된 바 있어[65] 그러한 경향이 대체로 일치하는 것으로 확인되었다. 그리고 입지는 구릉보다 평지에 많고, 깊이는 101~200㎝미만이 11기(52.4%), 201~300㎝ 미만도 6기(28.6%)로 전체 1/3정도 된다. 우물 깊이는 경주(慶州)에서 조사된 석조 우물의 경우 평균 약 330㎝이고, 충주(忠州) 탑평들 우물도 315㎝로 조사된 바 있다.[66] 한강 유역 석조 우물의 깊이는 평균 200㎝를 약간 상외하여 경주나 충주 탑평들 우물보다 얕지만, 영남지방 삼국시대 우물 깊이가 100~200㎝ 미만인 것과 비교하자면 큰 차이가 없어 보인다.

다음으로 석조 우물의 축조기법을 살펴보면, 독산동 2·4호나 만정리, 와동리Ⅳ, 어비리 등의 우물은 통형으로 벽체를 수직으로 쌓아 올렸고, 마북동 취락유적 우물과 마북동 중세유적 우물, 도촌동 1·3호 등은 벽체가 아래에서 위로 올라갈수록 조금씩 들여쌓기로 축조하여 상광하협형을 이루고 있다. 그리고 민락동 1호나 도촌동 3호의 경우 우물 벽체를 (장)방형 할석으로 대체로 층을 맞춰 쌓았지만, 마송 1·2호, 영덕동 1지점 우물처럼 크고 작은 돌로 엉성하게 쌓아 올린 것도 있다. 바닥처리도 세곡동

---

65) 楊花英, 2003, 앞의 논문, 15~17쪽.
66) 한국선사문화연구원, 2014, 『忠州 塔坪里 탑평들遺蹟』, 52쪽.

신-1호를 비롯한 독산동 4호, 민락동 1호, 영덕동 1-1지점 1호의 경우 판석이나 할석을 깔았고, 영덕동 1지점 우물과 청덕동, 어비리 우물은 사질토나 점토층이 있지만 나머지 우물은 암반을 그대로 사용하였다. 따라서, 신라 석조 우물의 축조기법은 대체로 평면이 원형에 상광하협형인 것과 통형인 것이 거의 절반씩인 것으로 파악되었다.

다음으로 우물 상부 구조물이나 주위 보호시설을 보면, 마북동 중세유적 우물 주위에서는 주공(柱孔) 2개가 180cm 간격으로 배치되어 있음이 확인되었다. 주공의 존재는 나무를 이용한 지붕구조물이 있었음을 추정할 수 있고, 가수동Ⅱ-3호 우물 주변에서도 할석 몇 개와 대옹 등의 토기편이 수습되기도 하여 그러한 지붕구조물의 존재 가능성이 있다고 본다. 그리고 민락동 1호와 도촌동 1·3호, 마북동 중세유적 우물의 상단 주위에 할석이 2~3중 돌려진 것은 문경 고모산성 우물에서[67] 보듯이 지상에 할석을 쌓아 올려 사람이 우물로 떨어지거나 불순물이 쉽게 들어가지 못하도록 난간시설(欄干施設)을 했던 것으로 판단된다.

참고로 부여 능산리사지에서 조사된 장방형 석조 우물에서는 나무 기둥과 받침돌을 사용해서 지붕을 세웠던 흔적이 조사되었고,[68] 경주박물관 연결통로부지 우물에서도 우물 주변에 작은 자갈로 부석(敷石)이 깔려 있고, 장대석 4매가 출토되어 우물 상면 주위에 장방형의 돌을 둘렀음을 알 수 있다.[69] 그리고 傳 인용사지 우물10에서는 평면 원형 우물 주위에 방형과 원형으로 된 호석(護石)이 설치되어 있다.[70] 호석 설치 순서는 원

---

67) 중원문화재연구원, 207.6, 「문경 고모산성 2차 발굴조사-현장설명회의 자료집(3)-」.
68) 한국전통문화학교 고고학연구소, 2010, 『扶餘 陵山里寺址 제9차 발굴조사보고서』, 244~245쪽.
69) 國立慶州博物館, 2002, 앞의 책, 196쪽.
70) 국립경주문화재연구소, 2013, 앞의 책, 194~198쪽.

형이 먼저 시설된 것으로 조사되었는데, 직경 460cm로 그 바깥쪽에 굵은 마사토를 깔았다. 방형 호석은 한 변이 280cm이고, 4매의 장대석을 둘렀던 것으로 파악되었다. 또한 정릉사지 우물 복원도를 참고하면, 우물 주위로 팔각형태로 구획을 하고, 벽돌로 포장되었으며 그 위에 지붕을 씌운 것으로 추정되고 있다. 이러한 구조는 보기드문 예로 정릉사에 팔각목조탑이 있었고, 동명왕릉(東明王陵)과 관련이 있는 점과 연관성이 있어 보이므로 앞으로의 조사를 통해 보다 구체적인 자료가 확보되길 기대해 본다.

따라서, 우물 상부에는 주공이나 할석이 조사된 것으로 보아 목조로 만들어진 구조물이 설치된 경우가 있고, 우물 주위에 부석을 깔거나 할석을 여러 겹 돌리거나 쌓아 올려 난간시설을 대신했음을 알 수 있다. 이런 시설은 사람의 안전과 식수오염(食水汚染)을 방지하고자 했던 것임을 알 수 있다. 그 외 정릉사지나 나정(蘿井, 사적 제245호)의 상부 구조물은 왕실과 관련된 것인 만큼 우물의 격을 높이고자 건물과 마찬가지의 공력(功力)을 들여 조영했음을 알 수 있겠다. 그러나 많은 우물에서는 주공이나 초석이 발견되지 않았고, 우물 주위에서 할석이나 부석이 없었다는 점으로 보아 목판 등을 사용하여 덮거나 낮은 높이로만 보호시설을 했던 것으로 이해된다.

<사진 1> 경주박물관 연결통로부지 우물

<사진 2> 전 인용사지 우물

Ⅲ. 출토유물 분석

여기에서는 앞에서 다룬 각 우물의 종류별에서 출토된 유물을 정리해 보고,[71] 유물별 특징도 설명해 보고자 한다.

1. 목조 우물 출토유물

목조 우물은 모두 백제 한성기 때 축조된 것으로 4기의 우물에서 75점이 출토되었는데, 그 중에서 풍납동 410번지 우물에서 57점이 나와 2/3정도의 비율을 보이고 있다. 그 다음으로는 가수동Ⅱ-3호에서 나온 유물이 많고, 세곡동 1·2호에서는 매우 적은 양의 토기편만 수습되었다. 특히 유물의 종류별로는 풍납동 410번지 우물을 제외한 나머지 3기의 우물에서는 토기류만 출토되었으며, 풍납동 410번지에서는 토기 외에 복숭아씨와 밤껍질, 패각류 등과 두레박을 포함한 목기류도 출토되어 우물시설과 관련된 부속기구들을 파악하는데 도움을 주고 있다.

〈표-11〉 목조 우물 출토유물 현황

유물 유구	토기류									목기류	복숭아씨	패각류	합계
	심발형토기	직구호	단경호	장경호	병	옹	시루	뚜껑	토기편				
풍납동 410번지	5	1	8	10	1			1	21	10	○	○	57
세곡동1									1				1
세곡동2									3				3
가수동 Ⅱ-3호			2			4	1		7				14
합계	5	1	10	10	1	4	1	1	32	10			75

---

71) 경당지구 206호 우물의 경우 필요에 따라 대표적인 유물만 다루었다.

1) 토기류

목조 우물에서는 65점의 토기류가 출토되었는데, 그 중에서 47점이 풍납동 410번지의 것이고 가수동Ⅱ-3호에서 14점이 출토되었다. 여기에서는 위의 표를 바탕으로 주요 기종과 특징에 대하여 간략히 살펴보고자 한다.

① 심발형토기와 단경호

풍납동 410번지 우물에서는 심발형토기가 5점 정도 출토되었는데, 그 중에 3점은 승문, 1점은 승문+조족문, 나머지 1점은 격자문이 시문되었다. 색깔은 흑갈색이나 갈색을 띠고, 연질이며 태토질은 양호한 편이다. 구연부는 외반되어 있는데, 목부분이 조정되어 지름이 줄어들고 구연단은 평탄하거나 'Ш'자처럼 약간 들어간 형태, 한번 접힌 것 등 다양한 편이다. 높이는 15.1~20.9㎝, 구경 12.4~17.8㎝, 저경 10.6~13.8㎝이다. 단경호는 8점이 출토되었는데, 대부분 회청색이나 회색을 띠면서 경질이 대부분이다. 그 중에서도 우물 내부 4단에서만 두레박으로 사용된 단경호 2점이 출토되었다. 1점은 외면에 격자문이 시문된 것으로 목부분에 새끼줄이 묶어져 있는 상태이다. 구연부는 외반되었고, 구연단은 평탄하게

〈표-12〉 심발형토기와 단경호

심발형토기	단경호		
승문+조족문	격자문	횡침선+파상문	가수동Ⅱ-3호

처리되었으며, 구경은 12.8㎝, 높이 15.9㎝이다. 다른 한 점은 외면에 승문을 교차하여 시문했고, 동체부에 한 조의 횡침선과 파상문을 새겨 놓았다. 동체부 하단에 새끼줄이 묶인 채로 출토되어 두레박으로 사용되었음을 알 수 있다.

가수동Ⅱ-3호에서는 단경호 2점이 출토되었는데, 그 중 1점은 회청색에 경질로 외면에 평행선문이 시문되어 있고, 횡침선 1조가 경부 아래로 지난다. 구연은 살짝 외반되었고, 구연단은 평탄하게 조정되었으며, 복원 구경은 13.2㎝이다. 가수동Ⅱ-3호에서 출토된 토기편들은 거의 동체부로 의도적으로 깬 후 보강토에 넣은 것으로 조사되었다.

② 기타 토기류

〈표-13〉 기타 토기류

풍납동410번지 출토 병	가수동Ⅱ-3호 출토 대옹편	풍납동410번지 출토 뚜껑 손잡이

병은 풍납동 410번지에서만 1점이 출토되었는데, 회청색에 경질로 목이 짧고 동체부가 원통형처럼 기벽이 수직으로 성형되었다. 대옹은 가수동Ⅱ-3호에서만 4편이 출토되었는데 색깔은 회청색이고, 외면에 사격자문을 타날하고 견부에 삼각거치문을 압날한 것이다. 특히 삼각거치문은 예새 등의 시문구 상단 끝을 강하게 눌러 약간 경사지게 시문하였는데,

압날 방향이 약간 반시계방향으로 틀어져 있다.[72] 뚜껑 손잡이는 풍납동 410번지 우물에서 출토되었는데, 이 유물은 회흑색을 띠고, 경도가 중간 쯤 되는 보주형태의 손잡이 부분으로 위에서 볼 때 '十'자형태로 9개 구멍이, 측면에 13개의 구멍이 뚫려 있다. 그리고 손잡이 바닥에도 1개의 구멍이 있으며, 손잡이 목부분에 지두흔이 있다. 이 뚜껑 손잡이는 구멍이 많은 것으로 보아 향로와 같은 기종으로 추정된다.[73]

2) 기와류

기와류는 경당지구 206호 우물 주변에서 연화문과 수면문 수막새 2점이 출토되었다. 연화문 막새는 자방을 중심으로 6엽의 연잎이 양각되어 있고, 연잎 가운데에 능선이 뚜렷하게 표현되어 있는데, 전체적으로 몽촌토성 출토 연화문 막새와 닮았다. 수면문 막새는 주연부가 돌출되어 있고, 문양은 전체적으로 볼륨감 없이 선각으로 처리되어 평면적이다. 두 눈을 중심으로 이마에는 삼각형 뿔처럼 표현되어 있고, 얼굴 가장자

〈표-14〉 수막새류

경당지구 206호		몽촌토성
연화문	수면문	연화문

---

72) 畿甸文化財硏究院, 2007, 앞의 보고서〈본문2〉, 129~130쪽.

73) 이 뚜껑 손잡이와 비슷한 것이 풍납토성 가-S6W1 그리드 중층에서 1점이 출토된 바 있는데, 구멍이 총 6개이고 서로 관통하고 있는 점이 특징이다(국립문화재연구소, 2001, 『風納土城Ⅰ』〈본문〉, 411~412쪽).

리로는 화염을 표현하듯 짧은 선이 위로 향해 있다. 입은 크게 벌려진 상태로 치아도 송곳니 부분이 삼각형처럼 뾰족하게 선각(線刻)되어 있다.

3) 목기류

목기류는 풍납동 410번지에서만 10점이 출토되었는데, 그 중에서 물을 담는 두레박과 두레박을 끌어 올리는 갈고리형 목기가 주목된다.

〈표-15〉 백제·신라 두레박 비교

풍납동410번지		신라 두레박	
두레박	갈고리형 목기	국립경주박물관 부지내 출토품	미술관부지 및 연결통로부지 출토품

두레박은 나무로 만든 것으로 경주지역 출토 신라 두레박을 비교해 보면 대체적인 모양새를 알 수 있다. 두레박은 소나무를 사용하여 평면 장방형이나 원형의 형태로 속을 파서 상단 측면에 구멍을 마련하여 끈이나 새끼줄, 나무, 철사 등으로 손잡이를 묶어 사용했다. 참고로 신라 우물에서 출토된 두레박은 국립경주박물관 미술관부지와 연결통로부지에서 나온 것이 각각 7점과 2점이다. 두레박은 평면 장방형과 원형으로 나뉘고, 대부분 통나무를 파서 만들었다. 두레박 중에 가장 큰 것은 미술관부지에서 나온 장방형 두레박으로 길이가 29.5cm, 너비 17.4cm, 높이 15.4cm이다. 두레박의 손잡이는 나무막대기나 끈, 철사 같은 것을 사용했고, 나무

재질은 소나무로 밝혀졌다.[74] 이밖에도 경주 서부동 19번지 유적 13호 우물,[75] 노서동 169–13번지,[76] 서부동 207–8번지,[77] 전인용사지 우물11[78] 등에서도 나무로 만든 두레박이 출토된 바 있다.

2. 토광+석조 우물 출토유물

노리재골Ⅰ과 청계리 3호 우물에서는 모두 19점의 토기류가 출토되었는데, 대부분 조각들이다. 노리재골Ⅰ 출토 유물은 구연부 2점, 저부 2점, 동체부 5점, 고배 1점으로 각 부위가 출토되었고 연질이 경질보다 많으며, 고배는 인위적으로 타격하여 파쇄(破碎)한 흔적이 확인된다. 청계리 3호 출토 완은 모두 조각으로 경질의 대부완 1점이 있고, 내저면에 격자문이 시문되어 있다. 병도 경질에 낮은 굽이 달려 있으며, 굽 지름이 8㎝이다. 동이는 모두 연질로 저경을 알 수 있는 것은 1점뿐으로 18㎝이며, 나머지는 모두 조각이다.

〈표-16〉 토광+석조 우물 출토유물 현황

유적＼유물	토기류												합계
	완	심발형토기	고배	발	병	호	시루	동이	옹	파배	뚜껑	토기편	
노리재골 l		1	1			2						6	10
청계리3호	3				1			3				2	9

74) 國立慶州博物館, 2002, 『國立慶州博物館敷地內 發掘調査報告書－美術館敷地 및 連結通路敷地－』.
75) 國立慶州文化財研究所, 2003, 『慶州 西部洞 19番地 遺蹟 發掘調査報告書』.
76) 聖林文化財研究院, 2010, 『慶州 路西洞 169–13番地 統一新羅時代 生活遺蹟』.
77) 聖林文化財研究院, 2011, 『慶州 西部洞 207–8番地 統一新羅時代 生活遺蹟』.
78) 국립경주문화재연구소, 2013, 『傳仁容寺址 발굴조사 보고서Ⅰ』, 199쪽.

3. 목조+석조 우물 출토유물

이 종류에 해당하는 우물은 4기지만, 경당지구 206호 우물에서 출토된 유물을 제외하면 34점에 불과하며, 그나마도 기종을 알 수 있는 토기류는 20점 정도이다. 참고로 경당지구 206호 우물에서는 토기 완형 개체수가 215점이고, 예외없이 구연부를 인위적으로 깨거나 뜯어 내었으며, 내부에서 복숭아씨도 확인되었다. 토기류는 호와 병이 많은 비중을 차지하고, 유공장군도 1점 포함되어 있는 것으로 보고되었다.[79]

〈표-17〉 목조+석조 우물 출토유물 현황

유물 / 유적	토기류										기와	기타	합계
	완	합	고배	발	병	호	시루	동이	옹	토기편			
호로고루	1					5		2	7	4	2	동물뼈	21
독산동1호						1			2		1	복숭아씨	4
민락2호									4		1		5
가수동 II-1호			2			2							4
합 계	1		2			8		2	7	10	4		34

1) 토기류

목조+석조 우물에서 출토된 토기의 종류는 완 등 5기종이고, 그 중에서 호가 8점으로 가장 많은 비중을 차지하며, 호로고루 우물에서 19점의 토기가 수습되어 가장 많다. 그 외 우물에서는 3~4점씩만 출토되었는데, 대부분 조각 상태이다. 출토된 토기 중 대표적인 기종에 대해 살펴보면, 다음과 같다.

호로고루 우물에서는 상부의 30cm 정도 깊이까지는 남북국시대의 신

---

79) 한성백제박물관·한신대학교박물관, 2015, 앞의 책, 102쪽.

라 유물이, 그 아래 층에선 고구려 기와편과 토기편이 확인되었다. 특히 깊이 160㎝에서는 고구려 기와편과 함께 연화문 수막새 1점이 출토되었고, 다량의 동물뼈도 수습되었다. 토기류 중에서 주목되는 것은 흑색마연 단경호가 우물 바닥에서 완형에 가깝게 수습되었다는 점이다. 이 단경호의 기형은 평저바닥에서 완만하게 반구형의 곡선으로 벌어지다가 동체부 중간에서 최대경을 이룬 후 경부로 좁아들며 구연부가 외반하는 형태로 구단부는 둥글게 처리되었다. 구경은 11㎝, 저경 10.6㎝, 높이 18.4㎝이다. 이밖에는 단경호의 구연부들로 경부가 짧고 구연단이 외반되었다. 참고로 남한지역에서는 흑색마연 단경호가 여러 점 출토되었는데, 아차산 4보루와[80] 화성 청계리 1호 석실묘,[81] 용인 보정동 2호 석실묘[82] 등의 것이 있어 비교해 볼 수 있다.

〈표-18〉 서울·경기지역 출토 고구려 단경호

호로고루 우물	아차산 4보루	화성 청계리 석실묘

옹은 7점이 출토되었는데, 모두가 구연부편이고 회색이나 적갈색을 띠며 고운 니질태토를 사용하여 소성된 것이다. 경부가 대부분 짧고 구연

80) 서울대학교박물관 외, 2000, 『아차산 제4보루』.
81) 한백문화재연구원, 2013, 『화성 청계리 유적』Ⅰ.
82) 안신원, 2010, 「최근 한강 이남에서 발견된 고구려계 고분」, 『高句麗渤海研究』36, 高句麗渤海學會.

이 외반되었으며, 구연단은 둥글거나 수직으로 처리되었다. 옹의 구경은 28~32㎝가 많고, 큰 것은 48㎝도 있으며 경부지름은 최소 24.8~45.6㎝로 다양하다.

가수동Ⅱ-1호에서는 고배 2점이 출토되었는데, 두 점 모두 각부편으로 배신은 결실된 상태이다. 한 점은 외면에 대각을 붙일 때 밀린 띠상의 점토접합흔이 그대로 남아 있고, 대각은 직선으로 내려오다 각단에서 심하게 외반하는 점이 특징이다. 각단은 외측으로 약간 들린 형태이고, 납작한 편이다. 대각에는 2개의 종타원형 투창이 있고, 복원 굽경은 7.0㎝이다. 다른 한 점은 대각이 '八'자처럼 벌어져 있고, 각단 외측은 말아붙이듯이 처리되었으며, 대각에 투창이 4개가 확인되는데, 1~2개 더 있었던 것으로 보인다. 굽지름은 8.0㎝이다. 참고로 대각에 투창이나 투공이 있는 것은 22점으로 확인되었고, 그 중에서 장방형과 타원형인 것이 가장 많은 것으로 분석되었다. 특히 종타원형 투창이 있는 고배는 단각고배단계에서 인화문완단계로의 이행기 혹은 과도기에 주로 사용된 것으로 보고 있으며,[83] 그 시기는 7세기 전반으로 편년되고 있다. 함께 출토된 호는 황색을 띠면서 경질에 가깝다. 외면에 평행선문을 타날했고, 내면은 회전물손질 되었으며, 목제 내박자 흔적이 있다. 구연부 안쪽은 약간 오목하게 조정했고, 구연 끝부분은 다소 볼록하게 처리했다. 복원 구경은 22.6㎝이다.

2) 기와류

기와는 4점이 출토되었는데, 수막새 1점과 평기와 3점이다. 그중에서 호로고루 우물에서 연화문 수막새 1점과 암키와편이 수습되었다. 연화문

---

83) 畿甸文化財硏究院, 2007, 앞의 책〈본문 2〉, 275쪽.

수막새는 6엽 단판으로 적갈색을 띠고, 주연부가 결실된 상태이다. 뒷면에는 수키와를 접합하기 위해 칼로 그은 흔적이 있고, 손가락으로 문질러 생긴 흔적이 남아 있다. 그리고 연판에 목질흔이 있어 와범이 목제인 것으로 추정되며, 잔존 지름은 11㎝, 두께는 3.5㎝이다. 암키와편은 등면에 승문이 시문되어 있는데, 문양은 새끼줄을 감은 고판을 사용했으며 고판의 너비는 4.8㎝로 추정되었다.

〈표-19〉 수막새 비교

호로고루	정릉사지
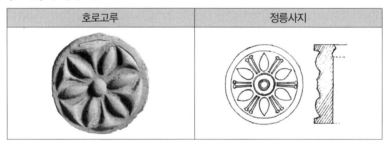	

독산동 1호와 민락동 2호에서는 선문이 시문된 암키와편이 출토되었는데, 2점 모두 회색을 띠며, 민락동 2호 암키와의 분할은 내면에서 등면을 두 번 정도 자른 후에 떼어냈다.

5. 석조 우물 출토유물

석조 우물에서 출토된 유물은 신라 우물에서만 출토되었는데, 토기류의 기종이 다양하고, 기와나 철기, 석기 등의 다양한 종류가 확인되었다. 여기에서는 토기류 중에서 수량이 많고 기형이 많이 남은 것을 분석해 보고자 하며, 기와나 철기, 기타류도 우물 퇴적층에서 출토된 것 중 그 특징을 알 수 있는 것을 선별해 살펴보고자 한다.

〈표-20〉 신라 석조 우물 출토유물 현황

유물 / 유적	토기류												기와	철기	기타	합계
	완	합	고배	발	병	호	시루	동이	옹	파배	뚜껑	토기편				
와동리Ⅳ					1										1	2
민락1호								1								1
독산동2호	4		3			5	1					4	2		어망추2 매실씨1	22
독산동3호			2					1				1			복숭아씨1	5
도촌동 1호	4	1		1	1	1						5			1	14
도촌동 3호					1	1										2
춘궁동													○			
마송1호	1											2	○			3
마송2호	12					1		2			3	9		1	2	30
마송3호	2					1						3			3	9
마북동 취락			1						3					1	1	6
마북동 중세	3		3		1	6				1	1				동물뼈, 복숭아씨	15
영덕동 1지점	1				2	1			2				7	3	1	17
영덕동 1-1지점 1호	1					3		1	2						5	12
청덕동			1													1
어비리	1											3				4
청계리2호					1			3			2		3			9
청계리4호					2		1	7				1				11
가수동 Ⅱ-2호	2					3			1			6				12
만정리 1호	1					1			1			4			2	9
합계	32	1	10	1	9	23	2	15	9	1	6	38	12	5	20	184

위의 표를 통해서 알 수 있는 것은 분석대상 우물 20기에서 출토된 토기류가 147점으로 전체 79.9%의 비율을 보이고 있다는 점과 기와나 철기, 기타류도 적지 않게 나왔다는 점이다. 여기에서는 토기를 중심으로 출토유물을 살펴보도록 하겠다.

1) 토기류

토기류에 대한 각 기종별 비율을 보면, 기종을 알 수 있는 109점 중에서 완이 가장 많은 32점(29.4%)을 차지하고, 그 다음으로 호류가 23점(21.1%), 동이가 15점(13.8%), 고배 10점(9.2%), 병·옹〉뚜껑〉시루의 순으로 많았다. 그리고 우물별 토기류 출토비율은 마송 2호(27점)〉독산2호(17점)〉마북동 중세 유적(15점)〉도촌동 1호(13점)〉가수동 Ⅱ-2호(12점)의 순으로 많이 출토되었다. 유적 단위로는 마송 1~3호 우물이 가장 많은 36점이 출토되었고, 독산동 2·3호 우물에서 21점, 청계리 2·4호 우물에서 17점, 도촌동 1·3호 우물에서 15점이 출토되었다. 기종별 비중은 마북동 중세 유적(6종)〉도촌동 1호(5종)〉독산동 2호(4종), 마송 2호(4종), 영덕동 1지점(4종) 등의 순이다. 각 기종별 특징을 살펴보면 다음과 같다.

① 완

완은 신라 토기 중에서 가장 많이 출토되는 기종이지만, 기형이나 문양적 특징이 적어 시기구분을 하기가 쉽지 않다. 우물 11기에서 완이 32점이 출토되어 가장 많은 수량을 차지하고, 유적 단위로 보면 8곳으로 전체 14곳의 유적 중 절반이 조금 넘는 비율을 보인다.

독산동 2호 우물에서는 완 4점이 출토되었는데, 그중 1점은 경질의 대부완으로 구연이 90°에 가깝게 외반되었고, 구연단이 둥글게 마무리 되었으며, 대각은 굽형이다. 나머지 완도 구연이 외반되었고, 구연단이 둥글게 처리되었으며, 평평한 바닥에 긁기흔이 확인되었다. 가수동 Ⅱ-2호 우물에서 2점이 출토되었는데, 모두 연질이고 암회색을 띠며 구연이 외반되어 있다. 마북동 중세유적에서 출토된 완은 3점인데, 그 중에서 1점만 기형을 알 수 있다. 회백색을 띠는 연질로 구연부는 90°로 외반되었으며, 구연단은 둥글게 처리되었다. 저부는 바닥이 약간 들려 있고, 바닥에 점토로 보강한 흔적이 있다. 마송 2호 우물 출토 완은 내외면이 회흑색을 띠거나 흑색의 슬립을 입혔으며 연질이다. 대부완은 대각이 '八'자형으로 벌어진 것이 대부분이고, 각단은 둥글게 마무리 되었다.

결론적으로 독산동 2호와 가수동 Ⅱ-2호 출토 완은 바닥이 평평하고 구연이 외반되었으며, 기고(器高)가 높지 않아 6세기 후반에서 7세기대의 특징을 보이고 있다. 마북 중세 유적 출토 완은 기고가 다소 높은 편이고, 저경이 구경에 비해 많이 줄어드는 특징이 있다. 그리고 마송 2호 출토품 중 대부완은 대각이 벌어져 있고, 구연도 외반되어 있는 특징으로 보아 9세기대로 편년될 수 있다.[84]

〈표-21〉 완

독산동 2호 우물 출토	가수동 Ⅱ-2호 우물 출토	마북 중세 유적 우물 출토	마송 2호 우물 출토

---

84) 姜眞周, 2006, 「漢江流域 新羅土器에 대한 考察」, 檀國大學校 大學院 碩士學位論文 참조.
이상희, 2010, 「신라시대 한주지역 토기완 연구」, 세종대학교 대학원 석사학위논문 참조.

② 호

호는 완 다음으로 많은 9기의 우물에서 23점이 출토되었는데, 그 중에서 기형을 알 수 있는 것은 몇 점 되지 않는다. 독산동 2호 출토 호는 5점 중 4점이 경질이고, 구연과 동체 일부가 출토되었으며, 4점에 선문이 타날되어 있는 공통점이 있다. 구연은 모두 외반되었고, 경부는 'C'자형을 이루며, 회전물손질한 흔적이 있다. 복원 구경은 16.4~19.4㎝이다. 가수동Ⅱ-1호 출토 호는 경질에 가깝고, 평행선문이 시문되어 있으며, 내면은 회전물손질과 내박자 흔적이 있다. 구연부 안쪽은 약간 오목하게 조정했고, 구연 끝부분은 다소 볼록하게 처리했다. 복원 구경은 22.6㎝이다. 영덕동 1지점 우물에서는 단경호가 1점 출토되었는데 기형 복원이 된 것이다. 이 호는 연질로 구연이 외반되었고, 구단부는 둥글게 처리되었다. 동체에는 집선문으로 보이는 문양이 타날되었으나 대부분 지워졌고, 동체와 저부를 따로 만들어 접합했다. 청계리 나-4호에서 2점이 출토되었는데, 모두 조각들로 1점은 경부고 다른 1점은 동체부다. 경부은 경질로 파상문 2조와 돌대가 있고, 내면에 격자문이 타날되어 있다. 이렇게 호 경부에 파상문이 시문된 것은 만정리 1호에서 출토된 것이 있다.

〈표-22〉 호

가수동 Ⅱ-1호 우물 출토	영덕동 1지점 우물 출토	청계리나-4호 우물 출토
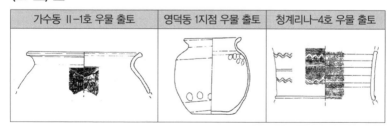		

③ 동이

동이는 민락동 1호와 독산동 3호, 마송 2호, 청계리 2·4호 우물 등 6기에서 15점이 출토되었는데, 민락동과 독산동, 마송의 것이 기형을 알 수 있는 형편이다. 민락동 1호 출토 동이는 연질로 격자문이 시문되어 있고, 바닥은 약간 들린 평저이다. 구연부는 거의 접히다시피 외반되었고, 구연단은 둥글게 처리되었다. 동체부 중간에 파수 2개가 아래쪽으로 경사지게 부착되어 있다. 복원 구경은 30㎝, 저경 16.4㎝, 높이 21.7㎝이다. 독산동 3호 우물 출토 동이는 연질로 구연은 외반되어 있고, 구연단은 둥글며, 외면에 종방향으로 승문이 타날되어 있다. 복원 구경은 47.8㎝로 가장 크고, 남은 높이는 20㎝이다. 마송 2호 우물에서도 동이 2점이 출토되었는데, 1점은 구연부와 동체부 일부가 남은 것이다(아래 그림 참조). 이 동이편은 연질로 회흑색을 띠고, 격자문이 타날되어 있다. 구연부는 외반되었고 구연단은 수직으로 마무리 되었다. 동체부에 파수를 부착했던 흔적이 있으며, 복원 구경은 38.1㎝로 제법 큰 편이다.

〈표-23〉 동이

민락동 1호 우물 출토	독산동 3호 우물 출토	마송 2호 우물 출토
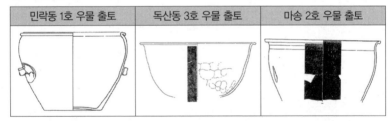		

④ 병

병은 여러 종류가 8기 우물에서 9점이 출토되었는데, 문양이나 형태를 제대로 알 수 있는 것은 와동리Ⅳ와 마송 2호, 도촌동 3호 우물에서 나온 것이 있다. 영덕동 1지점 우물에서 병조각 2점이 나왔는데, 모두 저부편으로 회색의 경질이다. 그 중 큰 병은 동체부가 수직에 가깝게 올라가고 외면 상단에 4군데에 걸쳐 점열문이 있고, 하단에는 2조의 침선이 돌아가는 특징이 있다. 이와 같은 병류는 장동병 또는 원통형병이 있는데, 동체부에 점열문이나 인화문이 시문되어 있으며 출토예는 이성산성 2차 저수지와[85] 도곡리 1호 석곽묘[86] 출토품이 있다. 이러한 종류의 병은 8세기를 중심으로 제작된 것으로 판단된다.

마송 2호 출토 병은 회청색의 경질로 동체가 둥글고, 견부에 2조, 동체부에 1조의 음각선이 있으며 그 사이에 파상문이 세로방향으로 시문되어 있다. 잔존 높이는 9.2cm, 저경 8.0cm이다. 도촌동 3호 출토 병도 회청색의 경질로 전형적인 덧띠무늬병이다. 구연부와 굽 일부만 결실되어 완형에 가깝다. 경부는 직립하고, 동체부에 14조의 덧줄이 있으며 덧줄 윗부분에 원형의 돌기가 부착되어 있는 점이 특징이다. 잔존 높이는 6.7cm, 저경 6.1cm이다. 이외에도 와동리Ⅳ 우물에서 부채살모양과 원형모양이 시문된 회청색 경질의 소병 1점이 출토되었다. 덧띠무늬병이나 줄무늬병은 9세기를 중심으로 사용되었던 것으로 알려져 있으며, 소병에 파상문이나 인화문이 시문된 것들은 8~9세기에 걸쳐 만들어진 것으로 추정된다.

〈표-24〉 병

영덕동 1지점 우물 출토	마송 2호 우물 출토	도촌동 3호 우물 출토

85) 漢陽大學校, 1991, 『二聖山城 3次發掘調査報告書』.
86) 세종대학교 박물관, 2006, 『평택 도곡리 유적』.

⑤ 옹

옹은 우물 5기에서 9점이 출토되었는데, 대부분 구연부나 동체부 일부
만 남은 것들이다. 마북동 취락 우물 출토 대옹은 청회색에 경질로 구연
이 외반되었고, 경부에 타날흔적이 있으며, 견부에는 평행선문이 시문된
것도 있다. 영덕동 1지점 우물에서 출토된 대옹은 회황색 경질로 경부와
동체부 사이에 1조의 돌대가 있고, 경부에 파상문 2줄이, 동체부에 격자
문이 시문되어 있다. 같은 유적 1-1지점에서 확인된 대옹도 경질로 경부
에 굵은 파상문이 시문되어 있고, 구연은 경부에서부터 호형을 그리며 외
반되었으며, 구연단은 사선으로 처리되었다.

〈표-25〉 옹

마북동 취락 우물 출토	영덕동1-1지점 우물 출토

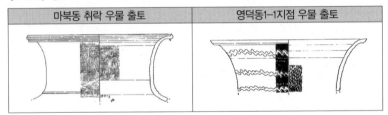

⑥ 고배

고배는 한강 유역에서 출토되는 신라 토기 중에서 가장 표지적인 유물
중에 하나로 주목되는데, 우물 5기에서 10점이 수습되었다. 독산동 3호
우물에서 출토된 무개식 고배는 경질로 구연이 약간 외반되었고, 배신부
는 반구형이고, 대각은 '八'자형이다. 각단은 단이 진 형태이고, 장방형
투창 3개가 뚫려 있으며, 배신에 횡침선 3조가 있다. 전체적으로 흑색 옻
칠이 된 점이 특징이고, 높이는 8.4cm, 구경 12.0cm, 저경 6.2cm이다. 독산
동 2호 우물 출토 고배들도 대각이 '八'자로 벌어졌고, 각단은 대각을 말
아올린 형태이거나 단이진 형태가 있으며, 투창이 확인된다.

〈표-26〉 고배

독산동 3호 우물 출토	청덕동 우물 출토	마북동 취락 우물 출토

청덕동 출토 고배는 대각에 3조의 침선이 돌아가고, 대각 윗부분에 투창 3개가 뚫려 있으며 크기는 길이 0.9㎝, 너비 0.7㎝이다. 잔존 높이는 5.8㎝, 복원 굽지름은 9.0㎝이다. 마북동 취락 우물 출토 고배는 대각에 투창이나 투공이 없는 무투공고배로 뚜껑받이턱도 없는 형태이며, 대각 이 밖으로 약간 벌어진 형태이다.

2) 기와류

기와류는 우물 5기에서 10여 점이 출토되었는데, 영덕동 1지점 우물에 서 가장 많은 7점이, 독산동 2호 우물에서는 연화문 수막새 1점과 암키와 1점이 수습되었다. 연화문 수막새는 작은 조각으로 경질의 단판 연화문 에 사잇잎이 있는 것으로 보이고, 암키와는 경질에 선문이 시문된 흔적이 있다. 영덕동 우물 출토 기와는 수키와 1점, 암키와 6점이고, 문양은 무문 이 5점, 유문이 2점이다. 모두 회색계통의 경질이고, 가장 많이 남은 무문 암키와편 크기는 길이 34.5㎝, 너비 26.9㎝ 정도이다. 분할을 알 수 있는 기와는 모두 내면에서 등면 방향으로 와도로 1/3~1/2 정도 자른 후에 떼 어냈다. 문양을 알 수 있는 기와 등면에는 사격자문과 복합선문이 시문되 어 있다. 청계리나-2호에서는 어골문이 시문된 연질의 수키와 2점, 암키 와 1점이 출토되었다.

3) 철기류

마송 2호에서 쇠스랑 1점이 출토되었는데, 족부 1개만 남은 상태이다. 평면형태는 낫처럼 'ㄱ'자형에 가깝게 꺾여 있다. 영덕동 1지점 우물에서 철기 3점이 수습되었는데, 종류는 철솥과 철정, 철도자편으로 추정되고 있다.

4) 자기류

자기류는 마송 3호 우물에서 3점의 청자 완편이 출토되어 주목받고 있다. 이 완편들은 중국 오대시기(五代時期) 월요(越窯)에서 생산된 것으로 추정되는데, 구연부나 저부의 1/4정도만 남은 상태이다. 완 2점은 구연부와 저부편이고, 나머지 1점은 화형완 저부편으로 외면 기벽을 종방향으로 눌러 꽃모양을 표현하였다. 이들 청자 굽 내면에는 받침흔적이 없어 점권(墊圈)을 사용하지 않은 것으로 판단되어 점권 사용이 성행한 10세기 후반보다 앞선 시기에 제작된 것으로 보고 있다.[87] 참고로 전 인용사지 우물10에서도 중국제 청자편이 출토된 바 있다.

5) 기타

기타류는 다양한 편인데, 청동완과 어망추, 숫돌 그리고 복숭아·매실씨 등이 수습되었다. 청동완은 와동리Ⅳ 우물에서 출토되었는데, 대각이 'ハ'자 모양으로 벌어졌고 구연이 외반되었으며, 대각 안바닥에 'X'자가 새겨져 있다. 어망추는 마송 2호에서 1점이 출토되었다. 이 어망추는 토제로 만들어졌고, 연질에 장타원형이다. 숫돌은 도촌동 1호와 만정리 1호에서 각각 1점씩이 출토되었다.

---

87) 기호문화재연구원, 2010, 앞의 책Ⅲ, 248~249쪽 참조.

복숭아씨는 독산동 3호와 마북동 중세유적 우물에서 확인되었고, 매실씨는 독산동 2호 우물에서 출토되었다.

Ⅳ. 축조시기 및 성격

한강 유역에서 최근까지 조사된 고대 우물은 종류가 비교적 다양한 편인데, 목조와 토광+석조, 목조+석조, 토광, 석조 우물로 모두 다섯 유형이다. 국가별로는 백제의 경우 목조와 토광+석조, 목조+석조, 석조 우물네 유형이 있고, 고구려 우물은 목조+석조 우물 뿐이며, 신라 우물은 토광, 토광+석조, 목조+석조, 석조 우물로 네 유형이다. 여기에서는 우물의 유형별 축조시기를 검토해 보고, 출토유물을 바탕으로 그 성격에 대해서도 언급해 보고자 한다.

1. 우물의 축조시기 검토

우물은 한번 축조되면 비교적 오랜 기간 동안 이용되기 마련이다. 그러나 한강 유역과 같이 삼국이 번갈아 점령한 곳이라면 축조와 폐기시기에 대해서 보다 면밀하게 검토할 필요가 있어 보인다. 그러기 위해서는 우물의 구조적인 특징과 출토유물은 물론 함께 조사된 유구와도 관련시켜 볼 필요가 있다. 여기에서는 우물의 유형별 축조시기를 아래 〈표-27〉과 같이 정리해 보고자 한다.

〈표-27〉 한강 유역 고대 우물 편년안[88]

종류 시기	목조 우물	토광 우물	토광+석조 우물	목조+석조 우물	석조 우물
4~5 세기	(백)가수동Ⅱ-3호 (백)풍납동410번지		(백)노리재골Ⅰ	(백)경당지구 206호	(백)청계리가-2호
6~7 세기				(고)호로고루 (신)가수동Ⅱ-1호	(신)청덕동 (신)마북동취락
8~10 세기 전반		(신)청계리1호	(신)청계리3호	(신)민락동2호	(신)마송1호 (신)도촌동3호

---

88) 우물 명칭 앞의 ( ) 안에는 백제, 고구려, 신라의 약칭임.

목조 우물은 현재로선 백제 우물에만 제한되어 있는데, 그 중에서 가수동Ⅱ-3호가 주거지와 출토 토기류로 보아 가장 이른 시기에 조성된 4세기 중반경으로 보이며, 풍납동 410번지 우물이 4세기 후반경으로 추정되고 있다. 특히 가수동Ⅱ-3호 출토 토기 중에는 삼각거치문 또는 견부압날문으로 불리는 대옹 동체부편이 출토되었는데,[89] 이 토기는 호나 대옹의 견부에 시문되고 풍납토성을[90] 비롯한 한강 유역의 많은 유적에서 출토되고 있으며, 제작시기는 4세기를 중심으로 하고 있다. 토광 우물은 청계리 1호 밖에 없는데, 이 우물은 구조적으로 벽체가 붕괴될 우려가 높아 오랜 기간 지속적으로 사용하기가 어렵다는 점과 벽체를 통해 흙이나 불순물이 유입되어 물의 오염 가능성이 높기 때문에 축조 예가 적다고 생각된다. 토광+석조 우물은 백제와 신라 우물에서 각 1기씩 조사되었다. 축조시기는 노리재골Ⅰ 우물이 4세기 후반대로 편년되며, 청계리 3호는 완과 병 등의 출토유물로 볼 때 8세기대로 추정되고 있다. 노리재골Ⅰ 우물은 축조 처음에 토광이었다가 나중에 석축을 추가로 했을 개연성이 있고, 청계리 3호도 토광이 2단으로 굴광되어 있으면서 부분적으로 덧댄 석축이 엉성한 것으로 보아 석축을 나중에 시설했을 가능성이 높다. 이 우물은 토광 우물을 기본으로 하고 있지만, 필요에 따라 석조나 토기조(土器造) 우물 등으로도 변형이 가능하다고 보여진다.

목조+석조 우물은 백제와 고구려, 신라 우물 모두에서 확인된 유형으로 오랜 기간 동안 널리 축조된 것으로 판단된다. 이 우물은 정릉사지나 고산동 우물에서 보듯이 규모도 크고 다양한 방법으로 쌓아진 것으로 보아 완성도가 높다고 생각된다. 경당지구 206호 우물도 목조나 석조부분

---

89) 조성숙, 2005, 「肩部押捺文土器의 變遷過程과 그 意味」, 『湖西考古學』13, 湖西考古學會.
90) 국립문화재연구소, 2001, 앞의 책.

이 비교적 견고한 점으로 보아 4세기후반~5세기 정도에 이르면 백제에서도 많은 수가 축조되었던 것으로 보인다. 그리고 호로고루 우물도 기본적으로 목조를 하단에 설치한 점은 같지만, 그 위에 제법 큰 돌을 사용하여 쌓은 점이 백제나 신라 우물과는 다소 차이가 있다. 신라 우물인 독산동 1호 우물은 목통을 설치하고, 그 주위와 위에 할석과 천석을 쌓아 축조한 점이 이채롭다고 하겠다. 민락동 2호는 하단에 통나무를 설치한 점이 호로고루 우물과 같지만 석축 상태가 정연하지 못한 점에서 8세기대에 이르면 목조+석조 우물이 점차 쇠퇴하는 것이 아닌가 한다.

이 우물의 축조시기와 폐기시기를 알기 위해서는 출토유물을 정리해 볼 필요가 있는데, 경당지구 206호 우물에서는 다양하고 많은 양의 유물이 나와 주목을 받고 있다. 토기류는 병과 호류가 대부분이고, 장군이나 뚜껑류도 있으며,[91] 토기 속에 복숭아씨도 들어 있음이 확인되었다. 그리고 우물 주변에서 연화문과 수면문 수막새 각 1점씩이 수습되어 우물과의 관련성이 주목된다. 특히 수면문 수막새는 동진(東晉, 318~420년)의 수막새와 관련이 있어 보이고, 연화문 수막새는 북위(北魏, 386~534년)의 것과 유사하지만 직접적인 연결이 어려운 상태인데,[92] 대체로 4세기 중반경부터 5세기대로 편년이 가능하다고 본다.

호로고루 우물에서는 고구려 토기 18점과 수막새 1점, 동물뼈 등이 출토되었다. 토기류는 단경호와 옹이 12점으로 가장 많은데, 그 중에서 흑색마연 단경호 1점이 우물 바닥에서 출토되어 주목된다. 이러한 흑색마

---

91) 호류는 단경호와 광구호, 장경호로 분류되었고, 고배와 삼족기, 뚜껑, 완, 기대, 옹 등 다양한 기종이 출토되었다(한성백제박물관·한신대학교박물관, 2015, 앞의 책).

92) 鄭治泳, 2009, 「百濟 漢城期 瓦當의 形成과 系統」, 『韓國上古史學報』 64, 韓國上古史學會.
소재윤, 2010, 「백제 수막새 제작기법과 生産體制의 變化」, 『百濟學報』 4, 百濟學會.

연 단경호는 화성 청계리와 용인 보정동 석실묘와 아차산 4보루에서 나온 바 있지만 기형이 조금씩 다르다. 이와 같이 우물에서 나온 유물과 집수시설의 축조시기로 볼 때, 호로고루 우물은 6세기 후반~7세기 전반 사이에 축조되었다가 남북국시대에 폐기된 것으로 추정된다. 끝으로 가수동 Ⅱ-1호에서는 고배 2점과 호 2점이 7세기 전반에 해당되는 것으로 편년된다. 따라서, 목조+석조 우물은 4~5세기 풍납토성에 축조될만큼 백제에서 유행했던 것으로 볼 수 있고, 신라에서도 경주와 서울·경기지역에서 발견되는 것으로 보아 6세기 중반~8세기대까지 적지 않게 축조되었던 것으로 이해된다. 고구려에서는 평양을 비롯한 북한지역과 임진강 유역에서 확인되고 있으므로 고구려 전역에서 축조되었던 것으로 추정되며, 앞으로 한강 유역에서도 확인될 가능성이 높다고 본다.

석조 우물은 신라 우물이 대다수를 차지하는 가운데, 청계리에서 3기의 백제 우물이 확인되어 일찍부터 백제에서도 축조했음을 알 수 있다. 그러나 청계리에서 조사된 우물은 규모가 작고, 출토유물이 없기 때문에 구체적인 우물의 구조를 추정하기에는 부족함이 있다. 다만, 주변에서 함께 발굴된 주거지나 가마, 수혈에서 출토된 토기로 보아 중심시기가 3세기 중후반이고, 폐기시기가 5세기 초반으로 추정되고 있어 우물의 사용과 폐기시기를 판단하는데 도움이 되고 있다. 그리고 부여 군수리와 궁남지 우물을 통해 백제 석조 우물의 완성된 구조를 엿볼 수 있으며, 앞으로 한강 유역에서도 발견되어질 것으로 기대된다.

신라 석조 우물은 독산동 2·3호와 마북동 취락의 것이 6세기 후반~7세기 전반경에 축조된 것으로 파악되어 대구 시지, 경산 임당 유적 등의 영남지방이나 경주에서 확인된 것과 비교해 볼 때, 구조 및 축조시기에서 차이가 없음을 알 수 있다. 특히 독산동과 마북동 취락, 마북동 중세유적, 청덕동 우물에서는 공통적으로 고배가 출토되어 6세기 중반~7세기

사이에 축조되었음을 알 수 있으며, 마송 3호 우물이 10세기 전반에 해당되는 것으로 보아 한강 유역 전역에서 석조 우물이 장기간에 걸쳐 사용되었다.

이와 같이 우물의 축조시기에 대하여 검토해 보았는데, 이를 바탕으로 당시의 우물 축조양상을 정리해 보고자 한다. 먼저, 백제 우물은 네 종류가 확인된 상태인데, 목조 우물이 다른 우물에 비해 다소 이른 시기에 만들어진 것으로 보이고, 토광+석조 우물인 노리재골Ⅰ 우물이 4세기 후반, 경당지구 206호 우물은 5세기 초경으로 편년되고 있다. 따라서, 목조 우물이나 토광+석조, 목조+석조 우물의 축조는 현재로선 거의 비슷한 시기에 이루어진 것으로 보인다. 이러한 양상은 백제인들이 이미 다양한 종류의 우물을 축조할 수 있는 기술을 습득하고 있었다고 생각되는데, 목조+석조 우물의 경우 고구려로부터 축조기법이 전해졌을 개연성도 있어 보인다. 그러한 가능성은 부여 궁남지 우물에서 보듯이 깊은 우물의 경우 배흘림기둥처럼 지름을 넓게 쌓았다는 점이 고구려 우물들과 공통적이다. 다만, 이제까지 발견된 백제 우물 중 궁남지 우물과 같은 예가 없어 앞으로의 조사를 통해 비교되어야겠다. 신라 우물도 백제 만큼 다양한 종류가 확인되었는데, 특히 석조 우물이 한강 유역에서도 많이 확인되고 있어 이미 6세기 중반~7세기사이에는 경주 이외의 지방에서도 일반화 되었던 것으로 보인다. 그리고 목조+석조 우물이 민락동에서 8세기까지 사용된 점은 신라에서도 이 유형 우물이 상당기간 축조 및 사용되었다는 것을 알 수 있다. 아울러 신라 우물은 취락유적에서 주로 발견되고 있는데, 같은 시기임에도 불구하고 석조우물과 목조+석조 우물이 함께 축조되고 있다는 점에서 축조집단이 보유한 기술과 경제적인 여건과도 관련이 있어 보인다.

2. 우물의 성격

우물은 기능면에서 일반적으로 식수를 얻기 위해 축조되지만, 농경에 필요한 물을 대기 위한 용수용이나 가마 등의 생산시설에서 사용할 목적으로 만들기도 한다. 또 한편으론 상징면에서 탄생과 성장을 가능케 하는 생명력의 근원이 되는 장소이며, 소멸과 파괴 또는 죽음을 의미하기도 한다.[93] 그리고 우물에 여러 가지 동·식물의 유기물이나 토기, 기와, 철제품 등을 매납하는 등의 제의 행위가 이루어지기도 한다. 한강 유역에서 조사된 우물 중에는 식수를 얻을 목적으로 조성된 우물이 대다수를 차지하는데, 일부는 생산시설과 관련되거나 제의행위를 했던 흔적이 확인되어 그에 대해 살펴보고자 한다.

먼저, 주거지나 굴립주 건물지 가까이에 위치한 우물로는 세곡동, 독산동, 가수동, 민락동, 마송, 마북동, 청덕동 유적 등 대부분이 해당된다. 이런 취락유적에 축조된 우물은 주거지가 적게는 10채 미만부터 민락동 유적에서와 같이 70채가 넘는 경우도 있지만, 청계리나 마송, 마북동 취락유적, 영덕동 유적에서와 같이 20채 정도 되는 취락에 1~2기가 축조된 예가 많은 편이다. 풍납동 410번지 우물은 풍납토성과 인접해 있기 때문에 성밖 취락에서 식수를 얻기 위한 용도였던 것으로 판단된다. 다만, 우물에서 나온 향로 기종으로 추정되는 토기 손잡이는 제의 행위와 관련지어 볼 수 있는 상징성이 강한 유물로 평가되고, 복숭아씨나 패각류 등의 유물도 제사와 관련있다고 여겨진다. 청덕동 우물의 경우 바로 옆 평탄지에 백제 주거지로 추정되는 소토 및 수혈유구와 인접해 있다는 점에서 처음에는 백제인들이 축조한 것을 나중에 신라인들이 재사용한 것일 가능

---

93) 국립경주박물관, 2011, 앞의 책, 120쪽.

성도 있다.

성곽에서 발견된 우물로는 호로고루의 것이 유일한 예에 해당하는데, 이 우물에서 수막새와 동물뼈가 수습되어 전쟁과 관련된 제의 유물이 매납된 것으로 이해된다. 특히 수막새는 주연부가 인위적으로 떼어진 상태로 매납되었는데, 이렇게 훼기된 수막새는 고구려뿐만 아니라 백제와 신라 성곽·고분·원지·사찰 등에서 출토되며, 이들 유적 입지가 강이나 하천에 가까운 수변유적이라는 공통점이 있다.[94] 특히 훼기된 수막새의 문양은 연화문이 많은데, 그와 같은 이유는 연꽃이 상징하는 의미 즉 피고 지는 생명력이나 불교에서의 사후세계, 부처 등과 깊은 관련이 있어 보인다.[95] 그리고 호로고루 집수시설에서 출토된 동물뼈의 분석결과 소와[96] 말,[97] 돼지,[98] 사슴[99] 등의 동물유체가 확인되었고, 마북동 중세유적 우물에서도 사슴뼈가 출토된 바 있다.

우물에서 동물뼈가 출토되는 예는 평양 정릉사지와 고산동은 물론 국립경주박물관 미술관부지 및 연결통로부지, 경주 왕경지구, 전 인용사지

---

94) 백종오, 2011, 「韓國古代瓦當의 毀棄樣相 檢討」, 『韓國史學報』43, 高麗史學會, 30쪽.

95) 황보경, 2012, 「한강 유역 출토 신라 수막새 고찰」, 『東洋學』52, 檀國大學校 東洋學研究院, 25쪽.

96) 소는 고대의 제천의식에서 재물로써 중시되었는데, 고집이 세고 어리석은 성격도 있지만, 우직하고 성실한 모습은 여유와 풍요, 부, 상서로움 등을 의미하기도 한다(국립경주박물관, 2011a, 『우물에 빠진 통일신라 동물들』, 28쪽).

97) 말은 지상과 하늘을 연결하는 매개체이기도 하며, 왕의 출현과 명마를 다루는 능력 등을 알려주는 신성함을 의미한다. 또한 고대 문헌에 따르면 흰 말의 피를 입에 찍어 맹세했다고 하는데, 흰말이 의리와 충절을 상징한다고 한다(국립경주박물관, 2011a, 위의 책, 30쪽).

98) 돼지는 하늘에 제물로 바쳐졌고 생산의 풍요를 기원하는 주술적 의미를 가지며, 재산이나 복과 풍요를 상징한다(국립경주박물관, 2011a, 위의 책, 32쪽).

99) 사슴은 태평성세(太平聖歲)에 상서로운 것을 전해주는 동물로 장수, 재생, 불노장생 왕권 등을 상징한다(國立慶州博物館, 2011b, 『國立慶州博物館內 우물 出土 動物遺體』, 22쪽).

우물 등이 있다.[100] 이와 같이 동물뼈가 출토되는 것에 대하여 김민정은 "동물뼈나 동물 모형품의 출토가 우물을 더 이상 사용하지 않거나 그 동안 좋은 물을 공급해 주었음에 대한 감사의 의미 등 우물의 신을 만족시키기 위해서였다"고 보았는데,[101] 필자도 동물뼈의 출토는 우물 신에 대한 감사의 뜻을 전하기 위한 공희물(供犧物)로써 보고자 한다.[102] 아울러 삼국 모두가 하늘에 제사를 지내는 등 어떠한 의식을 치룰 때 사슴이나 소, 말, 돼지 등의 동물을 제물(祭物)로 삼았다는 점에서 우물 제사에 사용된 제물이었던 것으로 보고자 한다.

또한, 복숭아씨는 풍납동 410번지와 경당지구 206호 우물, 독산동 1·3호, 마북동 중세유적 우물에서 출토되었다. 복숭아씨는 민간신앙에서 축귀(逐鬼)의 효능을 지닌 것으로 믿고 있어서[103] 우물을 통한 전염병의 확산을 막고자 하는 의도도 담겨 있는 것으로 해석된다.[104] 그리고 매실씨

---

100) 『三國史記』신라본기에 나타난 동물을 보면, 사슴은 고구려와 백제에서만 나타나고, 말은 삼국 모두에서, 소는 신라와 고구려에서, 돼지는 고구려에서만 확인된다. 그리고 소와 사슴, 말, 돼지는 비교적 길상(吉祥)을 상징하는 것으로 알려져 있다(金貞淑, 1990, 「新羅文化에 나타나는 動物의 象徵」, 『新羅文化』7, 동국대학교 신라문화연구소).

101) 金玟廷, 2013, 앞의 논문, 24~25쪽.

102) 다만, 마북동 중세유적 우물에서 나온 사슴뼈는 우물 바닥에서 출토되었고, 열화를 입었다는 점에서 우물을 축조한 뒤에 바로 매납되었을 가능성도 있다고 본다. 이는 우물을 사용하기 전에 사슴이라는 동물을 통해 장수를 기원하려는 뜻도 담길 수 있다고 생각한다.

103) 東亞出版社, 1992, 『韓國文化상징사전』, 348~350쪽.

104) 복숭아는 신라 건국 신화와도 관련이 있는 것으로 전해지는데, 『三國遺事』에는 복숭아가 선도성모 사소(娑蘇)를 상징하는데, 사소가 일찍이 신성의 술법을 배워 해동에 와서 고향에 돌아가지 않으니, 그녀의 부친이 솔개에 부쳐 편지를 보내어 선도산에 웅거하게 되었다고 한다. 그리고 처음 진한(辰韓)에 왔을 때 성자(聖子)를 낳았는데 그가 혁거세와 알영이었다고 한다(『三國遺事』卷5, 咸通7 仙桃聖母隨喜佛事條).
한편, 복숭아 재배는 청동기시대부터 나타나기 시작하나 원삼국, 삼국시대부터 본

가 독산동 2호 우물의 내부 퇴적토에서 출토되었는데, 매화는 삶의 의욕과 희망을 되찾아 주는 눈 속의 꽃으로 회춘(回春)을 상징하기도 하고, 건강이나 다산을 의미하기도[105] 하므로 앞으로의 출토 예를 통해 보다 면밀한 검토가 필요하다고 생각된다. 한가지 덧붙이자면, 봉숭아씨를 우물에 넣는 행위는 축귀의 목적 이외에도 복숭아가 지닌 의미 즉 장수(長壽)를 기원하는 뜻도 있다. 따라서 당시의 삼국 사람들은 복숭아나 그 씨의 상징성에 대하여 인식하고 있었다는 것을 알 수 있으며, 집단의 합의에 의해 우물에 매납했던 것이라 볼 수 있다.

철기류는 쇠스랑과 철솥, 철도자, 철촉, 철정 등 비교적 다양한 종류가 출토되었다.[106] 특히 영덕동 1지점과[107] 마송 2호, 마북동 취락유적에서 출토되어 주목되는데, 이러한 철기류가 우물에서 출토되는 이유는 다양하게 해석될 수 있겠다. 다만, 이 유적들의 공통점은 농경을 중심으로 한 취락이라는 점과 철솥이나 철도자는 식생활과 밀접한 관련이 있고, 쇠스랑도 농경도구로 역시 생산과 직결되므로 우물을 통한 풍요(豐饒)를 기원하기 위한 목적으로 해석된다. 또한 철기류를 매납할 수 있었던 것은 토지와 철제농구를 가진 지배층에[108] 의해 매납이 이루어졌을 가능성도 있

격적으로 재배되면서 함경도와 강원도를 제외한 한반도 저녁에서 출토되고 있다 (안승모, 2015, 「고고학으로 본 복숭아 재배와 의례적 기능」, 『馬韓百濟文化』, 馬韓百濟研究所, 27쪽).

105) 東亞出版社, 1992, 앞의 책, 267~268쪽.

106) 철제 유물은 용인지역 고분과 광주 대쌍리 고분군에서 철도자와 철겸, 철부 등이 출토되고 있으며, 그에 대한 해석은 다양하게 이루어지고 있다.

107) 영덕동에서 조사된 제의유구에서도 철제 볏 2점, 보습 3점, 낫 1점 등이 출토되어 제의가 행해졌던 유구로 판단되고 있다(京畿文化財研究院, 2010a, 앞의 책(본문2), 327쪽 참조).

108) 김도헌은 철제농구 소유에 대하여 "5세기 이후에는 철제농구의 공급이 원활해지면서 호민층과 하호층까지도 철제농구를 소유하였다. 그러나 호민층과 하호층에서 모든 철제농구를 소유한 것은 아니었는데, 호민층은 주조철부도 소유하였으나 하

어 특정 계층과의 관련성도 간취된다.

한편, 제의와 관련된 우물로는 노리재골 I 과 경당지구 206호 우물이 있다. 노리재골 I 우물은 석조배수시설과 구상유구, 고상가옥 등으로 보아 수변 제사용으로 보고 있으며, 처음에 토광 우물로 사용되다가 나중에 석조식으로 수리되어 사용된 것으로 조사되었다. 다만 이 우물에서는 제사용으로 볼 수 있는 특별한 유물이 출토되지 않아 구조와 관련 유구만으로 다른 백제 우물들과 비교되고 있다. 반면, 경당지구 206호 우물은 200여 점의 토기류와 어망추, 봉숭아씨 등이 출토되었고, 경당지구에서 조사된 유구가 종교나 제의적인 시설이 집중되어 있다는 점이 주목받고 있다. 이 우물은 일종의 어정(御井)과 같은 특수한 시설의 존재를 연상시키고, 중앙과 지방세력이 함께 참여한 모종의 제의가 이 우물에서 치러졌을 가능성이 제기되기도 했다.[109]

따라서, 경당지구 우물은 제사용 우물로도 볼 수 있지만, 노리재골 I 의 경우 토광 우물로 사용되다가 석조가 추가로 시설된 경우라는 점에서 제사용으로 줄곧 사용되었을지 의문이다. 이밖에도 우물 바닥에서 토기가 출토된 예로는 호로고루 우물에서 흑색마연단경호와 독산동 3호, 청덕동 및 가수동 II −1호 우물에서 고배가 수습되었다. 또한 와동리IV 우물에서는 청동완 바닥에 'X'자가 새겨져 있는데, 이같이 우물 바닥에서 유물이 매납된 상태로 출토된 경우 축조 내지 폐기 때 이루어진 제의 행위와 관련이 깊다고 생각된다. 그러나, 대부분의 우물에서 토기를 비롯한

호층은 철서와 호미, 철겸 등의 제초구와 수확구만 소유하였던 것이다"라고 한바, 시기에 따라 철제농구의 소유계층에 차이가 있음을 알 수 있다(김도헌, 2009, 「선사·고대 농구의 소유형태 검토」, 『韓國上古史學報』64, 韓國上古史學會, 55쪽).

109) 권오영, 2008, 「성스러운 우물의 제사」, 『지방사와 지방문화』11−2, 역사문화학회, 216쪽.
한성백제박물관·한신대학교박물관, 2015, 앞의 보고서, 101쪽.

다양한 종류의 유물이 출토되고 있기 때문에 축조 당시나 물이 말랐을 때, 오염이 되었을 때, 폐기를 할 때 등 직면한 경우에 따라 의례방법(儀禮方法)과 제물 종류를 달리했던 것으로 이해되며, 유물이 거의 출토되지 않은 우물은 갑작스런 이동이나 전쟁으로 인한 자연적 폐기로도 볼 수 있는 여지가 있다.

V. 맺음말

한강 유역에서 최근까지 발굴된 삼국~남북국시대 우물은 다양한 종류가 확인되고 있다. 물론 기존 조사와 연구를 통해서 알려진 바와 같이 석조 우물이 많은 비중을 차지하고 있지만, 암반을 그대로 사용하거나 토광에 석조를 시설한 것, 목조를 하단에 설치하고 석축을 그 윗부분에 쌓는 등 여러 유형의 우물이 축조되었음을 알게 되었다.

한강 유역은 삼국시대 백제, 고구려, 신라가 차례로 점령하여 통치하던 곳이었기 때문에 다양한 유형의 우물과 유물이 확인되는 것은 자연스런 현상이다. 다만, 우물을 통해 알 수 있는 것은 삼국의 우물 축조수법이 크게 다르지 않고 오히려 공통적인 모습이 많이 보이며, 출토유물도 다양한 종류의 것이 매납되었다는 점이다. 특히 백제 우물은 목조 우물뿐만 아니라 목조+석조, 석조 우물 등 다양한 종류가 확인되어 우물의 변화양상을 어느 정도 파악할 수 있게 되었다는데 의미가 있다. 유형별로 볼 때 한성기 때는 목조 우물과 목조+석조 우물이 가장 많이 축조된 것으로 판단되고, 석조 우물은 5세기 이후부터 본격적으로 만들어지기 시작한 것으로 추정된다.

신라 우물은 6세기 중반~7세기 사이에 목조+석조와 석조 우물이 주를 이루는데, 삼국 통일이후부터는 석조 우물이 대부분을 차지하는 것으로 나타났다. 그리고 석조 우물의 구조적인 특징으로 볼 때, 경주나 영남 지방에서 조사된 것과 마찬가지로 삼국시대에는 평면이 원형에 단면이 상광하협형인 것이 많지만, 통일이 된 이후 8세기대로 접어들면서 원형에 통형인 우물이 많은 비율을 차지하는 것으로 파악되었다. 고구려 우물은 북한지역에서 조사된 것을 참고한다면, 목조+석조 우물이 많고, 평면이 원형, 방형, 팔각형 등으로 다양하면서 단면은 배흘림기둥처럼 지름이 넓어지는 점이 특징이다. 이러한 목조+석조 우물은 부여, 광주, 경주에서도 확인되고 있어 삼국이 오랜 기간 동안 축조했던 것임을 알 수 있다.

각 우물별 장단점을 요약해 보면, 목조 우물의 경우 주위에서 구하기 쉬운 밤나무나 상수리나무를 사용했고, 가공이 비교적 쉬워 축조비용이 많이 소요되지 않는다. 또한 수리가 필요할 경우 다른 목조 건축물에 사용했던 목재를 재활용한 예도 있다. 그리고 목재 부식이나 토압 등의 훼손시 수리가 용이하여 유지비용도 적게 든다는 장점이 있다. 그러나, 역시 장기간 사용하기가 어려우며, 석재보다 수질 오염의 가능성이 높다는 단점이 있다. 다음으로 목조+석조 우물이 삼국에서 유행했던 이유는 목조와 석조의 장점이 결합됨에 따라 사용기간이 길고, 부식 등의 훼손 우려가 적다는 점이다. 또한 증개축이 용이하여 웬만한 깊이까지 축조할 수 있고, 하단에 목조를 가구한 뒤 중단과 상단에 석축을 쌓아 토압이나 붕괴의 우려를 줄인 점에서 오랫동안 선호(選好)된 것이 아닌가 한다.

석조 우물은 앞의 두 우물에 비해 경제적 비용이 많이 소요되지만, 역시 구조의 안전성과 위생적인 면에서 가장 우수하다. 그리고 석조 우물은 돌을 다루는 기술이 향상되었기 때문에 가능했던 것으로 여겨지며, 석축 성곽이나 석실묘의 조영과 더불어 발전했던 것으로 볼 수 있다. 따라서, 축조비용 즉 경제성면에서는 목조〉목조+석조〉석조 우물의 순이고, 안전성과 장기간 사용에 따른 효용성 면에서는 석조〉목조+석조〉목조 우물의 순이라고 정리해 볼 수 있겠다.[110]

　끝으로 우물에서 출토되는 유물 중에 복숭아씨를 비롯하여 동물뼈, 수막새, 철기 등을 통해 알 수 있는 것은 고대 사회에서 제의 행위 때 다양한 유물이 매납되었다는 점이다. 복숭아씨는 민간신앙에서 축귀의 효능을 염두에 둔 것이고, 동물뼈는 우물의 사용 전과 후에 우물 신을 만족시키기 위한 공희물로 여겨진다. 수막새는 삼국의 성곽이나 고분, 사찰 등에서 훼기된 상태로 출토되는 양상을 보이며, 연화문 즉 연꽃의 상징성이 가미된 유물로 보인다. 철기는 농경과 관련되어 풍요를 기원하기 위해 매납된 유물로도 생각된다.

　이렇듯 우물은 주로 식수나 용수를 얻기 위한 목적으로 축조되었지만, 정치적 또는 제의적 목적으로도 조성되거나 이용되었음을 알 수 있다. 그러나, 이제까지 한강 유역에서 조사된 우물 수가 많지 않은 상태에서 주요 성곽이나 공공건물지와 같은 곳에서 사용된 우물이 발견된다면 삼국의 우물 축조기법이나 매납 유물의 양상에 대하여 한걸음 더 나아갈 수 있으리라 여겨진다. 그리고 주요 교통로와 취락유적과의 상관관계도 밝혀져야 하는 부분이다.

---

110) 그 외 토광과 토광+석조 우물은 경제성이나 효용성면에서 다른 우물에 비해 축조된 비율이 적었던 것으로 추정된다.

【참고문헌】

■ 문헌

『三國史記』, 『三國遺事』

■ 단행본

국립경주박물관, 2011a, 『우물에 빠진 통일신라 동물들』.

國立慶州博物館, 2011b, 『國立慶州博物館內 우물 出土 動物遺體』.

東亞出版社, 1992, 『韓國文化상징사전』.

사회과학원 고고학연구소, 2009, 『고구려의 성곽』, 진인진.

손수호·리영식, 2009, 『고구려의 건축』, 진인진.

전제헌, 1994, 『동명왕릉에 대한 연구』, 사회과학출판사.

■ 논문

姜眞周, 2006, 「漢江流域 新羅土器에 대한 考察」, 檀國大學校 大學院 碩士學位論文.

권오영, 2008, 「성스러운 우물의 제사」, 『지방사와 지방문화』11-2, 역사문화학회.

김도헌, 2009, 「선사·고대 농구의 소유형태 검토」, 『韓國上古史學報』64, 韓國上古史學會.

김도훈, 2009, 「風納土城 百濟 우물지에 관한 硏究 試論」, 『白山學報』84, 白山學會.

金玟廷, 2013, 「신라 왕경 우물의 제의 연구」, 成均館大學校 大學院 碩士學位論文.

金貞淑, 1990, 「新羅文化에 나타나는 動物의 象徵」, 『新羅文化』7, 동국대학교 신라문화
　　　　연구소.

金昌億, 2000, 「三國時代 時至聚落의 展開過程과 性格」, 『嶺南考古學』27, 嶺南考古學會.

金昌億, 2004, 「우물에 대한 祭儀와 그 意味」, 『嶺南文化財研究』17, 嶺南文化財研究院.

김창억·김대덕·도영아, 2008, 「우물유구에 대한 분석과 조사방법」, 『야외고고학』5, 한
　　　　국문화재조사연구기관협회.

백종오, 2011, 「韓國古代瓦當의 毁棄樣相 檢討」, 『韓國史學報』43, 高麗史學會.

소재윤, 2010, 「백제 수막새 제작기법과 生産體制의 變化」, 『百濟學報』4, 百濟學會.

안승모, 2015, 「고고학으로 본 복숭아 재배와 의례적 기능」, 『馬韓百濟文化』, 馬韓百濟
　　　研究所.

楊花英, 2003, 「삼국시대 영남지방 우물의 구조에 대한 연구」, 昌原大學校 大學院 碩
　　　士學位論文.

이상희, 2010, 「신라시대 한주지역 토기완 연구」, 세종대학교 대학원 석사학위논문.

이신효, 2002, 「왕궁리 우물유적」, 『湖南考古學報』15, 호남고고학회.

이신효, 2004, 「백제 우물 연구」, 『湖南考古學報』20, 호남고고학회.

鄭治泳, 2009, 「百濟 漢城期 瓦當의 形成과 系統」, 『韓國上古史學報』64, 韓國上古史學會.

조성숙, 2005, 「肩部押捺文土器의 變遷過程과 그 意味」, 『湖西考古學』13, 湖西考古學會.

한지선, 2008, 「풍납토성 경당지구 재발굴조사 성과–206호 우물을 중심으로」, 『樣式의
　　　考古學』, 韓國考古學會.

황보경, 2012, 「한강 유역 출토 신라 수막새 고찰」, 『東洋學』52, 檀國大學校 東洋學研
　　　究院.

許義行, 2004, 「土器造 우물에 對한 考察」, 『錦江考古』創刊號, 忠淸文化財硏究院.

■ 보고서

겨레문화유산연구원, 2016, 『서울 독산동 유적』.

京畿道博物館, 1999, 『坡州 舟月里 遺蹟』.

京畿文化財硏究院, 2009a, 『龍仁 麻北洞 聚落遺蹟』.

京畿文化財硏究院, 2009b, 『城南 島村洞 遺蹟』.

京畿文化財硏究院, 2009c, 『安城 萬井里 신기遺蹟』.

京畿文化財硏究院, 2010a, 『龍仁 靈德洞 遺蹟』.

京畿文化財硏究院, 2010b, 『坡州 瓦洞里Ⅳ 遺蹟』.

경희대학교 중앙박물관, 2013, 『용인 어비리 유적』.

高麗大學校 埋藏文化財研究所, 2004, 『麻田里 遺蹟—C地區—』.

國立慶州文化財研究所, 2003, 『慶州 西部洞 19番地 遺蹟 發掘調査報告書』.

국립경주문화재연구소, 2013, 『傳仁容寺址 발굴조사 보고서Ⅰ』.

國立慶州博物館, 2002, 『國立慶州博物館敷地內 發掘調査報告書—美術館敷地 및 連
        結通路敷地—』.

국립문화재연구소, 2001, 『風納土城Ⅰ』.

국립문화재연구소, 2007, 『風納土城Ⅷ』.

국립부여문화재연구소, 2007, 『宮南池Ⅲ』.

畿甸文化財研究院, 2007, 『烏山 佳水洞 遺蹟』.

기호문화재연구원, 2010, 『金浦 馬松 遺蹟Ⅰ～Ⅲ』.

문화재청·국립부여문화재연구소, 2009, 『扶餘 官北里百濟遺蹟 發掘報告Ⅲ』.

박중균·최경숙·최진석 외, 2014, 「서울 몽촌토성 서북지구 내성농장부지 유적」, 『중부
        지역 고고학조사의 최전선』.

扶餘文化財研究所, 1993, 『扶餘舊衙里百濟遺蹟發掘調査報告書』.

聖林文化財研究院, 2010, 『慶州 路西洞 169-13番地 統一新羅時代 生活遺蹟』.

聖林文化財研究院, 2011, 『慶州 西部洞 207-8番地 統一新羅時代 生活遺蹟』.

세종대학교 박물관, 2008, 『남양주 지금동』.

嶺南文化財研究院, 2002, 『大邱 東川洞聚落遺蹟』.

蔚山文化財研究院, 2007, 『蔚山三亭里遺蹟』.

中部考古學研究所, 2012, 『華城 旺林里 노리재골Ⅰ 遺蹟』.

중원문화재연구원, 2007.6, 「문경 고모산성 2차 발굴조사—현장설명회의 자료집(3)—」.

忠南大學校 百濟研究所, 2003, 『泗沘都城—陵山里 및 軍守里地點 發掘調査 報告書—』.

韓國文化財保護財團, 2005, 『용인 동백—죽전간 도로구간내 문화유적 시·발굴조사 보
        고서』.

韓國文化財保護財團, 2013a, 『2011년도 소규모 발굴조사 보고서 I -경기1-』.

韓國文化財保護財團, 2013b, 『議政府 洛陽洞·民樂洞 遺蹟』.

한국선사문화연구원, 2014, 『忠州 塔坪里 탑평들遺蹟』.

한국전통문화학교 고고학연구소, 2010, 『扶餘 陵山里寺址 제9차 발굴조사보고서』.

한국토지공사 토지박물관, 2007, 『漣川 瓠蘆古壘 III 』.

한국토지주택공사 토지주택박물관, 2014, 『漣川 瓠蘆古壘 IV 』.

한백문화재연구원, 2013, 『화성 청계리 유적 I ~VIII』.

한백문화재연구원, 2013, 『서울 세곡동 유적』.

한성백제박물관, 2014.7, 「몽촌토성 서북지구 발굴 현장설명회 자료」.

한성백제박물관·한신대학교박물관, 2015, 『風納土城 X VII』.

한신대학교박물관, 2010, 『龍仁 麻北洞 中世聚落』.

湖南文化財硏究院, 2005, 『光州 外村遺蹟』.

湖南文化財硏究院, 2007, 『光州 東林洞遺蹟 IV』.

【사진출처】

〈사진 1〉 國立慶州博物館, 2002, 『國立慶州博物館敷地内 發掘調査報告書-美術館敷
地 및 連結通路敷地-』, 371쪽 도판 97①.
〈사진 2〉 국립경주문화재연구소, 2013, 『傳仁容寺址 발굴조사 보고서 I 』, 194쪽 사진
260.

| 3장 |

한강 유역 출토 신라 수막새의 문양별 분류와 특징
-서울·경기지역 출토 수막새를 중심으로-

I. 머리말

최근까지 한강(漢江) 유역에서는 많은 수의 신라(新羅) 유적과 유물이 발굴되어 관련 연구자들로부터 적지 않은 관심을 받고 있다. 그러한 가운데, 몇몇 성곽(城郭)과 사지(寺址), 건물지(建物址)에서 많진 않으나 암·수막새가 출토되어져 유적의 편년이나 위상(位相)을 추정하는데 도움을 주고 있다. 그러나, 한강 유역에서 출토된 신라 와당은 그 양이 아직까지 많지 않을 뿐만 아니라,[1] 공반 유물을 통한 제작시기를 파악하는데 여러 가지 어려움을 겪고 있다고 하겠다. 이러한 상황에서 필자는 한강 유역에서 출토되고 있는 신라 수막새가 경주지역 출토품은 물론 고구려(高句麗)·백

---

[1] 와당은 드림새라고 불리는 점토판을 수키와와 암키와의 한쪽 끝에 붙여 모양을 낸 기와로 처마의 끝부분에 놓인다. 드림새는 처마를 비나 눈으로부터 보호하기 위한 실용적인 의도로 제작되었으나 차츰 목조건물을 장식함에 있어 중요한 부분으로 자리하고 의장성이 중요시 되었다. 의장성은 드림새의 형태와 새겨지는 문양을 통해 나타내며 건축물의 존귀함을 보여준다(백종오, 2006, 『고구려 기와의 성립과 왕권』, 주류성출판사, 85쪽).

제(百濟) 수막새들과 문양이나 제작 양상이 비슷하다는 점을 간취(看取)하여 과연 어떤 문양 및 특징이 있는지를 알아보고자 이 글을 마련하게 되었다.

우선 신라 와당에 대한 최근까지의 연구현황을 살펴보면, 김동현과[2] 윤근일,[3] 김성구가[4] 제작기법이나 문양, 특정 유적 출토 와당을 대상으로 연구한 바 있다. 뒤이어 박홍국은 삼국부터 통일신라 초기의 신라 기와에 대해 관심을 갖기도 했고 같은 문양이면서 다른 형태의 막새에 대해서도 연구하였다.[5] 신창수는 황룡사지에서 출토된 기와에 대해 편년을 시도하기도 하였다.[6] 그리고 임영신은 보상화문을 중심으로 연구했고,[7] 최명자와 김여진은 연화문 양식을 분석해 보기도 했으며,[8] 유난희는 새

2) 金東賢 외, 1976, 「新羅의 기와」, 『建築과 文樣(上)』 韓國建築史大系Ⅴ, 東山文化社.
3) 尹根一, 1978, 「統一新羅時代 瓦當의 製作技法에 관한 硏究」, 檀國大學校 碩士學位論文.
4) 金城龜, 1981, 「雁鴨池 出土 古式瓦當의 考察」, 『美術資料』29, 國立中央博物館.
   金城龜, 1983, 「多慶瓦窯址出土 新羅瓦塼小考」, 『美術資料』33, 國立中央博物館.
   金城龜, 1984a, 「統一新羅時代 瑞鳥文圓瓦當小考」, 『尹武炳博士回甲紀念論叢』, 論叢發刊委員會.
   金城龜, 1984b, 「統一新羅時代 瓦塼硏究」, 『考古美術』162·163, 韓國美術史學會.
   김성구, 1992, 『옛기와』, 대원사, 1992.
   金城龜, 2000, 「新羅기와의 成立과 그 變遷」, 『新羅瓦塼』, 국립경주박물관.
   金城龜, 2002, 「고대 동아시아의 瓦當藝術」, 『유창종 기증 기와·전돌』, 국립중앙박물관.
5) 朴洪國, 1986, 「三國末~統一初期 新羅瓦塼에 대한 一考察」, 東國大學校 碩士學位論文.
   朴洪國, 2001, 「新羅 同紋異形 막새기와에 대한 小考」, 『古文化』57, 한국대학박물관협회.
6) 申昌秀, 1986, 「皇龍寺址 出土 新羅기와의 編年」, 檀國大學校 碩士學位論文.
   申昌秀, 1987, 「삼국시대 신라기와의 연구-황룡사지출토 신라기와를 중심으로-」, 『文化財』20, 文化財管理局.
7) 임영신, 1982, 「統一新羅時代의 瓦當과 塼에 나타난 寶相華文의 硏究」, 동아대학교 석사학위논문.
8) 최명자, 1984, 「統一新羅時代 蓮花紋의 樣式的 分析」, 부산대학교 석사학위논문.
   崔女珍, 2007, 「古新羅 蓮花文 瓦當의 形式과 系統」, 公州大學校 碩士學位論文.

문양 막새에 대해 다루었다.[9] 임명택은 통일신라시대 귀면와에 대해 전반적으로 정리를 한바 있고,[10] 허미형은 통일신라시대 평와에 대해 연구하기도 했으며,[11] 김태근은 원향사지를[12] 최문환은 자미산성 출토 막새에 대해 분석하였다.[13] 최근에는 김유식이 신라 연화문 수막새를 중점적으로 다룬 것과 신라 와당의 형식적 특징 및 시기별 특징을 총 정리하기도 하였다.[14] 한편 유창종은 고신라와 통일신라시대 와당의 종류별 문양과 특징에 관해 다루었고,[15] 조원창은 황룡사지 출토 와당과 제와술에 관하여 연구했으며,[16] 최맹식은 삼국시대의 평기와를 중심으로 하여 막새에 대해서도 정리하였다.[17] 한편 백종오는 고대 와당의 훼기양상을 검토하여 제의와의 관련성을 연구하여 주목받고 있다.[18]

9) 劉蘭姬, 2004,「統一新羅時代 鳥文막새에 대한 一考察」, 蔚山大學校 碩士學位論文.

10) 林明澤, 1982,「統一新羅 鬼面瓦에 관한 硏究」, 檀國大學校 碩士學位論文.

11) 허미형, 1989,「통일신라기 평와에 관한 연구」, 한양대학교 석사학위논문.

12) 金泰根, 2003,「驪州 元香寺址 出土 막새瓦의 硏究」, 東國大學校 碩士學位論文.

13) 최문환, 2012,「평택 자미산성 출토 막새 연구」,『新羅史學報』24, 新羅史學會.

14) 金有植, 2001,「기와를 通해 본 新羅·高句麗의 對外交涉」,『東岳美術史學』2, 동악미술사학회.

　김유식, 2002,「한국 기와의 시대별 특징」,『유창종 기증 기와 전돌』, 국립중앙박물관.

　金有植, 2004,「통일신라시대 기와연구의 현황과 과제」,『통일신라시대고고학』, 韓國考古學會, 2004.

　金有植, 2006,「6~8세기 新羅기와 硏究 檢討」,『東岳美術史學』7, 동악미술사학회, 2006.

　金有植, 2009,「5~6世紀 연화문수막새를 통해 본 新羅와 周邊諸國의 交流」,『東岳美術史學』10, 동악미술사학회.

　金有植, 2010,『新羅 瓦當 硏究』, 東國大學校 博士學位論文.

15) 유창종, 2009,『동아시아 와당문화』, 미술문화.

16) 조원창, 2010,『한국 고대 와당과 제와술의 교류』, 서경문화사.

17) 최맹식, 2011,「삼국시대 기와의 특징과 변천」,『기와 그리고 전돌 명품선』, 한남대학교 중앙박물관.

18) 백종오, 2011,「韓國古代瓦當의 毁棄樣相 檢討」,『韓國史學報』43, 高麗史學會.

이 글에서 다루는 지역적 범위는 한강 유역 중에서도 본류역과 남한강 (南漢江) 유역을 중심으로 하고, 북쪽으로는 반월성(半月城, 사적 제403호) 이 위치한 포천, 남쪽으론 자미산성(玆美山城, 시도기념물 제203호)과 봉업 사지(奉業寺址, 시도기념물 제189호)가 있는 평택·안성지역까지 포함하고 자 한다.[19] 시간적 범위는 신라가 한강 유역을 점령한 6세기 중반부터 10 세기 초까지를 대상으로 하며, 분류 및 분석대상 막새는 수막새만으로 한 정하고자 한다.[20]

Ⅱ. 수막새 출토 현황

한강 유역에서 출토된 신라 수막새의 수는 많지 않지만, 사지나 성곽 에 대한 발굴조사가 활발하게 이루어지면서 다양한 종류의 문양이 확인 되고 있다. 여기에서는 사지와 성곽 그리고 건물지에서 출토된 수막새를 각 유적별로 간략히 살펴보고자 한다.[21]

1. 사지 출토 수막새

한강 유역에는 많은 수의 신라 절터가 분포해 있는 것으로 알려져 있 는데,[22] 시굴이나 발굴조사가 이루어진 곳은 서울 암사지와 하남 동사 지·천왕사지, 여주 고달사지·원향사지, 안성 봉업사지, 안양 중초사지

---

19) 그와 같이 분석대상 범위를 넓게 잡은 이유는 신라 성곽이나 사지의 분포 밀집도가 낮아 유적 수가 많지 않을 뿐만 아니라, 출토된 막새 수량이 적기 때문이다.
20) 아울러 문양이 뚜렷하지 않거나 제원을 알 수 없는 수막새는 분석대상에서 제외하 였음을 알려두고자 한다.
21) 사지와 성곽, 건물지에서 출토된 수막새의 현황은 부록〈표-1·2〉로 정리해 놓았다.
22) 皇甫慶, 2008, 「漢江流域 신라 佛敎遺蹟의 현황과 특징」, 『新羅史學報』12, 新羅史學會.

등 그다지 많지 않다. 그러나 각 사지에서는 창건시기를 추정해 볼 수 있는 유구와 유물이 출토되고 있으며 그 중에서도 수막새가 중요한 자료로 평가되고 있다. 여기에서는 각 사지에 대한 조사결과와 수막새 출토현황을 간략히 정리해 보고자 한다.

1) 하남 천왕사지[23]

천왕사지(天王寺址)는 지표조사를 통해 처음 알려졌으며,[24] 2차에 걸쳐 시굴조사가 이루어져 목탑지와 금당 추정지 등이 확인되었고, 조선시대 세종(世宗, 재위 1418~1450)대까지 법등이 이어졌던 것으로 파악되었다. 이 유적에서는 많은 종류의 와당이 수습되었는데, 대부분 고려시대의 것이고, 그 중에서 8엽단판연화문 수막새 2점과 8엽복판연화문 수막새 2점이 신라 수막새로 추정되고 있다.[25]

2) 여주 고달사지[26]

고달사지(高達寺址, 사적 제382호)는 5차에 걸쳐 발굴조사가 이루어졌으며 조사결과, 8세기 중엽경에 창건된 것으로 추정되고 금당지와 강당지 등 많은 유구가 확인되었다. 수막새는 많은 수가 출토되었는데, 크게 연화문과 일휘문으로 대별되고, 보상화문과 귀면문도 몇 점 있으나 그 양은

---

23) 韓國文化財保護財團, 2001, 『河南 天王寺址 試掘調査 報告書』.
　　韓國文化財保護財團, 2002, 『河南 天王寺址 2次 試掘調査 報告書』.
24) 世宗研究院, 1996, 『河南市 校山洞一帶 文化遺蹟』.
　　世宗大學校 博物館, 1999, 『河南市의 歷史와 文化遺蹟』.
25) 분석대상 수막새 4점 중 8엽복판수막새 1점은 지표조사를 통해 수습되었음을 밝혀
　　둔다(世宗研究院, 1996, 위의 책, 158쪽).
26) 京畿道博物館·畿甸文化財研究院, 2002, 『高達寺址 I』.
　　畿甸文化財研究院, 2007, 『高達寺址 II』.

적은 편이다. 수막새에 대한 분석결과를 보면, 900년 이전으로 편년되는 수막새는 연화문 3종류이며 모두 단판연화문이다. 이 막새는 1·2차 조사 때 확인되었고, 3~5차 발굴조사 때에는 복판과 세판연화문 수막새만 출토되었다.

3) 여주 원향사지[27]

원향사지(元香寺址)는 도로건설로 인한 구제조사의 성격으로 전체 사역의 1/2정도만 발굴되었다. 사찰의 창건시기는 8세기대로 추정되고, 13세기 중엽까지 존속했던 것으로 추정되고 있다. 와당류는 580여 점이 출토되었지만, 그 중에서 신라 와당은 6엽부터 12엽의 단판연화문 수막새 7종류 정도가 확인되었다.

4) 안성 봉업사지[28]

봉업사지에 대한 조사결과, 혜공왕 2년(766) 이전에 '華次寺(화차사)'라는 이름으로 창건되어 조선 초기까지 법등이 이어졌던 것으로 파악되었다. 이곳에서도 1·2차 조사를 통해 수막새 47점, 암막새 91점이 출토되었는데, 남북국(신라)시대 수막새는 중판연화문이 시문된 5점이 대표적이다. 그리고 3차 조사 때는 수막새 13점, 암막새 14점이 출토되었는데, 남북국시대로 판단되는 수막새는 2점(A-10[29]·11식) 뿐이다.

---

27) 畿甸文化財硏究院, 2003, 『元香寺』.
28) 京畿道博物館, 2002, 『奉業寺』.
　　京畿道博物館, 2005, 『高麗 王室寺刹 奉業寺』.
29) A-10식은 남은 조각이 너무 작기 때문에 속성분석에서는 제외하였지만, 잎이 넓고 끝을 예각으로 처리하고 간엽을 표현한 점으로 보아 제작시기를 8~9세기로 보고 있다(京畿道博物館, 2005, 위의 책, 190쪽).

이밖에도 서울 암사지와 하남 동사지,[30] 안양 중초사지에서도[31] 다양한 종류의 와당이 출토되었지만 속성자료를 알 수 없거나 본 보고서가 간행되지 않아 여기에서는 제외하였다.

범 례					
1	하남 천왕사지	2	여주 고달사지	3	여주 원향사지
4	안성 봉업사지	5	포천 반월산성	6	서울 아차산성
7	하남 이성산성	8	인천 계양산성	9	평택 자미산성
10	하남 교산동 건물지	11	하남 춘궁동 건물지	12	하남춘궁동 40-9번지 건물지
13	평택 양교리 건물지				

〈지도〉 한강 유역 수막새 출토 유적 분포도

30) 文明大, 1988, 「廣州 春宮里 桐寺址發掘調査 報告」, 『板橋~九里·新葛~半月間 高速 道路 文化遺蹟 發掘調査 報告, 忠北大學校 博物館.
  文明大, 1991, 「廣州地域 寺址發掘의 성과와 의의」, 『佛敎美術』10, 東國大學校 博物館.
31) 한울문화재연구원, 2013, 『安養寺址』.

2. 성곽 및 건물지 출토 수막새

한강에는 본류역(本流域)과 지류(支流)를 따라 많은 성곽이 분포해 있으며, 지표조사와 연차적인 시·발굴조사를 통해 성곽에 관한 기본적인 자료 즉 전체 규모와 평면형태는 물론 문지, 건물지, 치성, 저수시설 등이 조사된 상태이다. 건물지도 하남에서 집중적으로 확인되고 있으며, 평택 양교리와 화성 상안리에서도 부분적이나마 발굴되었다. 출토유물도 와당을 비롯하여 명문기와와 표식적인 토기류 등 다양한데, 특히 수막새는 성곽 7곳과 건물지 4곳에서 출토되어 축조시기 및 유적의 성격을 추정하는 데 도움이 되고 있다. 여기에서도 각 성곽과 건물지에 대한 조사결과와 수막새 출토현황에 대해 간략히 정리해 보고자 한다.

1) 포천 반월(산)성[32]

반월성(半月城, 사적 제403호)은 테뫼식 석축산성으로 치성과 문지, 건물지, 장대지, 수구지 등 많은 유구가 발굴되었으며, '馬忽'·'金酉寺天造'·'上師'자 등이 시문된 명문와가 출토되었다. 와당은 동문지와 헬기장 등에서 대략 5종류가 출토되었는데, 그 중에서 단판연화문 수막새 2종류 정도가 남북국시대의 것으로 판단되고 있다.

2) 서울 아차산성[33]

아차산성(阿且山城, 사적 제234호)은 포곡식의 석축산성으로 건물지와 문

---

32) 단국대학교 문과대학 사학과, 1996, 『포천 반월산성 1차 발굴조사 보고서』.
　　단국대학교 문과대학 사학과, 1997, 『포천 반월산성 2차 발굴조사 보고서』.
　　단국대학교 매장문화재연구소, 2001, 『포천 반월산성 5차 발굴조사 보고서』.
　　단국대학교 매장문화재연구소, 2004, 『포천 반월산성-종합 보고서-』.
33) 서울대학교 박물관, 2000, 『아차산성 시굴조사보고서』.

지, 연못, 주거지 등이 발굴되었고, '北漢'·'漢山○'·'官'자 등이 시문된 명문기와가 출토되었다. 와당은 종류가 다른 10엽단판연화문 수막새 5점 정도가 수습되었는데, 연판이 제대로 남아 있는 것은 2점 정도에 불과하다.

3) 하남 이성산성[34]

이성산성(二聖山城, 사적 제422호)은 포곡식 석축산성으로 최근까지 이루어진 조사를 통해 동문지와 남문지, 동문지 옆 치성, 8·9·12각 건물지, 저수지 2곳, 장방형·부석 건물지 등 많은 유구와 유물이 발굴되었다. 주요 출토 유물로는 '戊辰'명 목간과 요고, 목제 인물상, 각종 토기류 등이 있으며, 와당은 연화문 수막새 3점이 출토되었는데, 9차 발굴에서 수습된 것이 가장 양호한 편이다.

4) 인천 계양산성[35]

계양산성(桂陽山城, 시도기념물 제10호)은 4차에 걸쳐 발굴되었는데, 동문지와 북문지, 성벽, 집수시설 3기 등이 발굴되었다. 조사결과, 백제와 신라가 축조내지 사용한 것으로 밝혀졌고, 신라 와당은 단판과 중판의 연화문 수막새가 출토되었다.

5) 평택 자미산성[36]

자미산성(玆美山城, 시도기념물 제203호)은 2차에 걸쳐 시·발굴조사가

---

34) 漢陽大學校 博物館, 1999, 『二聖山城 6次 發掘調査報告書』.
   漢陽大學校 博物館, 2002, 『二聖山城 9次 發掘調査報告書』.
   漢陽大學校 博物館, 2003, 『二聖山城 10次 發掘調査報告書』.
35) 鮮文大學校 考古研究所, 2008, 『桂陽山城 發掘調査報告書』.
   겨레문화유산연구원, 2011, 『계양산성 Ⅱ』.
36) 한백문화재연구원, 2010, 『평택 자미산성 2차 발굴조사 보고서』.

이루어졌는데, 북문지와 성벽, 저장시설, 집수시설, 수혈 등이 발굴되었다. 특히 북문지는 2차례 개축되었음이 밝혀졌고, 집수시설은 평면이 원형이면서 석축으로 된 구조이다. 와당은 수막새 51점과 암막새 2점이 출토되었는데, 특히 수막새는 바람개비문과 연화문으로 나눠지는데 연화문의 경우 문양판에 따라 7종류로 세분된다.

6) 하남 교산동 건물지[37]

교산동 건물지는 모두 4차에 걸쳐 발굴조사가 이루어져 'ㄷ'자형태의 건물지와 담장지가 확인되었다. 특히 서쪽 건물지는 가장 많이 증개축이 이루어졌음이 조사를 통해 확인되었는데, 초축시기가 남북국시대로 추정되고 있다. 명문와 중에는 '成達伯○'·'哀宣伯○' 등이 있고, 와당은 귀면문·연화문 수막새류와 당초문 암막새가 출토되었다. 특히 귀면문 수막새가 여러 점 있는데, 생김새가 생동감 있게 표현되어 있으며 하남 천왕사지 출토 귀면와와 비교될 만하다.

7) 하남 춘궁동 건물지[38]

건물지는 광주향교에서 서북쪽으로 마주보고 있는 곳에서 발견되었는데, 건물지 4채와 배수유구 1기가 조사되었다. 특히 제1건물지는 상·하층 건물이 중복되어 있었고, 공반 유물도 고려와 신라 유물이 함께 출토되었다. 와당은 연화문 수막새 2점이 있으며, 덧띠무늬병과 뚜껑, 완류가 함께 수습되었다.

---

37) 畿甸文化財研究院, 2001, 『河南 校山洞 建物址 中間報告書 II(2000)』.
　　畿甸文化財研究院, 2002, 『河南 校山洞 建物址 中間報告書 III(2001)』.
38) 세종대학교 박물관, 2006a, 『하남 춘궁동 건물지 유적』.

8) 하남 춘궁동 401-8번지 건물지[39]

이 건물지에서는 적심석과 돌유구를 통해 정면이 남쪽을 향해 있고, 규모가 정면과 측면이 각 2칸 정도였던 것으로 추정되었다. 출토된 와당은 12엽단판연화문 수막새 18점과 쌍조문 수막새 1점, 당초+초화문 암막새 22점이 수습되었는데, 모두 같은 시기에 사용된 것으로 파악되었다.

9) 평택 양교리 건물지[40]

건물지는 3지점 2호 건물지로 'ㄱ'자형 석열일부만 남아 있는데 규모가 작고 남동쪽 가까운 곳에 삼국시대 기와가마가 발굴되었다. 와당은 연화문 수막새 1점과 기하문 암막새 1점이 출토되었다.

이밖에도 양주 대모산성(사적 제526호)에서도 수막새 4종 10여 점과 암막새 1종 10여 점이 출토되었는데,[41] 이 가운데 신라 와당으로 추정되는 것은 8엽단판연화문 수막새가 있고, 안성 죽주산성 S5 집수시설에서도 6엽단판연화문 수막새 1점이 출토되었다.[42]

Ⅲ. 수막새의 문양과 속성

한강 유역에서 출토된 신라 수막새의 수는 많지 않지만, 사지나 성곽에 대한 발굴조사가 활발하게 이루어지면서 다양한 문양이 확인되고 있

---

39) 세종대학교 박물관, 2006b, 「춘궁동 401-8번지 유적」, 『하남지역 시굴조사 보고서』.
40) 高麗文化財研究院, 2010, 『平澤 梁橋里 遺蹟』.
41) 文化財研究所·翰林大學校博物館, 1990, 『楊州 大母山城 發掘報告書』.
42) 한백문화재연구원, 2012, 『안성 죽주산성 2~4차 발굴조사 보고서』.

다.[43] 여기에서는 수막새를 문양별로 구분하고 형식별로 분류하여 각각의 특징을 살펴보고자 하며, 막새의 속성에 대한 분석을 통해 제작상의 공통점과 차이점을 확인해 보고자 한다.

1. 문양별 분류

수막새의 문양 분류는 크게 연화문과 용면문, 쌍조문, 바람개비문으로 구분되는데, 연화문을 제외한 나머지 문양은 그 수가 적기 때문에 자세한 비교분석을 하기가 어려운 형편이다. 여기에서는 각 문양별로 형식을 구분해 보고, 막새의 개별적인 특징을 살펴보고자 한다.

1) 연화문

연화문 수막새는 한강 유역에서 출토된 신라 수막새 가운데 가장 많은 비중을 차지하며, 그 종류 또한 다양하다. 따라서, 각 유적에서 출토된 연화문 수막새를 연잎의 형태와 단판인 것을 우선으로 분류하여 각 형별로 〈표〉를 중심으로 정리해 보고, 문양별 특징을 알아보도록 하겠다.[44]

가. Ⅰ형

이 수막새는 연잎이 마치 아몬드처럼 너비가 좁고 긴 형태인데, 이성

---

43) 필자는 최근 서울과 경기, 강원지방을 대상으로 신라 성곽과 고분, 건물지 및 주거지에 대한 조사 현황을 정리하여 각 지역이나 유적별 특징과 성격에 대하여 살펴본 바 있다(皇甫慶, 2011, 「중부지방 신라 유적의 연구 및 조사현황과 성격 고찰」, 『文化史學』36, 韓國文化史學會).

44) 연화문의 형식별 분류에서 연잎의 형태에 따른 비유 용어는 김유식의 글을 참고로 하였음을 밝혀두고, 각 〈표〉에 수록된 경주 등의 타 지역 출토품은 제작시기보다 문양이 유사한 것을 비교해 보기 위해 게재하였음을 일러둔다(金有植, 2010, 앞의 논문 참조).

산성과 아차산성, 계양산성, 대모산성에서 출토되었고, 모두 5가지 식으로 나눠 볼 수 있다.

먼저, Ⅰ-1식은 8엽단판형으로 자방(子房)이 있고, 연자(蓮子)도 있지만 뚜렷하지 못하다. 연잎 형태는 끝이 뾰족하고 자방쪽으로 올수록 너비가 줄어들며 비교적 볼륨감이 있는 편이다. 사이잎은 Y자형으로 벌어져 있으며, 연잎과 자방 사이에 너비 0.5㎝정도의 홈이 있어 그 경계가 뚜렷하다. Ⅰ-2식은 10엽단판형이며, 연잎 형태가 Ⅰ-1식과 비슷하지만 보다 볼륨감이 있어 보인다. 자방에는 4개의 연자가 도두라지게 붙어 있고, 역시 연잎과 자방 사이에 깊게 패인 홈이 돌려져 있어 명확하게 구분되어 있다. Ⅰ-3식은 8엽단판형으로 연잎 형태가 Ⅰ-1·2식과 달리 잎 끝과 뿌리부분이 동일하게 생겼으며, 역시 볼륨감이 있어 보인다. 자방은 Ⅰ-1·2식과 같이 자방 주위에 원형의 홈이 마련되어 있어 연잎과 뚜렷하게 구분되며, 단면이 반구형으로 오목한 것이 특징이다. 이러한 형태의 막새로는 충주 탑평리(塔坪里) 출토품이 가장 유사하다. Ⅰ-4식도 8엽단판형으로 연잎 형태가 Ⅰ-3형식과 비슷하지만 볼륨감이 떨어지고, 사이잎이 있는 부분에는 사격자문이 시문되어 있다. 자방은 문양판보다 오목하게 약간 돌출되어 있고, 원권이 있다. Ⅰ-5식은 1/4정도 밖에 안되는 조각인데, 연잎이 선각(線刻)으로 표현되었고, 사이잎은 연잎 사이로 표현되어 있다. 자방 직경은 크지 않으며, 연잎과 원권으로 구분되어 있다. 주연 높이가 0.3㎝로 낮은 편이고, 주문(周紋)이 배치되어 있다.

결론적으로 Ⅰ형의 수막새는 8엽과 10엽단판형이고, 연잎 형태가 끝이 뾰족하면서도 각이 잡힌 Ⅰ-1·2식과 연잎 끝과 뿌리가 같은 형태인 Ⅰ-3·4·5식으로 구분된다. 그리고 사이잎이 Y자형태를 보이고 있으며, 자방 주위에 원형 홈이 돌려져 있는 점이 공통된 특징이다.

<表-1> I 형 수막새와 비교 수막새

I-1식 (하남 이성산성)	I-2식 (서울 아차산성)	I-3식 (인천 계양산성)	I-4식 (양주 대모산성)	I-5식 (서울 아차산성)
경주 영묘사지	연천 호로고루	충주 탑평리	경주 안압지	경주 사천왕사지

나. II형

이 수막새는 '스페이드형'이라고도 할 수 있는데, 포천 반월성에서 출토되었고, 연잎 끝부분이 뾰족하고 뿌리부분이 둥글게 처리된 것이 특징이다. II형은 10엽단판으로 연잎 형태가 마치 물방울처럼 생겼고, 사이잎은 머리가 마름모꼴로 생긴 창모양이며 뿌리부분에 원형의 구슬장식이 되어 있는 점이 특징이다. 자방은 원각이 뚜렷하고, 지름이 5.0㎝로 큰 편이며, 연자가 10여개 이상이다. 이와 같은 형태의 막새로는 하남 춘궁동 건물지에서 출토된 것이 1점 있는데, 비록 일부분이지만 연잎의 형태나 사이잎, 자방 등이 같은데, 자방 지름이 4.7㎝이고, 연자는 가운데 1개를 중심으로 16개 정도가 배치되어 있다.[45] 이러한 형태의 수막새 원류로 볼

---

45) 이 수막새는 하남 춘궁동 건물지 중 제1건물지의 하층 건물지에서 덧띠무늬병과 사선문 수키와 등이 함께 출토되었다(세종대학교 박물관, 앞의 책, 2006a 참조).

수 있는 것은 경주 월성(月城, 사적 제16호)이나 안압지(雁鴨池)·황룡사지 (皇龍寺址, 사적 제6호)·재매정(財買井, 사적 제246호)에서 출토된 바 있지만, 연잎의 형태만 비슷할 뿐 사이잎이나 자방의 크기면에서 다소 차이가 있다. 따라서 이 막새는 경주지역 출토품을 모티브(Motive)로 한 퇴화된 양식으로 볼 수 있겠다.

〈표-2〉 II형 수막새와 비교 수막새

II형 (포천 반월성)	하남 춘궁동 건물지	경주 월성	경주 재매정지	경주 황룡사지

다. III형

이 막새는 '단판자엽형'이라고도 하는데, 연잎 안쪽에 자엽(子葉)이 양감있게 표현된 형태로 주연부(周緣部)가 앞쪽으로 돌출된 것이 특징이다. 이러한 종류의 것은 고달사지와 원향사지, 천왕사지, 반월성에서 모두 5종류가 출토되었으며, 이를 분류해 보았다.

III-1식은 고달사지에서 출토된 6엽단판 막새로 연잎이 넓게 펴져 있고, 잎 끝부분이 융기되어 있으며 세장한 아몬드형 자엽이 1개씩 볼륨감 있게 표현되었다. 사이잎은 잎과 잎사이 끝부분에만 융기되어 있고, 자방 안에는 연자가 중앙에 1개를 중심으로 4+4형태로 배치되어 있으며, 자방 바깥으로 꽃술대가 있다. III-2식은 8엽단판으로 연잎이 큼직하고, 자방 쪽에 자엽이 뚜렷하게 표현되어 있으며, 잎 가운데에 능선이 희미하게 있다. 자방의 지름은 4.0cm이고 연판보다 약간 높게 만들어졌으며, 연자는

1+4의 배치상태를 보이고 있다. 사이잎은 연잎 사이 끝부분에 삼각형태로 약간 도드라져 있고, 주연에는 연주문이 없으며, 높이가 0.6cm 정도로 비교적 높은 편이다. 이러한 형태의 막새는 경주 고선사지 출토품과 비슷하지만, 연잎이나 자엽의 형태면에서 차이가 있다.

Ⅲ-3식은 연잎이 장타원형처럼 길고, 자엽도 잎과 비슷한 형태이다. 사이잎은 연잎 사이로 마치 화살촉 모양으로 뾰족하게 표현되었고, 자방은 지름 2.6cm로 작은 편이며 자방 주위에 원권이 돌려져 있다. 자방에는 연자가 1+8의 형태로 배치되어 있고, 주연은 연판보다 0.6cm 높게 만들어졌으며 주문이 촘촘하게 배치되어 있다. Ⅲ-4식도 8엽인데 연잎 4개는 크고, 나머지 4잎은 작게 표현되었다. 자엽은 큰 잎이 장타원형이지만, 작은 잎은 마치 횃불모양처럼 되어 있어 잎은 물론 자엽의 형태도 서로 다르다. 자방은 지름 4.3cm이고, 연자는 1+8의 형태이며 자방 주위에 꽃술대가 돌려져 있다. 사이잎은 연잎을 감싸는 형태이고, 주연은 연판보다 0.4cm 높고, 연주문이 비교적 일정한 간격으로 배치되어 있다. Ⅲ-5식은 Ⅲ-4식과 연잎의 배치 형태는 비슷하지만 잎의 모양새와 사이잎 대신 주

〈표-3〉Ⅲ형 수막새와 비교 수막새

Ⅲ-1식 (여주 고달사지)	Ⅲ-2식 (하남 천왕사지)	Ⅲ-3식 (여주 원향사지)	Ⅲ-4식 (여주 고달사지)	Ⅲ-5식 (포천 반월성)
경주 영묘사지	경주 남간사지	경주 고선사지	경주 황룡사지	경주 사천왕사지

문이 있다는 점 등이 다르다. 자엽도 큰 잎에는 2개가, 작은 잎에는 1개가 있으며, 자방은 원권으로 되어 있고, 연자가 1+4의 배치상태를 보이고 있다. 특히 주연이 높고, 초화문 장식이 있는게 특징이다.

라. Ⅳ형

이 수막새는 연잎에 능선이 있는 종류로 주로 원향사지에서 확인되었는데, 크게 5종류로 분류될 수 있다.[46] Ⅳ-1식은 8엽단판으로 연잎이 볼륨감 있게 표현되었고, 잎 가운데에 능선이 선명하게 양각되어 있다. 자방은 연판보다 낮으며, 연자가 1+16으로 배치되어 있고, 자방 가운데와 밖에 2조 원권이 있다. Ⅳ-2식은 7엽단판으로 연잎이 전체적으로 양감이 부족해 도식적인 모양새이다.. 연잎은 타원형처럼 길고 너비도 일정한 편이며, 연잎 가운데에 능선이 'Ⅰ'자형으로 새겨져 있다. Ⅳ-3식은 6엽단판으로 추정되고, 타원형의 연잎이 오목하게 들어가 있는 형태이다. 연잎 가운데에는 능선이 뚜렷하게 양각되어 있고, 사이잎은 잎의 끝부분만 잎보다 뾰족하게 표현되었으며 능선이 있다. 자방은 원권이 있어 연잎과 구분되고, 지름은 3.3㎝이며 연자가 1+6으로 배치되어 있다. 주연부는 소문으로 너비 0.8㎝, 높이 0.2㎝이다.

Ⅳ-4식은 12엽단판 수막새이다. 연잎이 긴 타원형이고, 잎 가운데에 능선이 있으며 전체적으로 볼륨감이 없이 선각으로 처리된 모습이다. 사이잎은 잎과 잎 사이에 희미하게 표현되어 있고, 자방에 원권이 있으며 연자가 1+4의 형태로 배치되어 있다. 주연은 연판보다 1.8㎝ 높고, 연주문이 조밀하게 시문되어 있다. Ⅳ-5식은 연잎의 볼륨감이 약하고 선각처

---

46) Ⅳ-1~4형식으로 분류되는 막새에 대한 유물설명은 김태근의 글을 참고하였다(김태근, 2003, 앞의 논문).

럼 표현된 것이 특징이다. 자방은 지름 5.0㎝ 정도로 비교적 큰 편이고, 연자가 1+8로 배치되어 있다. 주연이 연판보다 1.0㎝ 높고, 주문이 거칠게 표현되어 있는데 전체적으로 성형이나 문양상태가 좋지 못하다.

〈표-4〉 Ⅳ형 수막새와 비교 수막새

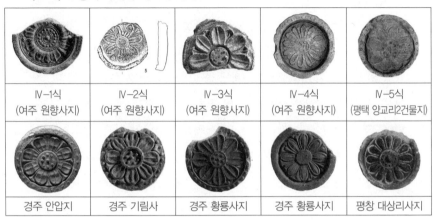

Ⅳ-1식 (여주 원향사지)	Ⅳ-2식 (여주 원향사지)	Ⅳ-3식 (여주 원향사지)	Ⅳ-4식 (여주 원향사지)	Ⅳ-5식 (평택 양교리2건물지)
경주 안압지	경주 기림사	경주 황룡사지	경주 황룡사지	평창 대상리사지

마. Ⅴ형

이 형식의 수막새는 연잎 형태가 Ⅱ형과 반대로 끝부분이 둥글고, 뿌리부분이 급격하게 좁아진다. Ⅴ-1식은 8엽단판 막새로 연잎이 물방울처럼 생겼고, 연잎 주위에 외곽선이 2중으로 있으며, 사이잎은 역삼각형 모양이다. 자방은 원권이 있고, 주문이 있으며 연자가 1+4로 배치되어 있다. 주연은 연판보다 약간 높고, 주문이 비교적 일정한 간격으로 있다. Ⅴ-2식은 하남 춘궁동 건물지에서 출토되었고, 8엽단판이다. 비록 1/4조각이지만, 연판과 주연부가 남아 있어 큰 특징을 알 수 있다. 연잎은 Ⅴ-1식과 비슷하지만 외곽선이 없고, 사이잎은 역삼각형이며 그 밖으로 외곽 원권이 돌아간다.

〈표-5〉Ⅴ형 수막새와 비교 수막새

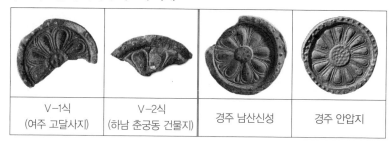

Ⅴ-1식 (여주 고달사지)	Ⅴ-2식 (하남 춘궁동 건물지)	경주 남산신성	경주 안압지

바. Ⅵ형

이 형식의 막새는 하남 춘궁동 401-8번지에서 출토된 12엽단판 막새로 연잎 형태가 타원형이지만 잎이 두툼하고 볼륨감이 있으며, 자방이 크고 주연에 주문이 있다. 사이잎은 역삼각형이고, 연판과 주연사이가 구분되어 있다. 자방은 직경이 4.7㎝로 다소 큰 편이고 연자는 4개가 배치되어 있으며, 연잎과 원권으로 분리되어 있다. 주연은 연판보다 0.6㎝ 높고, 주문이 조밀하게 시문되어 있다.

〈표-6〉Ⅵ형 수막새와 비교 수막새

Ⅵ형 (하남 춘궁동 401-8번지)	경주 월성	경주 안압지	경주 황남동

사. Ⅶ형

이 막새는 복판 연화문으로 연잎 2장이 한 쌍을 이루는 것인데, 천왕사지에서 출토된 8엽복판의 것이 대표적이다. 연잎이 M자형이고, 원형

자엽이 볼륨감 있게 표현되어 있다. 사이잎은 잎과 잎사이 끝부분에 역삼
각형 모양으로 돌출되어 있고, 자방은 직경 4.9cm로 큰 편에 속하며 연자
가 1+4의 형태로 배치되어 있다. 주연은 연판보다 그리 높지 않으며, 주
문이 있지만 뚜렷하지 못하다.

〈표-7〉 Ⅶ형 수막새와 비교 수막새

Ⅶ형 (하남 천왕사지)	경주 사천왕사지	경주 영묘사지

아. Ⅷ형

이 형식은 중판 연화문으로 연잎이 복엽이면서 내판(內瓣)과 외판(外
瓣)으로 나뉘어 있는 것을 가르키며, 자미산성과 봉업사지, 계양산성에서
출토되었다.

Ⅷ-1식은 내판에 16엽이, 외판에 8엽이 배치되어 있는데, 외판 연잎은
M자형이고, 사이잎은 하트모양이다. 자방은 작고 자방 주위로 꽃술대가
돌려져 있으며, 자방 안에 연자가 1+7로 배치되어 있다. Ⅷ-2식은 내판
이 8엽이고, 외판은 16엽이다. 연판의 문양이 훼손되어 전체적인 모양새
를 알기 어렵지만, 연잎이 작고 볼록하게 돌출되어 볼륨감이 있어 보인
다. 내판과 외판 사이는 원권으로 구분되어 있고, 자방에는 여러 개의 연
자가 있으며, 주연이 연판보다 약간 높다. Ⅷ-3식도 자방을 중심으로 내
판과 외판에 각 8엽이 서로 엇갈리게 배치되어 있으며, 자방에는 총 31과

의 연자가 배치되어 있다. 내판 연잎에는 자엽이 있고, 외판 연잎에는 자엽이 간략화된 모습이며, 사이잎도 양각으로 약식화된 듯 오목한 점으로 표현되었다.[47]

〈표-8〉 Ⅷ형 수막새와 비교 수막새

Ⅷ-1식 (평택 자미산성)	Ⅷ-2식 (안성 봉업사지)	Ⅷ-3식 (안성 봉업사지)	경주 사천왕사지	경주 성덕왕릉

자. 기타 수막새류

기타로 분류한 연화문 막새는 모두 4종류로 자미산성에서 출토된 3종류와 원향사지에서 출토된 1종류이다. 기타-1식은 엉성하게 생긴 삼각형태의 6엽단판이 배치되어 있고, 자방은 볼록하며 원권이 돌려져 있다. 잎의 형태가 마치 찰흙띠로 만든 것처럼 두툼하면서도 일정하지 않으며, 사이잎은 물방울 형태로 표현되어 있다. 기타-2식은 5엽단판으로 연잎이 사다리꼴 모양이고, 자방이 있지만 연자가 없다. 기타-3식은 8엽단판인데 선각으로 표현되었고, 사이잎이 T자형으로 돋아 있는 것이 특징이다. 드림새 지름이 가로와 세로가 달라 타원형에 가깝고, 자방에 많은 수의 연자가 음각되듯이 있다. 주연은 연판보다 높지만, 주연 너비가 일정

---

47) 이 형식과 동일한 막새로는 계양산성에서 출토된 것이 있는데, 드림새 지름이 9㎝로 소형에 속하여, 이 글에서는 분석대상에서 제외하였다. 이 막새는 내판과 외판에 각 8엽이 서로 엇갈리게 배치되어 있으며, 자방 외곽에 연주문이 배치되어 있다. 연잎에는 *모양의 꽃무늬가 있고, 사이잎은 Y자형태로 뚜렷하다. 자방에는 연자가 가운데 1개를 중심으로 둘레에 6개를 배치하였다. 주연은 2단으로 되어 있는데, 연판과 높이가 같거나 낮다.

하지 못하고, 소문으로 처리되었다. 기타-4식은 평면이 타원형에 가깝고, 단선으로 거칠게 표현되었는데, 가운데 자방으로 볼 수 있는 원형의 공간을 중심으로 방사상 형태로 3중의 문양이 배치되어 있다.

〈표-9〉 기타 수막새와 비교 수막새

기타-1식 (평택 자미산성)	기타-2식 (평택 자미산성)	기타-3식 (여주 원향사지)	기타-4식 (평택 자미산성)
서울 몽촌토성	서울 몽촌토성		

2) 쌍조문 수막새

쌍조문(雙鳥文) 수막새는 하남 춘궁동 401-8번지에서 단 1점만 출토되었는데, 하남 동사지(桐寺址, 사적 제352호)에서도 이와 같은 종류의 수막새가 출토된 바 있다.[48] 이 막새 특징은 2마리의 새가 서로 마주보고 있는 모습이며, 새 주위로 여러 꽃무늬가 배치되어 있다. 새 날개는 활짝 펼쳐져 있고, 새 머리 윗부분에는 '壬'자 또는 '王'자로 여겨지는 명문이 있다. 그리고 새의 머리 위와 다리 밑에도 꽃장식이 있고, 새와 새 사이 가운데

---

48) 동사지에서는 쌍조문 수막새 2점이 출토되었다고 보고된 바 있고, 드림새 지름이 16.5cm이다(文明大, 1988, 앞의 책).

에는 해바라기처럼 원문이 볼록하게 올라와 있으며, 꽃술대가 희미하게 시문되어 있다.

〈표-10〉 쌍조문 수막새와 비교 수막새

하남 춘궁동401-8	하남 동사지	경주 안압지	경주 감은사지

3) 용면문 수막새

용면문(龍面文) 수막새는 일반적으로 '귀면문(鬼面文)'이라고도 하는데,[49] 하남 천왕사지와 교산동 건물지에서 출토되었다. 천왕사지의 것은 1/3정도만 남아 있고, 교산동 건물지의 것은 거의 완전하게 남아 있다.

용면-1식은 용면의 코와 입, 주연 일부분만 남아 있다. 치아는 부분적이긴 하지만 송곳니와 윗니 4개가 있는데, 아랫니가 없고 혀와 턱부분이 강조된 듯 하다. 용면의 외곽으로 원권이 돌려져 있고, 주연부에는 주문과 구름문이 시문되어 있다. 용면-2식은 교산동 건물지에서 출토된 것으로 용면과 주연부가 잘 남아 있다. 용면은 천왕사지 출토품보다 입을 크

---

49) 전통적인 귀면문의 모티브는 용형면(龍形面)에 사자 형상을 가미한 형상에서 오는 것이 보통이다(林永周, 1983, 『韓國紋樣史』, 미진사, 228쪽). 그리고 강우방은 귀면와에 대해 뿔이 있거나 보주를 물고 있는 모습, 입가에 운기문이 있는 점에 근거하여 용면와로 지칭할 것을 주장하기도 했으며, 백종오도 기와의 상징성 내지 신성(神聖)의 측면에서 용면문이라 보고 있다(姜友邦, 2000, 『韓國瓦當藝術論序說』, 『新羅瓦塼』, 국립경주박물관; 백종오, 2006, 앞의 책, 93쪽). 이에 필자도 한강 유역 출토 용면문 막새의 문양이 단순한 귀면이 아니라 이목구비는 물론 뿔을 연상케 하는 화염이나 입가의 문양 등으로 보아 용면에 가깝다고 본다.

게 벌려 웃고 있는 모습이며, 송곳니와 치아도 정밀하게 표현되었다. 눈은 그다지 크지 않지만 눈썹이나 볼 주변이 화염처럼 생동감 있게 나타내어져 있다.

〈표-11〉 용면문 수막새와 비교 수막새

용면-1식 (하남 천왕사지)	용면-2식 (하남 교산동 건물지)	서울 암사지	충주 탑평리

4) 바람개비문 수막새

바람개비문은 '파문(巴文)'이라고도 하며, 한강 유역에서는 자미산성 출토품이 유일한 예라고 할 수 있다. 이 막새는 자미산성에서 모두 24점이 출토되어 비교적 많은 양이 제작되었던 것으로 보인다. 막새 평면은 세로보다 가로가 더 커서 타원형이라고 할 수 있고, 바람개비의 날개 두께가 두툼하고 거칠게 표현되었다. 주연은 문양판과 높낮이 차이가 거의 없으며, 주문이 없다.

〈표-12〉 바람개비문 수막새와 비교 수막새

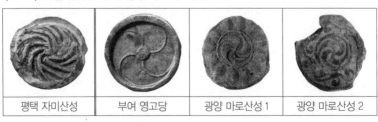

평택 자미산성	부여 영고당	광양 마로산성 1	광양 마로산성 2

2. 속성 분석

막새의 속성 분석은 색깔과 드림새 지름, 드림새 두께, 주연 너비와 높이, 자방의 지름, 연자의 개수를 비교해 보고자 한다.

1) 색깔

막새의 색깔은 소성상태에 따라 회색 또는 황색, 적색 계통의 색깔을 띠게 되는데, 한강 유역에서 출토된 수막새들이 띠는 색깔은 크게 회색(회청색·회흑색·회갈색·흑회색)과 황색(황갈색)계통으로 나눌 수 있다. 이에 대해 자세히 살펴보면, 사지에서 출토된 수막새 16점 중 색깔을 알 수 있는 것은 13점인데, 이 중에서 회색계통은 11점(84.6%)이고, 황색계통은 2점(15.4%)이다. 그리고 색깔을 알 수 있는 연화문 수막새 12점 중에서 회색계통이 10점(83.3%), 황색계통은 2점(16.7%)로 나타났다. 나머지 용면문은 회색계통이므로 사지에서 출토된 수막새는 회색계통이 황색계통보다 우세하다는 것을 알 수 있다.

다음으로 성곽과 건물지에서 출토된 수막새는 41점으로 모두 색깔을 알 수 있는데, 이를 살펴보면, 회색계통이 37점(90.2%)이고, 나머지 4점(9.8%)이 황색계통이다. 역시 색깔을 알 수 있는 연화문 수막새 31점 중에서 회색계통은 27점(87.1%)이고, 황색계통은 4점(12.9%)으로 사지에서 출토된 수막새와 같은 양상을 보이고 있다. 한가지 특징적인 점은 황색계통의 수막새가 이성산성과 계양산성, 자미산성에서만 출토되었고, 건물지에서는 모두 회색계통만 출토되었다. 결론적으로 색깔을 알 수 있는 수막새 54점 중에서 회색계통 수막새는 48점(88.9%)이고, 황색계통 수막새는 6점(11.1%)이며, 연화문 수막새 43점 중에서 회색계통은 37점(86.0%)이고, 황색계통은 6점(14.0%)이다.

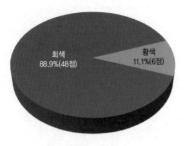

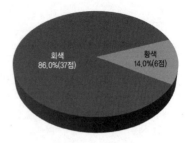

〈표-13〉 수막새 색깔 비율   〈표-14〉 연화문 수막새 색깔 비율

그 외 용면문과 쌍조문, 바람개비문 수막새 11점은 모두가 회색계통의
색깔을 보이고 있는 것으로 파악된다. 따라서, 한강 유역에서 출토되고
있는 신라 수막새의 색깔은 이제까지 출토된 현황으로 볼 때 회색이 황색
에 비해 압도적으로 많다는 것을 알 수 있으며, 이는 경주를 비롯한 여타
지역에서도 확인된 바 있다.

2) 드림새 지름과 두께

드림새 지름은 동일한 와범(瓦範)을 추정하는 것과 같은 건물에 올려
사용했는지를 판단하는 데 도움이 될 뿐만 아니라 크기에 따라 일반 수막
새와 대·소형 수막새로 분류하기도 한다. 그리고 막새 두께의 속성은 시
간적인 개념보다는 제작기법상의 보토사용에 대한 측정치로서 이는 제작
과정과 연관이 깊다는 의견이 있다.[50]

먼저, 연화문 수막새의 드림새 지름과 두께를 살펴보면 Ⅰ형의 경우
이성산성과 아차산성, 대모산성에서 출토된 막새 지름은 13~15㎝ 정도지
만, Ⅰ-3식인 계양산성 출토품은 주연부가 결실되었음에도 불구하고 지
름이 17~18㎝ 안팎이어서 대형에 속한다고 할 수 있다. 그러나 막새 두

---

50) 金泰根, 2003, 앞의 논문, 51쪽.

께는 2.5~2.8㎝ 정도로 큰 차이가 없다. Ⅱ형은 반월성과 춘궁동 건물지 출토품이 같은 형식의 것으로 지름이 15.4㎝ 정도로 파악되어 일반적인 크기로 보여진다. Ⅲ형은 막새가 5종류면서 출토지도 4군데로 다양한데, 이들 막새의 드림새 지름은 Ⅲ-5식을 제외한 나머지가 12~15㎝이고, Ⅲ-5식만 17㎝로 큰 편에 속한다. 두께는 1.8~2.8㎝로 다소 차이가 있는데, 드림새 지름이 가장 큰 Ⅲ-5식이 가장 두꺼운 반면 Ⅲ-4식이 지름에 비례하여 두께도 가장 얇다.

Ⅳ형의 막새는 5종류인데 그 중 4종류가 원향사지에서 출토되었고, 나머지 1종류는 평택 양교리 것이다. 드림새 지름은 Ⅳ-1~4식이 12~14㎝ 사이이고, Ⅳ-5식은 15.3㎝로 다소 큰 편이지만 대동소이(大同小異)한 것으로 파악된다. 두께는 지름과 달리 1.0~2.9㎝로 편차가 큰 것으로 나타났다. Ⅴ형은 2종류로 고달사지와 춘궁동 건물지에서 출토되었고, 드림새 지름은 Ⅴ-1식이 크고, Ⅴ-2식이 12.9㎝로 작으며, 두께는 2.0~2.5㎝ 사이로 나타났다. 이와 비슷한 막새로는 경주 남산신성에서 출토된 8엽 단판 연화문 막새로 지름이 19.0㎝, 두께 2.0㎝로 드림새가 Ⅴ-1식보다 2.5㎝정도 크며, 경주 안압지 출토품은 지름 14.9㎝로 Ⅴ-1식보다 약간 작다. Ⅵ형은 춘궁동 401-8번지 건물지에서 적지 않은 양이 출토되었는데, 드림새 지름은 평균 14.3㎝, 두께 2.2㎝로 일반적인 크기와 두께를 보이고 있다. Ⅶ형은 천왕사지 출토품 1점으로 드림새 지름이 14.4㎝로 일반적인 크기이고, 두께는 2.9㎝로 약간 두툼한 편이다. Ⅷ형은 3종류로 나눠지는데, 드림새 지름이 Ⅷ-1식의 것이 15㎝가장 크고, 두께는 Ⅷ-2식이 2.7㎝로 가장 두껍다. 그리고 기타 수막새류는 자미산성과 원향사지에서 출토된 4종류로 그 중에서 기타-2식이 드림새 지름 17.0㎝로 가장 크며, 기타-4식도 16.5㎝로 작지 않다.

다음으로 쌍조문 수막새는 춘궁동 401-8번지 출토품이 주연부가 결실되어 드림새 지름을 확실하게 알 수 없지만, 동사지 출토품이 지름 16.5 cm로 경주 안압지나 경주 감은사지 출토 쌍조문 수막새(지름 13~14.5cm)보다 최소 2cm정도 더 큰 것으로 파악된다. 막새 두께도 춘궁동 401-8번지 출토품이 2.7cm로 안압지와 감은사지 출토품에 비해 0.7~1cm 정도 두꺼운 것으로 나타났다. 용면문 수막새는 1식과 2식의 드림새 지름이 같은 15.2cm이고, 두께는 1식이 2.3cm, 2식이 1.7cm로 두 막새가 0.6cm정도의 차이가 난다. 참고로 서울 암사지에서 출토된 용면문 막새의 크기를 알 수 없지만 눈과 코, 입이 볼륨감 있게 표현된 점으로 볼 때 경주 출토 용면와들과 크기면에서 큰 차이가 없을 것으로 여겨진다.

바람개비문 수막새는 자미산성에서만 출토되었는데, 드림새 지름이 15.5cm이지만 문양판이 가로 길이가 세로 길이보다 넓어 타원형에 가깝다고 할 수 있다. 이러한 문양은 정형화 되지 못한 상태인데, 부여 출토 백제 바람개비문 수막새 지름이 15~17cm 정도여서 크기면에서는 별다른 차이가 없다.

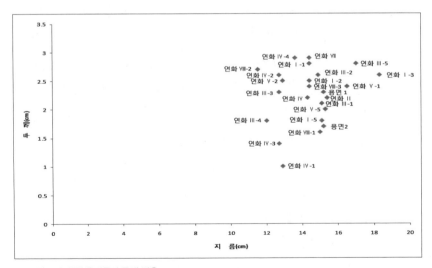

〈표-15〉 드림새 지름과 두께 비율

〈표-15〉에서 보는 바와 같이 드림새의 지름 평균은 14.5cm이고, 두께 평균은 2.1cm인데, 연화문 막새의 드림새 지름 평균 14.3cm, 두께 평균 2.2cm로 전체 드림새 지름과 두께 평균과 거의 같은 것으로 파악되었다. 그리고 분석대상 수막새 중에서 드림새 지름이 가장 큰 것은 연화문 I-3식(18.3cm)이고, 용면문-1·2식의 드림새 지름이 15.2cm로 평균 지름값보다 다소 상외한다는 것을 알 수 있다.

3) 자방 지름과 연자 수

자방은 일반적으로 연화문 수막새에 있는 것이며, 자방 안에 여러 개의 연자를 배치한다. 여기에서는 연화문 수막새에 있는 자방과 연자의 개수에 대해 알아보고자 한다.

자방의 지름을 알 수 있는 수막새는 모두 24점으로[51] 최소 2.1cm에서 최대 6.0cm사이로 파악되었다. 이를 〈표-16〉으로 나타내어 보았다.

〈표-16〉 수막새 자방지름과 형식별 분류

단위(cm) 수량 및 형식	2.1~3.0	3.1~4.0	4.1~5.0	5.1~6.0	합계(%)
수량(%)	6(25.0)	9(37.5)	7(29.2)	2(8.3)	24(100%)
형식별	III-3·5 IV-4, VIII-1·2 기타-1	I-1·2·5, III-2, IV-2·3, VIII-3, 기타-2·3	II, III-4, IV-1·5, V-1, VI, VII	I-3, III-1	

---

51) 자방 지름을 알 수 있는 연화문 수막새의 개체 수량은 이 보다 많으나, 같은 형식의 막새끼리 중복되어 비율에 반영되는 것을 고려하여 각 형식별 자방 지름 평균을 반영한 것이다.

위의 표에서 보듯이 자방 지름이 2.1~3.0㎝가 6점이고, 3.1~4.0㎝가 9점, 4.1~5.0㎝도 7점으로 분석대상 24점 중 16점(66.7%)이 3.1~5.0㎝에 해당되며, 5.1~6.0㎝가 2점으로 가장 적다. 그리고 각 형식별로 자방 지름을 살펴보면, 연화문 Ⅰ형 중 Ⅰ-1·2·5식은 자방 지름이 3.1~4.0㎝이지만, Ⅰ-3식은 6.0㎝로 분석대상 수막새 중 가장 큰 자방을 갖고 있으며, 이는 드림새 지름과 비례하는 경향도 있음을 보여주는 예이다. Ⅱ형은 5.0㎝로 자방이 다소 큰 편에 속하고, Ⅲ형은 막새 5점이 2.1~6.0㎝에 골고루 분포하고 있어 다양하다. Ⅳ형도 비교적 자방 지름이 넓게 퍼져 있는데, 3.1~4.0㎝에 2점이 포함되어 있다. Ⅴ-1식과 Ⅵ·Ⅶ형은 4.1~5.0㎝에 해당된 반면, Ⅷ형은 2.1~3.0㎝에 2점, 3.1~4.0㎝에 1점이 있어 다른 형식의 막새들보다 자방지름이 다소 작음을 알 수 있다.

연자는 22점의 수막새에서 확인되었는데, 연자가 5개인 것이 가장 많은 비율을 보이고 있다. 연자가 5개인 것은 연자 배치가 1+4인데 모두 5점(Ⅲ-2·5, Ⅳ-4, Ⅶ-1, Ⅶ형)으로 전체의 22.7%를 차지한다. 그리고 연자가 9개(1+8, 1+4+4)인 것이 4점(Ⅲ-1·3·4, Ⅳ-5식)으로 18.2%이고, 4개인 것은 2점(Ⅰ-2, Ⅵ형), 7개(1+6)인 것은 1점(Ⅳ-3식), 8개(1+7)도 2점(Ⅳ-2, Ⅷ-1식)이다. 이밖에는 연자가 10개 이상인 것이 Ⅱ형과 Ⅳ-1, Ⅷ-3식 등에서 확인되었다. 결론적으로 자방 지름은 3.1~4.0㎝에 해당되는 것과 연자 5개인 것이 가장 많은 비율을 차지하고 있는 것으로 확인되었지만 자방이 크다고 해서 반드시 연자가 많지 않음도 알 수 있었다.

4) 주연 너비와 높이

주연부는 막새의 테두리로써 막새 크기를 결정하는 외형적인 요소이기도 하면서 드림새를 보호 및 강조하는 기능도 갖고 있다. 그리고 주연부에 장식된 연주문은 드림새에 장식된 문양의 신령스러움을 강조하는 의미를 갖고 있기도 하다.[52] 또한 남북국시대의 암·수막새 대부분에는 주연부에 연주문이나 초화문의 장식문양이 있다는 것이 특징이다. 따라서 주연부에 이런 장식문양이 있는지 여부는 삼국시대 와당인지 아니면 남북국시대 이후의 와당인지를 구별하는 기준이 되기도 하다.[53]

한강 유역에서 출토된 수막새에 주연부가 제대로 남아 있는 경우는 총 57점 중에서 41점(71.9%)이고, 나머지는 주연부 대부분이 깨진 것이다. 수막새 주연 너비와 높이를 나타내어 보면 아래 〈표-17〉과 같다.

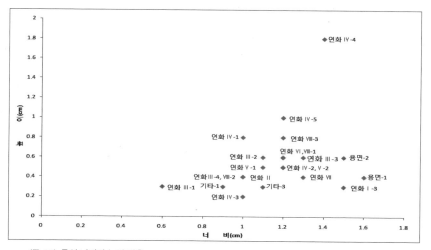

〈표-17〉 주연 너비와 높이 비율

위의 표에서 보는 바와 같이 주연의 너비는 최소 0.6cm부터 최대 1.6cm까지 있어 1.0cm정도의 편차가 있는 것으로 파악되었다. 그러나 주연 너

---

52) 백종오, 2006, 앞의 책, 94쪽.
53) 유창종, 2009, 앞의 책, 169쪽.

비와 높이를 알 수 있는 23점의 수막새 주연 너비 평균은 1.18cm이고, 높이는 0.6cm로 구해졌다. 그리고 주연 너비에 있어 최빈수(最頻數)는 평균과 가까운 1.2cm가 가장 많으며, 높이 최빈수는 0.6cm로 역시 평균값과 거의 같았다. 또한 용면문과 바람개비문 수막새의 주연 너비는 1.5~1.7cm로 주연 너비 평균보다 넓은 것으로 나타났다. 특히 용면문의 주연 너비가 넓은 것은 주연에 비교적 큰 주문이나 다른 문양 장식을 하여 용면을 보다 강조 즉 돋보이게 하기 위한 목적 때문이 아닌가 한다.

Ⅳ. 수막새의 문양별 특징 및 성격

한강 유역에서 최근까지 출토된 수막새의 문양은 앞에서 살펴본 바와 같이 연화문과 쌍조문, 용면문, 바람개비문으로 나눠진다. 이 중에서도 특히 연화문은 크게 8가지 형으로 분류될 수 있으며, 기타도 4종류나 된다. 그 외 쌍조문와 바람개비문은 각각 1종류씩이고, 용면문은 2식으로 구분된다. 여기에서는 수막새의 각 문양별 특징과 제작 시기 및 성격에 대해 알아보고자 한다.

1. 연화문류

연화문 수막새는 삼국시대 고구려에서부터 만들어졌을 것으로 추정되고 있는 가운데, 처음 제작시기에 관해 4세기대부터 본격적으로 만들어진 것으로 보기도 하며,[54] 백종오는 본격적인 연화문 와당이 불교를 받아

---

54) 김희찬, 2008, 「4세기 고구려 연화문 와당의 개시연대에 대한 연구」, 『韓國思想과 文化』45, 한국사상문화학회.

드린 소수림왕대가 아닌 고국양왕대로 추정하고 있기도 하다.[55] 그리고 최근 서울 풍납토성(風納土城, 사적 제11호)에서도 원시적인 형태의 연화문 수막새가 출토되었고, 몽촌토성(夢村土城, 사적 제297)에서도 그와 비슷한 막새가 출토되기도 했다. 신라에서는 연화문 수막새가 고구려와 백제의 영향을 받아 경주 나정(蘿井, 사적 제245호)이나 월성해자, 물천리(勿川里) 경마장 등에서 출토된 것을 바탕으로 5세기 후반~6세기 전반에 제작되었던 것으로 추정되고 있다.[56] 또한 연화문은 680년을 기준으로 하여 단순 소박한 삼국시대의 고식(古式) 단판양식에서 연판 안에 자엽이 장식되고 주연부에 주문이나 화엽이 새겨지는 새로운 형식의 와당양식으로 전환되게 된다. 그리고 연화문도 단판 이외에 복판·중판·혼판 등 다양한 양식적인 변화를 이루고 있다.[57] 따라서 신라 연화문 수막새는 5세기 후반경부터 본격적으로 만들어지다가 7세기 후반 삼국통일을 계기로 새로운 형식으로 변화된 것으로 이해된다.

그렇다면 과연 한강 유역에서 출토된 연화문 수막새들은 어떠한 특징이 있으며, 각기 제작 시기는 언제일지 추론해 보고자 한다.

연화문 막새의 형식 중에서는 Ⅰ형의 것이 가장 고식으로 볼 수 있는데, 공교롭게도 모두가 산성에서 출토되었다 점과 Ⅰ-1~3식 막새의 주연부가 깨져 있다는 것이 공통점이다.[58] 연잎의 수는 Ⅰ-1·3·4식이 8엽이고, Ⅰ-2·5식만 10엽이며, 연잎의 형태는 Ⅰ-1·2식이 연잎 끝부분이 삼각형태로 각이졌는데 비해 Ⅰ-3·4식은 아몬드처럼 연잎 끝이나 뿌리

---

55) 백종오, 2006, 앞의 책, 88~89쪽.

56) 金有植, 2010, 앞의 논문, 119쪽.

57) 김성구, 2002, 앞의 논문, 292쪽.

58) 주연부가 깨져 있는 것은 제사나 의례를 위해 일종의 훼기행위를 했던 것으로 보는 견해가 있다(백종오, 2011, 앞의 논문).

가 대칭되는 모양이다. 특히 Ⅰ-3·4식의 막새는 충주 탑평리와 경주 안압지 출토품(〈표-1〉참조)과 연잎은 물론 사이잎 형태, 자방 둘레에 홈이 있는 점 등이 유사하며, 연천 호로고루 출토품과도 전체적인 모티브는 비슷하다고 할 수 있다. 그리고 자방의 지름이나 형태도 반구형이거나 원각이 있는 점, 연자 개수도 4개내지 5개 또는 없는 점 등이 공통적이다. 이와 비슷한 형태의 수막새는 경주 영묘사지와 안압지에서도 출토된 바 있어 비교가 가능하며, 제작시기는 신라의 한강 유역 점령과 밀접한 관련이 있으므로 6세기 중반 이후부터 7세기 사이에 만들어졌을 것으로 판단된다. 또한 Ⅰ-1식은 전체적으로 투박하게 만들어졌지만, Ⅰ-2식은 비교적 완성도가 높은 막새로 평가되며 고구려 수막새들과 닮았다고 본다. 그러나 Ⅰ-3식은 연잎이 한층 부드러운 곡선으로 처리되어 충주 탑평리 출토품과 매우 유사하여 한강 유역 출토 Ⅰ형 수막새들은 고구려와 경주·충주의 출토품과 비교될 수 있겠다.

연화문 Ⅱ형은 반월성과 춘궁동 건물지에서 출토되었다. 이 막새의 특징은 연잎 끝부분이 뾰족하고 뿌리부분이 둥글게 처리된 점인데, 경주 월성이나 재매정지, 황룡사지 등에서 시원적(始原的)인 형태를 찾아볼 수 있다. 그러나, 자방이 경주지역 출토품에 비해 크고, 연자가 많으며 볼륨감이 없어 퇴화된 양식으로 보여진다. 아울러 제작시기도 반월성이나 춘궁동 건물지에서 함께 출토된 명문기와와 평기와, 인화문 토기 등으로 보아 9세기 이후로 추정된다. 연화문 Ⅲ형은 연잎 안쪽에 자엽이 있는 것으로 이를 단판자엽형이라고도 하는데, 모두 5개식으로 나눠지며 Ⅲ-5식을 제외한 나머지 4개 식은 사지에서 출토된 점이 특징이다. 연잎의 숫자는 6엽과 8엽이고, 자방의 연자도 Ⅲ-2·5식의 것은 5개지만, Ⅲ-1·3·4식은 9개가 배치되어 있다. 그리고 Ⅲ-2식의 경우 연잎이 크고, 자방쪽에 자엽이 아담하게 있으며, 주연에 연주문이 없는 것으로 보아 경주 고선사지 출토품과 비교되기도 하지만, 최근 연구에 의하면 백제와 일본 출토품과도 비교될 수 있다는 견해도 제시되었다.[59] 따라서 Ⅲ형 중에서 Ⅲ-2식 막새가 가장 고식으로 보여지는데, 이는 하남 천왕사지의 창건내지 목탑 조성시기와 관련성도 있어 7세기경으로 판단된다.[60] 그리고 Ⅲ-5식의 경우 주연부에 초화문이 시문된 것으로 보아 Ⅲ형 중에서는 늦은 시기인 9세기를 전후한 때로 추정된다.

연화문 Ⅳ형은 연잎에 능선이 있는 것으로 5개 식으로 나눠지는데,[61] Ⅳ-1~4식이 원향사지에서 나머지 Ⅳ-5식은 평택 양교리 2건물지에서 출토되었다. 연잎의 개수는 6엽부터 12엽까지 다양하고, 드림새 지름은 Ⅳ-1~4식이 12.7~13.6cm사이로 큰 차이가 없지만, Ⅳ-5식은 15.3cm로 다소 크다. 두께는 Ⅳ-1·3식이 Ⅳ-2·4식보다 절반 정도 얇은 편이다. 자방 지름은 Ⅳ-2·3식이 3.3cm로 같고, 연자는 8과와 7과로 비슷하며, Ⅳ-1식의 자방이 4.6cm로 가장 크면서 연자도 17과나 된다. Ⅳ형과 비슷한 막새는 경주 안압지와 기림사·황룡사지, 평창 대상리사지[62] 등에서도 출토되었는데, 연잎의 능선이 가늘거나 굵은 선으로 처리됐고, 연잎이 볼륨감 있게 표현된 것이 많다. 특히 대상리사지 출토품의 경우 문양으로 보아 Ⅳ-4식과 닮았지만 그보다는 경주 출토품들과 보다 비슷하여 한강 유역의 막새와는 차이점이 엿보인다. 그리고 Ⅳ-5식 막새는 고구려 안학

59) 노윤상, 2012, 「河南 天王寺址 出土 二重蓮瓣 막새의 제작시기 檢討」, 『新羅文化』39, 동국대학교 신라문화연구소.
60) 황보경, 2009, 『신라 문화 연구』, 주류성, 246~251쪽 참조.
61) 신라의 와당형(瓦當型)은 연판 안에 능선이 장식되고 그 끝이 반전되고 있거나 둥글게 곡면을 이루고 있는 모습을 보이고 있다. 대개 6엽이나 8엽의 연판이 새겨지고 있는 활판계로서 백제의 주요한 특징의 하나인 반전수법과 고구려의 장식의장인 능선이 결합된 복합적인 와당형이라고 할 수 있다(김성구, 2002, 앞의 논문, 292쪽).
62) 강원문화재연구소, 2006, 『平昌 大上里寺址』.

궁(安鶴宮)에서 출토된 수막새와 모티브가 비슷하며, 전체적으로 고구려의 수막새 문양을 본 따 만든 나말여초(羅末麗初)시기의 것으로 추정된다.

참고로 김유식은 능선이 새겨진 연화문 수막새가 6세기 중엽경부터 나타나 삼국시대 말까지 계속 유행하며, 양감이 강하여 마치 터질 듯한 느낌을 준다고 보았다.[63] 김성구는 능선형 막새의 원형이 6세기 초중반경 백제와 고구려에서 이미 제작되었고, 신라가 6세기 후반~7세기 초에 경주를 중심으로 한 곳에서 제작되었을 것으로 보기도 했다. 또한 자방의 형태나 연자배치 등 약간의 변화를 거치면서 통일 직후까지 주류를 이루면서 계속 만들어졌다고 하였다.[64] 그러나 원향사지에서 출토된 막새들은 경주지역 출토품보다 드림새 지름도 작을 뿐만 아니라 볼륨감이 퇴화된 문양이라고 볼 수 있다. 따라서 제작 시기도 원향사지의 경영시기와 맞물려 9~10세기경으로 추정된다.

연화문 Ⅴ형은 2개식으로 분류되고, 출토지는 고달사지와 춘궁동 건물지이다. 문양의 특징은 연잎 끝부분이 둥글고, 뿌리 부분이 좁아지며 Ⅴ-1식의 경우 연잎에 화륜이 2중으로 표현되기도 한다. 그리고 사이잎이 연잎과 연잎 사이에 삼각형태로 표현되고, 주연에 연주문이 있다. Ⅴ-1식은 드림새 지름이 Ⅴ-2식에 비해 3.6cm정도 크지만 두께는 비슷하며, 주연 너비와 높이는 거의 같다. 문양으로 볼 때, Ⅴ-1식은 경주 남산신성(南山新城, 사적 제22호) 출토품과 매우 유사하며, 경주 안압지 출토품과도 비슷한 모티브를 보이고 있다. 드림새 지름은 남산신성의 것이 19.0cm로 큰 편이고, 안압지의 것은 14.9cm로 일반적인 크기이다. 따라서, Ⅴ-1식이 Ⅴ-2식보다 선행하는 양식으로 보이며, 제작 시기는 8~9세기대로 판단된다.

---

63) 김유식, 2002, 앞의 논문, 308쪽.
64) 김성구, 2000, 앞의 책, 435쪽.

Ⅵ형은 최근까지 1종류만 확인되었는데, 연잎이 작지만 두툼하면서 볼륨감 있게 표현되었고, 자방이 크며 주연에 연주문이 배치되어 있다. 막새의 드림새 지름은 14.3㎝로 일반적인 크기이고, 두께도 2.2㎝로 보통이다. 제작 기법은 드림새에 수키와를 역 'ㄱ'자형태로 접합했고, 주연 너비와 높이도 다른 연화문 막새와 같은 평균치에 해당된다. 이와 비슷한 막새로는 역시 경주 월성과 안압지 등에서 출토된 것이 있는데, 이들은 연잎 형태가 거의 같고 자방 지름도 크다는 공통점이 있지만 Ⅵ형의 연잎이 보다 볼륨감이 있어 보인다. 따라서, 이 수막새의 제작 시기는 경주 출토품보다 연잎 숫자가 많고, 연주문이 있으며 수키와 문양이 단사선문 종류라는 점, 뒤에서 다룰 쌍조문 막새와 함께 출토된 점으로 보아 8세기대에 만들어졌을 것으로 보인다.

Ⅶ형 막새도 단 1종류만 출토되었는데, Ⅲ-2식과 함께 하남 천왕사지에서 출토되어 주목된다. 이 막새는 8엽복판 연화문 수막새로 연잎에 원형 자엽이 볼륨감 있게 표현된 점이 특징이다. 그리고 자방이 비교적 크고, 주연에 연주문이 희미하게 배치되어 있다. 이 막새의 드림새 지름은 14.4㎝, 두께 2.9㎝로 일반적인 제원인데, 경주 사천왕사지(四天王寺址, 사적 제8호) 출토 복판수막새와 문양면에서 비슷하고, 제원도 비슷하다. 그러나 연잎에 자엽이 없고, 자방 주위에 꽃술대가 없는 점, 연자가 많다는 점 등은 차이점이 있다. 그러나 사천왕사지 출토 가ⅡCa③'형과 비교해 보면,[65] 연잎에 자엽이 장식된 점은 비록 부분이지만 유사성이 간취된다. 그러나, 이 형식의 막새는 경주에서 제작된 복판막새와는 다른 지방양식으로 보아야 될 것으로 사료되며, 제작시기는 Ⅲ-2식과 비슷한 7세기대로 여겨진다.

Ⅷ형은 중판의 연화문 막새로 모두 3개식으로 분류되는데, Ⅷ-3식만

---

65) 국립경주문화재연구소, 2011, 앞의 책, 65쪽.

거의 완전할 뿐 나머지 2점은 절반 정도만 남은 상태이다. VIII-1식은 외판 연잎이 M자형, 사이잎이 하트형인 점이 특징이고, 자방 주위에 꽃술대가 배치되어 있다. 드림새 지름은 15.0cm로 평균치보다 약간 크고, 두께는 1.6cm정도인데, VIII-2식은 드림새 지름이 11.5cm로 훨씬 작다. 이러한 문양과 비슷한 막새로는 경주 사천왕사지와 성덕왕릉, 안압지, 월성 등의 출토품과 비교될 수 있겠다. 그러나, VIII형은 경주 출토품에 비해 투박하거나 거칠게 만들어져 퇴화된 양식을 보여 제작시기가 남북국시대 늦은 때로 여겨지며, 계양산성 출토 막새는 비록 소형이지만 경주 출토품과 가장 유사한 문양을 보여주고 있어 제작시기는 8세기를 전후한 때로 생각된다.

기타 수막새류는 모두 4개종류인데, 그 중에서 3점은 자미산성에서 출토된 것이고, 나머지 기타-3식은 원향사지 출토품이다. 기타-1·2식은 연화문을 모방해 만든 것으로 보여지고, 기타-3식은 기타-4식과 더불어 드림새가 가로방향으로 긴 타원형에 가깝다고 할 수 있다. 그리고 기타-3식의 경우 연화문이 있지만 연잎보다 사이잎이 강조되었으며, 기타-4식은 짧은 단선으로 표현되어 어떤 문양을 표현한 것인지 확실치 않다. 드림새 지름은 기타-1식이 14.3cm정도로 추정되고, 기타-2식은 17.0cm정도여서 다소 큰 편이다. 기타-3·4식은 12.8·16.5cm로 차이가 있으며, 두께는 2cm내외이다. 이러한 종류의 막새는 경주나 중부지역에서 찾아보기 힘든 예로 판단되는데, 오히려 서울 몽촌토성이나 풍납토성에서 출토된 백제 수막새와 닮은 점이 있어 보이기도 하다. 그리고 광양 마로산성(馬老山城, 사적 제492호)에서도 이와 비슷한 능형문 수막새가 출토되었는데, 능형문 안에 1과의 연자가 있는 점이 특징이다. 물론 제작시기와 출토지 간의 차이가 나므로 직접적인 비교가 쉽진 않지만, 기타-1식처럼 연잎을 투박하고 엉성하게 연판에 붙여 만든 것은 지역적 양식을 보여주는 사례가 아닌가 한다.

2. 쌍조문과 용면, 바람개비문류

한강 유역에서 출토된 신라 수막새 중에는 연화문 외에도 쌍조문과 용면문, 바람개비문 등이 확인되었는데, 여기에서는 이들 막새들의 특징과 제작 시기에 대해 살펴보고자 한다.

먼저, 쌍조문은 하남에서만 확인되었는데, 일찍이 경주 안압지와 감은사지(感恩寺址, 사적 제31호), 사천왕사지, 보문동사지(普門洞寺址, 사적 제390호) 등에서 여러 종류의 쌍조문 막새가 출토되어 대체적인 편년이 이루어진 상태이다. 일반적으로 쌍조문은 화문(花文)이나 수목문(樹木文)을 중심으로 새 두 마리가 마주보고 있는 즉 좌우대칭으로 되어 있으며, 7세기 후반에 등장하여 8세기 후반내지 9세기대에 이르러 퇴락, 경색화 되는 현상이 뚜렷해지는 것으로 알려져 있다.[66] 그리고 남북국시대에 와당의 제작 성행과 더불어 다양한 문양의 구도로 나타나며, 서운문·화문과 결합하여 복합 문양으로 나타나기도 한다.[67] 이러한 쌍조문은 서역미술의 도안을 채용하여 신라만의 독창적으로 창안한 것으로 해석되기도 하며, 장식성은 물론 길상적인 의미가 담긴 것으로 이해되고 있다.[68]

쌍조문 수막새는 하남에서만 3점이 출토된 것으로 알려져 있는데, 문양상태는 두 마리의 새가 서로 마주보는 일반적인 구도를 보이고 있다. 그러나 두 새 머리 윗부분 중앙에 명문이 있고, 주연부 안쪽으로 연화문 형태의 꽃문양이 배치된 점이 이채롭다. 이 막새의 드림새 지름은 동사지 출토품을 참고로 하면, 16.5cm로 제법 큰 편이고 두께도 2.7cm정도로 다소 두툼한 편이다. 이와 비교할 수 있는 경주 출토품의 경우 드림새 지름이 13~14.5cm사이이고, 두께도 1.3~2.3cm정도여서 하남 출토품이 경주

---

66) 劉蘭姫, 2004, 앞의 논문, 23쪽.
67) 金有植, 2010, 앞의 논문, 101쪽.
68) 劉蘭姫, 2004, 앞의 논문, 24쪽.

출토품보다 크고 두꺼운 것으로 볼 수 있다. 그러나, 경주 출토품에 비해 새의 날개나 꽃문양이 다소 도식화(圖式化)된 듯하고, 생동감이 떨어지는 점에서 제작시기는 8세기대가 아닌가 한다.

용면문 수막새는 황룡사지의 폐와무지에서 출토된 막새가 6세기 후반 경에 만들어진 것으로 보고 있지만, 6세기를 전후한 시점부터 만들어졌을 것으로 보기도 한다.[69] 한강 유역에서 출토된 신라 용면문 수막새는 많지 않은 가운데, 앞에서 다룬 2종류의 막새를 분석해 본 결과 드림새 지름이 모두 15.2㎝정도이고, 두께는 용면-2식보다 용면-1식이 0.6㎝정도 두꺼운 편이다. 용면의 표현기법은 일반적인 용면 막새들처럼 입을 크게 벌리고 송곳니가 돌출되어 있다는 점이다. 그리고 머리와 볼 부분이 화염처럼 다소 생동감 있게 표현되었다. 용면-1식은 부분적이긴 하지만, 송곳니와 윗니 3개가 남아 있는데 비해 용면-2식은 넓게 벌린 입과 송곳니 4개+윗니·아랫니 9개가 있어 모두 13개의 치아가 있다. 이렇게 입을 벌린 형태와 치아의 개수는 용면문 막새의 형식을 구분하는데 기준이 되기도 한다.[70] 주연 너비와 높이는 용면-1식과 2식이 거의 비슷한데, 용면-1식 주연에는 주문과 함께 구름문이 함께 일정하게 배치되어 있다는 점이 특징이다. 한편, 암사지 출토 막새는 고구려 용면문 막새처럼 눈과 입이 크고 오목하게 돌출되어 입체감 있게 만들어졌다. 그리고 충주 탑평리 출토품은 경주 출토품들과 가장 비슷한데, 입이 크게 표현되었고 치아가 큼직하며 눈이 부리부리하다. 따라서, 용면-1·2식은 암사지와 탑평

---

69) 金有植, 2010, 앞의 논문, 153쪽.

70) 백종오는 고구려 용면문 와당을 치아의 수와 혀의 유무에 따라 3식으로 나누기도 했고, 김희찬은 입을 벌린 형태를 크게 2식으로 나뉜뒤 세분화 하기도 했다(백종오, 2006, 앞의 책, 112~113쪽; 김희찬, 2009, 「고구려 귀면문 와당의 형식과 변천」, 『高句麗渤海硏究』34, 고구려발해학회).

리, 경주 출토품에 비해 볼륨감이나 생동감이 부족해 보이고 주연부에 주문 외에 구름문과 같은 장식이 있다. 특히 용면-2식은 눈과 코의 생김새, 입이 벌어진 모양, 치아의 개수로 보아 고구려 환도산성(丸都山城) 출토품과 비슷한 모티브를 지니고 있다고 여겨지지만 평면화된 모습이므로 제작시기는 9세기대로 추정된다.

바람개비문 막새는 이제까지 백제의 중심지역인 부여와 익산 등에서 주로 만들어진 것으로 알려져 왔으며,[71] 광양 마로산성에서도 연화문이나 당초문과 결합된 형태의 바람개비문 막새가 확인된 바 있다. 이러한 바람개비문은 '卍'자 형상과 비슷하여 그것에서 착안된 것으로 보기도 하고,[72] 바람개비문을 태양(太陽)의 상징으로 여기면서 '卍(만)'자형이 태양의 운동을 본뜨고 있다는 견해도 있다.[73] 자미산성 출토품은 날개의 회전방향이 여타막새들과 같은 시계방향이지만 백제와 마로산성의 바람개비문 막새들과는 차이가 있다. 우선 자미산성 출토 막새는 평면상으로 타원형에 가깝고, 날개가 11조로 많은 점이 특징이다. 이에 비해 백제지역 출토 막새와 마로산성 출토품은 날개가 기본적으로 4조이고, 특히 마로산성 막새는 바람개비문이 가운데에 배치되어 있으면서 연화와 당초문이 결합된 형태이므로 자미산성 출토품과 차이가 있다. 드림새 지름은 자미산성 막새가 15.5cm정도로 부여 출토 바람개비문 막새 크기(15~17cm)와 비슷하지만, 마로산성 출토품(17~18cm)이 약간 크다. 그리고 드림새 두께

---

71) 최근 풍납토성에서는 차륜문 형태의 수막새가 출토된 바 있는데, 드림새 중심에서 단선이 뻗어 나가는 문양으로 중심에서 끝으로 갈수록 두꺼워지는 것이 특징이다. 이 막새는 바람개비문과는 차이가 있지만, 출토지가 한강 본류역이고, 백제의 유물이므로 연화문 외에도 이러한 종류가 만들어졌다는 사실에 주목해야 될 필요가 있다고 생각된다.

72) 林永周, 1983, 앞의 책, 232쪽.

73) 鄭道和, 1978, 「韓國紋樣의 樣式史的 考察」, 『論文集』16-1, 진주교육대학교, 116~118쪽.

도 자미산성 출토품은 1.6cm정도인데 반해, 마로산성 출토품은 2.6~3.9cm사이로 다소 차이가 난다.

따라서, 자미산성 출토품은 백제나 마로산성 막새와 같은 종류의 바람개비문으로 볼 수 있지만, 날개 수가 많으며 상당히 투박하면서 거칠게 만들어졌다는 점에서 역시 지방에서 제작된 막새의 특징을 지녔다고 할 수 있겠다. 한편 이 막새의 제작방식은 수키와 하단부가 드림새의 주연으로 사용되는 천방기법을 사용했다는 점이 주목되며, 제작시기는 7세기 후반으로 편년되어지고 있다.[74]

3. 편년 및 성격

신라는 한강 유역을 진흥왕 14년(553)에 점령한 이후부터 신주(新州)와 북한산주(北漢山州), 남천주(南川州) 등을 설치 또는 옮기는 등의 과정을 거쳐 영역화를 이루어 나갔고, 마침내 백제와 고구려를 멸망시켜 문무왕 8년(668)에 삼국을 통일하였다. 그러한 과정에서 한강 유역에는 많은 성곽과 사찰, 고분, 주거지 등이 신라인들에 의해 만들어졌는데, 특히 성곽과 사지에서는 적지 않은 수의 수막새가 출토되었다. 여기에서는 앞에서 살펴본 내용을 바탕으로 수막새가 만들어진 시기를 대표적인 것을 중심으로 편년해 보고, 아울러 성격에 대해 언급해 보고자 한다.

이제까지 한강 유역에서 확인된 수막새는 주로 성곽과 사지 그리고 건물지에서 적게는 1점에서 많게는 몇 십점이 출토되었으나 문양도 각양각색(各樣各色)이어서 상호 비교라든가 제작시기를 추정하는데 어려움이 있다. 그러나, 앞에서 문양별 형식분류와 속성분석, 특징 등을 통해 제작시기와 몇가지 성격을 파악해 볼 수 있겠다.

---

74) 최문환, 2012, 앞의 논문, 226쪽.

<표-18> 한강 유역 출토 신라 수막새 편년안[75]

종류 시기	연화문류			쌍조·용면·바람개비문류
6C중 ~7C	 Ⅰ-1식	 Ⅰ-2식	 Ⅰ-3식	
	 Ⅲ-2식		 Ⅶ형	 바람개비문
8C	 Ⅵ형	 Ⅴ-1식		 쌍조문
		 Ⅷ-3식		
9C~ 10C	 Ⅲ-1식	 Ⅳ-4식		 용면-2식
	 Ⅲ-5식	 Ⅱ형		
		 Ⅳ-5식		

75) 이 표에 수록된 수막새는 각 형식별로 대표적인 것이지만, 배치순서가 반드시 제작
순서를 의미하지 않는다.

위의 표에서 보는 바와 같이 수막새의 제작시기를 문양과 속성에 따라 분류해 보았으나, 아직까지 수막새와 출토유구와의 상관 관계가 뚜렷한 예가 많지 않은 상태이다. 따라서 수막새 편년에 관해서는 앞으로 제시될 새로운 자료들에 기대를 해 보아야 할 것으로 생각된다. 다음으로는 이들 수막새가 갖는 성격이 무엇인지 크게 세가지로 정리해 보고자 한다.

첫째, 한강 유역에서 출토된 신라 수막새의 문양은 연화문류가 압도적으로 많은 가운데 쌍조문과 용면문, 바람개비문 등이 만들어져 사용되었음을 알 수 있다. 특히 연화문류는 출토량이 많지 않으나 문양의 특징을 고려하여 8가지 형식으로 분류할 수 있었고, 기타류도 4종류나 된다. 그 중에는 전형적인 경주양식을 띠는 막새들도 있지만, I형과 IV형, 용면문의 일부는 고구려 막새들과 닮았고, III-2식이나 바람개비문 막새 같은 경우는 소위 천방기법으로 만들어져 백제 막새와 닮았거나 모티브를 적용한 것으로 이해된다. 따라서, 한강 유역에서 만들어진 신라 수막새들은 II · III · IV · V · VIII형처럼 전형적인 경주 양식의 영향을 받아 만들어진 것도 있지만, 지방에서 독자적으로 제작된 막새도 있었다는 점이다.[76] 또한 단판연화문이 삼국통일 이후부터는 연잎 개수가 늘어나거나 중판과 복판 연화문으로 변화되어 가는 양상은 경주지역 막새들과 크게 다르지 않다는 점이 확인된다.

---

76) 와당의 제작 및 생산과 관련하여 한강 유역에서 이제까지 신라가 운영한 토기 및 기와가마는 서울 사당동을 비롯하여 용인 성복동, 문산 선유리, 고양 식사동, 하남 하사창동 기와가마와 최근 이천 설봉산성 주변인 목리에서 확인된 기와가마가 있지만, 이들 가마에서는 와당이 생산되지 않았다. 이러한 현상에 대하여 최맹식은 "경주와 같은 왕도와 동일하거나 격이 높은 문화를 영위시킬 만한 존재로까지는 발전시키지 못한 데서 비롯한 현상으로 보인다"고 하였으나 한강 유역에서도 성곽이나 사지와 관련된 가마가 운영되었을 것으로 생각되므로 향후의 조사 추이를 지켜보고자 한다(최맹식, 2006, 『삼국시대 평기와 연구』, 주류성출판사, 311쪽 참조).

둘째, 수막새의 출토 유적을 보면, 크게 성곽과 사지, 건물지로 나눠지는데 성곽의 경우 신라가 한강 유역을 점령하면서 축성 내지 재사용한 곳 즉 이성산성이나 아차산성, 계양산성, 대모산성, 반월성 등 주로 신라의 주요 성곽에서 대개 1~2점씩만 출토되었다. 이러한 현상은 수막새가 성곽 안에 조영된 건물에 실용적으로 사용되었다기 보다 건물 조영이나 제사 등의 의례와 관련해서 상징적으로 사용되었을 가능성이 높다고 생각된다. 특히 수막새의 출토지점이 단순히 건물지뿐만 아니라 집수지나 축기부 등에서 나왔다는 점이다.[77] 또한 연화문 수막새가 사용된 점은 연꽃이 가진 상징적 의미와 무관하지 않을 것이다.[78]

따라서, 한강 유역에 분포한 성곽에서 출토된 연화문 수막새들은 당시에 일어난 빈번한 전쟁은 물론 연꽃이 상징하는 의미 즉 여러 해 동안 피는 생명력이나 불교에서의 사후세계, 부처 등과 깊은 관련이 있어 보인다. 또 한가지 특징은 사지에서 출토된 막새 대부분이 주로 신라의 전형적인 양식을 띤 막새가 출토되고 있지만, 몇 점은 백제 막새의 영향을 받은 것도 있다. 이러한 현상은 한강 유역을 신라나 백제가 몇 백년씩 지배하면서 통치한 반면, 고구려는 비교적 짧은 기간동안만 지배했기 때문에 불교유적에까지 그들의 문화가 제대로 영향을 미치지 못했음을 보여준다고 하겠다.

셋째, 한강 유역 출토 신라 수막새에는 지역적 정서(情緖)가 반영되었다는 점이다. 일찍이 한강 유역은 삼국시대 가장 중요한 요충지로 주목받아 전쟁을 통해 백제→고구려→신라가 짧게는 70여 년 길게는 500여 년

---

77) 백종오, 2011, 앞의 논문.

78) 연꽃은 태양, 물과 필연적 관계로 피고 지는 생명력에서 그 상징성이 강조되었고, 불교와 연꽃은 각 경론을 통해 볼 때 극락 정토의 부처님 세계와 연화, 그리고 빛과 연화의 관계가 나타나고 있다고 한다(林永周, 1983, 앞의 책, 63~67쪽).

을 영유하며 그들의 고유 문화를 뿌리 내린 곳이다. 그러한 과정에서 이 수막새의 문양에도 신라는 물론 고구려·백제의 양식이 간취된다는 점이다. 즉 앞에서 살펴보았듯이 연화문류의 막새 중에는 경주 양식의 막새도 있지만 고구려와 백제 양식을 모티브로 한 막새도 만들어졌고, 흔히 나말여초시기라고 할 수 있는 9~10세기 이르러서도 이러한 경향은 다시 반복되어졌다. 그 이유는 8세기 중엽부터 내란(內亂)과 모반(謀叛)이 지속되어 정치·경제적으로 불안정화 되고, 자연재해에 따른 피해도 적지 않은 것이 주요 원인으로 작용했기 때문으로 생각된다. 따라서, 신라인들이 6세기 중반 이후부터 고려(高麗)가 개국되는 시점까지 실질적인 지배를 통해 신라 문화가 성립되어 발전되었다고 볼 수 있지만, 삼국 통일을 전후한 시기와 나말여초시기에 이르러서는 토착세력에 의한 뿌리 깊은 정서가 막새 문양에도 일정부분 영향을 미친 것이 아닌가 한다.[79]

V. 맺음말

이 글은 한강 유역에서 출토된 신라 와당 특히 수막새를 중심으로 문양별로 분류하여 문양 특징과 속성에 대한 분석을 시도해 보았다. 아울러 경주나 충주 혹은 고구려나 백제의 수막새 중에서 닮은 꼴을 비교해 보기도 하였다.

한강 유역 출토 신라 와당은 성곽과 건물지, 사지에서 출토되고 있으

---

79) 이러한 지방양식에 대하여 김성구는 "통일신라시대에 이르러 지방양식의 기와가 나타난다고 보고 있으며 이는 9주 5소경의 지방관아터, 산성터 그리고 禪宗의 유행으로 각 지방에 건립된 사원터에서 확인된다"고 하였다(김성구, 2000, 앞의 논문, 436쪽).

나 그 양은 많지 않으며, 대부분 수막새가 암막새에 비해 압도적으로 많은 비중을 차지하고 있다. 이들 수막새는 문양이 비교적 다양한 편인데, 특히 연화문류가 크게 8가지 형으로 분류될 수 있으며, 기타류도 4가지이다. 연화문 막새의 편년은 세부적으로 구분하기 쉽지 않은 상태인데, 가장 이른 시기의 것은 Ⅰ형으로 성곽에서만 확인되고 있으며 6세기 중반 이후부터 7세기대에 제작된 것으로 이해된다. Ⅲ-2식과 Ⅶ형은 천왕사지에서 출토되었는데, 문양은 다르지만 제작시기는 7세기대이고, Ⅴ형과 Ⅵ·Ⅷ형은 8세기를 중심으로 경주지역 막새들과 가장 유사하게 만들어졌다. Ⅱ형과 Ⅲ·Ⅳ·Ⅴ형의 일부 막새들은 8세기 이후 나말여초시기까지 제작된 유형들로 판단된다. 그리고 쌍조문과 용면문, 바람개비문 등도 출토되어 한강 유역과 인접한 지역에서 출토된 막새들과 비교가 가능해졌다. 특히 연화문 수막새는 형식에 따라 전형적인 신라 양식도 있지만, 당시의 정세와 지역적 정서 즉 고구려나 백제의 영향을 받거나 모티브로 삼은 막새도 있음이 확인되었다. 또한 성곽에서 출토된 막새들은 주연부가 훼기된 상태의 것도 있고, 출토 위치도 집수시설이나 축기부 등으로 보아 건물지에 실제 사용되었다기보다 의례행위를 위한 상징성을 지닌 것도 있다.

아울러 사지에서는 주로 신라나 백제 양식의 막새가 확인되는데, 이는 고구려가 한강 유역을 지배한 기간이 가장 짧았다는 데서 기인한 것으로 볼 수 있겠다. 반면 고구려가 점령했거나 보루와 인접한 성곽에서는 고구려 양식의 막새가 출토되어 그러한 추정을 뒷받침해 준다고 여겨진다. 건물지에서는 전형적인 신라 양식의 연화문이나 쌍조문 막새가 출토되어 당시의 지방에서 만들어진 막새 양식을 파악하는데 도움을 주고 있다. 그러나 제작 시기가 삼국통일 이후의 것이 대부분이어서 신라가 한강 유역을 점령한 때의 초기 유형의 막새는 아직까지 많지 않으며, 불교문화가 절정에 이르렀다가 쇠퇴하는 시기의 것이 대부분이라는 점이 특징이다.

결론적으로 한강 유역에서 이제까지 출토된 신라 와당은 성곽과 사지, 건물지를 중심으로 출토되고 있으며, 6세기 중엽 이후부터이며 한강 유역의 특수성이 반영된 신라 양식의 막새가 주로 만들어지지만 고구려나 백제 문양을 모티브로 삼거나 모방한 막새들도 제작되었음을 알 수 있겠다. 다만, 신라 지방양식으로서의 막새 제작 기법과 성립 및 발전단계를 이해하기 위해서는 보다 많은 막새 자료와 생산 가마의 확인조사가 필요하다고 여겨지며 앞으로도 지속적인 관심을 갖고 연구해 보고자 한다.

【참고문헌】

■ 단행본

국립경주박물관, 2000, 『新羅瓦塼』.

金東賢 외, 1976, 『建築과 文樣(上)』,韓國建築史大系 Ⅴ, 東山文化社.

김성구, 1992, 『옛기와』, 대원사.

백종오, 2006, 『고구려 기와의 성립과 왕권』, 주류성출판사.

유창종, 2009, 『동아시아 와당문화』, 미술문화.

조원창, 2010, 『한국 고대 와당과 제와술의 교류』, 서경문화사.

최맹식, 2006, 『삼국시대 평기와 연구』, 주류성출판사.

황보경, 2009, 『신라 문화 연구』, 주류성.

■ 논문

姜友邦, 2000, 「韓國瓦當藝術論序說」, 『新羅瓦塼』, 국립경주박물관.

金城龜, 1981, 「雁鴨池 出土 古式瓦當의 考察」, 『美術資料』29, 國立中央博物館.

金城龜, 1983, 「多慶瓦窯址出土 新羅瓦塼小考」, 『美術資料』33, 國立中央博物館.

金城龜, 1984a, 「統一新羅時代 瑞鳥文圓瓦當小考」, 『尹武炳博士回甲紀念論叢』, 論叢
　　　發刊委員會.

金城龜, 1984b, 「統一新羅時代 瓦塼硏究」, 『考古美術』162·163, 韓國美術史學會.

金城龜, 2000, 「新羅기와의 成立과 그 變遷」, 『新羅瓦塼』, 국립경주박물관.

金城龜, 2002, 「고대 동아시아의 瓦當藝術」, 『유창종 기증 기와·전돌』, 국립중앙박물관.

金有植, 2001, 「기와를 通해 본 新羅·高句麗의 對外交涉」, 『東岳美術史學』2, 동악미술
　　　사학회.

김유식, 2002, 「한국 기와의 시대별 특징」, 『유창종 기증 기와 전돌』, 국립중앙박물관.

金有植, 2004, 「통일신라시대 기와연구의 현황과 과제」, 『통일신라시대고고학』, 韓國考

古學會.

金有植, 2006, 「6〜8세기 新羅기와 硏究 檢討」, 『東岳美術史學』7, 동악미술사학회.

金有植, 2009, 「5〜6世紀 연화문수막새를 통해 본 新羅와 周邊諸國의 交流」, 『東岳美術史學』10, 동악미술사학회.

金有植, 2010, 『新羅 瓦當 硏究』, 東國大學校 博士學位論文.

金泰根, 2003, 「驪州 元香寺址 出土 막새瓦의 硏究」, 東國大學校 碩士學位論文.

김희찬, 2008, 「4세기 고구려 연화문 와당의 개시연대에 대한 연구」, 『韓國思想과 文化』45, 한국사상문화학회.

김희찬, 2009, 「고구려 귀면문 와당의 형식과 변천」, 『高句麗渤海硏究』34, 고구려발해학회.

노윤상, 2012, 「河南 天王寺址 出土 二重蓮瓣 막새의 제작시기 檢討」, 『新羅文化』39, 동국대학교 신라문화연구소.

文明大, 1991, 「廣州地域 寺址發掘의 성과와 의의」, 『佛敎美術』10, 東國大學校 博物館.

朴洪國, 1986, 「三國末〜統一初期 新羅瓦塼에 대한 一考察」, 東國大學校 碩士學位論文.

朴洪國, 2001, 「新羅 同紋異形 막새기와에 대한 小考」, 『古文化』57, 한국대학박물관협회.

백종오, 2011, 「韓國古代瓦當의 毁棄樣相 檢討」, 『韓國史學報』43, 高麗史學會.

申昌秀, 1986, 「皇龍寺址 出土 新羅기와의 編年」, 檀國大學校 碩士學位論文.

申昌秀, 1987, 「삼국시대 신라기와의 연구—황룡사지출토 신라기와를 중심으로—」, 『文化財』20, 文化財管理局.

劉蘭姬, 2004, 「統一新羅時代 鳥文막새에 대한 一考察」, 蔚山大學校 碩士學位論文.

尹根一, 1978, 「統一新羅時代 瓦當의 製作技法에 관한 硏究」, 檀國大學校 碩士學位論文.

林明澤, 1982, 「統一新羅 鬼面瓦에 관한 硏究」, 檀國大學校 碩士學位論文.

임영신, 1982, 「統一新羅時代의 瓦當과 塼에 나타난 寶相華文의 硏究」, 동아대학교 석사학위논문.

林永周, 1983, 『韓國紋樣史』, 미진사.

鄭道和, 1978, 「韓國紋樣의 樣式史的 考察」, 『論文集』16-1, 진주교육대학교.

최문환, 2012, 「평택 자미산성 출토 막새 연구」, 『新羅史學報』24, 新羅史學會.

최명자, 1984, 「統一新羅時代 蓮花紋의 樣式的 分析」, 부산대학교 석사학위논문.

최맹식, 2011, 「삼국시대 기와의 특징과 변천」, 『기와 그리고 전돌 명품선』, 한남대학교
　　　중앙박물관.

崔女珍, 2007, 「古新羅 蓮花文 瓦當의 形式과 系統」, 公州大學校 碩士學位論文.

허미형, 1989, 「통일신라기 평와에 관한 연구」, 한양대학교 석사학위논문.

皇甫慶, 2008, 「漢江流域 신라 佛敎遺蹟의 현황과 특징」, 『新羅史學報』12, 新羅史學會.

皇甫慶, 2011, 「중부지방 신라 유적의 연구 및 조사현황과 성격 고찰」, 『文化史學』36,
　　　韓國文化史學會.

■ 보고서

강원문화재연구소, 2006, 『平昌 大上里寺址』.

겨레문화유산연구원, 2011, 『계양산성 II』.

高麗文化財研究院, 2010, 『平澤 梁橋里 遺蹟』.

京畿道博物館·畿甸文化財研究院, 2002, 『高達寺址 I』.

京畿道博物館, 2002, 『奉業寺』.

京畿道博物館, 2005, 『高麗 王室寺刹 奉業寺』.

畿甸文化財研究院, 2001, 『河南 校山洞 建物址 中間報告書 II(2000)』.

畿甸文化財研究院, 2002, 『河南 校山洞 建物址 中間報告書 III(2001)』.

畿甸文化財研究院, 2003, 『元香寺』.

畿甸文化財研究院, 2007, 『高達寺址 II』.

단국대학교 문과대학 사학과, 1996, 『포천 반월산성 1차 발굴조사 보고서』.

단국대학교 문과대학 사학과, 1997, 『포천 반월산성 2차 발굴조사 보고서』.

단국대학교 매장문화재연구소, 2001, 『포천 반월산성 5차 발굴조사 보고서』.

단국대학교 매장문화재연구소, 2004, 『포천 반월산성―종합 보고서―』.

文化財研究所·翰林大學校博物館, 1990, 『楊州 大母山城 發掘報告書』.

서울대학교 박물관, 2000, 『아차산성 시굴조사보고서』.

世宗研究院, 1996, 『河南市 校山洞一帶 文化遺蹟』.

世宗大學校 博物館, 1999, 『河南市의 歷史와 文化遺蹟』.

세종대학교 박물관, 2006a, 『하남 춘궁동 건물지 유적』.

세종대학교 박물관, 2006b, 『하남지역 시굴조사 보고서』.

鮮文大學校 考古研究所, 2008, 『桂陽山城 發掘調査報告書』.

忠北大學校 博物館, 1988, 「廣州 春宮里 桐寺址發掘調査 報告」, 『板橋～九里·新葛～
半月間 高速道路 文化遺蹟 發掘調査 報告.

韓國文化財保護財團, 2001, 『河南 天王寺址 試掘調査 報告書』.

韓國文化財保護財團, 2002, 『河南 天王寺址 2次 試掘調査 報告書』.

한백문화재연구원, 2010, 『평택 자미산성 2차 발굴조사 보고서』.

한백문화재연구원, 2012, 『안성 죽주산성 2～4차 발굴조사 보고서』.

漢陽大學校 博物館, 1999, 『二聖山城 6次 發掘調査報告書』.

漢陽大學校 博物館, 2002, 『二聖山城 9次 發掘調査報告書』.

漢陽大學校 博物館, 2003, 『二聖山城 10次 發掘調査報告書』.

한울문화재연구원, 2013, 『安養寺址』.

〈표-1〉 한강 유역 사지 출토 신라 수막새 현황

유적명	형식(막새명)	분석 수량 (점)	색깔	연자수	드림새 지름 (cm)	드림새 두께 (cm)	자방 지름 (cm)	주연 너비 (cm)	주연 높이 (cm)	비고
하남 천왕사지	III-2식 (8엽단판연화문)	2	흑회색	1+4	14.9	2.6	4.0	1.1	0.6	
	VII형 (8엽복판연화문)	2	흑회색	1+4	14.4	2.9	4.9	1.3	0.4	
	용면-1식 (용면문)	1	회청색	없음	15.2	2.3		1.6	0.4	주연에 운문 +주연문
여주 고달사지	III-1식 (6엽단판연화문)	1	회갈색	9 (1+4+4)	15.1	2.1	5.6	0.6	0.3	
	V-1식 (8엽단판연화문)	1	회색	5 (1+4)	16.5	2.4	4.4	1.1	0.5	
	III-4식 (8엽단판연화문)	1	회색	9 (1+8)	12.0	1.8	4.3	1.0	0.4	
여주 원향사지	기타-3식 (8엽단판연화문)	1	회갈색	다수	12.8	1.5	3.8	1.1	0.3	
	III-3식 (8엽단판연화문)	1	?	9 (1+8)	12.7	2.3	2.6	1.3	0.6	
	IV-1식 (8엽단판연화문)	1	?	17 (1+16)	12.9	1.0	4.6	1.0	0.8	
	IV-2식 (7엽단판연화문)	1	회청색	8 (1+7)	12.7	2.6	3.3	1.2	0.5	
	IV-3식 (6엽단판연화문)	1	?	7 (1+6)	12.7	1.4	3.3	1.0	0.2	
	IV-4식 (12엽단판연화문)	1	황갈색	5(1+4)	13.6	2.9	2.7	1.4	1.8	
안성 봉업사지	VIII-2식 (중판연화문)	1	황갈색	다수	11.5	2.7	3.0	1.0	0.4	
	VIII-3식 (중판연화문)	1	회청색	31	14.4	2.4	3.7	1.2	0.8	

〈표-2〉 한강 유역 성곽 및 건물지 출토 신라 수막새 현황

유적명	형식(막새명)	분석 수량 (점)	색깔	연자수	드림새 지름 (cm)	드림새 두께 (cm)	자방 지름 (cm)	주연 너비 (cm)	주연 높이 (cm)	비고
포천 반월성	II형 (10엽단판연화문)	1	진회색 (?)	10개 이상	15.4	2.2	5.0	1.0	0.4	포천 반월산성 종합보고서 참조
	III-5식 (8엽단판연화문)	2	회청색	5 (1+4)	17.0	2.8	3.0	1.8	1.3	
양주 대모산성	I-4식 (8엽단판연화문)	1	진회색 (?)		13.0					
서울 아차산성	I-2식 (10엽단판연화문)	1	회백색	4	14.4(?)	2.5	4.0			주연부 결실
	I-5식 (10엽단판연화문)	2	회백색		15.1	1.8	3.6	1.5	0.3	
하남 이성산성	I-1식 (8엽단판연화문)	1	황갈색	유	14.4	2.8	3.1			9차발굴 출토품
인천 계양산성	8엽단판연화문	1	회색	불분명	17.6(?)	2.3	4.2			주연부 결실
	I-3식 (8엽단판연화문)	1	명황색	불분명	18.3(?)	2.6	6.0			주연부 결실
	8엽중판연화문	1	황갈색	7(1+6)	9.0	1.9		1.0		주연부 2단
평택 자미산성	바람개비문	5	회흑색	없음	15.5	1.6	없음	1.7		총24점 중 상태가 양호한 5점을 측정한 것임
	기타-1식 (6엽단판연화문A)	1	황갈색	없음	14.3	2.1	2.4	0.9	0.3	
	기타-2식 (5엽단판연화문C)	1	회색	없음	17.0	1.7	3.2	0.9		
	6엽단판연화문D	1	황갈색	없음	11.0(?)	1.3	3.0			주연부 결실
	기타-4식 (연화문F)	2	회청색	없음	16.5	1.9	없음	1.2		타원형태
	VIII-1식 (8엽중판연화문)	1	회갈색	8(1+7)	15.0	1.6	2.6	1.2	0.6	내판16엽복판,연주문,L자형접합

하남교산동건물지	복판복엽연화문	1	회색	6(1+5?)	8.1(?)	1.8	결실	0.5	0.5	
	용면-2식 (용면문)	2	회색	없음	15.2	1.5	없음	1.2	0.7	2000년 출토품
	(용면문)	2	회청색	없음	15.1	1.8	없음	1.8	0.5	2001년 출토품
하남춘궁동401-8	VI형 (12엽단판연화문)	12	회청색	4	14.3	2.2	4.7	1.2	0.6	
	쌍조문 수막새	1	회청색		15.4(?)	2.7				주연결실
하남춘궁동건물지	10엽단판연화문	1	회청색	1+16(?)	13.0(?)	2.2	4.7	결실	결실	주연결실
	V-2식 (8엽단판연화문)	1	회청색	불분명	12.9	2.5	결실	1.2	0.5	
평택양교리2호건물지	IV-5식 (8엽단판연화문)	1	회청색	9(1+8)	15.3	2.0	5.0	1.2	1.0	

〈 3부 〉

고분 출토 석침과
출토유물로 본
매장문화의 단면

1장 / 신라 고분 출토 석침의 형식별
특징과 사용양상

2장 / 광주 대쌍령리 고분 출토
'南漢山助舍' 명문 방울의 성격

신라 고분 출토 석침의 형식별 특징과 사용양상
-중부지방과 경주를 중심으로-

I. 머리말

두침(頭枕)은 고분(古墳) 등의 무덤에서 피장자(被葬者)의 머리를 받치기 위해 설치하며, 만든 재질에 따라 목침(木枕), 도침(陶枕), 석침(石枕) 등으로 나뉜다. 베개(枕)는 일반적으로 사람이 잠을 자기 위해 누웠을 때 머리에 괴는 물건으로 알려져 있는데, 무덤에 사용될 때에는 앞에서 말한 여러 가지 재질로 두침을 만들어 피장자의 머리를 받치도록 사용했다.

우리 나라의 역사시대 고분에서 출토된 두침 중 대표적인 예로는 무령왕릉(武寧王陵)에서 출토된 목제로 만든 목침과 족좌(足座)가 있고, 고구려(高句麗)와 백제(百濟) 고분에서 도침이나 석침이 몇 점 확인되기도 했다. 반면, 신라(新羅) 고분에서는 대부분 돌을 사용한 석침이 주로 확인되고 있는데, 그중 많은 수가 경주(慶州) 소재 고분에서 확인되어 왔다. 최근에는 중부지방에서 발굴된 신라 고분에서도 적지 않게 출토되고 있지만, 그에 관한 구체적인 연구는 이루어지지 못하고 있는 실정이다.

이에 필자는 신라 고분에서 출토된 석침의 종류가 비교적 다양할 뿐만 아니라 경주는 물론 충주(忠州)와 경기, 강원지역 등 고대 신라 영역에서 조사된 고분에서 확인된 다는 점에 착안(着眼)하여 크게 세가지 형(形)으로 분류해 보고, 그에 관한 사용 양상과 시기에 대해 고찰(考察)해 보고자 이 글을 마련하였다. 우선, 이제까지 이루어진 두침에 관한 연구사를 살펴보고, 석침이 출토된 각 지역별 주요 고분에 대하여 정리한 뒤 형식별 분류와 특징을 파악해 보고자 한다.[1] 또한 석침이 신라 고분에서 어떻게 사용되었는지와 언제부터 사용되어 변화해 갔는지 등도 알아보고자 한다. 이렇게 살펴보므로써 신라인들이 치렀던 장송의례(葬送儀禮)나 장례용구(葬禮用具)에 대해 한 단면을 살필 수 있을 것으로 생각된다.

두침에 대한 관심은 고분 연구자들 대부분이 조금이나마 가졌지만, 그에 대한 본격적인 연구는 이루어지지 못하였다. 그나마 다소 구체적인 연구라 할 수 있는 것은 무령왕릉 출토 목침에 대한 것이 있는데, 진홍섭이 목침에 시문된 문양을 중심으로 고찰한 바가 있다.[2] 그리고 무령왕비 두침에 쓰여진 명문에 대해서 분석되기도 했으며,[3] 고구려 도침에 관한 연구와[4] 우리 나라 베개의 역사와 유물에 대한 고찰도 이루어졌다.[5] 이제까지 신라 고분에서 출토된 두침에 대해서 구체적으로 연구된 바는 없으나, 윤근일이 경주지역 고분에서 출토된 석침에 대해 소개한 바가 있고,[6] 그 밖에 횡혈식 석실묘(橫穴式 石室墓, 굴식돌방무덤)의 석실과 시상대(屍床

---

1) 본 논문에서 다루는 석침이 출토된 지역은 신라 왕경인 경주와 중부지방 즉 서울, 경기, 충주 그리고 강원지역을 그 대상으로 삼았다.

2) 秦弘燮, 1975, 「武寧王陵發見 頭枕과 足座」, 『百濟研究』6, 충남대학교 백제연구소.

3) 李相洙·安秉燦, 1991, 「百濟 武寧王妃 나무베개에 쓰여진 銘文」, 『백제 무령왕릉 연구논문집』1, 공주대학교 백제문화연구소.

4) 김대환, 2005, 「三國時代의 陶枕 研究」, 『白山學報』71, 白山學會.

5) 南潤子·李年純, 1989, 「우리나라 베개(枕)에 관한 小考」, 『대한가정학회지』27-1, 대한가정학회.

6) 윤근일, 1992, 「慶州地域 出土 石枕에 관한 小考」, 『文化財』25, 文化財管理局.

臺)의 관계를 중심으로 이진령이 연구하였으며,[7] 차순철은 경주에서 발굴된 횡혈식 석실묘의 시상구조 변화를 다루었다.[8] 이 밖에도 최병현,[9] 홍보식[10] 등이 경주 지역 횡혈식 석실묘에서 출토된 석침과 족좌에 대해서 시상과 함께 관련지어 관심을 갖기도 했었다.

위에서 간략하게 살펴본 바와 같이 신라 고분에서 출토된 석침에 관한 연구는 매우 적은 실정이며, 고구려나 백제의 도침 및 목침에 관한 연구가 있는 정도이다. 그러나 그러한 연구도 단편적이어서 보다 체계적인 연구가 필요하고 무엇보다 형식분류와 사용 양상에 관한 연구가 필요하므로 이 글을 통해 정도 및 고찰을 해 보고자 한다.

Ⅱ. 석침 출토 현황

1. 중부지방

중부지방에서는 최근 10년 사이에 많은 수의 신라 고분이 발굴되었는데, 그 중에서 석침이 출토된 예가 적지 않은 형편이다. 여기에서는 서울·경기·충주·강원지역에서 발굴된 신라 고분군 중에서 석침이 출토된 유적에 대해 정리해 보고자 한다.

---

7) 李秦姶, 2004, 「新羅 橫穴式石室墓의 埋葬空間 硏究」, 釜山大學校 大學院 碩士學位論文.
8) 차순철, 2007, 「경주지역 횡혈식석실분의 시상(屍床)구조변화 연구」, 『慶州文化硏究』 9, 慶州大學校 慶州文化硏究所.
9) 崔秉鉉, 1995, 『新羅古墳硏究』, 一志社.
10) 홍보식, 2003, 『新羅 後期 古墳文化 硏究』, 춘추각.

1) 서울 지역

서울에서는 이제까지 신라 유적이 그다지 많이 발굴되지 못하였는데, 특히 고분은 일제강점기(日帝强占期) 때 중곡동과[11] 1970년대 방이동,[12] 가락동[13] 등에서 석실묘 몇 기가 조사된 바 있다. 그 이후 별다른 조사성과가 없다가 최근 몇 년사이에 아차산의 홍련봉 제1보루를[14] 비롯하여 천왕동이나[15] 궁동,[16] 명륜동에서[17] 석실묘와 석곽묘(石槨墓, 돌덧널무덤) 10여 기가 조사되었다. 그 중에서 천왕동 2호 횡혈식 석실묘에서 석침 1개가 확인되었다.

2) 경기 지역

경기 지역에서 조사된 신라 고분은 최근 10년 사이에 급격하게 증가하여 60곳 이상의 유적에서 약 460기 이상 발굴되었다.[18] 이 중에서 석침이 출토된 고분으로는 파주 성동리와[19] 덕은리,[20] 하남 덕풍골,[21] 광주 대쌍

---

11) 朝鮮總督府, 1935, 『昭和二年度 古蹟調査報告』.

12) 趙由典, 1975, 「芳荑洞遺蹟發掘調査報告」, 『文化財』9, 文化財管理局.

13) 가락동에서 발굴된 횡혈식 석실묘 중에 5호분의 동벽쪽에서 두침으로 추정되는 장방형의 돌 1점이 조사된 바 있다(蠶室地區遺蹟發掘調査團, 1975, 『蠶室地區遺蹟址發掘調査報告』).

14) 高麗大學校 考古環境研究所, 2007, 『紅蓮峰 第1堡壘 發掘調査綜合報告書』.

15) 中原文化財研究院, 2010, 『서울 天旺洞 遺蹟』.

16) 한강문화재연구원, 2008, 『서울 궁동 유적·강릉 방동리 가둔지 유적』.

17) 高麗文化財研究院, 2012, 『서울 명륜동 유적』.

18) 皇甫慶, 2011, 「중부지방 신라 유적의 연구 및 조사현황과 성격 고찰」, 『文化史學』36, 韓國文化史學會.

19) 경희대부설 고고미술사연구소·고려대학교 고고미술사학과·전북대학교 고고인류학과, 1992, 『통일동산 및 자유로 개발지구 발굴조사 보고서』.

20) 국방문화재연구원, 2013, 『파주 덕은리유적』.

21) 세종대학교 박물관, 2006, 『하남 덕풍골 유적』.

령리,[22] 용인 보정동[23]·소실[24]·대덕골[25]·동백리,[26] 여주 매룡리[27]·매룡리 용강골[28]·상리[29]·하거리 방미기골,[30] 상거리[31] 등이 있다. 이들 고분군 중에서 파주와 하남, 용인, 여주에서 조사된 고분의 석침 사용 비율을 살펴보면, 파주 성동리 고분 18기 중 1기(5.6%), 덕은리 고분 20기 중 1기(5.0%), 하남 덕풍골 고분군 18기 중 2기(11.1%), 용인 소실 고분 22기 중 2기(9.1%)로 나타났다. 이에 비해 아래 〈표-1〉에서 보는 바와 같이 여주의 분석대상 고분 78기 중에서 석침이 확인된 고분은 20기로 석침 사용 비율이 25.6%를 보이고 있어 다른 고분군에 비해 월등히 많이 사용되었음을 알 수 있다.

〈표-1〉 여주지역 고분 출토 석침 비율

유적명 고분 및 석침 수	매룡리 용강골 고분군	상리 고분군	하거리 방미기골 고분군	매룡리 고분군	상거리 고분	매룡리 황학산 고분군	계
고분 수	13	17	33	8	2	5	78
석침 수(%)	4(30.8)	2(11.8)	8(24.2)	4(50)	1(50)	1(20)	20(25.6)

22) 畿甸文化財研究院, 2008,『廣州 大雙嶺里 遺蹟』.
23) 中央文化財研究院, 2011a,『龍仁 寶亭洞442-1 遺蹟』.
24) 畿甸文化財研究院 2005,『龍仁 寶停里 소실遺蹟 試·發掘調查 報告書』.
25) 畿甸文化財研究院, 2003,『龍仁 竹田宅地開發地區內 대덕골 유적』.
26) 韓國文化財保護財團, 2005,『龍仁 東栢宅地開發事業地區內 龍仁 東栢里·中里遺蹟Ⅰ』.
27) 畿甸文化財研究院, 2000,『驪州 梅龍里 山4-25번지 古墳群 發掘調查報告書』,『驪州 上里·梅龍里 古墳群 精密地表調查報告書』.
28) 翰林大學 博物館, 1988,『驪州 梅龍里 용강골古墳群 發掘報告書』.
    翰林大學 博物館, 1989,『驪州 梅龍里 용강골古墳群Ⅱ 發掘報告書』.
29) 翰林大學校 博物館, 2001,『여주 상리 고분』.
30) 경희대학교 박물관, 1999,『여주 하거리 방미기골 고분』.
31) 단국대학교 매장문화재연구소, 2006,『여주 상거리 종합유통단지 건설부지 시·발굴 조사 보고서』.

3) 충주 지역

이 지역은 신라가 북쪽지역을 공략하기 위해 557년 국원(國原)에 소경 (小京)을 설치했던 곳으로 알려져 있고,[32] 그와 관련된 성곽은 물론 대규 모 고분군이 적지 않게 확인 및 조사되었다. 대표적인 고분군으로는 누암 리(樓岩里, 사적 제463호)와[33] 하구암리,[34] 하구암리 큰골·음달말,[35] 단월 동,[36] 화곡리[37] 고분군 등이 있으며, 석침이 출토된 고분도 이들 고분군 안에서 확인되고 있다. 이외에도 용산동과[38] 용관동에서[39] 석침 몇 개가 출토된 바가 있다.

그 중에서 특히 최근에 조사된 하구암리 고분 66기 중에서 29기(43.9%) 에 석침이 사용되었는데, 이를 보다 자세히 살펴보면 석실묘 35기 중에서 17기(48.6%), 석곽묘 31기 중 12기(38.7%)에서 석침이 확인되었다. 또한 하 구암리 석실묘 중에는 시상이 여러 차례 만들어졌는데, 그에 따른 석침의 수도 다른 고분군들과 달리 8호 석실묘의 경우 최대 4개까지 출토된 예도 있어 주목된다.

---

32) 『三國史記』卷4, 新羅本紀4 眞興王 18年條 "以國原爲小京…."
33) 文化財研究所, 1992, 『中源 樓岩里 古墳群 發掘調査報告書』.
　　忠北大學校 博物館, 1993, 『中原 樓岩里 古墳群』.
　　國立中原文化財研究所, 2012, 『忠州 樓岩里古墳群 2차 시·발굴조사보고서』.
34) 中央文化財研究院, 2010, 『忠州 下九岩里遺蹟』.
35) 韓國文化財保護財團, 2001, 『中部內陸高速道路 忠州區間 文化遺蹟 發掘調査 報 告書』.
36) 建國大學校 博物館, 1994, 『忠州 丹月洞 古墳群 發掘調査報告書』.
　　建國大學校 博物館, 1995, 『忠州 丹月洞 古墳群 2次發掘調査報告書』.
37) 中央文化財研究院, 2011b, 『忠州 花谷里遺蹟』.
38) 中央文化財研究院, 2007, 「忠州 龍山洞 아파트 新築敷地 內 忠州 龍山洞遺蹟」, 『忠州 龍山洞·大谷里·長城里遺蹟』.
39) 國立中原文化財研究所, 2010, 『忠州 龍觀洞古墳群 발굴조사보고서』.

4) 강원 지역

강원은 영서(嶺西)와 영동(嶺東)으로 나눠지고, 고분도 춘천이나 홍천, 강릉, 동해, 삼척, 정선 등 여러 곳에서 적지 않은 수가 발굴되었다. 이들 고분 중에서 석침은 강릉 송림리와[40] 동해 추암동[41]·지흥동,[42] 삼척 궁촌리[43] 등에서 몇 개가 확인되었으며, 그 종류는 다른 지역의 석침에 비해 단순한 편이다.

위에서 살펴본 바와 같이 중부지방에서는 크게 4개 지역 94기의 고분에서 석침이 확인되었고, 그 중에서 석실묘는 58기(61.7%), 석곽묘는 36기(38.3%)로 파악되었다. 따라서 석침은 석곽묘보다 석실묘에 1.6배 정도 많이 사용되었으며, 지역별로는 충주 지역에서 49기(52.1%)가 출토되어 경기 지역의 40기(42.6%)보다 많이 높은 비율을 차지한다. 그와 같은 이유는 충주 하구암리 고분[44] 중 29기에서 석침이 집중적으로 나왔기 때문인데, 이러한 경우는 이제까지의 석침 출토 경향으로 보아 일반적인 현상은 아니지만 경주 건천휴게소부지 고분군에서 출토된 비율과 비슷하기 때문에 주목된다.

2. 경주 지역

경주는 우리 나라에서 고분에 대한 조사가 일찍부터 이루어진 곳으로 화려한 왕관 뿐만 아니라 귀걸이, 목걸이, 유리 그릇 등 대표적인 국보나 보물급 유물이 많이 출토되었다. 석침도 일찍부터 조사되어 보고된 바 있

---

40) 한림대학교 박물관, 2003, 『동해고속도로 확장·신설구간(송림리) 문화유적 발굴조사 보고서』.
41) 關東大學校博物館, 1994, 『東海北坪工團造成地域文化遺蹟 發掘調査報告書』.
42) 예맥문화재연구원, 2012, 『東海 智興洞遺蹟』.
43) 關東大學校 博物館, 2003, 『三陟 宮村里 遺蹟』.
44) 中央文化財研究院, 2010, 앞의 책.

으며, 그에 대한 단편적인 연구도 이루어진 바 있다.

석침이 발견된 대표적인 고분으로는 서악동 석침총을 비롯하여 서악동 석실묘·장산토우총, 노서동 137호(쌍상총), 충효동 7호분,[45] 용강동 석실묘,[46] 황성동 석실묘 그리고 경마장 C지구와[47] 황성동 524-1번지[48]·575번지,[49] 건천휴게소부지 유적,[50] 방내리 산20-2번지 유적,[51] 방내·조전리,[52] 덕천리[53] 등에서 다양한 종류가 출토되었다.

무엇보다 중요한 점은 경주에서 출토된 석침이 한반도(韓半島)에서 이제까지 확인된 석침 중에서 대표적인 것이 가장 많고, 만들어진 완성도 또한 높다고 하겠다. 특히 노서동 137호분과 황성동 524-1번지 석실묘는 피장자 전신(全身)을 눕힐 수 있도록 머리부터 발부분까지 모두 조각하여 놓은 대표적 예로 뽑히고 있으며, 서악동 석실묘나 장산토우총의 석침은 머리 부분을 정교하게 다듬었을 뿐만 아니라 왕관의 형태까지 조각한 경우이다. 그 외 경마장 C지구에서 출토된 석침은 석침을 'ㄷ'자형이나 2개의 돌을 나란히 두는 등 다소 변형된 형태를 보여주고 있다.

한편, 이 글에서 분석대상으로 삼은 경주 고분은 56기로 그 중에서 석침이 나온 석실묘는 43기(76.8%)이고, 석곽묘는 13기(23.2%)로 역시 석곽묘보다 석실묘에 많이 사용되었음을 알 수 있다. 그리고 건천휴게소부지에

45) 國立慶州文化財硏究所, 2007, 『新羅古墳 基礎學術調査硏究Ⅲ』 참조.
46) 趙由典·申昌秀, 1986, 「慶州 龍江洞古墳 發掘調査槪報」, 『文化財』19, 文化財管理局. 文化財硏究所 慶州古蹟發掘調査團, 1990, 『慶州 龍江洞古墳 發掘調査報告』.
47) 韓國文化財保護財團, 1999, 『慶州 競馬場 豫定敷地 C-Ⅰ地區 發掘調査 報告書』.
48) 國立慶州博物館, 1993, 『慶州 隍城洞 石室墳』.
49) 嶺南文化財硏究院, 2010, 『慶州 隍城洞 575番地 古墳群』.
50) 慶州文化財硏究所, 1995a, 『乾川休憩所新築敷地 發掘調査報告書』.
51) 嶺南文化財硏究院, 2009, 『慶州 芳內里 古墳群』.
52) 國立慶州文化財硏究所, 1998, 『慶州 芳內·棗田里 古墳群』, 『文化遺蹟發掘調査報告』.
53) 신라문화유산조사단, 2008, 『慶州 德泉里遺蹟』.

서 조사된 55기의 고분 중 석실묘는 44기인데, 그 중 석침이 21기에서 확인되어 47.7%의 비율을 차지하여 충주 하구암리 고분군의 경우와 비슷하다.

〈표-2〉 경주 지역 석침 출토 비율

유적명 고분 및 석침 수	방내· 조전리 고분군	경마장 C지구 고분군	황성동 575번지 고분군	황성동 산 20-2번지 고분군	건천휴게소 부지 고분군	계
고분 수	11	34	11	57	55	168
석침 수(%)	3(27.3)	8(23.5)	5(45.5)	7(12.3)	23(41.8)	46(27.4)

위의 표에서 보는 바와 같이 경주 지역에서 조사된 주요 고분에서 석침이 확인된 비율이 27.4%를 나타내고 있다. 이러한 비율은 각 고분군마다 다소 편차는 있지만, 중부지방의 경우와도 비슷하다는 것을 알 수 있다. 그리고 참고적으로 두침과 견좌(肩座)를 평기와나 막새로 사용한 예로는 경주 충효동 2·7호, 동천동 와총,[54] 건천휴게소부지 36호,[55] 용강동 1·4호분,[56] 방내리 36·40·42호,[57] 월산리 B-5호 석실묘[58] 등에서 확인되었고, 방내리 산20-2번지 8호 석실묘의 경우 암키와 3장을 시상 위에 종방향으로 놓아 주검을 안치했던 것으로 조사되었다.[59] 또한 황성동 횡혈식 석실묘와 같이 족좌만 확인된 예도 있다.[60] 따라서 경주 지역 고분에서 주검을 안치하는 방법은 석침 외에 기와도 사용되었음을 알 수 있다.

---

54) 國立慶州文化財研究所, 2007, 앞의 책, 109~111쪽.

55) 慶州文化財研究所, 1995a, 앞의 책.

56) 李殷昌·姜裕信, 1993, 「慶州 龍江洞 古墳의 研究」, 『古文化』40·41, 韓國大學博物館協會.

57) 國立慶州文化財研究所, 1996·1997, 앞의 책.

58) 國立慶州文化財研究所, 2003, 『慶州月山里遺蹟』.

59) 嶺南文化財研究院, 2009, 『慶州 芳內里 古墳群』.

60) 國立慶州文化財研究所, 2007, 앞의 책, 299쪽.

Ⅲ. 형식분류와 특징

이제까지 중부와 경주의 고분에서 출토된 석침의 유형은 크게 세 가지 형(形) 정도로 분류해 볼 수 있겠다. 여기에서는 각 형식별로 형태와 특징 등을 살펴보고자 한다.

1. Ⅰ형

Ⅰ형은 석침의 형태가 피장자의 머리 부분을 정교하게 다듬은 것으로 아래 〈표-3〉과 같이 모두 4식으로 구분해 볼 수 있다.

〈표-3〉 Ⅰ형 석침

Ⅰ-1식	Ⅰ-2식		Ⅰ-3식	Ⅰ-4식
	Ⅰ-2-가식			
경주 서악동 석침총	경주 노서동137호분	경주 서악동 석실묘	전 헌강왕릉	여주 매룡리 1호 석실묘
	Ⅰ-2-나식			
여주 상리 1호 석실묘	경주 장산토우총	경주 충효동 7호 석실묘	경주 노서동 137호분(2차시상)	여주 하거리 방미기골 3호 석실묘

Ⅰ-1식은 1매의 돌에 머리 뒷부분(뒤통수)의 형태를 정교하게 다듬은 것으로 서악동 석침총과 여주 상리 1호 석실묘 등에서 출토되었다. 서악동 석침총은 횡혈식 석실묘로 석실 장축이 남-북쪽이고, 동벽 중앙에 연

도(羨道)가 달려 있어 'T'자형을 이룬다. 시상은 석실 바닥 남·서·북벽에 붙여 연도쪽을 향한 'ㄷ'자형태이고, 서쪽 시상 즉 연도와 마주보는 곳에서 석침 1개와 족좌 1개가 출토되었다. 석침의 크기는 약 69.7×29.8cm이고, 가운데 마련된 머리 모양의 음각된 부분 지름은 약 19cm이다. 여주 상리 1호 석실묘도 중앙 연도를 갖춘 횡혈식으로 시상 위에서 석침 5개가 시상의 서쪽에서부터 동쪽으로 나란하게 놓여져 있었다. 제1석침은 평면이 삼각형이고 가운데부분에 머리 형태로 음각되어 있는데, 지름이 24cm 정도이다. 제2석침은 머리와 목 부분이 음각되어 있는데, 머리 부분 지름이 13cm로 작은 편이고, 제3석침은 방형의 돌에 머리와 목 부분이 음각되어 있으며 머리 부분 지름은 18cm 정도로 조사되었다. 이밖에도 여주 상리 8호분에서 상리 1호분 출토 석침과 비슷한 석침 1개가 출토된 바 있다.

Ⅰ-2식은 머리 뒷부분 뿐만 아니라 어깨 부분까지 정교하게 다듬은 것을 말하는데, 이를 다시 Ⅰ-2-가식과 Ⅰ-2-나식으로 구분할 수 있다. Ⅰ-2-가식은 머리와 어깨 부분을 돌 2매로 각기 나눠서 정교하게 다듬었는데, 경주 노서동 137호분과 서악동 석실묘, 황성동 524-1번지, 용강동 석실묘의 것이 대표적이다. 노서동 137호는 횡혈식 석실묘로 장축이 남-북쪽이고, 남벽 중앙에 연도가 갖추어져 있다. 시상은 크게 두 차례 만들었는데, 장축이 동-서쪽이며 그 중에서 2차 시상의 제1시상 경우 전신을 모두 6매의 판석에 조각한 것이다. 이 시상의 크기는 동-서 길이 180cm, 남-북 너비 90cm, 두께 20cm이며, 2차 시상의 전체 크기는 동-서 길이 230cm, 남-북 너비 220cm, 높이 30cm이다.[61] 서악동 석실묘도 방형 석실에 중앙 연도가 달린 횡혈식으로 시상 3개가 동-서방향으로 마련되어 있는데, 그 중에서 1차 시상의 석침이 Ⅰ-2-가식에 해당된다. 석침은

---

61) 國立慶州文化財硏究所, 2007, 앞의 책, 237~239쪽.

머리와 어깨 부분이 상·하 별도로 만들어져 조합되었고, 족좌는 1매로 만들어졌다. 석침 크기는 동—서 길이 38cm, 남—북 너비 74cm이고, 시상의 전체 크기는 길이 220cm, 너비 140cm, 높이 50cm이다.

I-2-나식은 돌 1매에 머리와 어깨 부분을 모두 조각한 것으로 경주 충효동 7호 석실묘와 서악동 장산토우총 1차시상의 석침이 여기에 해당된다. 충효동 7호도 횡혈식 석실묘로 남벽 중앙에 연도가 달려 있고, 석실 북벽 가까이에 시상(길이 217cm, 너비 128cm, 높이 67cm)이 있다. 석침과 족좌는 시상 주변에서 수습되었고, 응회암(凝灰岩)제로 만들어졌으며 토수기와 8점이 함께 출토되었다. 석침은 머리와 어깨 부분이 돌 1매에 조각되었는데, 크기는 가로 41cm, 세로 24cm, 두께 13cm 정도이고, 머리 부분 지름은 약 10cm이며, 어깨 부분 너비는 약 21cm이다. 장산토우총은 남벽에 연도를 갖춘 횡혈식 석실묘로 장축이 남—북쪽이고, 석실 평면은 방형이며, 시상이 동—서쪽으로 탁자식 형태 3기가 마련되어 있다. 석침은 평면 세장방형이고, 단면 직삼각형으로 2명분의 머리와 어깨 부분이 조각되어 있는데 머리에 관(冠)을 착용할 수 있도록 음각한 점이 특징이다. 석침의 크기는 동—서 길이 약 44cm, 남—북 너비 약 100cm이고, 시상 전체 크기는 길이 225cm, 너비 151cm, 높이 73cm이다.[62]

I-3식은 I-2식과 비슷하게 피장자의 머리와 어깨 부분까지 다듬어서 만들었지만 돌 2매를 위와 아래가 아닌 좌·우 양 옆으로 나눠서 조각하여 조합한 것이다. 대표적으로 전(傳) 헌강왕릉[63] 출토 석침과 경주 노서동 137호분 2차시상의 제2시상 석침, 서악동 석실묘의 2차시상 석침, 장산토우총의 2차시상 석침이 해당된다. 전 헌강왕릉은 우편재 연도가

---

62) 國立慶州文化財研究所, 2007, 위의 책, 294~296쪽.
63) 慶州文化財研究所, 1995b, 『憲康王陵補修收拾調査報告書』.

달려 있는 횡혈식 석실묘로 장축이 남-북쪽이다. 시상은 화강암(花崗巖)으로 만들었는데, 석실의 서벽에 붙여 탁자 2개를 맞붙여 만들었으며 길이 240cm, 너비 70cm, 높이 50cm 정도이다. 석침은 응회암제로 만들었고, 크기는 길이 54cm, 너비 60cm, 두께 3~17cm 정도이다. 머리 부분 지름은 20cm, 깊이 7cm이고, 어깨 부분 너비는 38cm, 깊이는 6~9cm이다.

노서동 137호분 2차시상의 제2시상은 제1시상의 남쪽 옆에 석침과 족좌만 남아 있는 상태로 조사되었는데, 석침이나 족좌 모두 돌 2매를 양옆으로 나눠서 조합하였다. 석침의 크기는 가로 50cm, 세로 45cm 정도이다. 서악동 석실묘의 2차 시상 석침은 응회암제 돌에 머리와 어깨부분이 음각되어 있고, 족좌는 토수기와를 가로로 놓았다. 석침 크기는 동-서 길이 20cm, 남-북 너비 54cm 정도이고, 시상 크기는 길이 220cm, 너비 30cm, 높이 50cm이다.

Ⅰ-4식은 머리 부분을 다소 거칠게 다듬은 것인데, 피장자를 안정적으로 안치하는 데에는 문제가 없으나 머리가 놓이는 부분의 형태가 원형이나 반원형에 가까우며 정교하지 못하다. 대표적으로 여주 매룡리 1호 석실묘와 하거리 방미기골 3호 석실묘의 것이 있다. 매룡리 1호분은 남벽에 횡구식 입구가 마련되어 있고, 장축이 남-북쪽, 시상은 북벽과 서벽에 맞붙여 조성하였으며 크기는 길이 274cm, 너비 90cm, 높이 76cm이다. 석침은 북벽과 서벽사이 모서리에서 출토되었는데, 평면이 삼각형태이고 가운데 머리 부분이 원형에 가깝게 파여 있다. 석침 크기는 길이 24cm, 너비 32cm, 두께 14cm이고, 머리 부분 지름은 약 20cm이다.

하거리 방미기골 3호는 장축이 북서-남동쪽이고, 남벽 중앙에 연도가 달려 있는 횡혈식이다. 시상은 북벽과 동벽에 붙여서 'ㄱ'자형으로 설치했는데, 석침은 북쪽 시상대의 서쪽 끝부분에 2개가 나란하게 놓여 있었다. 석침 ①번은 평면 사다리꼴에 가깝고 길이 31cm, 너비 48cm, 두께 14cm 정도이며, 머리 놓는 부분은 반원형으로 거칠게 다듬어졌는데 크기가 길이 15cm, 너비 32cm, 깊이 8cm 정도이다. 석침 ②번은 평면 반원형이고, 크기는 길이 34cm, 너비 50cm, 두께 7cm 정도이고, 머리 놓는 부분 크기는 길이 22cm, 너비 32cm, 깊이 10cm 정도이다.

2. II형

II형은 석침으로써의 완성된 형태라기보다는 기능에 주안점(主眼點)을 두고 만들어진 것으로 2~5매의 돌을 사용해서 피장자의 머리를 받치도록 한 것이다. II형을 세분화 해 보면, 크게 3식으로 나눌 수 있으며, 아래 〈표-4〉와 같다.

〈표-4〉 II형 석침

II-1식	II-2식	II-3식	
		II-3-가식	
여주 매룡리 황학산 3호 석곽묘	경주 경마장 C-I-2-9호석실묘	충주 하구암리 13호 석곽묘	
		II-3-나식	
충주 하구암리 13호 석실묘(2차시상)	경주 방내·조전리 1호 석실묘	충주 누암리 24호 석실묘	이천 창전동 5호 석곽묘

Ⅱ-1식은 3~4매의 돌을 가지고 'ㄷ'자 형태로 석침을 만들어 피장자 머리를 받치거나 둘러싼 형태이다. 여기에 해당하는 고분으로는 여주 매룡리 황학산 3호 석곽묘와 충주 하구암리 13호 석실묘 등이 대표적이다. 매룡리 황학산 3호 석곽묘는 수혈식(竪穴式)으로 장축이 동북-서남쪽이고, 시상은 바닥 전체 대부분에 1단으로 깔려 있으며 석침은 동벽 가까이에 돌 4매를 사용해서 1매는 바닥에 깔고 나머지 3매는 서쪽이 트인 평면 'ㄷ'자 형태로 만들었다. 석침의 전체 크기는 동-서 길이 52.5㎝, 남-북 너비 56㎝, 최대 높이 14㎝ 정도이고, 피장자의 머리를 두는 가운데 부분의 너비는 약 14~17.5㎝이다. 충주 하구암리 13호 석실묘는 좌편재 연도를 가졌으며, 장축이 남-북쪽이다. 시상은 동-서방향으로 2차례 설치되었는데, 석침도 2개가 1·2차 시상의 동쪽에 놓여 있었다. 1차 시상에 사용된 석침은 세장방형(細長方形)의 돌 2매를 위와 아래 즉 '二(이)'자 형태로 맞붙여 놓아 Ⅱ-3-가식에 해당된다. 2차 시상 석침이 Ⅱ-1식에 속하는 것으로 20㎝ 크기의 돌 3매를 'ㄷ'자 형태로 조합해 놓았다. 이밖에도 충주 용산동 12호 석곽묘와 경주 경마장C-Ⅰ-1-16·19호석곽묘, 방내·조전리 3호 석실묘, 방내리 55호 석곽묘, 방내리 174-2번지 1호 석실묘 1차 시상[64] 등이 있다.

Ⅱ-2식은 머리를 받치는 석침을 놓고 어깨 부분이나 피장자 주위에 돌 몇 개를 놓아 둘러싼 위석(圍石) 형태이다. 대표적으로는 경주 경마장 C-Ⅰ-2-9호 횡혈식 석실묘와 C-Ⅰ-1-2호 석곽묘, 경주 방내·조전리 1호 석실묘, 건천휴게소부지 2·5·10·12호 석실묘, 덕천리 2호 석실묘, 방내리 174-2번지 1호 석실묘 2차시상, 충주 용관동 2호 석곽묘, 충주 하구암리 큰골 2·3호 석실묘 등이 있다.

---

64) 신라문화유산연구원, 2011, 『慶州의 文化遺蹟 XⅢ』.

경마장C-Ⅰ-2-9호 횡혈식 석실묘는 석실이 방형이고, 연도가 서벽에 붙어 남쪽으로 축조된 좌편재식이며, 장축이 남-북쪽이다. 시상은 북벽에 붙어 동-서쪽으로 조성되어 있고, 석침은 동벽 가까이에 놓여 있으며 위석으로 볼 수 있는 돌들이 북편과 남편에 각 3~4개씩 일정한 간격으로 놓여 있다. 석침에서 북편 석열 끝까지의 길이는 약 132cm이고, 북편과 남편 석열 사이의 너비는 약 32cm이다. 방내·조전리 1호 석실묘의 1차시상 석침은 시상 위에 석침과 족좌를 약 150cm간격으로 두었고, 시상의 남쪽 구획 석열은 규칙적으로 놓았지만 반대편 석열은 석침과 족좌쪽 가까이에 돌 2개씩만 남아 있다. 건천휴게소 2호 석실묘도 좌편재식 연도를 갖추고 있으며, 시상 위에는 '一(일)'자형 석침과 족좌가 서로 마주보고 그 주위로 돌 5개가 배치된 형태이다. 석침과 족좌까지의 길이는 195cm, 너비는 55cm로 다소 길고 넓은 편이다.

　Ⅱ-3식은 돌 2매로 피장자의 머리를 받치는 석침 형태인데, 돌을 조합한 방법에 따라 2식으로 세분화 될 수 있다. Ⅱ-3-가식은 돌 2매를 위와 아래 '二'자 형태로 배치한 것이고, Ⅱ-3-나식은 역시 돌 2매를 좌우에서 조합한 형태로 서로 맞붙여 놓거나 약간 간격을 두고 있는 것도 있다. 먼저, Ⅱ-3-가식은 충주 하구암리 13호 횡혈식 석실묘 1차시상과 13호 석곽묘의 것이 대표적이다. 하구암리 13호 석실묘는 시상 2기가 조성되어 있는데, 1차 시상의 석침이 세장방형 돌 2매로 만들어진 것이고 2차 시상에는 'ㄷ'자형 석침이 마련되어 있어 서로 다른 형태의 석침이 확인된 고분이다. 하구암리 13호 석곽묘에도 장방형 돌 2매가 1조를 이루는 석침이 있는데, 돌 크기가 35×22cm이고, 하구암리 16호 석곽묘에도 이와 같은 형태의 석침이 있으며, 돌 크기는 45×30cm이다.

　Ⅱ-3-나식은 돌 2매를 좌우에 배치한 것인데, 돌의 형태가 방형이 많으며 충주 누암리 24·28호 횡혈식 석실묘, 이천 창전동 5호 석곽묘가 대

표적이다. 누암리 24호 석실묘의 석침은 두툼한 돌 2매를 서로 맞붙여 놓았는데, 석침 안쪽으로 경사져 있어 피장자 머리를 안정적으로 받치도록 손질했으며, 돌 크기는 40×30㎝, 36×19.5㎝ 정도이다. 이천 창전동 5호 석곽묘의 석침은 장방형 돌 2매를 동·서쪽에 약 12㎝ 간격을 두고 가운데로 향하도록 배치한 예이다.[65] 돌이 놓인 상태로 보아 시상에 고정되어 있기 때문에 제자리로 여겨지므로 피장자의 머리를 돌 사이에 안정적으로 안치했던 것으로 보인다.

3. Ⅲ형

Ⅲ형은 돌 1매를 사용하여 만든 석침을 말하는데, 손질의 여부에 따라 아래 〈표-5〉와 같이 2가지로 세분화 될 수 있다.

〈표-5〉 Ⅲ형 석침

Ⅲ-1식	Ⅲ-2식
충주 누암리 22호 석실묘	충주 누암리 가-56호 석실묘
충주 하구암리 29호 석실묘(1차시상)	여주 하거리 방미기골 30호 석실묘

---

65) 겨레문화유산연구원, 2012, 『이천 창전동 유적』.

Ⅲ-1식은 석침의 윗부분 즉 피장자 머리를 받치는 부분을 약간 다듬어서 오목하게 하거나 매끄럽게 손질한 것이다. 대표적인 예로는 충주 누암리 22호 석실묘 1차 시상 석침과 경주 경마장C-Ⅰ-2-11호 석곽묘, 여주 매룡리 용강골 D-2호 석실묘 2차시상 석침 등이 있다. 누암리 22호 석실묘 석침은 단면으로 볼 때 활처럼 윗면이 오목하게 손질되어 있으며, 크기는 46×19×15㎝로 장단비는 2.42:1로 세장방형에 해당된다. 하구암리 29호 석실묘의 석침은 윗면을 다듬었는데, 피장자 머리가 닿는 부분을 호형(弧形)으로 경사지게 손질한 점이 특징이다. 이 석침의 크기는 45×25㎝로 장단비 1.80:1로 장방형이다.

Ⅲ-2식의 석침은 장방형이나 세장방형, 방형, 삼각형 등의 형태로만 만들었을 뿐 오목하게 다듬거나 하는 등의 손질한 흔적이 거의 없는 것으로 많은 고분에서 출토되고 있는 종류이다. 대표적으로 충주 누암리 가-56호 석실묘와 충주 단월동 6호 석실묘·화곡리 5호 석곽묘, 여주 하거리 방미기골 30호 석실묘·매룡리 4호 석실묘, 하남 덕풍골 3·5호 석곽묘, 용인 보정동 소실고분군 4·19호 석실묘 등에서 출토된 석침이 있다.

이 형식의 석침은 가장 단순하게 만들어졌지만, 세부 형태면에서 다양한데 크기면에서는 가로 길이가 세로 너비에 비해 최소 1.5배 이상 커서 장방형이나 세장방형이 대부분을 차지한다. 석침 두께는 대개 10~12㎝ 사이에 해당하는데,[66] 여주 매룡리 용강골 D-2호 석실묘의 1차시상 석침의 경우 20㎝ 정도여서 매우 두툼한 것도 있다. 그리고 석침이 방형으로

---

[66] 석침 두께는 대부분의 보고서에 측정치가 없는 경우가 많아 필자가 도면의 스케일을 바탕으로 측정한 것이 많으며, 베개의 인간공학적인 연구 결과에 따르면 남자 성인의 베개 높이가 7.9±1.1㎝라는 보고가 있어 석침 두께와 큰 차이가 없음을 알 수 있다(南潤子·李年純, 1989b, 「베개의 높이에 관한 人間工學的 研究(2)」, 『大韓人間工學會誌』8-1, 大韓人間工學會.).

만들어진 예로는 경주 방내리 산20-2번지 3호 석실묘, 경주 건천휴게소 부지 31호 석실묘, 여주 매룡리 용강골 E-3호 석실묘, 여주 매룡리 1·8호 석실묘 등이 장단비 1.5:1 미만인 것으로 파악되었다. 그리고 한 고분에 2~3개씩 석침이 사용된 경우도 있는데, 가평 대성리 1호 횡구식 석실묘와[67] 이천 창전동 5호 횡구식 석곽묘에서는 석침 2개가, 충주 하구암리 32호 횡혈식 석실묘와 이천 이치리 4호 횡구식 석실묘에서는[68] 3개의 석침이 출토되어 추가장(追加葬)이 이루어지는 과정에서도 지속적(持續的)으로 사용된 사례라 하겠다.

IV. 석침의 사용 양상과 시기

1. 석침 사용 양상과 의미

신라 고분에 사용된 석침은 앞에서 살펴본 바와 같이 크게 3형 9식으로 분류해 볼 수 있으며, I-2식과 II-3식에서는 보다 세분화 된다. 여기에서는 각 형식과 특징에 따라 석침의 사용 양상에 대하여 살펴보고자 한다.

먼저, 고분에 사용된 석침의 비율을 보면 중부지방의 경우 고분이 가장 많이 조사된 여주가 25.6%, 경주 지역의 경우에는 27.4%를 보이고 있는 것으로 파악되어 고분 10기 중에 2.5~2.7기에서 석침이 확인되고 있다. 그러나 경기 지역의 다른 고분군에서는 석침이 보통 10% 내외의 사용률을 나타내고 있기 때문에 지역별 편차가 있는 것으로 나타났다.[69] 다

67) 京畿文化財研究院, 2009, 『加平 大成里遺蹟』.
68) 국방문화재연구원, 2010, 『이천 이치리유적』.
69) 황보경, 2009, 『신라 문화 연구』, 주류성 참조.

만, 경주나 충주, 여주 지역에서의 석침 사용 비율은 경기나 서울, 강원 지역에 비해 높은 것으로 드러났으며, 석곽묘보다는 석실묘에 더 많이 사용되었음을 알 수 있다.

다음으로 각 형식별 사용 지역과 고분의 구조에 대해 살펴보면, Ⅰ형은 경주를 중심으로 출토되고 있으며 여주의 일부 고분에서도 확인되고 있다. Ⅰ-1식은 경주와 여주의 석실묘에서 출토되었는데, 두 고분 모두 연도가 중앙에 달린 'T'자형이라는 공통점이 있다. Ⅰ-2식은 이제까지 경주 지역에서만 확인된 유형으로 Ⅰ-2-가식은 머리와 어깨 부분을 돌 2매로 나눠서 조각한 뒤 위·아래를 조합해서 만든 것이고, Ⅰ-2-나식은 머리와 어깨 부분을 돌 1매에 모두 조각하여 만든 것이다. 특히 Ⅰ-2-가식 중 황성동 524-1번지 석실묘 석침과 시상에서는 붉은 색칠을 한 흔적이 확인되어 제의행위(祭儀行爲)가 이루어졌음을 알 수 있고, 다른 석침이나 시상에도 붉은 색칠을 했을 가능성이 있어 보인다.[70] 이 유형의 석침 역시 연도가 중앙에 마련되어 있으면서 석실이 방형인 횡혈식이라는 공통점이 있다.

Ⅰ-3식은 Ⅰ-2식과 형태는 비슷하지만 세부적으로 돌 2매를 좌·우로 조합한 것으로 역시 경주에서만 확인되고 있으며, 앞의 형식과 같은 중앙 연도식의 횡혈식 석실묘이다. 그리고 경주 지역 고분의 석침은 대부분 응

황보경, 2010, 「여주지역 신라 고분의 특징과 성격 고찰」, 『白山學報』86, 白山學會 참조.
70) 붉은색은 음양오행사상에서 남쪽을 나타내고, 생명과 부활을 상징하는 것으로 알려져 있다(백종오, 2006, 『고구려 기와의 성립과 왕권』, 주류성출판사, 275쪽). 그리고 삼국시대 고분이나 유물 중에 주칠(朱漆)을 한 흔적이 적지 않게 확인되고 있는데, 그러한 이유는 붉은색이 주는 색감에 더해 상징성과 장엄에 비중을 두었으며, 안료로는 주로 주사나 석간주를 선택적으로 사용했음을 알 수 있다(최윤숙·이동식, 2012, 「익산 미륵사지 출토 백제 주칠 채색 유물 연구」, 『韓國工藝論叢』15-4, 한국조형디자인학회).

회암제로 만들어진 공통점이 있고, 나주 복암리 3호분 출토 석침들도 마찬가지이다. Ⅰ-4식은 주로 여주 지역 고분에서 확인되는데, 여주 매룡리 1호는 횡구식 석실묘이고, 하거리 방미기골 3호는 횡혈식 석실묘라는 차이점이 있다. 따라서 Ⅰ형식은 경주와 여주 지역 고분에서만 확인되고 있으며, 석실묘에서만 사용되어진 것으로 여겨지는데 Ⅰ-1~3식에 해당되는 고분이 모두 중앙 연도를 갖춘 횡혈식 석실묘라는 공통점이 있다. Ⅰ-4식은 여주 지역 횡혈식과 횡구식 석실묘에 사용되었지만, 석곽묘에서는 아직까지 발견되지 않았다.

Ⅱ형의 석침은 Ⅰ형에 비해 출토지가 경주와 여주뿐만 아니라 충주나 이천 지역에서도 확인된다. Ⅱ-1식은 일명 'ㄷ'자형의 석침으로 앞서 살펴본 Ⅰ형식과 달리 할석 여러 개를 이용하여 피장자의 머리를 고정시키도록 한 구조이다. 이 유형에 속하는 고분은 여주와 충주, 경주에서 모두 확인되고 있으며, 석실묘나 석곽묘 모두에서 출토되었다. 그리고 경주 주변 지역인 칠곡 영오리 4호 횡구식 석실묘와[71] 안동 성곡동 5호 횡혈식 석실묘 1차 시상[72] 등에서도 확인되어 신라 영역 대부분 지역에서 사용되었음을 알 수 있다. Ⅱ-2식은 Ⅰ-2-가식을 모티브(Motive)로 삼아 석침을 놓고 어깨부분이나 팔, 다리 부위까지 할석 몇 개를 위석형태로 배치했으며, 주로 경주 지역에서 집중적으로 출토되고 있지만,[73] 충주 하구암

---

71) 慶尙北道文化財研究院, 2001, 『龜尾-琴湖間 京釜高速道路 擴張區間內 文化遺蹟發掘調査報告書』.
72) 경상북도문화재연구원, 2008, 『안성 성곡동고분군 Ⅰ』.
73) 경주 화곡리 21호 수혈식 석곽묘에서도 이러한 유형의 것이 발견되었는데, 피장자의 머리가 놓였을 시상의 북단에 석침으로 볼 수 있는 돌이 없고 오히려 남단에 넓적한 돌이 놓여 있어서 Ⅱ-2식의 시원형으로 보아야 할런지 의문시 된다. 또한 이 석곽묘의 축조시기가 5세기 중~후엽으로 편년되고 있으므로 추가 사례를 통해 보다 명확하게 밝혀질 필요가 있다고 생각한다(聖林文化財研究院, 2007, 『慶州 花谷里 新羅墳墓群』).

리 큰골 2·3호 석실묘나 용관동 2호 석곽묘에서는 물론 울산 상연암 2지구 1호 석실묘와[74] 김천 부상리 고분군[75] 등에서도 찾아져 사용범위가 비교적 넓다고 하겠다. 이 유형은 석실묘와 석곽묘 모두에서 확인되고 있지만 주로 횡혈식 석실묘에서 사용되어졌으며, 연도는 경주 경마장C-Ⅰ-2-9호분이나 건천휴게소 2호 석실묘의 경우 연도가 좌편재되어 있다. Ⅱ-3식은 장방형이나 세장방형의 돌 2매를 상·하(Ⅱ-3-가식) 또는 좌·우(Ⅱ-3-나식)로 조합한 것으로 주로 충주와 이천 지역의 석실묘와 석곽묘에서 발견되고 있다.

Ⅲ형은 돌 1매로 만든 가장 보편적(普遍的)인 형태의 석침으로 비교적 손질을 많이 했는지 아니면 석침의 형태만 잡은 것인지에 따라 두가지 유형으로 분류된다. Ⅲ-1식은 석침의 윗부분 즉 피장자 머리 뒤통수 부위가 닿는 부분을 'ᴗ'형으로 손질했고, 경주와 충주, 여주 지역 고분에서 확인된다. 이 유형의 석침이 출토된 고분은 모두 횡혈식 석실묘로 석침 평면형태가 장방형이나 세장방형이다. Ⅲ-2식은 석침의 형태만 장방형, 세장방형, 방형 등 여러 가지 모양으로 만들었을 뿐 특별히 다듬지 않았으며, 경주나 그 주변지역 그리고 중부지방의 석실묘와 석곽묘에서 골고루 출토되고 있는 유형이다. 또한 경주 방내리 산20-2번지유적 21호와 28호 석곽묘에서도 Ⅲ형의 두침석이 확인되었는데, 석곽묘의 크기가 작아 어린아이 묘로 판단되고 있다. 따라서 어린아이를 매장하는 무덤에도 석침이 사용되었음을 알 수 있다.

석침과 관련하여 추가장의 경우, 경주 노서동 137호와 서악리 석실묘, 서악리 장산토우총은 2차 내지 3차시상까지 마련되었고 석침이나 족좌도

---

74) 蔚山文化財研究院, 2010, 『蔚山上蓮岩遺蹟』.
75) 이 고분군에서는 8기의 석실묘가 조사되었는데, 그중 5호를 제외한 7기에서 Ⅱ-2식의 석침이 확인되었다(聖林文化財研究院, 2009, 『金泉 扶桑里 新羅墓群』).

구비되었다. 경주 경마장C-Ⅰ-2-6·7호 석실묘, 건천휴게소부지 29호 석실묘의 경우에도 2개의 석침이 사용되어 추가장이 이루어졌으며, 석침도 2~3차시상과 함께 구비(具備)되었음을 알 수 있다. 이런 추가장 양상은 충주 누암리 22·24호 석실묘와 하구암리 8·13·16·21·23·32호 석실묘, 용산동 4·6호, 여주 매룡리 4호 석실묘, 매룡리 용강골D-2호, 상리 1호 석실묘, 상리 94-1호 석실묘, 하거리 방미기골 3호 석실묘 등에서도 확인되었으며, 석침도 2~3개씩 사용되었다. 참고로 안동 성곡동 5호 석실묘의 경우에는 1차 시상에 Ⅱ-1식의 석침을 사용했고, 2·3차 시상에서는 Ⅲ-2식의 석침을 차례로 두어 다른 유형의 석침이 매장시기에 따라 달리 사용된 양상을 살필 수 있는 좋은 예이다. 따라서, 석침이 한번 사용된 석실묘의 경우 2~4차례 추가장이 이루어지면서도 지속적으로 석침 사용이 이루어져 전통적(傳統的)인 장법(葬法)의 하나로 여겨졌던 것이 아닌가 한다.

끝으로 석침의 상징적(象徵的) 의미에 대해 언급해 보고자 한다.

고분에서 두침의 사용은 피장자를 위한 장례용구(葬禮用具) 중 하나라고 할 수 있고, 시상과의 관련성도 밀접하다. 특히 신라 고분에 사용된 석침은 시상 위에 놓여져 있기 때문인데, 이에 대하여 차순철은 횡혈식 석실묘에서 시상의 등장은 시신을 안치하는데 있어서 격을 높인 모습이라고 보았다. 또한 시상에 사용된 응회암제 두침, 견좌, 족좌 등은 장묘행위에 있어서 피장자의 신분을 나타내는 상징물로 볼 수 있으며, 시상구조의 변화는 다른 고분과의 차별성을 표출한 모습으로 판단하였다.[76] 따라서 석침과 같은 두침을 고분에 두는 이유는 피장자를 안치할 때 머리나

---

76) 차순철, 2007, 「경주지역 횡혈식석실분의 시상(屍床)구조변화 연구」, 『慶州文化硏究』 9, 慶州大學校 慶州文化硏究所, 99쪽.

신체의 안정감을 주기도 하고, 내세(來世)에서의 평안한 쉼을 기원(祈願)하기 위한다고도 생각된다. 그와 같은 이유는 고분에 사용되는 두침은 곧 살아 있는 사람들이 잠자리에서 사용하는 베개와 직접적인 연관을 지을 수도 있기 때문이다. 베개는 일반적으로 편안한 잠자리를 상징하기도 하

〈사진〉 납석제 남녀상[78]
(8~9세기, 국립경주박물관 소장)

고, 베개를 사용하지 않는 이들보다 사용하는 이들이 훨씬 많으므로 사람의 건강한 삶을 영위하는데 있어서 중요한 물건임에 틀림이 없겠다.[77]

결론적으로 고분에 사용되는 석침은 대체로 처음엔 신분이 높은 사람들이 하나의 장례용구로 사용하다가 점차 사용집단이 늘어나게 되며 경주는 물론 경주 주변 지역, 충주, 강원, 경기 지역으로 확산되었다. 특히나 신라 고분에서 출토되는 석침은 I형의 경우 피장자의 머리나 어깨, 신체 부위

---

77) 참고로 베개와 사람의 건강과 관련된 연구결과를 보면, 베개의 높이나 재질에 따라 인체에 미치는 영향이 적지 않음을 알려주고 있다. 따라서 베개는 사람의 삶에 있어 편안한 휴식을 가져다 주기도 하고, 건강한 삶을 영위하는데 중요한 도구로서 사용되고 있다고 생각된다.

78) 이 납석제 합의 뚜껑에 조각된 남자(右)와 여자(左)의 머리 위에는 태양과 달을 상징하는 둥근 원과 남두육성(南斗六星) 및 북두칠성(北斗七星)을 상징하는 작은 원이 6개와 7개가 국자모양으로 새겨져 있다. 크기는 가로 10㎝, 세로 15㎝, 높이 6.5㎝이다(국립경주박물관 인터넷 홈페이지 참조).

를 받치도록 하여 매우 정교하게 만들어졌고, Ⅱ형의 석침도 머리나 신체를 안정적으로 안치하는 기능을 하도록 설치했다. 따라서 석침이 고분에 설치되는 이유는 피장자를 위한 장례용구로서 기능이 있으며, 이는 신라인들이 목관(木棺)을 사용하지 않고 시상을 설치한 후 신전장을 기본으로 한 장례문화를 오랜 기간 유지했음을 증명하는 주목되는 자료라 하겠다.[79] 또 한가지 사항은 신라인들이 새로운 외부 묘제인 석실묘를 채용했음에도 불구하고 목관을 적극적으로 사용하지 않았으며, 그로 인한 석침의 사용이 계속되었다는 점도 장례문화의 보수성(保守性)을 보여주는 한 단면이라고 하겠다.

2. 석침의 사용 시기

석침은 언제부터 사용되기 시작했는지 알 수 없지만, 현재까지 우리나라에서 발견된 석침은 대부분 신라 고분에서 출토된 것이고, 고구려와 백제에서도 석침이나 도침, 목침 등 다양한 종류의 두침이 알려져 있다. 고구려의 두침 사용 예는 중국 집안 마선구묘 M117호에서 출토된 도침이 있고, 명문(銘文)과 사신도(四神圖) 등이 시문된 도침이 전해진다.[80] 백제의 두침으로는 무령왕릉에서 출토된 왕과 왕비의 목침이 대표적이고, 최근 익산 쌍릉 대왕묘에서도 목침조각이 새롭게 확인되었다.[81] 이밖에도

---

79) 물론 경주 보문동 부부총 석실묘, 충주 누암리 14·19호, 하구암리 34·35호 석실묘, 여주 금당리 1·2호 석실묘, 광명 소하동 3호 석실묘, 서울 천왕동 2호 석실묘 등에서 처럼 목관을 사용한 예가 적지 않게 확인되고 있지만, 목관을 사용하지 않은 석실묘의 수가 월등히 많다.

80) 이 도침은 김대환의 글을 통해 상세하게 알려진 것으로 도침에 "晉高麗國騎武正郡忠南 丁巳三月"이라는 명문과 사신도, 비천문, 연화문 등이 시문되어 있으며 제작시기는 297년으로 추정된다고 하였다(김대환, 2005, 앞의 글).

81) 국립전주박물관, 2015, 『益山 雙陵』.

보령 구령리 고분에서 도침이 1점 출토된 바 있으며, 나주 복암리 1호 석실묘와[82] 3호분의 6·7·12호 석실에서 석침 4점이 출토되어 백제인들도 고분에 석침을 사용했음을 알 수 있다.[83] 그러나 고구려나 백제의 고분에서 출토된 두침의 수는 적은 형편인데, 특히 최근 중부지방에서 발굴된 고구려·백제의 횡혈식 석실묘에서 발견된 예가 없는 실정이다.

따라서 고구려나 백제인들은 두침을 사용하는데 있어서 신라인들만큼 많이 사용하지 않았던 것으로 여겨지며, 그러한 이유는 목관을 주로 사용하였기 때문이라고 볼 수 있다. 물론 목관 안에 목침을 사용한 예가 확인되고 있지만 아직까지 그 수가 적은 반면, 석침의 경우에는 장법 차이로 인해 고분에서 확인된 예가 많아 신라인들의 고유한 장례용구로 사용되었던 것 같다.[84]

그렇다면, 석침이 사용된 시기를 정리해 보면, 아래 〈표-6〉에서와 같다.

---

82) 全南大學校博物館, 1999, 『伏岩里古墳群』.
83) 나주 복암리 고분 출토 석침 일람표(국립문화재연구소, 2001, 『羅州 伏岩里 3號墳』 참조).

	나주 복암리 1호석실묘	나주 복암리 3호분			
		6호묘	7호묘 동편석침	12호묘 동편석침	12호묘 서편석침
석침 사진자료					
석침제원 (cm)	길이 26 너비 12.5	길이 36, 너비 13 두께 13, 깊이 9	길이 37.3, 너비 14.7 두께 14, 깊이 8	길이 23~25, 너비 11.3 두께 9.5~10, 깊이 5.5	길이 35.2 너비 11.3~11.8 두께 9~9.5, 깊이 5.5

84) 신라 고분 중에서도 목침을 사용했을 가능성이 있는 고분이 안동 성곡동 3-1호 횡구식 석실묘에서 조사되었지만, 이식이 놓인 자리가 시상보다 약간 낮다는 점에서 그렇게 추정하였으나, 그런 예가 흔하지 않으므로 앞으로의 추가 자료를 기대해 본다(경상북도문화재연구원, 2008, 앞의 책).

〈표−6〉 석침 사용시기 편년안

시기 지역	6세기 중반~7세기			8세기	9세기 이후
경주 지역	(Ⅰ-1식, 서악리 석침총) / (Ⅰ-2-가식, 노서동137호 석실) / (Ⅰ-3식, 전헌강왕릉) (Ⅱ-1식, 방내리 55호석곽) / (Ⅱ-2식, 방내·조전리 1호석실) / (Ⅱ-2식, 덕천리 2호석실) / (Ⅲ-2식, 경주 황성동 575, 1호석실)			(Ⅰ-2-나식, 장산토우총)	
중부 지방	(Ⅰ-1식, 여주 상리 1호석실) / (Ⅰ-4식, 여주 매룡 리1호석실) / (Ⅱ-1식,충주 하구암리 13호석실) / (Ⅲ-2식, 충주 단월동 6호석실) (Ⅱ-3식, 충주 하구암리 13호석곽) / (Ⅲ-1식, 충주 누암리 22호석실) / (Ⅱ-2식, 충주 하구암리 큰골3호석실) / (Ⅲ-2식, 용인 보정동 442-1 석실)			(Ⅲ-2식, 서울 천왕동 2호석실) (Ⅲ-2식, 동해 지흥동 석실)	

위의 표에서 보는 바와 같이 신라 고분에서 석침의 사용시기는 6세기 중반 이후부터라고 볼 수 있는데, 그와 같은 이유는 횡혈식 석실묘의 축조시기와 밀접한 관련이 있다고 하겠다.[85] 그리고 6세기 후반부터 7세기 사이에 많은 고분에서 석침이 확인되고 있음을 알 수 있으며, 9세기까지도 석침은 지속적으로 만들어져 고분에 사용되어졌다. 따라서 석침이 가장 잘 만들어지고 신라 영역 즉 경주나 충주, 여주 등의 중부지방 고분에 사용된 때는 6세기 후반~7세기대가 중심이라고 할 수 있다.

다만, 여주 매룡리 고분군의 매장시설에 다수의 석침이 사용된 사실은 매룡리 고분군의 조영 집단이 왕경(王京)과의 관계가 강하였음을 나타내고, 매룡리 고분군의 피장자 일부는 왕경과 관련된 인물일 가능성이 높다는 의견도 있다.[86] 이에 필자도 고분의 구조뿐만 아니라 석침의 형식으로도 그러한 가능성이 높다는데 의견을 같이 하며, 특히 상리 1호 석실묘처럼 석침 5개가 사용되었다는 점은 장례전통이 지속적으로 이루어졌음을 알 수 있다. 그리고 충주나 한강 본류역에도 대형의 석실묘나 석곽묘가 밀집된 고분군이 있으므로 Ⅰ형식류의 석침이 발견될 가능성도 있다고 본다. 또 Ⅱ-2식의 경우 경주를 중심으로 사용된 형식으로 보여지지만, 김천이나 대구 그리고 충주 하구암리 큰골에서도 확인되어지고 있으며 중심시기는 7세기 중~후엽으로 추정되고 있다.

반면, 강원 지역에서는 석침이 사용된 예가 많지 않은 형편이다. 그 예로 강릉 병산동 고분군에서 조사된 5세기말~6세기초의 석곽묘에서는 일

---

85) 최근 최병현도 "경주에서는 횡혈식 석실분이 축조되면서 곧 목관을 사용하지 않고 두침과 족좌를 사용하여 시상 위에 피장자의 시신을 바로 안치하는 장법이 일반화되었던 것 같다"고 보았다(최병현, 2012, 「경주지역 신라 횡혈식석실분의 계층성과 고분 구조의 변천」, 『한국고고학보』83, 한국고고학회, 112쪽).

86) 홍보식, 2010, 「신라·가야의 移住資料와 移住類型」, 『제34회 한국고고학전국대회 移住의 고고학』, 韓國考古學會, 134쪽.

부 묘에서 시상이 확인되었지만, 대부분 생토면을 그대로 사용한 예가 많 았으며 석침이 사용된 묘가 없었다.[87] 또한, 정선 임계리 고분군의 석곽 묘는 병산동 고분과 축조시기가 비슷하지만 묘 바닥에 시상이 깔려 있는 데 역시 석침이 사용되지 않았다.[88] 동해 구호동 석곽과 석실묘도 시상이 마련되어 있지만 석침이 없었고,[89] 강릉 초당동 고분군의 석곽묘에서도 같은 양상을 보이고 있다. 그러한 이유는 6세기 초에 조성된 경주 지역 석곽묘에서도 석침이 확인되지 않고 있는 것과 같은 맥락으로 보면 될 것 같은데, 아마도 석침이 사용된 시점이 6세기 중반경 횡혈식 석실묘의 채 용과 더불어 함께 시작되었기 때문으로 이해된다.

참고로 백제 고분인 나주 복암리 1·3호분에서 출토된 석침도 형태면 에서는 매우 완성도가 높아 보이고, 만든 수법이 모두 비슷하여 제작시기 간의 공백이 길지 않았음을 알 수 있다. 그리고 복암리 1·3호분의 축조시 기도 신라 횡혈식 석실묘의 축조시기와 같은 6세기 후반~7세기 초로 편 년되고 있는 만큼 석침을 사용하는 장법이 이 때 삼국에서 모두 유행했을 개연성도 있다고 생각된다.

마지막으로 서울과 경기 지역에서 출토된 석침류는 여주 지역의 것을 제외하면 대개 III형식에 속하는 단순한 형태를 보이고 있다. 그 이유는 석침을 사용하고자 하는 장례주최자가 주검을 안치할 때 석침을 받치는 것이 전통적 장법의 하나라는 것을 이해하고 있었다는 것을 보여준다. 다 만, 석침을 제작할 수 있는 전문가의 존재문제와 지방이라는 지역적 한계 그리고 7세기 이후가 되면서 전통적 장법의 간소화로 인한 것이 아닐까

---

87) 江原文化財硏究所, 2003, 『柄山洞 古墳群』.
  江原文化財硏究所, 2007a, 『江陵 柄山洞 古墳群 II』.
88) 江原文化財硏究所, 2007b, 『旌善 臨溪里 古墳群』.
89) 관동대학교 박물관, 2004, 『동해 구미동·구호동 유적』.

한다.[90]

V. 맺음말

신라인들에게 있어서 석침은 피장자를 위한 장례용구 중의 하나로 사용되었지만, 대중적으로 애용되지 않았다. 그러나 이제까지 출토된 석침의 비율로 볼 때 경주나 충주, 여주의 고분에서 20%대의 사용률을 나타내어주고 있기 때문에 결코 신라 고분을 연구하는데 있어 배제되어서는 안될 유물이라고 생각한다. 여기에서는 앞에서 살펴본 내용을 정리하는 것으로 맺음말을 대신하고자 한다.

신라 고분에서 출토된 석침은 석실묘에 주로 사용되었고, 경주에서 석침이 출토된 고분은 중앙 연도에 석실 평면이 방형인 횡혈식 석실묘이다. 그리고 점차 연도가 좌편재이거나 석실 평면이 다른 석실묘에도 사용되고, 경주뿐만 아니라 여주 지역 석실묘에서도 사용되었다. 석침을 사용한 장례주최자는 횡혈식 석실묘를 축조할 수 있는 귀족(貴族) 이상의 계층이었으나 점차 석곽묘를 조성한 집단에서도 사용하기에 이른다. 그리고 경주 방내리나 건천휴게소부지, 경마장C지구와 충주 하구암리, 여주 매룡리·상리·하거리 방미기골 고분군 등과 같은 유적에서는 타지역 고분에 비해 석침 사용률이 비교적 높아서 고분 축조집단이 석침을 사용하는 장법을 지속적으로 고수(固守)했음을 증명해 주고 있다. 또한 석침의 형식별 사용양상은 Ⅰ형이 출토되는 경주와 여주 지역 석실묘는 대개 규모나

---

90) 물론 하남이나 용인, 이천 등의 주요 치소지로 지목되는 곳의 고분군에서 여주 출토 석침류가 확인될 가능성이 있으므로 앞으로의 조사를 기대해 본다.

구조면에서 왕릉급이나 귀족층이 축조한 횡혈식 석실묘라는 점이 특징적이다. 더욱이 경주 노서동 137호분이나 서악동 석실묘, 장산토우총의 석침유형은 장례시 특별히 맞춤식으로 제작했을 것이고, 응회암을 잘 다루는 전문적인 석공제작자가 참여했을 것이며 그에 따르는 경제적 비용도 적지 않게 소요되었을 것이다. 이렇게 제작된 석침은 당시뿐만 아니라 후손에게 피장자의 신분을 대변해 주는 상징물 중에 하나로 평가되었을 것이다.

Ⅱ형도 역시 경주를 중심지로 볼 수 있지만, 충주와 여주, 이천 등의 경기 지역에까지 영향을 미쳤으며 석실묘에 주로 사용되었다. 이 유형은 Ⅰ형에 비하면 별도의 제작기간이나 경제적 비용이 현저히 적게 소요되었겠지만, 역시 석침을 배치할 때 피장자의 신체 크기를 감안하여 사용했을 것이다. Ⅲ형은 경주와 충주, 경기, 서울, 강원 지역 등 신라의 모든 영역에서 확인되고 사용시기도 상당히 오랜 기간 지속된 것으로 파악되었다. 그러나 서울이나 경기, 강원 지역의 경우에는 석침 사용률이 10% 내외로 낮아지며, 만들어진 상태도 형태만 잡은 것이 많아 점차 간소화되는 경향을 보인다. 이 유형도 석실묘에서 많이 확인되지만 석곽묘에도 적지 않게 사용되어졌음을 알 수 있다. 특히 중·소형의 석곽묘에 석침이 사용되는 것은 장송의례 중에 하나임을 인지하고 있었다는 것을 의미하지만, 신분적인 한계와 경제적인 여건으로 인해 고분 축조에 사용된 돌 중에 하나를 다듬어 사용하는데 만족한 것이 아닐까 한다. 그나마 Ⅲ-1식과 같이 석침 형태를 손질했다는 점은 장송의례시 피장자에 대한 배려가 반영되었기 때문이라고 생각된다.

석침의 돌 재질은 Ⅰ형의 석침류 경우 응회암이 압도적으로 많은 가운데, Ⅱ형이나 Ⅲ형의 석침류는 활석을 손질해서 사용한 것으로 고분의 축조재료와 같은 화강암이 많은 것으로 파악되었다. 또한 하천이 가까운 곳에 입지한 고분의 경우 강돌을 고분의 축조재료로 삼았기 때문에 석침도 그와 같은 강돌을 사용했다. 그리고 석침의 돌감은 장례주최자나 석침 제작자의 경험이나 의견이 반영되었을 것인데, 응회암과 같은 재질의 돌을 사용한 것은 돌이 연하여 다루기가 비교적 쉽기 때문이다. 따라서 석침을 만들 때 피장자의 신체에 맞추기 위해서는 단단한 암질의 돌보다는 다듬기 좋은 응회암을 선호했던 것으로 이해된다. 그러나 화강암 등의 여타 돌감을 석침으로 사용한 것은 응회암을 구하기 힘든 지리적 문제도 있었지만 경제적 비용 부담, 장송의례의 간소화 등의 복합적인 여건에서 비롯된 것이 아닐까 한다.

석침의 사용시기는 횡혈식 석실묘가 채용되는 시기와 밀접한 관련이 있어 보이며, 전통적으로 목관을 사용하지 않은 신라인들의 매장문화와도 직접적인 관계가 있다고 사료된다. 석침이 가장 유행했던 시기는 6세기 중반부터 7세기 사이로 파악되며, 8~9세기에도 많은 지역에서 사용되었지만 대개 Ⅲ형이 주를 이루는 양상을 보인다. 그리고 Ⅱ-2식의 경우에는 경주가 중심 사용지역이지만 김천이나 울산, 대구, 충주에서도 확인되고 있어서 앞으로 중부지방에서 그 사용례가 나타날 가능성도 있다. 이 형식의 석침이 본격적으로 사용된 때는 역시 6세기 중반 이후부터라고 할 수 있지만, 보다 이른 형태의 석침이 발견될 가능성이 있으므로 앞으로 추가 자료의 확보가 필요해 보인다. 그리고 같은 시기 백제 무령왕릉이나 익산 쌍릉, 나주 복암리 1·3호분에서도 목침이나 석침이 사용되었던 것으로 보아 백제 사회에서도 장례용구로서 유행했을 개연성도 있다. 그러나 백제 고분문화가 목관을 중심으로 매장하였기 때문에 석침이 신라에 비하면 사용률이 희소한 편이고, 고구려에서도 마찬가지였던 것 같다.

결론적으로 신라 고분에서 사용된 석침은 횡혈식 석실묘의 채용 및 축조시기와 밀접한 관련이 있는 장례용구라고 할 수 있다. 비록 전체 고분에서 석침이 사용된 비율이 높지 않아 일반적으로 사용되었다고 할 수 없지만, 경주나 충주, 여주 지역의 중대형 석실묘에서 사용되었다는 점은 신라의 영역확장과 밀접한 관련이 있고, 9세기대까지도 지속되었다는 점은 전통적인 장법이 후대에까지 영향을 미쳤던 것임을 짐작케 한다. 그리고 백제 고분에서도 사용된 정황으로 미루어 볼 때, 석침이 삼국시대부터 남북국시대 말기까지 이어졌던 장례문화의 한 단면이 아닌가 한다.

【참고문헌】

■ 단행본

백종오, 2006, 『고구려 기와의 성립과 왕권』, 주류성출판사.

崔秉鉉, 1995, 『新羅古墳研究』, 一志社.

홍보식, 2003, 『新羅 後期 古墳文化 研究』, 춘추각.

황보경, 2009, 『신라 문화 연구』, 주류성.

■ 논문

김대환, 2005, 「三國時代의 陶枕 研究」, 『白山學報』71, 白山學會.

南潤子·李年純, 1989a, 「우리나라 베개(枕)에 관한 小考」, 『대한가정학회지』27-1, 대한
　　　　가정학회.

南潤子·李年純, 1989b, 「베개의 높이에 관한 人間工學的 研究⑵」, 『大韓人間工學會
　　　　誌』8-1, 大韓人間工學會.

윤근일, 1992, 「慶州地域 出土 石枕에 관한 小考」, 『文化財』25, 文化財管理局.

李相洙·安秉燦, 1991, 「百濟 武寧王妃 나무베개에 쓰여진 銘文」, 『백제 무령왕릉 연구
　　　　논문집』1, 공주대학교 백제문화연구소.

李殷昌·姜裕信, 1993, 「慶州 龍江洞 古墳의 研究」, 『古文化』40·41, 韓國大學博物館協會.

李秦姈, 2004, 「新羅 橫穴式石室墓의 埋葬空間 研究」, 釜山大學校 大學院 碩士學位
　　　　論文.

趙由典, 1975, 「芳荑洞遺蹟發掘調查報告」, 『文化財』9, 文化財管理局.

趙由典·申昌秀, 1986, 「慶州 龍江洞古墳 發掘調查槪報」, 『文化財』19, 文化財管理局.

秦弘燮, 1975, 「武寧王陵發見 頭枕과 足座」, 『百濟研究』6, 충남대학교 백제연구소.

차순철, 2007, 「경주지역 횡혈식석실분의 시상(屍床)구조변화 연구」, 『慶州文化研究』9,
　　　　慶州大學校 慶州文化研究所.

최병현, 2012, 「경주지역 신라 횡혈식석실분의 계층성과 고분 구조의 변천」, 『한국고고학보』83, 한국고고학회.

최윤숙·이동식, 2012, 「익산 미륵사지 출토 백제 주칠 채색 유물 연구」, 『韓國工藝論叢』15-4, 한국조형디자인학회.

홍보식, 2010, 「신라·가야의 移住資料와 移住類型」, 『제34회 한국고고학전국대회 移住의 고고학』, 韓國考古學會.

황보경, 2010, 「여주지역 신라 고분의 특징과 성격 고찰」, 『白山學報』86, 白山學會.

皇甫慶, 2011, 「중부지방 신라 유적의 연구 및 조사현황과 성격 고찰」, 『文化史學』36, 한국문화사학회.

■ 보고서

江原文化財硏究所, 2003, 『柄山洞 古墳群』.

江原文化財硏究所, 2007a, 『江陵 柄山洞 古墳群』Ⅱ.

江原文化財硏究所, 2007b, 『旌善 臨溪里 古墳群』.

建國大學校 博物館, 1994, 『忠州 丹月洞 古墳群 發掘調査報告書』.

建國大學校 博物館, 1995, 『忠州 丹月洞 古墳群 2次發掘調査報告書』.

겨레문화유산연구원, 2012, 『이천 창전동 유적』.

京畿文化財硏究院, 2009, 『加平 大成里遺蹟』.

慶尙北道文化財硏究院, 2001, 『龜尾-琴湖間 京釜高速道路 擴張區間內 文化遺蹟發掘調査報告書』.

경상북도문화재연구원, 2008, 『안성 성곡동고분군』Ⅰ.

慶州文化財硏究所, 1995a, 『乾川休憩所新築敷地 發掘調査報告書』.

慶州文化財硏究所, 1995b, 『憲康王陵補修收拾調査報告書』.

경희대부설 고고미술사연구소·고려대학교 고고미술사학과·전북대학교 고고인류학과, 1992, 『통일동산 및 자유로 개발지구 발굴조사 보고서』.

경희대학교 박물관, 1999, 『여주 하거리 방미기골 고분』.

高麗大學校 考古環境研究所, 2007, 『紅蓮峰 第1堡壘 發掘調査綜合報告書』.

高麗文化財研究院, 2012, 『서울 명륜동 유적』.

關東大學校 博物館, 1994, 『東海北坪工團造成地域文化遺蹟 發掘調査報告書』.

關東大學校 博物館, 2003, 『三陟 宮村里 遺蹟』.

관동대학교 박물관, 2004, 『동해 구미동·구호동 유적』.

國立慶州文化財研究所, 1998, 「慶州 芳内·秦田里 古墳群」, 『文化遺蹟發掘調査報告』.

國立慶州文化財研究所, 2003, 『慶州月山里遺蹟』.

國立慶州文化財研究所, 2007, 『新羅古墳 基礎學術調査研究』 Ⅲ.

國立慶州博物館, 1993, 『慶州 隍城洞 石室墳』.

국립문화재연구소, 2001, 『羅州 伏岩里 3號墳』.

국립전주박물관, 2015, 『益山 雙陵』.

國立中原文化財研究所, 2010, 『忠州 龍觀洞古墳群 발굴조사보고서』.

國立中原文化財研究所, 2012, 『忠州 樓岩里古墳群 2차 시·발굴조사보고서』.

국방문화재연구원, 2010, 『이천 이치리유적』.

국방문화재연구원, 2013, 『파주 덕은리유적』.

畿甸文化財研究院, 2000, 「驪州 梅龍里 山4-25번지 古墳群 發掘調査報告書」, 『驪州
　　　　　上里·梅龍里 古墳群 精密地表調査報告書』.

畿甸文化財研究院, 2003, 『龍仁 竹田宅地開發地區内 대덕골 유적』.

畿甸文化財研究院 2005, 『龍仁 寶停里 소실遺蹟 試·發掘調査 報告書』.

畿甸文化財研究院, 2008, 『廣州 大雙嶺里 遺蹟』.

단국대학교 매장문화재연구소, 2006, 『여주 상거리 종합유통단지 건설부지 시·발굴조
　　　　　사 보고서』.

文化財研究所 慶州古蹟發掘調査團, 1990, 『慶州 龍江洞古墳 發掘調査報告』.

文化財研究所, 1992, 『中源 樓岩里 古墳群 發掘調査報告書』.

聖林文化財研究院, 2007, 『慶州 花谷里 新羅墳墓群』.

聖林文化財研究院, 2009, 『金泉 扶桑里 新羅墓群』.

세종대학교 박물관, 2006, 『하남 덕풍골 유적』.

신라문화유산조사단, 2008, 『慶州 德泉里遺蹟』.

신라문화유산연구원, 2011, 『慶州의 文化遺蹟』ⅩⅢ.

嶺南文化財研究院, 2009, 『慶州 芳内里 古墳群』.

嶺南文化財研究院, 2010, 『慶州 隍城洞 575番地 古墳群』.

예맥문화재연구원, 2012, 『東海 智興洞遺蹟』.

蔚山文化財研究院, 2010, 『蔚山上蓮岩遺蹟』.

全南大學校博物館, 1999, 『伏岩里古墳群』.

蠶室地區遺蹟發掘調查團, 1975, 『蠶室地區遺蹟址發掘調查報告』.

朝鮮總督府, 1935, 『昭和二年度 古蹟調查報告』.

中央文化財研究院, 2007, 「忠州 龍山洞 아파트 新築敷地 内 忠州 龍山洞遺蹟」, 『忠州
          龍山洞 · 大谷里 · 長城里遺蹟』.

中央文化財研究院, 2010, 『忠州 下九岩里遺蹟』.

中央文化財研究院, 2011a, 『龍仁 寶亭洞442-1 遺蹟』.

中央文化財研究院, 2011b, 『忠州 花谷里遺蹟』.

中原文化財研究院, 2010, 『서울 天旺洞 遺蹟』.

忠北大學校 博物館, 1993, 『中原 樓岩里 古墳群』.

한강문화재연구원, 2008, 『서울 궁동 유적 · 강릉 방동리 가둔지 유적』.

韓國文化財保護財團, 1999, 『慶州 競馬場 豫定敷地 C-Ⅰ地區 發掘調查 報告書』.

韓國文化財保護財團, 2001, 『中部内陸高速道路 忠州區間 文化遺蹟 發掘調查 報告書』.

韓國文化財保護財團, 2005, 『龍仁 東栢宅地開發事業地區内 龍仁 東栢里 · 中里遺蹟Ⅰ』.

翰林大學 博物館, 1988, 『驪州 梅龍里 용강골古墳群 發掘報告書』.

翰林大學 博物館, 1989, 『驪州 梅龍里 용강골古墳群Ⅱ 發掘報告書』.

翰林大學校 博物館, 2001, 『여주 상리 고분』.

한림대학교 박물관, 2003, 『동해고속도로 확장·신설구간(송림리) 문화유적 발굴조사

　　보고서』.

310 · 역사자료로 본 삼국과 한강

| 2장 |
광주 대쌍령리 고분 출토 '南漢山助舍' 명문 방울의 성격

I. 머리말

경기도 광주시(廣州市)에서 발굴된 대쌍령리(大雙嶺里) 고분군은 2004년에 발견되어[1] 2005년 10월부터 2006년 4월까지 발굴조사가 이루어진 유적이다.[2] 유적에 대한 조사결과, 남북국시대(南北國時代)에 해당되는 신라 석곽묘(石槨墓, 돌덧널무덤) 14기를 비롯하여 조선시대(朝鮮時代) 회곽묘(灰槨墓) 2기 등 총 25기의 유구가 확인되었고, 석곽묘에서는 대부병(臺附瓶) 등의 토기류와 청동제 방울, 과대금구 등의 금속유물이 출토되었다.

이 글에서는 대쌍령리 고분 중에서도 9호 석곽묘에서 출토된 청동제 방울에 새겨진 '南漢山助舍'의 의미를 중점적으로 살펴보고자 한다. 그 이유는 '남한산(南漢山)'이라는 지명(地名)이 정확히 언제부터 불려져 왔으며 그

---

1) 기전문화재연구원, 2005a, 『성남~장호원 도로건설구간(2공구)내 문화유적 시굴조사 약보고서』.

2) 畿甸文化財硏究院, 2008, 『廣州 大雙嶺里 遺蹟-城南~長湖院 道路建設工事(2工具)內 文化遺蹟 發掘調査 報告書』.

위치에 대한 문제가 한산주(漢山州)와 밀접한 관련이 있어 중요하고, '조사(助舍)'라는 명칭은 피장자의 신분과 관련된 것으로 추정되기 때문이다.

연구방법은 Ⅱ장에서 유적의 지리적 위치와 청동제 방울이 출토된 9호 석곽묘를 중심으로 유적의 현황 및 방울에 대해서 알아보고, Ⅲ장에서 명문의 의미에 대해 문헌과 목간(木簡)자료를 바탕으로 지리적 위치도 추정해 보고자 한다. 특히 Ⅲ장은 세 절로 나누어 1절에서는 '남한산'에 대한 문헌자료와 목간자료를 정리해 보고, 2절에서는 '남한산'이라는 지명이 언제부터 불려졌고, 지리적 위치는 어디인지에 대해서도 지목해 보고자 한다. 마지막으로 3절에서는 '조사(助舍)'라는 직책에 대하여 추론해 보려 한다.

Ⅱ. 대쌍령리 유적의 현황과 방울

대쌍령리 고분군의 행정적 위치는 경기도 광주시 초월읍 대쌍령리 산 2-8일대에 해당하고, 광주에서 이천(利川)으로 넘어가는 3번 국도변의 구릉에 자리해 있다. 조사지역은 해발 97~105m 정도 높이의 완만히 뻗어내린 가지능선 남동사면에 자리해 있다. 여기에서는 대쌍령리 고분군에서 조사된 석곽묘의 전반적인 조사현황과 청동제 방울이 출토된 9호 석곽묘의 축조시기를 알아보고자 한다.

1. 지리적 위치

대쌍령리는 광주시의 중앙부에 위치해 있으며, 유적이 발견된 곳은 남쪽의 곤지암(昆池岩)에서 광주시내로 넘어가는 쌍동고개 부근이다. 지명의 유래는 크고 작은 고개 2군데가 연이어 있기 때문에 붙여진 이름이라

전하며,[3] 『東國輿地勝覽』에도 대쌍령(大雙嶺)과 소쌍령(小雙嶺)이 기록되어 있어 오래전부터 붙여진 지명임을 알 수 있다. 특히 이곳에는 초월읍 사무소의 소재지가 있고, 병자호란(丙子胡亂) 때인 1636년 청(淸)나라 군사와 우리 군사간에 치열한 전투가 벌어졌던 곳이기도 하다. 또한, 광주 이씨의 세거지(世居地)로서 지금도 많은 후손들이 거주하고 있다.[4]

대쌍령리 유적은 백마산(白馬山)의 동북쪽 끝자락에 해당되고, 동쪽 바로 옆으로 곤지암천(昆池岩川)이 남에서 북으로 흘러 지월리 부근에서 경안천에 합류된다. 교통로는 국도 3호선이 곤지암에서 이곳을 지나 광주 시내로 연결되는데, 최근 성남-장호원 도로공사구간이 일부 개통되어 서쪽 성남방향으로도 진행할 수 있다. 그러나, 이 도로는 최근에 개통된 것이고 그 이전에는 쌍동고개와 대쌍고개를 넘어야 경안동에 도착할 수 있었다. 따라서, 대쌍령리는 광주시내와 곤지암을 연결해 주는 교통로의 중간지점이라고 볼 수 있겠다. 이 교통로는 삼국시대에도 이용되었을 것으로 추정되는데, 북쪽으로는 하남 이성산성(사적 제422호)을 거쳐 서울 몽촌토성(사적 제297호)과 풍납동토성(사적 제11호)이 자리한 송파지역을 지나 한강 건너 아차산성(사적 제234호)방면으로 나아갈 수 있다. 그리고 남쪽으로는 곤지암을 거쳐 이천 설봉산성(사적 제423호) 동편으로 해서 장호원의 설성산성(경기도기념물 제76호)으로 내려갈 수도 있고, 서남쪽 망이 산성(경기도기념물 제138호)과 죽주산성(경기도기념물 제69호) 방면으로도 진행할 수 있어서 서울과 경기도의 동부지역을 남-북으로 통과하는 중요한 교통로라고 할 수 있다.

대쌍령리 주변을 보다 자세히 살펴보면, 경안동에서 북쪽으로 국도 43

---

3) 廣州郡誌編纂委員會, 1990, 『廣州郡誌』, 101쪽.
4) 광주문화원, 2005, 『廣州의 地名由來』, 99~102쪽 참조.

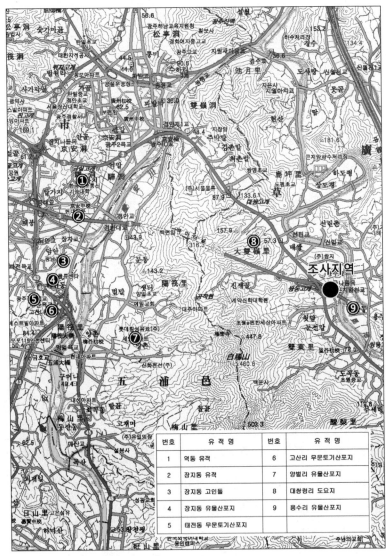

번호	유 적 명	번호	유 적 명
1	역동 유적	6	고산리 무문토기산포지
2	장지동 유적	7	양벌리 유물산포지
3	장지동 고인돌	8	대쌍령리 도요지
4	장지동 유물산포지	9	용수리 유물산포지
5	태전동 무문토기산포지		

〈지도 1〉 조사지역 및 주변유적 위치도(1:50,000, 국토지리정보원)

호선을 따라 진행하면 서쪽에 남한산성(南漢山城, 사적 제57호)과 동쪽 검
단산(黔丹山, 해발 657m) 사이를 지나 하남시(河南市)에 도착하여 한강 본
류에 닿을 수 있고, 광지원리부근에서 서쪽으로 들어서면 남한산성 안으
로 들어갈 수 있다. 그리고 대쌍령리에서 서쪽으로 국도 3호선을 따라 가
면 성남시(城南市)로 넘어가서 탄천(炭川)에 닿아 북쪽으로 한강, 남쪽으
론 용인방향으로 갈 수 있다. 한편 국도 45호선이나 경안천 및 곤지암천
을 따라 북쪽으로 올라가면 팔당호(八堂湖)에 닿을 수 있다. 반대로 대쌍
령리에서 남쪽으로 국도 3호선을 따라 곤지암을 지나 적산의 고개골을
넘으면 설봉산(雪峯山, 해발 394.4m)에 이를 수 있다. 특히 적산은 동−서
방향으로 길게 산줄기가 뻗어 있기 때문에 자연적으로 광주와 이천의 경
계선을 이루고 있다. 이 유적을 중심으로 주변 주요 유적과의 거리는 북
서쪽 남한산성까지 직선거리는 약 14.3㎞이고, 이성산성까지 약 18.7㎞,
남동쪽 설봉산성까지는 약 15.5㎞의 거리이다.

　최근에 광주지역에서는 적지 않은 수의 유적이 발견된 것으로 알려져
있지만, 삼국시대에 해당하는 곳으로는 장지동 유적이 있고,[5] 역동에서
남북국시대에 해당되는 석실묘와 석곽묘 각 1기씩이 발굴되었다.[6] 장지
동 유적은 경안천변에 위치해 있는데, 논경작층 바로 아래에서 청동기시
대 주거지 8채를 비롯하여 백제시대 주거지 16채, 수혈 43기 등이 발굴되
었다. 특히 백제 주거지는 평면 오각형과 육각형에 '呂'자형처럼 별도의
출입구를 갖춘 것도 확인되었으며, 조성시기는 2세기부터 5세기대로 추
정되는데 중심연대는 4세기로 보고 있다. 역동 유적에서는 청동기시대부
터 조선시대에 이르기까지 다양한 유구와 유물이 출토되었는데, 특히 청

---

5) 京畿文化財研究院, 2010, 『廣州 墻枝洞 聚落遺蹟』.
6) 한얼문화유산연구원, 2012, 『광주 역동 유적』.

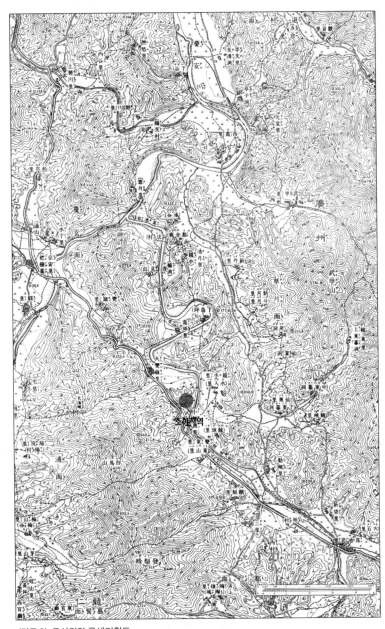

〈지도 2〉 조사지역 근세지형도

동기시대 주거지 31채와 화장(火葬)된 석곽묘가 주목받고 있다. 석실묘와 석곽묘는 구조적 특징과 출토된 유물로 보아 대쌍령리 고분의 축조시기와 비슷하며, 고분의 제원과 특징은 아래 〈표-1〉과 같다.

〈표-1〉 역동 고분 현황

호 수	장축방향 (등고선)	묘광과 묘실 크기 및 장단비 (길이×너비×깊이cm)				해발 (m)	출토 유물 (점)	특 징
		묘광	장단비	묘실	장단비 및 면적(㎡)			
1호 석실묘	북서–남동 (직교)	318×240	1.33:1	220×100×50	2.20:1 2.20	67.5	병 1, 어망추 1	시상, 남벽 및 서벽, 시상 일부 유실
1호 석곽묘	북서–남동 (직교)	124×68	1.82:1	70×40(?)×24		69.0	개1	시상, 서벽 유실

〈사진 1〉 장지동 유적 20호 주거지(백제)	〈사진 2〉 장지동 유적 20호 주거지 출토 직구단경호
〈사진 3〉 역동 1호 석실묘	〈사진 4〉 역동 1호 석실묘 출토 병

이밖에도 장지동 유적 주변의 경안천변에는 장지동 고인돌과 도요지, 양벌리 유물산포지, 태전동·고산동 무문토기산포지 등 많은 유적이 분포해 있는 것으로 알려져 있다. 또한 대쌍령리 주변에도 국도 3호선과 곤지암천을 따라 용수리 유물산포지를 비롯하여 쌍동리·산이리 고인돌, 대쌍령리 도요지 등 청동기시대부터 조선시대에 이르기까지 적지 않은 유적이 분포하고 있다. 이러한 유적들은 곤지암천과 경안천, 국도 3호선 주변을 따라 오랜 기간동안 사람들이 생활하면서 조성한 유적들로 거주 및 생산을 하기에 환경조건이 적합했다는 것을 증명해 준다. 아울러 대쌍령리와 역동 고분군의 존재는 신라인들의 활동영역 및 무덤공간을 확인할 수 있는 중요한 자료로 평가되며, 앞으로도 더 많은 고분이 발견될 것으로 예상된다.

2. 고분군의 현황

대쌍령리 고분군에서 조사된 석곽묘를 정리해 보면 아래 〈표-2〉과 같다.

〈표-2〉 대쌍령리 고분 현황

호 수	장축방향 (등고선)	묘광과 묘실 크기 및 장단비 (길이×너비×깊이cm)				해발 (m)	출토유물(점)	특 징
		묘광	장단비	묘실	장단비 및 면적(㎡)			
1호 석곽묘	북서-남동 (직교)	321×227	1.41:1	244×97×76	2.51:1 2.37	104.0	대부병 1, 대부완 1, 과대금구, 철기 1	시상, 두침
2호 석곽묘	북서-남동 (직교)	100×80	1.25:1	77(?)×36×20	2.14:1 0.28	102.2	대부완 1	1/2정도 유실, 시상 잔존
3호 석곽묘	북서-남동 (직교)	285×156	1.83:1	157×76×70	2.07:1 1.19	99.0	장동병 1	요갱, 바닥 점토 다짐, 묘도

호수	방향						부장품	비고
4호 석곽묘	남–북 (직교)			116(?)×65×20	1.78:1 0.75	100.7	병 1, 완 2	1/2정도 유실, 시상 잔존
5호 석곽묘	서북–동남 (직교)	244×121	2.02:1	210(?)×50× 20~40	4.20:1 1.05	98.5	철도자 1, 바늘 2	남벽 유실
6호 석곽묘	동–서 (직교)			180(?)×69×40	2.61:1 1.24	97.5		서벽 및 벽체 유실 심함
7호 석곽묘	북서–남동 (직교)	335×225	1.49:1	268(?)×99×94	2.71:1 2.65	104.5	대부완 1, 과대금 구, 미상철기 1	시상, 두침, 남벽 유실
8호 석곽묘	남–북 (직교)	175×132	1.33:1	135×40×40	3.38:1 0.54	98.5		시상
9호 석곽묘	북서–남동 (직교)	321×202	1.59:1	229×111×70	2.06:1 2.54	105.5	방울류 5, 대부병 1, 완 2, 개 2, 과대 금구류, 철도자 4, 철정 1, 미상철기 1	시상
10호 석곽묘	북서–남동 (직교)	329×200	1.65:1	250(?)×77×88	3.25:1 1.93	104.5	철제과대금구, 철 도자 1, 미상철기 1	남벽 유실
11호 석곽묘	북서–남동 (직교)	245×185	1.32:1	150(?)×73×45	2.05:1 1.10	105.5		시상, 남벽 유실
12호 석곽묘	북서–남동 (직교)	123×86	1.43:1	86×35×35	2.46:1 0.30	103.8		
13호 석곽묘	북동–남서 (직교)	281×168	1.67:1	250(?)×70×75	3.57:1 1.75	97.0		시상, 남벽 유실
14호 석곽묘	남–북 (직교)	349×181	1.93:1	276(?)×91×40	3.03:1 2.51	98.7		남벽 유실

위 〈표-2〉의 내용을 바탕으로 대쌍령리에서 조사된 고분의 몇가지 특징을 정리해 보면, 석곽묘들은 1·6호 석곽묘와 7·14호 석곽묘들이 산사면의 동쪽과 서쪽으로 나뉘어 각각 밀집되어 있다. 고분이 두 군데로 나뉘어 있는 것으로 보아 축조 당시부터 묘역구분이 확실했다고 볼 수 있으며, 그에 따른 조성집단도 달랐음을 알 수 있다.

조사된 고분 중에서 규모를 알 수 있는 것은 1·3·8·9·12호 석곽묘 정도이고, 나머지 고분은 벽체가 유실(流失)되어 대략적인 규모만 추정 될 뿐이다. 석곽묘의 장축방향(長軸方向, 긴 방향)은 6호 석곽묘 1기를 제외한 나머지 13기가 북서-남동, 남-북, 북동-남서쪽을 향해 있고, 등고선(等高線)과는 모두가 직교(直交)한다. 이중에서 청동제 방울이 출토된 9호 석곽묘는 부장품(副葬品, 껴묻거리)이 가장 많이 나온 고분으로 방울 5점을

〈지도 3〉 고분 배치도(기전문화재연구원, 2008, 『광주 대쌍령리 유적』전재)

비롯하여 대부병, 완, 과대금구류, 철도자 등 20여 점이 출토되었다. 특히 부장품 중에는 명문이 새겨진 청동방울 외에 대부병 바닥에도 '干(간)'자가 시문되어 있다. 부장품의 출토위치를 보면, 토기류는 피장자의 머리쪽에 놓여 있었고, 나머지 과대금구류와 방울류는 허리쪽인 동벽과 서벽쪽에서 출토되었다. 묘실(墓室) 바닥에는 시상(屍床)이 전체의 2/3 정도 시설되어 있고, 벽석은 수직에 가까우나 위로 올라갈수록 약간 안쪽으로 기울어 있다.

9호 석곽묘를 다른 석곽묘들과 비교해 보면, 입지면에서는 근소한 차이지만 다른 석곽묘들보다 높은 곳에 자리해 있고, 크기면에서 묘광이나 묘실이 다른 석곽묘들에 비해 특별히 크거나 작지 않다. 다만, 부장된 유물의 종류와 수량이 월등히 많다는 점이 특징이라 할 수 있는데, 무기류(武器類)가 없는 것으로 보아 단정짓기는 어려우나 피장자가 무관(武官)의 신분은 아닌듯하며, 과대금구류와 대부병에 새겨진 '干'자로 보아 일반 관리(官吏) 출신일 가능성이 있다. 또한 청동제 방울에 새겨진 '남한산조사(南漢山助舍)'라는 명문도 이러한 가능성을 뒷받침해 주고 있다고 생각된다.

그렇다면, 이 석곽묘의 축조시기는 언제일까? 발굴 보고자에 의하면, 9호 석곽묘에서 출토된 대부병은 'ㄴ'자형의 이형(異形) 개(뚜껑)와 공반 출토되었는데, 이것은 부천 고강동유적의 1호 석곽묘 출토품과 유사하며 토기의 기종(器種) 구성도 같다. 아울러 같이 출토된 과대금구들도 정형적인 형태를 보이고 있다는 점에서 8세기 후반대로 편년하고 있다.[7]

이러한 견해에 대해 필자도 대부병이 주로 8세기대에 유행하는 기종이고, 과대금구도 대체로 이 시기에 만들어져 사용된 것이므로 별다른 이

---

7) 畿甸文化財研究院, 2008, 위의 책, 83쪽.

〈사진 5〉 9호 석곽묘(상)과 유물 출토 모습(하)

견(異見)이 없다. 그렇다면, 다른 석곽묘들과는 시기적으로 어떤 차이가 있는지 살펴볼 필요가 있다.

대쌍령리 고분군에서 부장품이 출토된 석곽묘는 14기 중 8기이고, 유물의 양이 많지 않으나 축조시기를 파악하는데는 큰 어려움이 없다고 하겠다. 우선 9호 석곽묘와 비슷한 시기에 축조된 것은 7호 석곽묘이고, 2·4·10호 석곽묘는 9세기 전반, 3호 석곽묘는 요갱에 장동병 1점이 매납되어 있어 9세기 중~후반으로 추정된다. 또한 5호와 11·13·14호 석곽묘는 축조상태와 시상이 없다는 점에서 9세기 중반 이후로 판단되고 있다.[8] 따라서 대쌍령리 고분군의 석곽묘들은 8세기 전반부터 9세기 후반 사이에 축조된 것으로 보이며, 석실묘가 없다는 점은 피장자들의 신분이 과히 높지 않았다는 것을 간접적으로 알려준다고 하겠다.

참고로 이 고분군은 하남지역에서 조사된 석곽묘와 최근 역동에서 발굴된 석실묘와 비교될 수 있겠다. 먼저, 부장품인 대부병으로 보아 하남 광암동과 수리골에서 출토된 축조시기가 비슷하고,[9] 석실묘가 확인된 하

---

8) 畿甸文化財硏究院, 2008, 위의 책, 82~84쪽.

9) 畿甸文化財硏究院, 2005b, 『河南 德豊洞 수리골 遺蹟』.
   세종대학교 박물관, 2006a, 『하남 광암동 유적』.

남 덕풍골이나 금암산(金岩山) 고분군의 석곽묘들과는 구조의 다양성과 규모면에서 비교가 가능하다고 할 수 있다. 그리고 대쌍령리 고분군은 주요 교통로상에 입지해 있지만, 하남과는 약간의 거리가 있고 주변에 관방 유적이 없으며 대규모 건물지와 같은 유적이 아직까지 발견되지 않았다는 점에서 가족 묘지 또는 공동 묘지였던 것으로 생각된다.

⟨표-3⟩ 광주·하남지역 고분 출토 대부병

대쌍령리 9호 석곽묘	하남 광암동 9호 석곽묘	하남 수리골 4호 석곽묘

3. 방울의 특징

여기에서는 9호 석곽묘에서 나온 '남한산조사(南漢山助舍)'명 방울에 대해 살펴볼 필요가 있다. 9호 석곽묘에서는 모두 5점의 방울이 출토되었는데, 그중에서 금동제가 2점, 청동제가 2점, 철제가 1점으로 재질이 각기 다르다는 점이 특징이다. 방울류의 특징과 제원을 정리해 보면 아래 표와 같다.

〈표-4〉 9호 석곽묘 출토 방울류 현황

종 류	사진	특징	제원				비고
			길이 (cm)	지름[10] (cm)	두께 (cm)	무게 (g)	
금동제 방울		방울의 중앙에 접합흔적 있고, 원형 고리는 별도 제작 후 결합하였음. 외면 전체에 금도금	3.4	2.8	0.1	4.5	도면1-①
금동제 방울		방울의 중앙에 접합흔적 있고, 외면에 금도금. 방울 혀는 원형으로 되었으며 철제로 추정	1.1	2.8	0.15	0.7	잔존상태 불량, 도면1-②
청동제 방울		'南漢山助舍'명문 있고, 내 외면이 청록색을 띤다. 원 형의 철제 방울 혀도 있음	1.0	2.7	0.15	0.7	잔존상태 불량, 도면1-③
청동제 방울		전체적으로 청록색을 띠 고, 접합한 부분 있음	0.9	2.6	0.1		잔존상태 불량, 도면1-④
철제 방울		전체적으로 남은 상태가 양호하고, 방울 아랫부분 에 입이 뚫려 있으며, 방 울 속에 철제 혀가 있음. 방울 전면에 촘촘한 직물 흔적이 부착되어 있음	3.0	3.0	0.1		도면1-⑤

위의 〈표-4〉를 보면, 방울의 재질이 크게 3종류이고 지름이나 두께에 서 특별히 뚜렷한 차이를 보이고 있지 않음을 알 수 있다. 금동제 방울 2 점의 지름이 2.8㎝, 청동제 방울 2점도 각각 2.6㎝와 2.7㎝이며, 철제 방 울만 약간 큰 3.0㎝이다. 무게는 금동제 방울이 4.5g인 점으로 보아 철제

---

10) 방울류의 지름은 보고서(畿甸文化財研究院, 2008, 위의 책, 55쪽)의 도면을 참고로 필자가 측정한 것이다.

방울을 제외한 나머지 3개의 방
울도 거의 같을 것으로 추정된
다. 그리고 금속학적인 분석은
금동제 방울 2점과 명문이 있는
청동제 방울 1점에 대해 이루어
졌는데, 명문이 새겨진 청동제
방울은 조이질을 이용한 표면기
법으로 만들어진 것으로 파악되
었다.[11]

<사진 6> 청동제 방울의 명문 확대

'南漢山助舍'가 새겨진 청동제
방울을 보면, 명문의 총 길이는
동체 중앙의 테 방향으로 19.62
㎜ 정도이고, 다섯 글자의 가로와 세로 너비가 모두 5㎜ 이하로 작다. 청
동제 방울의 두께는 1.5㎜ 정도로 매우 얇은 편이다. 글자를 새기는 기법
은 모조 기법 중의 하나인 환모조기법이나 침서기법이 사용된 것으로 추
정되고, 사용된 도구는 정을 기울여 선을 긋는 방법이었던 것으로 분석되
었다.[12] 이와 같이 청동제 방울에는 매우 작은 크기로 글씨가 새겨졌다.

한편 청동제 방울이 출토된 위치는 과대금구류와 같이 피장자의 허리
부분에서 다른 방울들과 함께 수습되었다. 이는 방울들이 과대금구에 달
려 있었거나 장신구에 사용된 것임을 알 수 있다. 참고로 과대에는 패식
(佩飾)이 달려 있기도 하는데, 패식은 대형 요패 외에 과대에 수하되어 있

11) 양석우·남성훈·김민웅, 2008, 「광주 대쌍령리 출토 금동·청동방울의 과학적 보존
    처리 및 표면기법 조사」, 『廣州 大雙嶺里 遺蹟-城南~長湖院 道路建設工事(2工具)內
    文化遺蹟 發掘調査 報告書』, 畿甸文化財研究院.
12) 양석우·남성훈·김민웅, 2008, 위의 글, 144쪽.

는 각종 장식물로써 그 끝에는 여러 가지 모양의 금구장식들이 달려 있다. 이들은 요패와 같이 이배형판이 교대로 연결되어 있는 패식의 끝에 고리로써 달리기도 하고 금사슬 사이사이에 구형 장식이 달린 형태의 연결부 끝에 매달리기도 하며, 막대형 금판의 연결 밑에 고리로 수하되기도 한다.[13] 따라서 이들 방울은 과대에 장식되었을 가능성이 높은데, 명문이 새겨진 방울이 포함되어 있다는 점에서 피장자의 신분을 나타내어 주는 상징으로 볼 수 있겠다.

Ⅲ. '南漢山助舍'명 방울 명문의 의미

1. '남한산' 관련 자료 검토

여기에서는 청동제 방울에 새겨진 '남한산조사(南漢山助舍)'가 어떤 의미를 담고 있는지 살펴보고자 한다. 명문의 앞부분인 '南漢山'은 분명히 지명을 뜻하는 것이고, 나머지 뒷부분의 '助舍'라는 글자는 관직명 정도로 추정된다.

먼저, 지명인 '南漢山'에 대해서 알아보도록 하겠다. '南漢山'은 문헌자료 중에서는 『三國史記』의 문무왕(文武王) 8년(668)에 처음 나타나는데, 이때는 나당(羅唐)연합군이 고구려를 패망시킨 후 전쟁에 참여한 자들에 대하여 포상을 내린 것으로 그 내용을 보면,

〈사료1〉 군사 남한산 출신 북거에게 평양성 북문 전투에서의 공

---

13) 김문숙, 1996, 「삼국시대 錡帶에 관한 연구」, 『服飾』30, 韓國服飾學會, 313쪽.

을 인정하여 술간이란 외위를 주고 율 1000석을 하사했다.[14]

위 기사의 내용으로 보아 북거(北渠)라는 사람이 고구려와의 전투에 참여하여 공을 세웠다는 것을 알 수 있는데, 그의 출신이 남한산(南漢山)이라는 사실이 주목된다. 그리고 아래의 〈사료2〉는 『三國史記』 김유신전에 기록된 것으로 문무왕이 고구려가 항복한 후 회군할 때 남한주(南漢州)에 돌아와 김유신을 포상했다는 기록이다.

〈사료2〉 문무대왕이 영공과 함께 평양을 격파한 다음 남한주로 돌아와서 여러 신하들에게 말하기를….[15]

이 기록의 내용으로 보아 전공(戰功)에 대한 포상은 전쟁에 참전했던 신라군이 남한주(南漢州)로 돌아온 후 일괄적으로 이루어졌음을 알 수 있는데, 〈사료1〉과 〈사료2〉에 보이는 남한산 또는 남한주라는 명칭은 분명한 곳의 지명과 행정명칭을 뜻하는 것으로 생각된다. 또한 『三國史記』의 기록만으로 볼 때, 이 명칭은 7세기 중반에 처음 나타나고 있으며 『高麗史』와 『朝鮮王朝實錄』에도 남한산주에 대한 명칭이 계속 나타나고 있다. 『高麗史』에 기록된 내용을 보면,

〈사료3〉 광주목은 본래 백제 시조 온조왕이 한나라 성제 홍가 3년 (기원전 18)에 나라를 창건하고 위례성에 수도를 정하였다가 13년

---

14) 『三國史記』卷6, 新羅本紀6 文武王 8年條 "軍師南漢山北渠 平壤城北門戰功第一 授位述干 賜粟一千石."

15) 『三國史記』卷43 列傳3 金庾信 下條 "文武大王旣與英公 破平壤 還到南漢州 謂群臣曰…."

에는 한산 아래에 가서 목책을 세우고 이곳에 위례성의 주민들을 이주시켜 마침내 궁궐을 짓고 살았으며 이듬 해에 이곳으로 수도를 옮겨 남한산성이라고 부르다가 근초고왕 25년(370)에 이르러 수도를 남평양성으로 옮겼다. 그러다가 신라 태종왕이 김유신을 보내 당나라 장군 소정방과 함께 포위 공격하니 백제가 멸망되었다. 그 후 당나라 군사가 본국으로 돌아감에 문무왕이 점차 이 지역을 접수하여 한산주라고 고쳤다가 다시 남한산주로 고쳤고 경덕왕 15년에 한주라고 이름을 고쳤다.[16]

위 〈사료3〉의『高麗史』내용은 대체로『三國史記』의 기록을 요약해 놓은 것인데, 중요한 대목은 '남한산주'라는 명칭이다. 이 내용은 한산주가 남한산주로 변경되었다가 경덕왕 때 한주로 다시 바뀌었다는 것을 처음으로 언급하고 있다. 따라서『三國史記』에서는 한산주에서 바로 한주로 명칭이 변경된 것처럼 쓰여져 있지만,[17]『高麗史』에서는 중간에 남한산주로 잠시 바뀌었음을 전하고 있다. 이는 매우 주목되는 문헌자료라 할 수 있다.

그리고『高麗史』양광도조에도 다음과 같은 내용의 기록이 전한다.

〈사료4〉 양광도는 원래 고구려와 백제의 땅이다. 성종 14년에 전국을 10개로도 나누고 양주·광주 소속 주, 현은 관내도에, 충주·

---

16)『高麗史』卷56, 志第10 地理1 廣州牧條 "廣州牧初百濟始祖溫祚王以漢城鴻嘉三年建國都于慰禮城至十三年就漢山下立柵移慰禮城民戶遂建宮闕居之明年遷都號南漢山城至近肖古王二十五年移都南平壤城及新羅太宗王遣金庾信與唐將蘇定方夾攻百濟滅之後唐師還文武王漸收其地改爲漢山州又改爲南漢山州景德王十五年改名漢州."

17)『三國史記』卷35, 雜志4 地理2 漢州條 "本高句麗漢山郡 新羅取之 景德王改爲漢州 今廣州…."

청주 소속 주, 현은 충원도에, 공주·운주 소속 주, 현은 하남도에
각각 소속시켰으며 예종 원년에 이를 통합하여 양광충청주도로
만들었다. … 남경유수관 양주는 원래 고구려의 북한산군〔남평양
성(南平壤城)이라고도 한다〕인데 백제의 근초고왕이 빼앗아서 25년
(370)에 남한산으로부터 이곳으로 수도를 옮겼다.[18]

〈사료4〉에서는 백제 근초고왕 당시의 일을 언급하면서 '남한산'의 지
명이 기록되어 있는데, 이 지명은 역시 남한산주와 같은 곳을 지칭하는
것으로 이해된다. 다만, 남한산이라는 지명을 과연 백제 근초고왕 당시에
도 그렇게 불렀었는지는 의문의 여지가 있다고 생각된다.

다음으로 조선시대의 기록인 『朝鮮王朝實錄』에는 삼국시대로부터 고
려시대까지의 지명 변화를 적어 두었다.

〈사료5〉본래 고구려의 남평양성이니, 일명 북한산군이다. 백제
근초고왕이, 동진 간문제 함안 2년(372) 임신에 남한산으로부터 와
서 도읍을 정하여【남한산은 지금의 광주】1백 5년을 지내고, 문
주왕이 고구려의 난을 피하여 웅진으로 옮겨 도읍하였고, 고려 초
에 양주로 고쳤다.[19]

---

18) 『高麗史』卷56, 志第10 地理1 楊廣道條 "楊廣道本高句麗百濟之地成宗十四年分境內
爲十道以楊州廣州等州縣屬關內道忠州淸州等州爲忠原道公州運州等州縣爲河南道
睿宗元年合爲楊廣淸州道…南京留守官楊州本高句麗北漢山郡百濟近肖古王取之
二十五年自南漢山徙都之至."

19) 『世宗實錄』卷148, 地理志 京都漢城府條 "京都漢城府 本高句麗南平壤城 一名北漢山
郡 百濟近肖古王以東晉簡文帝咸安二年壬申 自南漢山來都【南漢山 卽今廣州】歷
一百五年 文周王避高句麗之難 移都熊津 高麗初 改爲楊州."

위의 기록에도 〈사료4〉와 같은 내용을 기술하고 있는데, 백제 근초고왕이 남한산으로부터 도읍을 옮겨 왔다는 것과 남한산이 조선시대 광주(廣州)라는 사실이 주목된다.

〈사료6〉 백제 시조 온조왕이 한나라 성제 홍가 3년(18) 계묘에 국도를 위례성에 세웠다가, 13년 을묘에 이르러 임금이 여러 신하에게 이르기를 "내가 보매, 한수 남쪽의 땅이 기름지고 걸으니, 마땅히 여기에 도읍을 세워서 장구한 계교를 도모하고자 하노라"하고, 드디어 한산 아래에 나아가 목책을 세우고, 위례성의 민호를 옮기며, 궁궐을 짓고, 14년 병진 정월에 도읍을 옮기고 남한성이라 하다가, 376년을 지나 근초고왕 24년 신미에【곧 동진 간문제 함안 원년】도읍을 남평양에 옮기고 북한성이라 하였다. 당(唐)나라 고종 현경 5년 경신에 당나라 장수 소정방이 백제를 치는데, 신라 태종왕이 김유신을 보내어 협공하여 〈백제를〉 멸하고, 당나라 군사가 다 돌아가매, 문무왕 이 차츰 그 땅을 거두어 차지하여, 3년 갑자에【인덕 원년】한산주로 고치고, 8년 경오에【함형 원년】남한산주로 하였다가, 경덕왕 15년 정유에 곧 당나라 숙종 지덕 2년 한주로 고쳤다….[20]

---

20)『世宗實錄』卷148, 地理志 廣州牧條 "百濟始祖溫祚王 漢成帝鴻嘉三年癸卯 建國都于慰禮城 至十三年乙卯 王謂群臣曰 "予觀漢水之南 土壤膏腴, 宜都於此 以圖久安之計" 遂就漢山下立柵 移慰禮城民戶 立宮闕 十四年丙辰正月 遷都 號南漢城 歷三百七十六年 至近肖古王二十四年辛未 移都南平壤 號北漢城【卽東晉簡文帝咸安元年】及唐高宗顯慶五年庚申 唐將蘇定方征百濟 新羅太宗王遣金庾信 夾攻滅之 唐師旣還 文武王漸收其地 三年甲子 改爲漢山州【麟德元年】八年庚午 改爲南漢山州【咸亨元年】景德王十五年丁酉 改名漢州【卽唐肅宗至德二年】."

이 기록에는 남한성(南漢城)과 남한산주(南漢山州)가 동시에 등장하는
데, 기존의『高麗史』나〈사료5〉의『世宗實錄』과 달리 백제 초기부터 '남한
성'이란 성의 명칭과 함께 한산주에서 남한산주로 변경된 과정이 비교적
자세히 서술되었다. 특히 함형 원년은 670년이고, 경덕왕 15년은 756년이
므로『三國史記』의 한주(漢州)로 개편된 기록과는 1년의 차이밖에 나질 않
는다.

아래의〈사료7〉은『新增東國輿地勝覽』에 전하는 광주목에 대한 내용
으로 역시 남한산성과 남한산주에 대한 기록이다.

> 〈사료7〉본래 백제의 남한산성이다. 시조 온조왕 13년에 위례성
> 으로부터 이곳으로 도읍을 옮겼고, 근초고왕 26년에 또 도읍을 남
> 평양성으로 옮겼다.【지금의 경도】당나라 소정방이 백제를 쳐서
> 없애고, 당나라 군사가 돌아간 뒤에 신라가 그 땅을 점차 거두어
> 남한산성을 고쳐 한산주라 하고, 또 남한산주라고도 불렀다. 경덕
> 왕 15년에는 한주라 고쳤고, 고려 태조 23년에 지금 이름으로 고
> 쳤다.[21]

위 기록은『世宗實錄』의 내용과 거의 같은데, 남한산성이 있는 곳을 한
산주라고 했으며, 이를 남한산주와 함께 부르기도 했다는 점이 주목된다.
그리고 1846년 홍경모(洪敬謨)에 의해 저술된『重訂南漢志』에도 남한산주
에 대하여 두 기록이 전한다.

---

21)『新增東國輿地勝覽』廣州牧條 "本百濟南漢山城始祖溫祚王十三年自慰禮城移都之近
肖古王二十六年又移都南平壤城【今京都】及唐蘇定方攻滅百濟唐師還新羅漸收基地
改南漢山城爲漢山州又稱南漢山州景德王十五年改漢州高麗太祖二十三年改今名."

〈사료8〉 남한산성은 백제의 옛 터이며, 신라의 주장성이다. 조선에서 그대로 수리하여 광주부의 치소를 성 안으로 옮기고 비로소 부윤을 설치하였다. …살펴건대, 남한산은 지금의 일장산이다. 역사에 이르기를 백제의 온조왕이 도읍을 한산 아래로 옮겼다 하였으니 광주의 옛 읍치가 바로 그 땅이다. … 그 땅이 한강의 남쪽에 있기 때문에 남한이라 한 것이요, 그후 군명으로 한산군 또는 남한산주라고 부른 것은 모두 한강 때문에 그렇게 불려진 것이다.[22]

〈사료9〉 문무왕 4년(664)에 남한산성을 고쳐 한산주로 하고, 또 남한산주라 불렀다.[23]

위의 『重訂南漢志』에 보이는 남한산주 관련 내용은 기존의 문헌자료를 정리해서 요약한 것으로 보이는데, 〈사료8〉의 끝부분은 필자인 홍경모가 자의적으로 추측한 부분이 아닌가 한다. 그리고 〈사료9〉에서는 정확한 근거를 알 수는 없으나,[24] 문무왕 4년에 남한산성을 고쳐 한산주로 하고 이를 다시 남한산주로 불렀다는 것은 앞의 사료 내용들과 크게 다르지 않다. 그러나 〈사료9〉에서 가르키는 남한산성은 『三國史記』를 통해 볼 때,

---

22) 『重訂南漢志』卷1 南漢條 "南漢山城百濟之舊而新羅之畫長城也, 本朝因而修之移廣州府治於城中始置府尹 …按南漢山今之日長山也, 史云百濟溫祚王遷都於漢山下廣州之舊邑治卽基地 …基地在漢水之南故日南漢而其後郡名之日漢山郡日南漢山州者皆以漢水爲言也."

23) 『重訂南漢志』卷1 建置條 "文武王四年改南漢山城爲漢山州又稱南漢山州."

24) 『重訂南漢志』의 서문을 보면, 서명응(徐命膺)이 1779년 수어사로 있으면서 편찬한 『南城志』를 참고하였다고 하였으며, "광주부가 한산(漢山) 아래 위치하였기 때문에 남한(南漢)이라고 한다"고 하였다.

문무왕 12년(672)에 축성되었다는 '주장성'일 가능성이 높으므로 그 신빙
성에 있어서는 문제가 있다고 생각된다. 다만, 한산주의 행정명칭이 그러
한 과정을 거쳐 변화되었을 개연성을 보여주고 있다는 점에 의의가 있다
고 여겨진다.

마지막으로 이성산성 A지구 1차 저수지에서 출토된 무진명(戊辰銘)
목간에서도 '남한성'에 대한 명문이 확인되어 주목받고 있다. 이 목간은
다면형(4면)으로 남은 크기가 길이 15cm, 너비 1.3cm, 두께 0.9cm 정도
이다.

〈목간자료〉 이성산성 저수지 출토 무진명 목간

- 전면 : 戊辰年五月十二日朋南漢城道使…(결실)
- 측면 : 須城道使村主前南漢城〇〇…(결실)
- 후면 : 〇〇蒲〇…(결실)

위의 목간 내용 중에서 주목되는 부분은 '戊辰年'이라는 간지와 '南漢
城'이라는 성의 이름이다. 그 외에 '道使'와 '村主'도 눈여겨 봐야 할 직위
명이라 할 수 있겠다.

우선 이 목간의 사용시기는 조사자의 의견대로 진평왕 30년(608)으로
보는데 필자도 동의하는 바이며, '남한성'이라는 성의 이름이 목간 출토지
인 이성산성으로 보는 것 또한 이견이 없다. 한편 이도학은 이 목간이 남
한성의 정비와 보수를 위한 하달문건으로 보고 명령 하달자를 신주의 군

주(軍主)일 가능성을 제시하기도 했고,[25] 이경섭은 남한성의 도사와 (남한성의)某某(모모) 등이 함께 문서를 보낸다는 내용 그리고 수성도사와 촌주를 수신자로 보았다.[26]

2. '남한산'과 치소지 위치 문제

필자는 앞에서 남한산 또는 남한주·남한산주, 남한성 등에 대한 문헌과 목간 자료를 정리해 보았다. 그렇다면 이들 자료들이 가르키는 남한산이나 남한산주는 어느 지역일까?

앞에서 나열한 자료들을 살펴보면, 그 위치를 정확하게 알 수 있을 것이다. 우선 〈사료1〉과 〈사료2〉를 보면, 신라군이 당군과 함께 고구려를 공격할 때 남한산 출신 북거의 공이 있었다는 것과 평양에서 남한주로 돌아왔다는 내용이다. 과연 신라군이 평양에서 돌아온 남한주는 어디일까? 그것은 『三國史記』에 신라군이 고구려를 공격하기 위해 출병하여 집결한 곳이 문무왕 7년 9월에 한산정으로 기록되어 있다. 아래의 내용을 보면,

〈사료10〉

가- 7년 9월 한성정에 도착하여 영공을 기다렸다.[27]

나- 8년 7월 16일, 왕이 한성주에 행차하여 모든 총관들에게 가서
    당나라 군대와 연합하도록 지시하였다.[28]

다- 8년 9월 21일, 당나라 군대와 연합하여 평양을 포위하였다.

---

25) 이도학, 1993, 「이성산성 출토 목간의 검토」, 『한국상고사학보』12, 한국상고사학회, 190~192쪽.

26) 이경섭, 2013, 『신라 목간의 세계』, 景仁文化社, 216쪽.

27) 『三國史記』卷6, 新羅本紀6 文武王 7年條 "九月 至漢城停 以待英公."

28) 『三國史記』卷6, 新羅本紀6 文武王 8年條 "秋七月十六日 王行次漢城州 教諸摠管 往會大軍."

고구려 왕은 우선 천남산 등을 보내 영공을 방문하고 항복하기로 하였다. 이 때 영공이 왕 보장과 왕의 아들 복남·덕남과 대신 등 20여만 명을 당나라로 보냈다. 각간 김인문과 대아찬 조주가 영공을 따라 돌아가고, 인태·의복·수세·천광·흥원도 그들을 수행하였다. 이보다 앞 서 당나라 군대가 고구려를 평정하려 했을 때, 왕은 한성을 떠나 평양으로 향하다가 흘차양에 머물고 있었다. 그 때 당나라의 여러 장수들이 이미 귀국하였다는 말을 듣고 한성으로 되돌아 왔다.[29]

위의 문무왕 7년과 8년의 기사를 보면, 왕이 머무른 곳을 '한성정'과 '한성주', '한성' 이라 하고 있다. 이들 명칭은 평양과 가까운 곳 즉 한강의 본류가 흐르는 지금의 서울지역을 지칭하는 것으로 이해된다. 특히 '한성'은 문무왕이 평양으로 가기 위해 머물렀던 곳인데, 고구려와의 전쟁이 마무리 되었다는 소식을 듣고 다시 한성으로 돌아왔다는 것이다. 이때가 문무왕 8년 9월(668)이다. 이를 〈사료2〉의 김유신전에서는 왕이 남한주로 돌아왔다고 했으니, 결과적으로는 같은 곳 즉 한성과 남한주는 동일한 지명일 것으로 볼 수 있겠다.

따라서, 남한주 또는 남한산주는 곧 한성으로도 불려졌던 것이라 할 수 있겠으나, 백제의 한성시대(漢城時代)에 불려졌던 한성이 그와 같다고 현재의 단계에서는 확신하기에 무리가 있다고 생각된다.[30] 다만 〈사료5〉

---

29) 『三國史記』卷6, 新羅本紀6 文武王 8年條 "與大軍合圍平壤 高句麗王 先遣泉男産等 詣英公請降 於是 英公以王寶臧 王子福男德男大臣等二十餘萬口 廻唐 角干金仁問大阿飡助州 隨英公歸 仁泰義福藪世天光興元隨行 初大軍平高句麗 王發漢城指平壤 次肹次壤 聞唐諸將已歸 還至漢城."

30) 한성의 지명과 정확한 위치에 대한 의문은 최근까지도 학계에서 많은 논란을 일으키고 있으며, 앞으로도 그에 대한 명확한 결론을 내리기까지는 적지 않은 시간과 노

를 참고로 볼 때, 남한산이 곧 광주(廣州)라 했으니 광주의 치소가 있던 지금의 하남시 일원임에는 분명하다고 할 수 있다. 그렇다면, 광주의 치소지는 정확하게 어디일까? 그에 대한 문제는 어렵지 않게 그 해답을 얻을 수 있을 것으로 생각된다. 필자는 고려시대 광주의 치소지가 현재의 광주향교 주변일 것으로 추정하고 있다. 광주향교는 조선시대 숙종(肅宗, 재위 1674~1720)대인 18세기 초에 현재의 자리에 세워졌다고 전해온다.[31] 물론 그 이전에는 어떤 성격의 건물이 있었는지 알 수 없으나, 최근 이루어진 발굴조사를 통해 그 면모가 조금씩 밝혀지고 있다.

발굴조사는 광주향교 내부 건물지와 주변에 대하여 이루어졌다. 향교 내부조사는 동재(東齋)와 제기고(祭器庫)를 새로 짓고, 수복청터 그리고 담장 밖을 정비하기 위해 실시되었다. 조사된 내용을 보면, 제기고 및 전사청터의 하부에서는 상부 건물지와 달리 적심이 동—서방향으로 4기가 노출되었는데, 적심석의 장축은 북서쪽이고 건물의 전체적인 규모는 파악되지 못하였다. 다만 노출된 적심의 크기로 보아 이 건물지는 상당히 규모가 컸던 것으로 추정되는데, 하부 건물지 내에서 출토되는 유물은 분청사기가 주류를 이루고 있으며, 소량의 청자편이 출토되었고, 기와류는 고려시대의 사선문, 격자문, 어골문이 중심을 이루고 있다. 즉 유물의 양상으로 보아 이 건물지는 상부 건물지보다 이른 고려시대 말기인 14세기경에 조영된 것으로 추정되고 있으며, 공반 출토된 기와류 중에는 남북국시대 막새와 기와류도 있다. 또한 TP-3에서는 인화문 토기류가 여러 점 출토되어 관련 유구가 매장되어 있을 가능성이 확인되었다.[32] 그리고 수복사부

<hr />

력이 필요할 것으로 여겨진다.

31) 世宗大學校博物館, 1999, 『河南市의 歷史와 文化遺蹟』, 252쪽.
    하남시사편찬위원회, 2001, 『역사도시하남』, 621~629쪽.
32) 漢陽大學校博物館, 2003, 『廣州鄕校 發掘調查 報告書』.

지에서 확인된 유구는 적심석 등으로 고려시대 관아 건물지로 여겨지고 있으며, 출토된 유물들도 '客舍'자 등의 명문기와류를 비롯하여 연화·당초문 계열의 막새 및 신라 평기와류, 토기류로 보아 어느 정도 위계가 있는 공적(公的) 신분의 사람들이 생활했음을 간접적으로 알려주고 있다.[33]

광주향교 주변부지에 대한 발굴조사에서는 조선시대는 물론 고려시대와 남북국시대 문화층이 확인되었다. 특히 광주향교 동쪽 옆 B-2구역에서는 남북국시대 주거지 7채와 도로유구가 조사되었으며, 이와 관련된 문화층이 더 매장되어 있을 것으로 추정되고 있다.[34] 또한 광주향교 북서쪽 도로 건너편의 서부농협부지에서 발굴된 건물지에서도 남북국시대~고려시대를 주축으로 한 건물지와 함께 신라 토기 및 막새·평기와류, 청자 베개, '官'·'舍'·'當王當'으로 판독되는 고려시대 명문기와 등이 출토되었다.[35] 춘궁동 267-5번지 유적에서도 남북국시대 주거지 9채와 수혈 19기, 우물 1기 등이 조사되는[36] 등 점차 남북국시대 관련 유구나 유물의 출토 수가 증가하고 있다. 이러한 조사성과를 바탕으로 본다면 현재의 광주향교를 중심으로 한 교산동 네거리 일원이 고려시대 광주의 치소지가 있었던 곳이라 판단된다.

다음으로 남한산주의 경영시기는 언제쯤일까? 그것은 〈사료3〉과 〈사료6〉에 의해 추정해 보면, 한산주가 남한산주로 바꾸어 불려진 때가 670년경이고, 다시 남한산주에서 한주로 바뀌는 시기가 경덕왕대인 756년으로 기록되어 있다. 그러나 실제로는 경덕왕 16년에 한산주에서 한주로 바

---

33) 漢陽大學校博物館, 2006, 『廣州鄕校 守僕舍敷地 發掘調査 報告書』.

34) 한양대학교 박물관, 2015, 「광주향교 주변 경관광장 조성공사 부지내 문화재 발굴조사 약식 보고서」.

35) 세종대학교 박물관, 2006b, 「하남 춘궁동 건물지 유적」.

36) 한국문화재보호재단, 2013, 「하남 춘궁동 267-5번지 근린생활시설 신축부지 내 유적 국비지원 발굴조사 전문가검토회의」.

꿘 것이므로 757년이 맞는다고 볼 때, 남한산주라는 명칭이 불려진 시기는 87년 정도로 볼 수 있지만, 행정상으론 한산주라는 행정명이 부여되어 불려졌을 것이다. 그러나 이성산성에서 출토된 목간 자료로 보아 '남한성(南漢城)'이라는 성의 명칭은 이미 7세기 이전부터 불려지고 있었다고 볼 수 있다. 따라서 남한성이란 성명(城名)과 남한산주 또는 남한산이라는 지명은 길게는 150여년 이상 불려졌던 것으로 추정된다. 이러한 사료와 자료로 볼 때, 9호 석곽묘의 축조시기도 8세기 후반으로 추정되는 만큼 여러 면에서 일치되고 있음을 알 수 있겠다.

또한 아차산성에서 출토된 '북한(北漢)'이나 '한산(漢山)' 등의 명문기와를[37] 통해서 아차산성이 적어도 6세기 후반부터는 북한성(北漢城)이라 불려지고 있었음을 알 수 있다. 이러한 자료들은 남한성과 북한성이 대칭되는 명칭이라는 것과 남한산과 대치되는 지명인 북한산도 있었다는 사실을 뒷받침 해 주고 있다. 특히 북한산이라는 지명은 진흥왕 16년 10월(555)에 한강 유역을 점령한 후 북한산을 순행하고 국경을 정하였다는 기록과[38] '서울 북한산 신라 진흥왕 순수비(국보 제3호)'를 통해서 확인되고 있다. 이외에도 고구려 영양왕 14년이자 진평왕 25년인 603년에 벌어진 북한산성 전투를 통해서도 짐작해 볼 수 있겠다.[39]

〈사료11〉 왕이 장군 고승을 보내 신라의 북한산성을 공격하였고, 이를 구원하기 위하여 신라 왕이 직접 군사를 거느리고 한수를 건너오니, 성안에서 북을 치고 함성을 지르며 서로 호응하였다.

---

37) 서울대학교 인문학연구소 외, 2000, 『아차산성 시굴조사 보고서』.
38) 『三國史記』卷4, 新羅本紀4 眞興王 16年條 "冬十月 王巡幸北漢山 拓定封疆."
39) 북한산성 전투에 대해서는 필자의 논문을 참조하기 바란다(황보경, 2015, 「603년 北漢山城 전투 고찰」, 『韓國史學報』58, 高麗史學會).

고승은 상대의 군사는 많고 우리 군사는 적어 이기지 못할 것을 두려워하여 물러났다.[40]

위의 기록으로 보아 이때의 '북한산성'이라고 하는 성은 지금의 서울 아차산성일 가능성이 높으며, 신라군이 한수를 건너왔다는 것으로 보아 남한산지역의 군사들이 지원을 위해 도강(渡江)했음을 알 수 있는 대목이다. 따라서 북한산성은 분명 남한산과 마주보고 있는 한수의 북쪽임을 알 수 있다. 그리고 아래의 두 기록은 북한산주의 존재를 명확하게 알려 주고 있다.

〈사료12〉 7월 대나마 만세와 혜문 등을 수나라에 사절로 보내 조회하였다. 남천주를 없애고 다시 북한산주를 설치하였다.[41]

〈사료13〉 한양군은 원래 고구려의 북한산군[평양이라고도 한다]으로서 진흥왕이 주로 만들어 군주를 두었다. 경덕왕이 이를 한양군으로 개칭하였다. 지금 양주의 옛 터이다.[42]

위의 두 기록에 의하면, 북한산군이 북한산이었고, 한강의 북쪽에 위치한 지역임은 분명해졌다. 따라서, 남한산은 북한산과 상대적인 지명을 갖게 되었던 것으로 추정된다. 이러한 자료들을 통해 내릴 수 있는 결론

---

40) 『三國史記』卷20, 高句麗本紀 嬰陽王 14年條 "王遣將軍高勝 攻新羅北漢山城 羅王率兵過漢水 城中鼓 噪相應 勝以彼衆我寡 恐不克而退."

41) 『三國史記』卷4, 新羅本紀4 眞平王 26年條 "秋七月 遣使大奈麻萬世惠文等朝隋 廢南川州 還置北漢山州."

42) 『三國史記』卷35, 雜志4 地理2 "本高句麗北漢山郡[一云平壤] 眞興王爲州置軍主 景德王改名 今楊州舊墟."

은 남한산이나 남한산주는 지금의 하남시 일원을 가르키고 치소나 그와 관련된 중요 건물이 위치한 곳은 이성산성의 동쪽 아래 지역인 춘궁동·교산동 일원이라고 판단된다. 그리고 비록 조선시대이기는 하지만,『新增東國輿地勝覽』광주목조에 기록된 '약정사(藥井寺)가 한산(漢山)에 있다'고 한 것은 결정적인 단서로 판단된다. 약정사에 대한 조사결과는 기존에 이루어졌던 지표조사를 통해 여러 차례 언급된 바 있는데, 그곳에서 수습된 '약정(藥井)'자 명문기와와 건물지, 석축, 석조불상 등은 금암산 동쪽 자락에 위치한 절터가 약정사임을 확실하게 증명해 주고 있다.[43] 참고로 배후가 되는 한산(漢山)이란 명칭은 어느 곳을 가르키기는 것일까? 이 문제는 백제의 한성이나 한산과도 관련성이 있지만,『新增東國輿地勝覽』에서 말하는 한산은 실제 약정사가 위치한 금암산(金岩山)을 포함한 하남 일대와 동쪽의 숭산인 검단산과 청량산을 아우르는 넓은 범위에서의 한산으로 보아야 할 것 같다.

다음으로 남한산주의 치소지 위치에 대해서도 살펴볼 필요가 있겠다. 이 의문에 대해서는 앞에서 살펴본 바와 같이 고려시대 치소지가 지금의 광주향교 일원이라고 볼 때, 신주와 한산주 시기의 치소지도 이제까지 연구된 바에 의하면, 하남시에 위치한 이성산성과 그 일원이 중심지로 여겨지고 있다. 이성산성은 최근까지 12차에 걸쳐 발굴조사를 실시하였고 그 결과, 9세기까지 활용된 것으로 보고 있으며 성에서는 8각 등의 여러 다각형 건물지를 비롯하여 현문식 문지, 저수지 등의 유구와 '戊辰年'·'褥薩'명 목간, 많은 양의 신라 기와와 토기류가 출토되었다. 특히 다각형 건물지는 제사와 관련된 것으로 여겨지고 있으며, 철제말 등의 유물도 출토

43) 世宗研究院, 1996,『河南市 校山洞一帶 文化遺蹟』, 270~285쪽.
　　世宗大學校 博物館, 1999, 앞의 책, 237~243쪽.
　　皇甫慶, 1999,「新州 位置에 대한 研究」,『白山學報』53, 白山學會, 242쪽.

되었다.[44] 이러한 건물지는 일반 건물과 달리 상징성이 강한 건물로 볼 수 있는데, 기후와 전시(戰時), 대내외적으로 위급한 시기에 제사를 통한 풍년과 승리, 안녕을 염원했을 것이다. 또한 이런 특수 건물이 있다는 것은 주변 지역을 대표하고, 중심지로 주목되는 중요한 요소이다. 따라서 이성산성이 한강 이남 동부지역에 있어서 중심성이었다는 점은 이론(異論)의 여지가 없다고 생각된다. 아울러 신주와 한산주 시기 경주(慶州)에서 파견된 관리자가 머물면서 업무를 수행한 곳이라 할 수 있겠다.

다만, 전쟁이 마무리되고 신라의 한강 유역 지배가 안정기로 접어들면서부터는 성곽 중심체제로부터 점차 벗어났을 것이다. 전시가 아닌 평상시의 치소지는 당연히 교통로와 취락 중심지에 자리잡게 되었을 것인데, 이 시기에도 광주향교 일원인 춘궁동과 교산동지역이 그 중심지였을 것이다. 그에 대한 추정이 가능한 것은 앞에서도 열거한 각 유적에서 삼국~남북국시대에 해당되는 건물지와 주거지, 유물들이 출토되었다는 점이 뒷받침해 주고 있다. 특히 춘궁동 건물지 유적 중 제1건물지의 하층건물지에서 출토된 연화문 막새류와 사선문 등의 평기와류, 덧띠무늬·주름무늬병, 뚜껑류 등은 9세기를 전후한 때까지 건물이 경영되었음을 알려준다.[45] 또한 교산동 건물지는 평면형태가 북쪽이 트인 'ㄷ'자형 배치를 이루고 있으며 그 바깥쪽으로 담장지가 확인되었다. 조사된 건물지 중에서는 서쪽건물지의 조성시기가 남북국시대로 추정되고 있어 주목된다.[46] 이 서쪽건물지는 최소 7동에서 9동의 건물이 있었던 것으로 확인되었고, 출토된 유물중에는 '成達伯○'·'成達'·'哀宣伯○'·'衆舍'·'官' 등의 명문와

---

44) 漢陽大學校 博物館, 1986~2006·2012, 『二聖山城』1~12차 발굴조사 보고서 참조.

45) 세종대학교 박물관, 2006, 앞의 책.

46) 교산동 건물지에 대한 지표조사에서는 남북국시대보다 앞서는 고식(古式)의 기와가 수습되기도 했었다(世宗研究院, 1996, 앞의 책 참조).

가 출토되어 축조시기를 가늠하는데 도움을 주고 있다. 건물의 성격은 명확하지 않지만 유물로 보아 남북국시대말의 장군인 성달(城達)과 애선(哀宣) 등이 직·간접적으로 건물 조성에 관여했고, 왕규(王規)와도 깊은 관련이 있을 것으로 추정된다.[47] 그리고 춘궁동 401-8번지 건물지와 항동 400-8번지 '봉수사지'의 사역(寺域) 범위에서 남북국~고려시대 건물지와 7세기 후반~8세기 전반경에 해당되는 연화문 암·수막새류, 쌍조문 수막새가 출토되기도 했다.[48] 따라서 광주향교와 춘궁동 건물지, 교산동 건물지 등에서 확인된 남북국시대 유구와 유물은 대개가 관영 건물이었을 가능성을 제시해 주고 있다고 볼 수 있으며, 이 지역이 당시에 중심지였음을 간접적으로나마 알려주고 있다고 본다.

3. 조사(助舍)의 의미

'조사(助舍)'라는 명문은 피장자의 신분을 나타내어주는 단서로 추정되는데, 과연 신라 관등제에서 어느 정도의 위치인지 살펴보도록 하겠다.

신라의 관등체계는 17관등으로 이루어져 있었는데, 이는 법흥왕 7년(520)에 제정된 백관공복과 율령반포에서 비롯되었다. 17관등제도를 보면, 진골은 최고 관등인 이벌찬(伊伐湌)까지 승진할 수 있고, 육두품은 제

---

47) 畿甸文化財研究院, 2000, 『河南 校山洞 建物址 發掘調查 中間報告書('99)』.
  畿甸文化財研究院, 2001, 『河南 校山洞 建物址 發掘調查 中間報告書 II (2000)』.
  畿甸文化財研究院, 2002, 『河南 校山洞 建物址 發掘調查 中間報告書 III (2001)』.
  畿甸文化財研究院, 2004, 『河南 校山洞 建物址 發掘調查 綜合報告書』.
  황보경, 2004, 「河南地域 羅末麗初 遺蹟 研究」, 『先史와 古代』21, 韓國古代學會, 223~258쪽.
48) 세종대학교 박물관, 2006c, 「하남 춘궁동 401-8번지 유적 시굴조사 보고서」, 『하남지역 시굴조사 보고서』.
  한국문화재재단, 2014, 「하남 항동 400-8번지 제1종 근린생활시설 신축부지 내 유적 국비지원 발굴조사 전문가검토회의 자료집」.

6관등인 아찬(阿湌)까지, 오두품은 제10관등인 대나마(大奈麻)까지, 사두품은 제12관등인 대사(大舍)까지 오를 수 있다. 당시에 '사(舍)'가 들어가는 관료는 4두품으로 '금골'이라고도 하고, 대사(大舍), 사지(舍知), 사(史) 등이다.[49] 특히 대사와 사지는 진덕왕 5년(651)과 신문왕 5년(685)에 각각 설치되고, 사는 진덕왕 5년에 3인을 더한 것으로 보아 그 이전 어느 시기에 설치된 것으로 여겨지고 있다.[50] 그러나 '조사(助舍)'라는 관직명은 『三國史記』직관지에 보이지 않고, 대신 '조사지(助舍知)'라는 관직이 등장한다. 조사지는 아래와 같이 기록에 나타난다.

〈사료14〉 회궁전은 경덕왕이 북사설로 고쳤다가 나중에 다시 전대로 하였다. 궁옹 1인, 조사지 4인이었다.[51]

〈사료15〉 예궁전은 경덕왕이 진각성으로 고쳤다가 나중에 다시 전대로 하였다. 치성 10인, 궁옹 1인, 조사지 4인, 종사지 2인이었다.[52]

---

49) 4두품의 복색은 "복두는 엷은 비단과 거친 견포만을 사용하며 겉옷과 바지는 베만을 사용한다. 내의와 반소매옷은 거친 견직과 면주포만을 사용하며, 허리띠는 철과 구리만으로 장식한다. 장화에는 주름 무늬의 검은 사슴가죽과 자색 가죽의 사용을 금하며, 장화끈은 철과 구리만으로 장식하고, 신은 소가죽과 삼 이하를 사용하며, 베는 13새 이하를 사용한다"고 전한다(『三國史記』卷33, 雜志2 服色11條).

50) 김희만, 2007, 「新羅 古官制의 運營과 그 性格」, 『東國史學』43, 東國史學會, 164~165쪽.

51) 『三國史記』卷39, 雜志8 職官 中條 "會宮典 景德王改爲北司設 後復故 宮翁一人 助舍知四人."

52) 『三國史記』卷39, 雜志8 職官 中條 "穢宮典 景德王改爲珍閣省 後復故 稚省十人 宮翁一人 助舍知四人 從舍知二人."

위의 두 기사에 나타나는 조사지는 궁궐에 배속된 관리로 궁옹(宮翁)보다 하위면서 종사지(從舍知)보다는 상위 관료로 보인다. 그런데, 과연 조사를 조사지의 줄임말로 볼 것인지는 아직까지 단정적으로 말하기 어렵다. 다만, 현재로서는 '조사(助舍)'라는 관직이 대사나 사지가 생긴 이후에 새롭게 신설되었을 것이며, 중앙 관료라기 보다는 지방 관직일 가능성이 높다고 생각된다. 그리고 그 직무에 있어서는 사지, 사인, 소사, 대사의 '사(舍)'자가 집의 뜻을 가지고 있는 것은 그러한 벼슬 이름이 본래 군주나 귀족의 가신이라는 말에 기원을 두고 있다는 것을 보여준다. 따라서 그 발생 초기에 군주나 귀족들의 시중군이었던만큼 그들이 중소지주나 자영농민 상층의 출신이었으리라는 것은 의심할바 없다.[53] 또한 필자는 조사의 관직이 '주조(州助)'나 '사대사(仕大舍)'라는 관직과 밀접한 관련이 있으면서,[54] 지방의 관리였던 것으로 추정하고자 하며, 명문 방울과 함께 출토된 대부병의 바닥에 새겨진 '간(干)'이라는 글자도 그러한 가능성을 뒷받침해 준다고 본다.[55]

결론적으로 명문 방울이 출토된 9호 석곽묘의 축조시기가 8세기 후반 정도로 추정되고 있는 만큼 '조사'라는 관직명은 대사와 사지의 관직이 생

---

53) 장국종, 1998, 『조선정치제도사』, 백산자료원, 151쪽.

54) 주조는 『삼국사기』외관(外官)조에 의하면, 도독(都督) 아래 9인을 임명한 관직으로 관등은 나마(奈麻)에서 중아찬(重阿湌)까지로 하였고, 사대사는 소경(小京)에 5인을 두며, 사신(仕臣)의 보좌관으로 사지(舍知)에서 대나마(大奈麻)까지 취임할 수 있다 (한국민족문화대백과사전 참조).

55) 간은 신라 외위(外位) 가운데 7등에 해당하는 관등 또는 내성(內省)의 기술관청에 소속된 관직으로 외위의 간 관등은 경위 17관등 가운데 사지(舍知)에 해당한다. 그리고 외위의 간은 7세기 중엽에 외위제가 폐지되면서 소멸되었다(畿甸文化財研究院, 2008, 앞의 책, 83쪽). 한편으론 토기를 생산했던 곳을 지칭했을 개연성도 있어 보인다.

긴 이후인 7세기 후반 어느 때로 볼 수 있고,[56] '간'이라는 외위 관직이 7세기 중엽에 폐지되었다고는 하나 지방에서는 지속적으로 불려졌을 개연성이 있다고 생각한다. 그리고 과대금구류와 철정 등 다른 고분의 부장품에 비해 많은 양의 유물이 부장되어 있는 점도 특색인데, 비록 석실묘를 축조하지는 못했지만 피장자가 지방 관리 신분이었기 때문에 부장품의 종류가 다양하고 금동제와 청동제 방울이 부장될 수 있었던 것 같다. 또한 고분이 위치한 대쌍령리는 하남지역의 중심 고분군인 금암산이나 덕풍골 고분군과 동떨어진 곳에 있으므로 피장자가 말년(末年)에 거처한 곳이 대쌍령리 부근이거나 가족 묘역이었기 때문일 가능성이 높아 보인다.

Ⅳ. 맺음말

광주 대쌍령리 고분군은 광주지역에서 아직까지는 드물게 발견된 남북국시대의 대표적 유적이다. 이 고분군에서는 비교적 많은 수인 14기의 석곽묘가 발굴되었고, 출토된 부장품도 많지 않지만 피장자의 신분이나 축조시기를 추정하는 데 도움을 준다.

특히 9호 석곽묘에서 출토된 '남한산조사(南漢山助舍)'명 청동제 방울은 앞에서 살펴본 바와 같이 지명과 관직을 나타내어주는 중요한 유물이라고 하겠다. '남한산(南漢山)'이라는 지명은 문헌자료를 통해 삼국시대부터 남북국시대까지 일정기간 불리워져 왔음을 알 수 있었고, 고고학적으로 9호 석곽묘의 축조시기와도 일치되고 있다. 그리고 '남한산'지역은 지금

---

56) 이러한 지방관직은 685년 신문왕대에 개편된 9주 5소경 설치와도 관련이 있다고 생각된다.

의 남한산성이 자리한 청량산을 포함한 금암산, 이성산 일대와 서울의 송파구 일부도 포함될 것으로 추정되며, 춘궁동·교산동 일원이 그 중심지로 판단된다.

남한산의 중심지로 여겨지는 춘궁동과 교산동 일원에서는 이성산성과 춘궁동 건물지, 춘궁동 401-8번지 건물지, 광주향교 내·외부지에서 확인된 건물지 관련 유구, 교산동 건물지 등이 발굴되었으며, 이는 곧 신주(新州)나 한산주(漢山州)와 밀접한 관련이 있음을 시사한다고 하겠다. 이들 유적의 주변에는 천왕사지(天王寺址)를 비롯한 많은 불교유적과 유물이 위치해 있다는 점 또한 주목되는 요소이다.[57] 그리고 아차산성이 당시에 '북한성'으로 불리웠다는 점에서 한강을 사이에 두고 아차산성과 이성산성이 한강 본류역의 동부지역 거점성으로 그 역할을 담당했던 것임을 짐작하고도 남음이 있다.

그러나, 본 연구는 어디까지나 청동제 방울에 새겨진 명문을 바탕으로 여러 문헌과 고고학 자료를 감안하여 지명과 피장자의 신분 등에 대해 추론해 본 것이다. 향후 더욱 많은 자료들이 발굴되어진다면 지명이나 유적에 관해 더 심도있는 연구가 이루어질 것으로 기대해 본다.

* 청동제 방울에 새겨진 '조사(助舍)'라는 명문의 해석에 대하여 이부오 선생님의 소중한 견해를 받아 참고하였음을 밝혀둔다.

---

57) 황보경, 2009, 『신라 문화 연구』, 주류성.

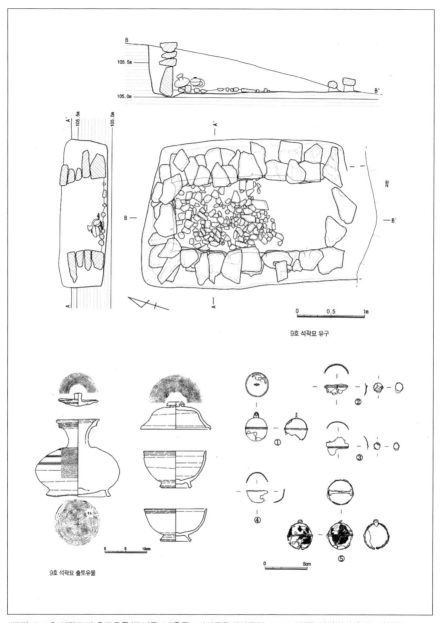

9호 석곽묘 유구

9호 석곽묘 출토유물

〈도면 1〉 9호 석곽묘와 출토유물(토기류·방울류 - 기전문화재연구원, 2008, 『광주 대쌍령리 유적』 재편집)

【참고문헌】

■ 사료

『三國史記』, 『高麗史』, 『世宗實錄』, 『新增東國輿地勝覽』, 『重訂南漢志』

■ 단행본

廣州郡誌編纂委員會, 1990, 『廣州郡誌』.

광주문화원, 2005, 『廣州의 地名由來』.

이경섭, 2013, 『신라 목간의 세계』, 景仁文化社.

장국종, 1998, 『조선정치제도사』, 백산자료원.

하남시사편찬위원회, 2001, 『역사도시하남』.

황보경, 2009, 『신라 문화 연구』, 주류성.

■ 논문

김문숙, 1996, 「삼국시대 銙帶에 관한 연구」, 『服飾』30, 韓國服飾學會.

김희만, 2007, 「新羅 古官制의 運營과 그 性格」, 『東國史學』43, 東國史學會.

이도학, 1993, 「이성산성 출토 목간의 검토」, 『한국상고사학보』12, 한국상고사학회.

皇甫慶, 1999, 「新州 位置에 대한 研究」, 『白山學報』53, 白山學會.

황보경, 2004, 「河南地域 羅末麗初 遺蹟 研究」, 『先史와 古代』21, 韓國古代學會.

황보경, 2015, 「603년 北漢山城 전투 고찰」, 『韓國史學報』58, 高麗史學會.

■ 보고서

畿甸文化財研究院, 2000, 『河南 校山洞 建物址 發掘調查 中間報告書('99)』.

畿甸文化財研究院, 2001, 『河南 校山洞 建物址 發掘調查 中間報告書Ⅱ(2000)』.

畿甸文化財研究院, 2002, 『河南 校山洞 建物址 發掘調查 中間報告書Ⅲ(2001)』.

畿甸文化財研究院, 2004, 『河南 校山洞 建物址 發掘調査 綜合報告書』.

기전문화재연구원, 2005, 『성남~장호원 도로건설구간(2공구)내 문화유적 시굴조사 약
　　　　보고서』.

畿甸文化財研究院, 2005b, 『河南 德豊洞 수리골 遺蹟』.

畿甸文化財研究院, 2008, 『廣州 大雙嶺里 遺蹟-城南~長湖院 道路建設工事(2工具)
　　　　內 文化遺蹟 發掘調査 報告書』.

京畿文化財研究院, 2010, 『廣州 墻枝洞 聚落遺蹟』.

서울대학교 인문학연구소 외, 2000, 『아차산성 시굴조사 보고서』.

世宗研究院, 1996, 『河南市 校山洞一帶 文化遺蹟』.

世宗大學校博物館, 1999, 『河南市의 歷史와 文化遺蹟』.

세종대학교 박물관, 2006a, 『하남 광암동 유적』.

세종대학교 박물관, 2006b, 『하남 춘궁동 건물지 유적』.

세종대학교 박물관, 2006c, 『하남지역 시굴조사 보고서』.

한국문화재보호재단, 2013, 「하남 춘궁동 267-5번지 근린생활시설 신축부지 내 유적
　　　　국비지원 발굴조사 전문가검토회의」.

漢陽大學校博物館, 2003, 『廣州鄉校 發掘調査 報告書』.

漢陽大學校博物館, 2006, 『廣州鄉校 守僕舍敷地 發掘調査 報告書』.

漢陽大學校 博物館, 1986~2006·2012, 『二聖山城』1~12차 발굴조사 보고서.

한양대학교 박물관, 2015, 「광주향교 주변 경관광장 조성공사 부지내 문화재 발굴조사
　　　　약식 보고서」.

한얼문화유산연구원, 2012, 『광주 역동 유적』.

【사진출처】

〈사진 1·2〉 京畿文化財硏究院, 2010, 『廣州 墻枝洞 聚落遺蹟』.

〈사진 3·4〉 한얼문화유산연구원, 2012, 『광주 역동 유적』.

〈사진 5·6〉 畿甸文化財硏究院, 2008, 『廣州 大雙嶺里 遺蹟−城南〜長湖院 道路建設
工事(2工具)內 文化遺蹟 發掘調査 報告書』.

나오며

7세기 초 북한산성과 당항성 전투의 의의에 대하여

1부 1장에서 다룬 603년 북한산성에서 벌어진 전투를 통해서 알 수 있는 것은 고구려나 신라에게 있어서 북한산성이 갖는 전략적 가치가 얼마나 큰 것인지를 보여주고 있다. 북한산성은 지금의 서울 아차산성으로 비정되고 있으며, '北漢'자가 새겨진 명문기와를 비롯하여 당시에 축조된 성벽과 건물지 등의 유구 및 많은 유물이 출토되었다. 이 성은 한강 남쪽에 위치한 하남 이성산성과 함께 한강 본류역의 거점성으로 역할을 했던 주요 성곽 중에 하나이다. 그리고 아차산과 용마산에는 고구려군과 신라군이 축조한 보루가 분포해 있으며, 아차산 일대가 한강의 본류이면서 중랑천과 왕숙천을 따라 북쪽으로 향하는 교통의 결절지역이기도 하다. 북한산성은 백제 한성기 때부터 중요한 성으로 인식되어 왔고, 475년 고구려 장수왕(長壽王)이 백제 한성을 공략할 때에도 고구려군이 주둔했던 곳이기도 하다. 또한, 고구려는 603년과 661년에 신라가 점령하고 있던 북한산성을 공격한 적이 있을 정도로 전략적인 가치가 매우 높았음을 알 수 있다.

고구려가 북한산성을 공격한 목적은 신라가 구축한 한강 유역의 실질적인 지배를 무력화 시킬 필요가 있었고, 수와 밀착되어 가는 외교관계에 대한 경고도 필요했기 때문이다. 반대로 신라 입장에서는 고구려의 기습 소식에 진평왕까지 출전하여 총력을 다해 응전(應戰)하는 모습을 보여주었다. 이러한 신라의 대응은 고구려의 남하를 막고, 한강 본류역에 대한 지배를 공고히 하며, 당항성을 반드시 사수해야 했음을 입증한 것으로 볼 수 있고, 고구려 침략에 대비한 방어선을 이전보다 철저하게 구축하는 계기가 되었음을 알 수 있다.

2장에서는 고구려와 백제군이 신라의 당항성을 공격했던 전투에 대하여 알아보았다. 당항성은 경기도 화성시에 있는 당성으로 비정되고 있는데, 최근에 3차 발굴조사가 이루어져 고고학적인 많은 성과를 이루어내었다. 물론 이 책에서는 그에 관한 조사성과를 모두 다루지는 못했지만, 문헌자료와 그동안의 조사성과를 바탕으로 여러 가지 가능성을 타진해 보았다. 그리고 당항성이 입지한 남양만은 지정학적으로 고구려와 백제 수군으로부터 비교적 안전한 곳이었고, 중국 산동반도로 직접 건너갈 수 있는 요충지였기 때문에 신라로서는 최적의 항구를 확보한 것이다. 이렇게 중요한 성을 백제 의자왕은 대야성과 동시에 공략함으로써 신라의 왕도와 중국으로 가는 거점 항구를 동시에 타격하고자 했던 것이다.

고구려는 당과의 긴장된 국면에서 신라가 빈번하게 당에 구원을 요청하는 등의 협력관계를 강화해 감에 따라 이를 차단할 필요가 있었다. 마침 백제가 당항성에 대한 연합공격을 요청해 오자, 이를 수락하는 동시에 지난날에 있었던 낭비성과 칠중성에서의 패배도 설욕하고자 했던 것이다. 그리고 당시의 정세로 보아 당항성을 육로로 공격하기에는 신라의 방어체계가 견고했고, 많은 병력과 기간 등이 여유롭지 않은 상태여서 바닷길을 이용한 수군의 침투작전을 전개했을 개연성이 큰 것으로 추정된다.

당항성 전투는 결국 신라의 승리로 끝났지만, 백제가 신라의 허를 찌른 사건으로 볼 수 있으며, 거기에 고구려와의 동맹을 이끌어 냈다는 점에서 삼국간의 균형이 흔들리는 계기가 되었다고도 볼 수 있다. 그리고 신라 입장에선 백제와의 국경지대에 분포한 40여 성이 함락당한 상황에서 당항성까지 기습받자 크게 당황하지 않을 수 없었을 것이다. 이 전투를 계기로 고구려와 백제의 동맹이 탐지되었고, 신라와 당은 더욱 긴밀한 관계로 발전해 나갔다는 점에서 당항성 전투를 살펴본 것에 대하여 의미가 있다고 본다.

한강 유역에 남겨진 삼국의 유적과 유물에 대하여

한강 유역은 선사시대로부터 현대에 이르기까지 오랜 시간동안 많은 사람들이 끊임없이 살아왔던 흔적이 유적과 유물로 남아 있다. 특히 고고학적인 매장문화재 조사방법이 나날이 발전하게 되면서 예전에 비해 더욱 많은 유구와 유물을 발굴하고, 이를 분석 및 연구할 수 있게 되었다. 최근에 와서는 성곽이나 고분, 기와나 토기 등 포괄적인 연구대상에서 보다 세분화되어 특정 구조물이나 유물에 대한 연구가 활발해지는 경향이 많아지고 있다. 이런 경향은 연구방법이나 유구와 유물을 바라보는 시각이 넓어지면서, 일반적인 유구와 유물은 물론 독특한 유구, 상징성이 강한 유물에 보다 관심을 갖고 있다는 증거이기도 하다. 이에 필자도 보루와 우물, 석침과 같은 고고자료를 대상으로 형식분류와 편년, 성격에 대해 고민해 보았다. 이러한 연구작업은 앞으로 좀 더 면밀해 질 것이며, 당시의 생활상을 밝히는데 도움이 될뿐 아니라 우리 조상들의 사유세계(思惟世界)도 이해할 수 있는 밑거름이 될 것으로 여겨진다.

한강 유역의 보루유적은 아차산과 용마산, 의정부와 남양주, 양주, 연천 등 주요 교통로와 주요 하천을 따라 분포해 있다. 이들 보루는 대개 고구려군이 축조한 것으로 알려져 있고, 그에 대한 구조와 축조수법, 토기와 와당을 중심으로 한 연구가 활발하게 진행되고 있다. 그러나, 백제나 신라군이 축조하거나 재활용한 보루에 대한 연구는 상대적으로 미진한 형편이다. 이에 필자는 서울 배봉산과 파주 용미리 유적이 삼국시대에 축조된 보루로 볼 수 있는 여러 가지 자료 즉, 입지를 비롯한 구조적 특징과 출토유물을 근거로 삼아 살펴보았다.

배봉산 유적에서는 삼국시대부터 조선시대에 이르는 유물이 수습된 적이 있었지만, 군사유적지로서의 관심은 받지 못한 채 조선시대 목장터로만 여기는 경우도 있다. 그러나, 아직까지도 배봉산의 정상부부터 능선 전체에서 다양한 유물이 수습되고 있으며, 최근 시굴조사가 이루어져 보루일 가능성이 확인되고 있다. 특히 배봉산 유적은 중랑천변을 감제하는 데 있어서 지리적으로 중요한 위치에 놓여 있고, 사용 주체에 따라 봉화산과 용마산·망우산 보루들과의 유기적인 관계가 유지되었던 것으로도 판단된다.

파주 용미리 유적은 산 정상부가 암반으로 이루어져 있는데, 시굴조사 결과 암반 위에 돌을 쌓았던 흔적이 있었고, 백제 토기류가 적지 않게 수습되었다. 지리적으로 볼 때, 이 유적도 백제군이 고산천변과 혜음령을 감시하기 위해 축조한 보루로 볼 수 있으며, 명봉산성과 더불어 유사시마다 운영했던 것으로 추정된다. 따라서, 한강 유역에는 삼국시대 정세에 따라 많은 보루가 축조되었고, 필요에 따라서는 재활용되기도 했기 때문에 앞으로도 적지 않은 보루가 새로 확인되거나 재검토될 가능성이 높다. 특히 6세기 중반 신라가 한강 유역을 점령하면서부터는 성곽이나 보루의 축조가 그 어느 때보다 활발했고, 재활용된 경우도 많았다. 조사자와 연구자들은 이러한 시대적 배경을 감안하여 유구와 유물에 대한 보다 면밀한 조사와 검토를 해야 할 필요가 있다고 사료된다.

우물은 현대를 사는 요즘도 상수도가 개설되지 못한 곳에서는 여전히 땅을 파서 식수나 용수를 얻기 위해 축조되고 있다. 특히 선사나 고대 때는 인간의 생존과 직결되는 시설로 만들어졌으며, 이는 문헌자료나 발굴조사를 통해 밝혀지고 있다.

우물과 관련하여 재미있는 사실은 고대 우물이 단순히 물을 얻기 위해서만 축조되지 않았다는 점이다. 즉 인간의 탄생과 죽음, 미래에 대한 예언(豫言)을 알려주는 장소로 매우 중시되었었다. 대표적으로 신라의 시조인 박혁거세와 알영부인이 탄생했던 장소에 우물이 있었다는 점이다. 따라서, 신라인들에게 우물은 건국 인물들과 관련이 있기 때문에 신성시 여겨지는 곳이었다. 특히 선덕(여)왕이 이러한 우물을 닮은 첨성대를 조영한 것은 우물을 지상으로 올려 이 땅과 저 하늘을 연결하려고 한 것으로 보는 견해도 있다.[1] 또한 우물에서는 용이 출현하여 왕의 운명이나 나라의 국운을 예시하기도 했다.

필자는 본문에서 고대 우물을 유형별로 구분하고, 구조적 특징과 출토 유물을 통해 축조시기와 성격에 대하여 살펴보았다. 한강 유역에서 발굴된 우물은 백제, 고구려, 신라의 것이 모두 조사되었는데, 우물을 축조한 수법에서 공통적인 면이 많이 확인되었다. 그리고 시기에 따라 토광이나 목조 우물이 쇠퇴하고, 목조+석조 우물이나 석조 우물이 대중화되며, 삼

---

1) 김기흥 외, 2007, 『제왕의 리더십』, 휴머니스트 퍼블리싱 컴퍼니, 102~103쪽 참조.

국이 통일된 이후에는 석조 우물이 대부분을 차지하는 것으로 파악되었다. 이러한 변화양상은 돌을 다루는 기술의 발전과 관련이 있는데, 석축 성곽이나 석실묘의 축조와 더불어 이루어진 것으로 볼 수 있다.

우물에서 출토되는 유물은 토기가 많은 비중을 차지하지만, 복숭아씨나 동물뼈, 수막새, 철기 등도 매납되었다는 점이 주목된다. 복숭아씨는 민간신앙에서 비롯된 것으로 귀신을 쫓고, 장수를 빌기 위한 것이며, 동물뼈는 우물 신을 만족시키기 위한 공희물로 여겨진다. 그리고 연화문 수막새의 매납도 연꽃의 상징성이 반영된 결과이고, 철기류는 농경과 관련되어 풍요를 기원하기 위한 목적도 있었던 것 같다. 무엇보다 이러한 유물들이 우물에서 출토되는 이유는 당시 사용자 집단의 합의에 의해 이루어졌을 것이며, 그로 인한 심리적인 위안이나 안정에 도움이 되었을 것이다.

고대 우물에 대한 연구는 앞으로도 활발하게 진행될 것으로 생각되는바, 우물이 입지한 곳과 구조, 출토되는 유물에 따라 보다 명확한 성격이 드러날 것이다. 이를 통하여 우물의 축조목적이나 우물에 대한 제의행위 등도 보다 구체적으로 밝혀지길 바라며, 필자도 관심을 갖고 연구해 보고자 한다.

수막새를 비롯한 막새류는 한강 유역에 분포한 유적의 수에 비해 많은 양이 출토되고 있지 않다. 그러한 이유는 여러 가지가 있겠지만, 성곽내 건물지가 삼국시대뿐 아니라 후대에도 지속적으로 건물이 들어서는 과정에서 훼손된 경우가 많고, 절터나 관영건물지의 발굴조사도 부진하기 때문인 것으로 풀이된다. 이러한 상황에서 다행스럽게도 성곽이나 절터, 건물지에서 얼마의 막새가 출토되었고, 문양이 다양하여 유형별로 분류해 볼 정도가 되었다.

수막새가 갖는 고고학적 의미는 막새의 기원과 제작, 유통문제를 통하여 삼국의 국가 권력을 상징하는 유물로서뿐 아니라 불교의 전파 및 사찰 창건과 밀접한 관련이 있다. 특히 한강 유역에서 출토되는 막새는 지역적 특수성이 강하고, 삼국이 제각각 만들었던 제작시기와 유통문제를 규명하는데 있어서 좋은 자료로 여겨지고 있다.

필자가 본문에서 다룬 신라 수막새의 문양은 연화문이 8가지 형으로 가장 다양하고, 쌍조문이나 바람개비문, 용면문도 출토되었다. 연화문 수막새 중에 가장 오래된 것은 성곽에서 출토된 Ⅰ형으로 충주나 경주에서 출토된 것과 유사하며, 그중에는 연천 호로고루에서 출토된 막새와 전체적인 모티브가 비슷한 것도 있다. 이는 당시의 시대적 상황에서 비롯된 현상으로 볼 수 있는 좋은 자료이기도 하다. 그리고 Ⅱ형이나 Ⅲ형의 경우 경주 월성이나 재매정지, 황룡사지 출토품은 물론 백제와 일본 출토품과도 비교될 수 있는 것으로 생각된다. 이밖의 연화문 수막새들은 경주의 대표적인 유적 출토품과 유사하거나 퇴화된 양식을 보여주고 있음이 간취되어, 경주의 중앙양식과 한강의 지방양식이 어떤 점에서 같고 다른지 파악하는데 도움이 될 것이다. 즉 한강 유역에서 만들어진 신라 수막새들은 전형적인 경주 양식의 영향을 받아 만들어진 것도 있지만, 지방에서 독자적으로 제작되면서 지역적 정서(情緖)가 반영되어 있다는 점도 특징적이다. 아울러 성곽에서 출토된 수막새는 건물에 직접 사용되었다기 보다 건물을 조영할 때나 제사 등의 집단적으로 행한 의례와 관련해서 상징적으로 사용되었을 가능성이 높은 것으로 여겨진다.

쌍조문 수막새는 경주 안압지와 감은사지, 사천왕사지 등 대표적인 유적에서 많은 양이 출토된바 있다. 이 양식의 막새는 7세기 후반에 등장하여 9세기까지 만들어졌는데, 신라만의 독창적인 도안과 장식성을 보여주는 대표적인 문양으로 평가받고 있다. 용면문 수막새는 삼국 모두에서 유행했던 문양으로 눈과 입, 이빨의 생김새를 포인트로 삼아 분류를 하기도 한다. 무엇보다 용면문은 문양이 지니는 상징성 때문에 연구자들로부터 많은 관심을 받고 있다. 바람개비 수막새는 주로 백제에서 확인된 예가 많은데, 자미산성 출토품이 투박하고 거칠게 만들어졌다는 점에서 지방 양식의 한 예를 보여주는 것으로 이해된다.

고분 출토 석침과 출토유물로 본 매장문화의 단면

한강 유역에 분포한 매장문화재 중에 고분의 조사 수가 가장 많고, 다양하기 때문에 삼국의 매장문화를 연구하는 데 많은 도움을 주고 있다. 백제 고분은 서울 석촌동 고분군을 중심으로 연구되어 왔지만, 대규모 개발사업에 따른 발굴조사가 이루어지는 과정에서 서울과 경기 지역에서 석실묘와 부장품이 출토되어 한동안 침체되어 있는 백제 고분에 대한 관심을 불러 일으켰다. 특히 백제 한성기동안 석실묘가 축조되었었는지에 대한 갑론을박이 마무리되었으며, 기존에 조사되었던 석실묘를 다시 검토하여 고분 재사용에 대한 논의가 활발해지고 있다.

고구려 고분도 연천을 비롯한 성남, 용인, 화성 등 여러 곳에서 발굴되어 한강 유역을 점령했던 기간동안 고구려인들이 남겨놓은 매장시설과 유물에 관한 정보를 획득하는 데 많은 도움이 되었다. 또한 이미 강원과 충청지역에서 조사되었던 석실묘를 경기 지역에서 조사된 석실묘와 상호 비교·검토함으로써 구조적 공통점과 차이점을 확인하는 계기가 마련되기도 하였다.

신라 고분은 오래전부터 한강 유역에서 많은 수가 조사되었고, 서울 방이동을 비롯한 파주 법흥리·성동리, 여주 매룡리 고분군이 발굴되어 신라 매장문화에 대한 연구가 비교적 활발하게 진행되어 왔다. 최근에 와서도 용인 보정동 고분군과 하남 덕풍골·금암산·객산 고분군 등 대규모 고분 매장지역이 광역 지표조사와 발굴조사를 통해 알려지게 되었으며, 그에 대한 관심도 높아지고 있다. 이러한 고분 자료를 통해 구조적인 특징으로 경주를 비롯한 경북·남 지역 고분들과의 비교도 이루어지고 있으며, 유물을 통한 피장자의 신분, 생산, 유통관계 등을 파악하는데 좋은 자료로 활용되고 있다.

또 한편으론 고분에서 출토된 부장품을 통하여 문헌에 전하지 않는 당시의 시대상을 알 수 있는 기회가 제공되기도 하며, 매장문화의 습속(習俗)도 알아낼 수 있다. 그중 한 예가 바로 본문에서 다룬 명문이 새겨진 방울로 '南漢山'이라는 지명과 '助舍'라는 피장자의 직책명을 통해서 여러 가지 정보를 얻을 수 있었다. 즉 고분 축조시기를 바탕으로 당시의 지명이 문헌에 기록된 사항과 비교해볼 때 적어도 지금의 하남시 일원이 삼국 시대부터 남북국시대까지 '남한산'으로 불려져 왔던 것임을 알 수 있었다. 그리고 피장자의 신분도 문헌에 보이지 않는 지방직 관리였다는 점도 추정해 볼 수 있었다. 이렇게 한강 유역은 당시에 지방이었기 때문에 많은 부분이 문헌에 남겨지지 못했으며, 매장문화재조사도 경주를 중심으로 이루어져 지방사회에 대한 연구도 미진할 수 밖에 없었다. 그러나, 최근에 이르러 이러한 자료들이 세상에 드러나면서 삼국의 중앙과 지방사회를 연구하는 데 좋은 자료가 되고 있다. 아울러 유물에 새겨진 명문자료는 문헌이나 비석에서 확인되는 자료와 또다른 이야기를 전해주고 있기 때문에 소중하게 다루어지고 있다.

한편, 경주의 고분에서만 확인되던 석침은 충주나 강원, 경기 지역 신라 고분에서 적지 않은 수가 발굴되고 있다. 석침은 신라인들에게 있어서 피장자를 위한 장례용구 중의 하나로 사용되었지만, 대중화되지는 못했다. 특히 석침 제작은 석실묘의 조성과 밀접한 관련이 있는 것으로 여겨지며, 처음에는 왕릉이나 귀족 계층 이상에서만 사용되다가 점차 석곽묘를 조성한 집단에서도 사용한 것으로 파악되었다. 그리고 석침이 출토되는 고분이 충주나 여주, 이천에서 확인되어 신라군의 북진로(北進路)와 일치함도 알 수 있게 되었다. 그러나, 지방에서는 점차 석침의 사용빈도가 낮아지고, 석침 제작에 사용된 돌감도 응회암제에서 화강암이나 강돌 등으로 질적 차이를 보인다. 또한, 모양새도 간소화되는 경향이 뚜렷해 진다는 점도 알게 되었다. 석침을 통해 또 한 가지 알게 된 점은 고구려나 백제 고분뿐 아니라 일본에서도 석침이 사용되었다는 것이다.[2] 따라서, 신라 고분에서 사용된 석침은 분명 신라인들의 매장문화와 직접적으로

---

2) 일본 九州의 王塚古墳은 6세기 중엽에 축조된 전방후원분으로 후실에서 석침 2점이 출토되었고, 5세기 중엽경에 축조된 石神山古墳 大棺에서도 석침이 확인되었다(吉村靖德, 2015, 『九州の古墳』, 海鳥社 참조).

관련이 있지만, 목관을 사용했던 다른 국가에서도 석침을 포함한 도침, 목침 등이 제작되어 사용되었다. 또한, 두침을 통하여 피장자의 국적이나 매장문화의 영향관계에 대해서도 연구가 필요하다는 점을 새삼 일깨워준 고고자료라고 볼 수 있다.

이 책에서는 한강 유역에 남겨진 삼국의 유적과 유물 그리고 삼국간에 벌어졌던 주요 전투에 관하여 서술해 보았다. 삼국시대 한강 유역은 가장 치열하게 공방전을 벌였던 곳이기도 하고, 행정이나 군사적으로 매우 중요한 요충지이자 거점이었다. 이곳에 우리 조상들은 많은 유적을 남겨 놓음으로써 우리들로 하여금 당시의 문화와 생활상을 엿볼 수 있는 기회를 제공해 주고 있기도 하다. 그러나, 땅속에 묻혀 있는 모든 유적이나 유물을 드러내어 볼 수는 없다. 따라서, 얼마의 유구와 유물을 단서로 삼아 문헌기록이나 과학적인 방법으로 해석 및 분석하여 많은 것을 유추해 보고, 그 결과를 글로 남기고 있다. 비록 이 책에서는 많은 유적과 유물을 모두 다루지는 못했지만, 주요 전투와 몇 가지 유구·유물을 통해 당시의 정세는 물론 문화와 생활상을 추론해 보았다. 그렇지만, 아직도 유구나 유물을 제대로 볼 수 있는 식견이 부족하고, 해석에도 문제점이 적지 않음을 실감한다. 이에 필자는 앞으로도 부단한 노력을 통해 부족한 점을 채워가고자 한다.

| 수록 논문 출처 |

이 책에 수록된 글들은 모두 학술지에 발표한 논문들로 원래의 제목과 게재된 학술지를 밝혀두고자 한다. 수록된 논문 중 일부는 최신 자료를 추가했고, 원고의 분량 제한으로 부득이하게 게재하지 못한 부분도 추가했으며, 글의 전개상 참고가 될만한 사진이나 도면 자료도 보완하였음을 일러둔다.

1부 | 한강을 둘러싼 삼국의 주요 전투

1장 603년 북한산성 전투의 전개와 의의

「603년 北漢山城 전투 고찰」, 『韓國史學報』 58, 고려사학회, 2015)

2장 7세기 초 삼국의 정세와 당항성 전투 의의

「7세기 초 삼국의 정세와 당항성 전투 의의」, 『軍史』 96, 국방부군사편찬연구소, 2015)

2부 | 한강 유역에 남겨진 삼국의 유적과 유물

1장 삼국시대 한강 유역 보루유적의 현황과 성격

「三國時代 한강 유역 堡壘遺蹟의 현황과 성격」, 『馬韓百濟文化』 22, 마한백제문화 연구소, 2013)

2장 한강 유역 고대 우물의 유형과 축조시기

「한강 유역 古代 우물에 대한 試論的 연구」, 『新羅史學報』 33, 신라사학회, 2015)

3장 한강 유역 출토 신라 수막새의 문양별 분류와 특징

「한강 유역 출토 신라 수막새 고찰」, 『東洋學』 52, 단국대학교 동양학연구원, 2012)

3부 | 고분 출토 석침과 출토유물로 본 매장문화의 단면

1장 신라 고분 출토 석침의 형식별 특징과 사용양상

「신라 고분 출토 석침 고찰」, 『고고학』 12-1, 중부고고학회, 2013)

2장 광주 대쌍령리 고분 출토 南漢山助舍 명문 방울의 성격

「광주 대쌍령리 고분 출토 '南漢山助舍'銘 청동제 방울 고찰」, 『文化史學』 32, 한국 문화 사학회, 2009)

책을 마치며

올해는 필자가 대학원에서 박사과정을 졸업한지 어느덧 10년이 다되어가는 시점이면서, 처음 발굴조사에 참여하여 고고학자의 길을 걸어온 지도 20년이 훌쩍 넘은 때이다. 2009년에는 박사논문을 정리해서 첫 번째 책인『신라문화연구』를 어렵게 준비해서 펴냈었는데, 벌써 7년이란 시간이 지났다. 그동안 박물관에서 도록을 만들거나 유물 정리를 하면서도 현장조사와 보고서, 논문 등을 쓰느라 바쁘게 지냈는데, 문득 그 가운데 몇 편의 논문을 골라서 두 번째 책을 준비해야겠다는 생각만 가지고만 있었다. 그러다가 주위 분들의 조언도 들었고, 주류성출판사에서도 도움을 주셔서 이렇게 두 번째 책을 간행하게 되니 감회가 새롭다.

사실 이 책을 준비하게 된 것은 작년부터지만, 직장을 다니면서 이미 발표한 논문을 손질하는 것도 만만치 않은 일임을 새삼 깨닫게 되었다. 물론 책에 수록된 글들은 이미 학회지에 수록되었던 논문이므로 어느 정도 수정과 교정이 이루어졌지만, 자료 해석의 문제나 문맥이 어색한 부분이 있어 적지 않게 교정 및 보완하게 되었다. 그러나 여전히 미처 수정하지 못한 부분이 있을 것이고, 내용 전개상 무리한 부분도 있으므로 독자 여러분들께서 넓은 마음으로 헤아려주길 당부 드리고자 한다.

필자가 이제까지 공부를 하면서 많은 분들에게 본의 아니게 신세를 졌는데, 조사와 연구를 결코 혼자서는 할 수 없기 때문이다. 그래서 첫 번째 책을 펴 낼 때 필자도 다른 저자들이 하듯이 고마운 분들께 짧게나마 지면을 통해 인사를 드렸었다. 그런데, 당시를 회고해 보면, 몇 주 동안 글에 대한 보완과 교정을 보다가 녹초가 되었을 때, 책 후기를 두서없이 썼던 기억이 난다. 물론 이번에도 시간에 쫓기는 신세는 면하지 못한지라

행여 인사드리지 못한 분이 계시다면 역시 혜량(惠諒)하여 주시길 바란다.

필자 주위에는 일과 공부를 하는데 있어서 많은 도움을 주시는 분들이 몇 분 계신 데, 늘 가까이에서 돌봐 주시는 하문식 박물관장님, 공부하는 데 늘 격려를 해 주시는 백종오 박물관장님, 멀리서나마 못난 제자 걱정을 해 주시는 은사이신 이상현, 김선기, 김정희, 안승모, 최완규 교수님 그리고 이신효, 문이화, 박현수, 김규정, 신연식, 오승환, 이문형 선생님께도 고마움의 인사를 드린다. 또한, 늘 연구자로서의 자세와 여러모로 응원해 주시는 신숙정 원장님을 비롯하여 김성태 실장님, 안신원 교수님, 김창겸 실장님, 조범환 교수님, 이부오 선생님, 서영일 원장님, 김기태 원장님, 전호수 선생님, 강명호 선생님, 박준범 부원장님, 이종수 교수님, 김병희 원장님, 김웅신 부장님, 이동성 원장님, 현남주 실장님, 정호섭 교수님. 그리고 김흥섭 선생님께도 이 자릴 빌어 고마움을 전한다.

논문을 쓰는 일은 어렵고도 고단한 일임을 늘 반복적으로 경험하는데, 자료를 모으고 정리해서 편집을 하기란 여러 가지 어려움이 따르기 마련이다. 이에 옆에서 도와주는 후배인 이상규·이지혜와 김진환·김재은이 고생을 많이 해 주었다. 그리고 이 시간에도 열악한 조사현장에서 더위와 추위 그리고 여러 가지 현실적인 어려움을 이겨내며 조사에 임하고 있는 조사자분들에게도 지면으로 나마 인사를 드린다.

끝으로 지난 10년 가까운 시간사이에 많은 일이 있었는데, 그중에서도 가장 보람된 일은 소중한 가족이 건강하게 지낸 일이라 여겨진다. 늘 옆에서 묵묵히 내조해주고 있는 아내 경원에게 사랑한다 전하고, 첫 번째 책을 펴냈을 때 두 살이었던 상연이는 어느새 초등학교 2학년이 되어 늘

름해졌으며, 아내의 뱃속에 있던 둘째 상욱이도 무럭무럭 자라 초등학교에 입학했다. 하지만, 부모님과 장모님께서는 그사이 많이 연로해 지셔서 마음 한편이 아프고, 또한 은사님을 비롯한 주위의 소중한 몇 분께서 세상을 등지신 가슴 아픈 일도 있었다. 이런 일들을 겪는 것이 인생이구나 싶지만, 앞으로 나의 가족들은 물론이고 여러 선생님들과 선후배님들이 건강하고 행복하게 지내기를 기원 드린다.

　필자는 앞으로 허락된 시간동안 좀 더 깊이 있는 공부를 해보고 싶다는 소망이 있으며, 기회가 된다면 역사에 남는 유적과 유물을 발굴해 보고 싶은 욕심도 있다. 물론 그러한 기회가 생길 수 있도록 부단한 노력을 해야겠지만, 필자 주위의 많은 분들에게도 도움을 받아야 가능할 것이다. 이 자릴 빌어 다시 한 번 필자를 위해 애써 주시고, 음과 양으로 도움을 주신 많은 분들에게 머리 숙여 인사를 올리고자 한다. 끝으로 부족한 책을 간행하는데 흔쾌히 허락해주신 주류성출판사의 최병식 대표님과 이준 이사님께도 고마움을 전한다.

2016년 6월

서울 군자동에서 필자 씀.

ㄱ

가수동 12, 154, 156, 158, 159, 160, 161,
164, 167, 168, 173, 174, 176, 178, 179,
180, 186, 189, 190, 191, 199, 201, 203,
207,
간(干) 321, 344
경덕왕 59, 328, 330, 331, 337, 339, 343
경문왕 152
경주 9, 13, 44, 48, 66, 74, 75, 77, 153,
168, 175, 182, 183, 201, 202, 204, 209,
215, 229, 230, 240, 241, 242, 247, 248,
249, 250, 251, 252, 253, 254, 255, 258,
260, 261, 273, 274, 275, 279, 280, 281,
282, 283, 284, 287, 290, 291, 292, 293,
294, 295, 296, 300, 301, 302, 303, 304,
305, 341, 357, 358, 359, 360
계양산성 223, 227, 234, 239, 240, 252,
259
고달사지 218, 219, 229, 241, 250
고배 84, 123, 183, 186, 189, 194, 195,
201, 207
고봉산성 123, 134, 135, 136
고산동 169, 170, 199, 204, 318
고석정 48, 49, 52
고승 10, 32, 36, 43, 48, 338, 339
관창 45, 46
광개토왕 34, 98
광암동 322
광주향교 224, 336, 337, 340, 341, 342,
346

광진나루 38
구봉산 57, 80, 81, 93
국반 27
군수리 171, 201
궁남지 63, 171, 201, 202
궁옹 343, 344
귀산 45
김대문 45
김서현 45
김유신 45, 70, 75, 94, 98, 99, 327, 328,
330
김인문 75, 335
김춘추 60, 66, 70, 72, 93, 94, 95, 98, 99
김품석 66
김후직 27
김흠운 45, 46
근초고왕 328, 329, 330, 331

ㄴ

나정 152, 177, 247
남산성 28, 29, 61
남산신성 241, 250
남양만 11, 60, 74, 75, 76, 87, 96, 98, 352
남천정 75
남천주 7, 8, 36, 40, 44, 48, 74, 75, 92, 93,
256, 339
남평양성 328, 329, 331
남한산 13, 36, 311, 312, 326, 327, 329,
330, 332, 334, 336, 338, 339, 340, 345,
346, 359

남한주 327, 334, 335

낭도 10, 44, 45, 46, 48, 51, 52

낭비성 31, 45, 68, 71, 89, 90, 98, 100

노리부 27

노리재골 154, 161, 162, 164, 183, 199, 202, 207

노서동 183, 280, 283, 284, 285, 294, 303

뇌음신 37, 91

누암리 278, 288, 289, 290, 295

ㄷ

담육 28, 30

당 6, 8, 9, 11, 31, 59, 60, 61, 62, 63, 65, 67, 68, 69, 71, 72, 75, 76, 78, 87, 88, 89, 91, 93, 94, 95, 97, 98, 99, 100, 101, 328, 330, 331, 334, 335

당성 57, 73, 74, 76, 80, 81, 83, 84, 87, 93, 96, 352

당성진 59, 81

당항성 7, 8, 9, 10, 11, 40, 47, 57, 58, 59, 60, 61, 64, 65, 69, 70, 72, 73, 74, 75, 76, 80, 87, 88, 89, 90, 91, 92, 93, 94, 95, 96, 97, 98, 99, 100, 101, 351, 352, 353

덕물도 75

덕적도 76, 77, 93, 96, 97, 98

대모산성 40, 109, 132, 225, 227, 240, 259

대쌍령리 13, 276, 311, 312, 313, 315, 317, 318, 319, 322, 323, 345

대야성 9, 60, 64, 65, 66, 70, 72, 87, 88, 98, 100, 352

도침 273, 274, 275, 297, 298, 360

독산동 12, 155, 164, 167, 169, 175, 176, 187, 189, 190, 191, 192, 194, 195, 197, 200, 201, 203, 205, 206, 207

독산성 37, 61, 71

돌궐 6, 21, 23, 25, 68

동림동 168

동물뼈 172, 185, 200, 204, 205, 210, 356

동사지 242, 253

동이 84, 183, 189, 191, 192

두침 13, 273, 274, 281, 295, 296, 297, 298, 361

ㅁ

마로산성 252, 255, 256

마북동 12, 155, 175, 176, 189, 190, 194, 195, 197, 201, 203, 204, 205, 206

만세 30, 339

만호부인 27

말갈 21, 22, 90, 91, 95

명봉산성 11, 120, 134, 135, 136, 139, 354

명활성 28, 29

매룡리 277, 285, 287, 290, 291, 293, 295, 300, 302, 359

목간 223, 312, 333, 334, 338, 340

목침 273, 274, 275, 297, 298, 304, 361

몽촌토성 12, 132, 155, 181, 247, 252, 313

무령왕릉 273, 274, 297, 304

무왕 9, 60, 61, 62, 63, 64, 65, 71, 72, 89, 100

무은 43, 45

무진년 333, 340

문노 45

문무왕 44, 69, 75, 256, 326, 327, 328,

330, 332, 333, 334, 335

미륵사지 62

민락동 12, 156, 164, 167, 168, 173, 174, 175, 176, 187, 191, 192, 200, 202, 203

ㅂ

바람개비문 224, 226, 238, 240, 242, 246, 253, 255, 256, 258, 261, 357

박혁거세 151, 152, 355

반굴 45

반월성 40, 43, 218, 222, 228, 229, 241, 248, 259

배봉산 11, 108, 110, 111, 112, 113, 114, 115, 116, 117, 118, 127, 128, 129, 130, 131, 132, 133, 134, 137, 138, 354

백곡리 고분군 84, 85, 96

백곡리사지 84, 86

백곡리토성 80, 84

백반 27

법흥왕 152, 342,

병 84, 165, 180, 183, 184, 189, 192, 193, 199, 200

보루 11, 36, 38, 40, 107, 108, 109, 110, 111, 113, 127, 128, 129, 130, 131, 132, 133, 134, 135, 136, 137, 138, 139, 185, 201, 261, 276, 351, 353, 354

보장왕 22, 70, 88, 91, 94, 99

복숭아씨 165, 178, 184, 197, 200, 203, 205, 210, 356

복암리 293, 298, 301, 304

봉수사지 342

봉업사지 218, 220, 234

부여성 68

북거 326, 327, 334

북소경 72

북제 92

북한산군 329, 339

북한산성 8, 9, 10, 17, 18, 20, 30, 31, 32, 33, 34, 36, 37, 38, 39, 40, 43, 44, 46, 47, 48, 50, 51, 52, 66, 70, 71, 78, 91, 338, 339, 351

북한산주 7, 8, 23, 24, 40, 47, 48, 74, 92, 133, 256, 339

불암산성 40, 133

비류왕 152

ㅅ

사걸 62, 63

사다함 45, 46

사대사 344

사지 215, 218, 219, 225, 239, 248, 256, 259, 260, 261, 262, 343, 344

사천왕사지 251, 252, 253, 358

사택왕후 64

살곶이목장터 108, 110, 114, 128

상군 30

상리 277, 282, 283, 295, 300, 302

상리현장 94, 99

서악동 280, 282, 283, 284, 285, 303

서형산성 28, 29

석두성 67

석침 13, 273, 274, 275, 276, 277, 278, 279, 280, 281, 282, 283, 284, 285, 286, 287, 288, 289, 290, 291, 292, 293, 294,

295, 296, 297, 298, 300, 301, 302, 303, 304, 305, 353, 358, 360

선덕(여)왕 61, 71, 72, 87, 93, 94, 99, 355

선도해 99

선부서 27, 79

설봉산성 93, 313, 315

성동리산성 43, 132

성산성 49

성왕 6, 7, 9, 24, 62

수 7, 8, 9, 11, 20, 21, 22, 28, 29, 30, 31, 47, 50, 51, 52, 59, 61, 63, 66, 67, 68, 72, 89, 91, 351

수구성 95

수리골 322

수막새 11, 12, 13, 19, 181, 185, 186, 187, 195, 200, 204, 210, 215, 216, 217, 218, 219, 220, 222, 223, 224, 225, 226, 227, 228, 231, 232, 235, 236, 237, 238, 239, 240, 241, 242, 243, 244, 245, 246, 247, 248, 250, 251, 252, 253, 254, 256, 258, 259, 260, 261, 342, 356, 357, 358

세곡동 154, 155, 178, 203

세호랑 46

송산성 67

술천성 37, 38, 91

시루봉 38

신주 7, 17, 23, 24, 25, 31, 36, 40, 47, 48, 61, 73, 74, 78, 92, 256, 333, 340, 341, 346

심학산 보루 110, 137, 138

쌍릉 297, 304

쌍조문 225, 226, 236, 240, 241, 242, 246, 251, 253, 258, 261, 342, 357, 358

ㅇ

아단성 23

아막성 8, 17, 31, 37, 40, 43, 45, 61, 70

아차산성 18, 19, 20, 33, 43, 44, 52, 107, 127, 132, 133, 222, 227, 240, 259, 313, 338, 339, 346, 351

안산보루 110, 134

안압지 77, 229, 241, 242, 248, 249, 250, 251, 252, 253, 358

알영부인 151, 355

알천 71, 90

역동 315, 318, 322

연개소문 61, 69, 70, 72

연천 33, 50, 109, 110, 112, 132, 155, 248, 353, 357, 358

영덕동 155, 175, 176, 189, 191, 192, 194, 195, 196, 203, 206

영양왕 18, 20, 21, 22, 25, 66, 67, 91, 338

영흥도 77, 93

영흥도선 77

왜(倭) 61, 98

온군해 78

온달 22, 23, 24, 25, 26

온달산성 23

온조왕 327, 330, 331, 332

옹 84, 127, 136, 185, 186, 189, 194, 200

완 84, 164, 183, 184, 189, 190, 191, 196, 199, 224, 321

왕궁리유적 63, 153

왕숙천 34, 128, 351

왕흥사 63

요서 7, 20, 21, 22, 66, 91

용(龍) 151, 152, 153, 355

용면문 수막새 237, 242, 254, 358

용미리 11, 108, 110, 119, 120, 123, 134, 135, 136, 137, 138, 139, 354

용석 87

우명산성 9, 31, 67, 71

우물 11, 12, 18, 151, 152, 153, 154, 155, 156, 157, 158, 159, 160, 161, 162, 163, 164, 165, 166, 167, 168, 169, 170, 171, 172, 173, 174, 175, 176, 177, 178, 179, 181, 182, 183, 184, 185, 186, 187, 189, 190, 191, 192, 193, 194, 195, 196, 197, 199, 200, 201, 202, 203, 204, 205, 206, 207, 208, 209, 210, 337, 353, 355, 356

우수주 72

유인궤 75

윤충 65, 87, 98

원광 28, 30, 50

원향사지 217, 218, 220, 229, 231, 235, 241, 249, 250, 252

이사부 31, 45

이성산성 33, 36, 193, 223, 226, 239, 240, 259, 313, 315, 333, 338, 340, 341, 346, 351

이천 41, 74, 92, 288, 289, 291, 293, 294, 303, 312, 313, 315, 360

임진강 9, 34, 40, 49, 50, 69, 72, 74, 90, 91, 98, 109, 135, 201

응회암 284, 303, 304

ㅈ

자미산성 80, 92, 217, 218, 223, 234, 235, 238, 239, 241, 242, 252, 255, 256, 358

장례용구 274, 295, 296, 297, 298, 302, 304, 305, 360

장산토우총 280, 284, 294, 303

장수왕 33, 351

장지동 315, 318

정릉사지 169, 170, 177, 199, 204

재매정 229

조사(助舍) 312, 342, 343, 344, 346

조사지 343, 344

종사지 343, 344

주조 344

죽죽 87

중랑천 33, 34, 109, 111, 113, 128, 129, 132, 133, 351

지명 13, 28, 30, 311, 312, 313, 326, 327, 329, 335, 338, 339, 345, 346, 359

진(陳) 22, 28, 30, 92,

진지왕 26, 27

진평왕 10, 18, 21, 26, 27, 28, 29, 30, 31, 32, 34, 36, 43, 44, 47, 48, 49, 50, 51, 52, 61, 63, 66, 70, 71, 333, 338, 351

진평왕비 48, 49, 50

진흥왕 6, 10, 24, 25, 26, 29, 30, 40, 44, 45, 47, 48, 51, 52, 57, 58, 73, 75, 92, 97, 98, 133, 256, 338, 339

ㅊ

창전동 288, 289, 291

천리장성 68

천왕사지 218, 219, 224, 229, 233, 237, 241, 249, 251, 261, 346

철원 24, 33, 39, 41, 43, 48, 49, 50, 52

청계리 154, 155, 162, 163, 164, 170, 174, 183, 185, 189, 191, 195, 199, 201, 203

춘궁동 건물지 224, 228, 232, 241, 248, 250, 341, 342, 346

춘천 9, 24, 50, 112, 129, 279

칠중성 9, 40, 68, 69, 71, 89, 90, 98, 100, 132, 352

ㅍ

파주 11, 40, 50, 108, 110, 119, 120, 132, 134, 137, 139, 156, 276, 277, 354, 359

평강 41, 49

평양 40, 41, 50, 169, 170, 201, 204, 327, 334, 335, 339

포천 33, 34, 40, 41, 43, 48, 132, 218, 222, 228

품일 45

풍납토성 12, 128, 132, 154, 158, 164, 199, 201, 203, 247, 252

ㅎ

하거리 277, 285, 290, 293, 295, 302

하구암리 278, 279, 281, 287, 288, 290, 291, 293, 295, 300, 302

하슬라주 72

한강 6, 7, 8, 9, 10, 12, 17, 19, 22, 23, 24, 25, 26, 32, 33, 34, 36, 40, 47, 48, 51, 57, 67, 73, 74, 78, 79, 80, 90, 91, 92, 98, 107, 109, 111, 112, 113, 127, 128, 129, 132, 133, 134, 135, 136, 137, 138, 139, 153, 154, 156, 157, 164, 170, 173, 175, 194, 197, 199, 201, 202, 203, 208, 210, 215, 218, 222, 225, 226, 238, 239, 240, 245, 246, 247, 248, 249, 253, 254, 256, 258, 259, 260, 261, 262, 300, 313, 315, 332, 335, 338, 339, 341, 346, 351, 353, 354, 355, 356, 357, 358, 359, 361

한성 7, 9, 17, 25, 33, 34, 62, 335, 340, 351

한성정 334, 335

한성주 334, 335

한주 328, 330, 331, 337

한탄강 34, 41, 43, 48, 49, 50, 90, 129

호 84, 127, 136, 165

화강암 304

화랑 10, 44, 45, 46, 47, 48, 51, 52, 71

화천 50

황룡사 71

황룡사지 31, 216, 217, 229, 248, 249, 254, 357

헌강왕릉 284

혜문 30, 339

혜음령 11, 119, 135, 139, 354